세계의 명작 슬로건 4,000여 작품 속에 숨어 있는 슬로건 창작의 이론과 실제

슬로건 창작의 기술

개정판

SLOGAN Solution

류진한 지음

한 경 사

슬로건 창작의 기술(개정판)

저 자	류진한
발 행 일	2022년 6월 30일 1쇄
발 행 처	**한경사**
발 행 인	이계남
등록사항	제10-1951호 2000년 4월 14일
주 소	서울시 마포구 신수로 59-1 3층
전화번호	02_717_7264~5
팩스번호	02_717_7226
홈페이지	hankyungsa.co.kr
전자우편	hankyungsa@hanmail.net
I S B N	978-89-6844-419-7 (93320)
가 격	33,000원

차례

2부 슬로건 창작 기술

3부 슬로건 창작 전략

머리말

"기본은 쉬운 것이 아니라 중요한 것이다"

1991부터 21년 동안 회사에서 광고카피를 썼고, 2012년부터 대학에서 광고카피를 가르치고 있다. 1997년 「카피의 핵, 슬로건」을 시작으로 2012년 「슬로건 창작의 기술」과 2015년 「슬로건, 짧은 카피 긴 호흡」이라는 제목으로 슬로건을 주인공으로 하는 책을 썼다. 그 가운데 「슬로건 창작의 기술」은 출간 당해 대한민국학술원으로부터 사회과학분야 우수학술도서로 선정되었다. 물론, 책의 학문적 평가보다는 슬로건의 중요성에 대한 사회적 인식과 슬로건을 본격적으로 다루고 있는 저서의 희소성 때문이라고 생각한다.

본 책은 「슬로건 창작의 기술」의 개정판이다. 저자가 기업에서 광고를 제작하고, 대학에서 광고를 가르치는 동안 광고의 기능과 역할은 엄청난 변화를 겪고 있다. 그럼에도 불구하고 '한 줄 카피, 슬로건'의 중요성은 더욱 탄탄해지고 있다. 슬로건을 '멀티미디어 시대의 커뮤니케이션 솔루션'이라고 정리했던 저자의 정의는 지난 세월 동안 더 숙성된 설득력으로 익어왔다. 기업에서 브랜드에서 제품에서 슬로건의 역할은 광고의 정의나 매체환경의 변화와 더불어 자신의 입지를 굳건하게 지켜오고 있다.

기본은 쉬운 것이 아니라 중요한 것이다. 이것이, 빠르게 변하는 시대일수록 변하지 않는 기본적인 가치가 더욱 무게감을 갖는 이유이다. 광고 캠페인과 단발 광고의 역할이 다르고, 광고 기획의 전략과 전술의 역할이 다르듯 현대의 슬로건은 복잡한 매체환경과 세분된 소비자 니즈 속에서 묵묵하게 중요한 메시지를 전달해 왔다. 국내에도 수십 년 동안 캠페인 슬로건의 수명을 이어가고 있는 브랜드도 있고, 세계적인 브랜드들 가운데는 웬만한 기업의 자산보다 높은 가치를 지니고 있는 슬로건도 만날 수 있다. 훌륭한 슬로건은 그 기업이나 브랜드와 수명을 같이할 뿐 아니라, 때로는 그 브랜드의 성장을 이끄는 동력을 제공한다.

아파트도 오래 되면 재건축을 하거나 리모델링을 한다. 「슬로건 창작의 기술」의 개정 작업을 하면서 좀 더 멋진 책, 더욱 튼튼한 책, 광고나 홍보의 현업에 있는 선후배들이나 대학의 제자들에게 영양가 있고 실용의 가치가 있는 책으로 재탄생하기 위한 노력의 결과가 독자들에게 조금이나마 전달되었으면 하는 바람이다.

아름다운 계명대학교 캠퍼스에서

류진한

1부 슬로건 개요

1장 슬로건의 개념

슬로건(Slogan)은 스코틀랜드 지방의 고원민족들이 위급한 상황에 닥쳤을 때 외치는 함성에서 시작된 단어다. 갤릭語의 'Slaugh'와 'Gaimm'의 합성어로 '군인의 복창소리(Army Yell)'라는 뜻이 내포되어 있다. 어원의 시작은 '전쟁이나 위급한 상황에서 적을 제압하거나 위급함을 알리기 위한 거친 아우성이나 함성'을 의미하였으나, 현대에 와서 고객을 설득하는데 이용되는 '일발필도의 마케팅 메시지'의 의미로 활용되고 있다. 주로 브랜드 아이덴티티나 지향점을 압축하여 표현하기도 하고, 제품이 가지고 있는 차별화된 속성이나 핵심 가치를 소비자에게 전달하는 역할을 한다. 즉, 현대 사회에서의 광고는 해당 기업의 입장에서 보면 사활을 건 전쟁과 크게 다르지 않다. 시장에서 점유율을 얼마나 차지하는가는 전쟁에서 땅을 빼앗고 빼앗기는 것과 다르지 않고, 시장에서의 경쟁 제품은 전쟁에서의 적이고, 시장에서 승승장구하고 있는 제품은 전쟁에서 승승장구하는 장군과 다르지 않다. 과거 나라들의 흥망성쇠가 오늘날에 와서 기업들의 흥망성쇠로 바뀌었을 뿐이다. 이러한 어원을 가진 슬로건은 광고 텍스트의 언어적 요소 중 하나로 쓰이면서 브랜드 자산의 중요 부분의 핵심을 포착할 수 있으며, 포장된 의미인 브랜드에 리본과 같은 특별한 감각을 더해주는 것(Aaker, 1996)의 개념으로 이해되어 쓰이고 있다.

슬로건에 대한 정의나 개념은 이외에도 매우 다양하다. 편협하게 정리된 개념이나 정의를 발췌하는 것보다는 학문과 실무에서 다양하게 정의된 개념들을 다양하게 소개하는 것이 의미가 있을 것이라 생각한다.

- 슬로건은 '카피의 핵'이다. (류진한, 1997)
- 슬로건은 '지름길의 수사학'이다. (Reboul, 1975)
- 슬로건은 '사회적 상징'이며, '역사적인 수사 장치'이다. (Robert & Denton, 1980)
- 슬로건은 브랜드 자산 구축을 위한 유용한 도구로 브랜드의 의미를 파악하는 데 필수불가결한 수단이다. (Aaker, 1996)
- 슬로건은 '설득의 수사학'이다. (이희복, 2017)
- 슬로건은 브랜드를 비추는 거울이다. (이현우, 1998)
- 슬로건은 짧은 어휘로 상황을 전달하는 일발필도의 메시지라고 할 수 있는데, 광고의 맥락에서 볼 때 브랜드 개성을 설명하는 짧고 강력한 카피다. (김병희, 2007)
- 슬로건은 소비자의 구매행동에 영향을 끼칠 목적으로 생산자나 서비스 제공자가 광고에 반복적으로 사용하는 간결한 문구나 문장이다. (김경석, 2003)
- 슬로건은 소비자의 판매행동을 촉진 또는 촉구하고자 기업이 광고에 반복해서 사용하는 강조문구 또는 요약된 문장을 의미한다. 즉, 기업의 생각이나 주장 또는 상품의 특성 등을 일정 기간이나 장기간 반복적으로 사용하여 좋은 인상을 유지, 누적, 정착시키는 것을 목적으로 하는 카피다. (이화자, 1998)
- 슬로건은 표제(Headline)나 본문(Body Copy)과는 달리 독립적으로 존재할 수 있고, 광고 카피나 그래픽이 동반되지 않아도 독립적으로 광고효과를 거둘 수 있다. 슬로건은 한 번 작성되면 장기간 사용해야 하는 점 때문에 '제2의 헤드라인'이라 불릴 수 있다. (김원식, 2000)

슬로건(Slogan)과 헤드라인(Headline)은 어떻게 다른가? 실무적 차원에서 보면 헤드라인에서 시작된 카피가 슬로건으로 발전하여 정착하기도 하고, 거꾸로 슬로건으로 만들어진 카피가 헤드라인으로 활용되기도 한다. 그럼에도 불구하고 형태와 활용에서 다소의 차이를 보인다.

가장 큰 차이는 수명과 빈도에 있다고 볼 수 있다. 헤드라인은 해당 매체의 광고가 집행되는 기간 동안 단기적으로 사용되는 반면, 슬로건은 수명을 같이하는 것을 목표

〈표 1-1〉 슬로건과 헤드라인 비교

	슬로건	헤드라인
수명	장기적 사용	단기적 사용
빈도	반복적 사용	단발적 사용
형태	완전성	완전성 또는 불완전성
활용	독자적 활용	다른 카피 요소와 혼용
길이	짧을수록 좋다	길어도 무방

로 장기적으로 사용된다. 따라서 빈도에서도 헤드라인은 단발적으로 사용되고, 슬로건은 장기간 반복적으로 사용되는 차이를 가지고 있다. 형태적 측면에서도 슬로건은 헤드라인에 비해 완전한 문장 형태를 가지고 있으며, 가능한 범위에서 짧은 문장을 필요로 한다. 활용의 방법에서도 헤드라인은 다른 카피 요소들과 함께 어울려 각자의 역할을 수행하는 반면, 슬로건은 대부분 독자적으로 역할을 수행한다는 측면이 다르다고 할 수 있다.

또한, 슬로건은 캐치프레이즈(Catch Phrase)와도 사용과 역할에서 차이를 가지고 있다.

〈그림 1-1〉 신라면 슬로건(사례)

〈표 1-2〉 슬로건과 캐치프레이즈 비교

	슬로건	캐치프레이즈
수명	장기적 사용	단기적 또는 중기적 사용
빈도	반복적 사용	해당 기간 동안 반복 사용
형태	구어체 또는 문어체	일반적으로 구어체
내용	브랜드나 제품 중심	시대적 환경 영향

캐치프레이즈는 특정한 사회적 이슈나 프로모션, 이벤트 등의 기간 동안 활용하는 경우가 많으므로 슬로건에 비해 단기적으로사용된다. 또한, 일반적으로 딱딱한 문어체보다는 일상적이고 자연스러운 구어체의 형태를 갖는 경우가 많다. 정치나 선거에 활용되는 구호와 같은 경우가 대표적이다. 슬로건은 당연히 브랜드나 제품 또는 그 제품을 사용하는 소비자 혜택에 초점이 맞추어지는 반면, 캐치프레이즈의 내용은 정치, 사회, 경제, 문화 등 활용되는 시기의 시대적 환경과 이슈에 영향을 받는다.

롯데그룹

과거	현재	미래
소비자의 롯데	다양성의 롯데	변화의 롯데
유통, 관광, 식품산업을 기반으로 소비자 일상에 꼭 필요한 기업	더 다양한 사업의 확대/글로벌 확장을 통해 전분야에 걸쳐 경쟁력을 갖춘 기업	급변하는 시대에 발맞춰 혁신과 변화를 선도하는 미래형 기업
Enriching Life	함께 가는 친구	오늘을 새롭게 내일을 이롭게

“ 오늘을 새롭게 내일을 이롭게 ”

World Economy is Starting the [GREAT RESET INITIATIVE]

“오늘을 새롭게 내일을 이롭게”는 2021년 롯데그룹의 새로운 슬로건이다. 펜데믹 이후의 기업들은 기업과 사회 환경의 변화는 물론 소비자 가치의 급격한 변화를 맞아 새로운 현실에 대응하기 위한 생존전략 수립의 필요성에 직면하게 된다. 그 첫 번째는 2020년을 시작으로 장기화되어 인류가 처음 경험하는 ‘위드 코로나’의 시대, 건강과 환경에 대한 절박한 관심의 증대, 그리고 ‘디지털 전환(Digital Transformation)’으로 급격하게 변화하는 사회 환경이다. 두 번째는 제품을 판매하는 행위를 넘어 인류 사회에 선한 영향력을 미치는 기업을 선호하고, 인간다움에 대한 가치가 증가되는 소비자 가치의 변화다. 세 번째는 이로 인해 지속 가능을 위한 ESG경영, 위기에 대한 대응과 변화를 위한 강력한 실행력이 요구되는 기업 환경의 변화다. 즉, 경영환경의 새로운 현실(New Reality) 앞에 어떻게 능동적으로 대응할 것인가를 고민하게 된 것이다.

그룹의 슬로건은 미래의 가치를 담아야 한다

롯데의 가치를 새롭게 전환하는 원동력 측면에서 기존 슬로건에 대한 재검토와 새로운 슬로건 개발의 필요성이 대두된다. 롯데그룹의 가치는 크게 3단계의 과정을 거쳐 발전되어 왔다. 유통, 관광, 식품산업을 기반으로 소비자 일상에 밀접하게 기여해 온 ‘소비자의 롯데’, 더욱 다양한 사업으로의 확대와 글로벌화를 통해 폭넓은 경쟁력을 갖추게 되는 ‘다양성의 롯데’, 그리고 오늘에 이르러 급격하게 변화하는 시대에 능동적으로 적응하고 적극적으로 앞서가고자 하는 혁신과 변화를 선도하는 ‘미래형 기업’으로의 도약이다. 롯데그룹은 각 단계별로 “Enriching Life”와 “함께 가는 친구”를 대표 슬로건으로 활용하였고, 이제 “오늘을 새롭게 내일을 이롭게”라는 미래지향적인 슬로건 메시지로 ‘변화의 롯데’를 준비하고 있다.

이러한 롯데의 새로운 슬로건은 기업이 소비자에게 전달하는 단순한 메시지가 아니라, 기업의 실체와 소비자의 인식 사이의 간격을 최소화하는 역할. 즉, 현재 롯데의 변화와 혁신의 실체를 적극적으로 견인하는 역할을 기대하는 것이다.

그룹의 혁신과 변화를 위한 ‘Double Value Up’

롯데그룹의 새로운 슬로건 “오늘을 새롭게 내일을 이롭게”의 핵심 전략은 급변하는 인류의 환경 속에서 그룹의 혁신과 변화를 이끌기 위한 ‘Double

Value Up' 전략이다. 즉, 시대가 필요로 하는 '사회 영향적 가치'와 롯데가 필요로 하는 '생활 변화적 가치'가 유기적으로 호흡하고 관계하면서 다양한 가치의 창출로 시너지를 이루는 것이다. 그룹이 나아갈 지향점의 제시를 통한 변화와 혁신의 의지 표명, 미래생활 인프라 기업으로 인류를 위한 생활 변화적 가치와 사회 영향적 가치를 창출하는 롯데그룹의 의지가 현실이 되는 '새롭고 이로운 미래'를 기대해 본다.

자료제공: 대홍기획

2장 슬로건의 특징

01 | 독립성

슬로건은 헤드라인이나 바디카피 그리고 오버헤드나 서브헤드 또는 캡션 등과 같은 카피 요소에 비해 독립적으로 사용된다. 대부분의 카피들이 다른 카피나 비주얼 같은 요소들과 서로 의지하고 시너지를 이루어 메시지 전달의 효과를 만들어 내는 반면, 슬로건은 광고의 다른 요소들로부터 독립하여 꿋꿋하게 자신의 임무를 수행한다.

슬로건이 독립적인가 독립적이지 않은가에 대한 학문적 논쟁은 계속되고 있다. 그럼에도 불구하고 다른 광고 텍스트의 구성요소들에 비해 상대적으로 분리되어 활용될 수 있는 여지와 가능성의 측면에서 보면 카피와 비주얼, 헤드라인과 바디카피, 비디오와 오디오의 상호보완적 도움 없이 비교적 독립적으로 역할을 수행하고 있다고 볼 수 있다.

마치 우리가 책이나 영화의 내용을 모두 기억하지는 못해도 그 제목을 평생 잊지 못하는 경우와 같다. 광고의 구체적인 내용은 오래되어 기억이 가물가물해도 슬로건 하나는 또렷하게 기억하는 경우가 많다. 야구장이나 축구장에서 경기를 응원하다 보면 맞은편 펜스에 큼지막하게 쓰여 있는 브랜드 슬로건이나 제품 슬로건은 슬로건의 독립적 사용을 증명해 보이는 좋은 사례다.

따라서 슬로건 창작 작업을 할 때 슬로건이 다른 카피나 비주얼과 함께 어울려 활용되지 않고 혼자 독립적으로 활용되는 경우에 충분히 대비해야 한다. 저 멀리 홈런 존 앞에 쓸쓸히 놓여 있어도 마치 낙락장송처럼 우아하고 듬직한 자태를 포기하지 않고 전달하고자 하는 메시지를 뽐낼 수 있도록 만들어 주어야 한다. 이것이 슬로건이 홀로 있어도 '일당백'으로 싸울 수 있게 만드는 길이다.

02 | 반복성

슬로건의 목적 중 하나는 소비자의 기억 속에 효과적으로 파고들어 제품의 이름이나 속성 또는 제품이 주는 혜택 등을 기억시키는 일이다. 이를 위해서 슬로건은 다른 광고 표현의 요소들에 비해 상당한 반복적 노출을 특징으로 한다. 광고의 헤드라인이 하나의 광고물의 표현을 위해 만들어진다면 슬로건은 그 제품이나 기업의 수명과 운명을 같이하기 위해 탄생한다. 따라서 그 기업이나 제품이 노출되는 곳이면 어디에서나 슬로건을 볼 수 있어야 한다. 그리고 그 반복성은 단순히 노출의 빈도뿐 아니라 노출되는 위치나 타이밍에서도 일정한 통일감을 가지고 반복되고 있다는 데 더 큰 의미를 둔다. 인쇄광고의 경우를 보면 수년 간 광고 캠페인이 집행되어 오는 가운데 반복되어 노출되는 슬로건의 레이아웃에는 변화가 없는 것을 볼 수 있다. 이는 동일한 위치에서 반복되어 노출되는 슬로건이 소비자들에게 브랜드에 대한 친숙도를 높이는데 보다 효과적이라고 판단되기 때문이다. TV나 Radio CM이 대부분 특정한 슬로건으로 마무리되는 경우가 좋은 사례다. 혹시 출근길이나 등굣길에 매일 똑같은 시간 똑같은 장소에서 만나는 사람이 있는가? 또는 드라마에서 자주 보던 주인공이나 탤런트를 우연히 공공장소나 식당에서 만나 자신도 모르게 마치 아는 사람처럼 "안녕하세요?" "요즘, 잘 계시죠!" 하고 안부를 물었던 적은 없는가? 반복의 익숙함은 마치 안보이면 궁금한 집요한 스토커처럼 참 무서운 무기다.

03 | 내구성

가장 이상적인 슬로건은 제품이나 브랜드 또는 그 기업과 수명을 같이 하는 슬로건이다. 우리가 사용하는 세탁기나 냉장고, 휴대폰이나 자동차와 같은 제품의 수명보다 슬로건이 더 장수하는 경우가 허다하게 나오는 것이 바람직하다. 카피라이터는 자신이 창작하는 슬로건에 이 정도의 욕심을 내야 하는 것은 당연하다. 그러나 현실은 이에 미치지 못하는 경우가 많다. 이것이 좋은 광고 캠페인이 많음에도 불구하고 명작 슬로건을 찾기 어려운 결정적인 이유이기도 하다.

슬로건에 대한 생각을 바꾸어 보자! 브랜드나 제품에 대한 의리를 가지고 제품이 수명을 다해 죽을 때까지 혈맹을 맺어 보자는 의지를 품어 보자! 어쩌면 질긴 명을 가진 슬로건 한 줄이 제품이나 브랜드의 수명을 늘리는 방법 중에 하나인지도 모를 일이기 때문이다.

- Just do it (NIKE)
- Always (Coca Cola)
- i'm lovin' it (McDonald)
- 고향의 맛 (다시다)
- 사랑해요 (LG)
- 또 하나의 가족 (삼성)
- 맑고 깨끗한 (칠성사이다)
- 우리 강산 푸르게 푸르게 (유한킴벌리)

〈그림 2-1〉 글로벌 슬로건(사례)

비교적 긴 수명을 자랑하는 국내외 슬로건들을 모아 보았다. 대부분 십수 년 이상의 세월 동안 기업이나 브랜드를 건강하게 성장시켜 온 슬로건들이다. 슬로건이 이 정도 되면 그 영향력이 그러저러한 브랜드 파워보다 클 것이다. 이 슬로건 한 줄 만으로도 웬만한 신문이나 잡지에 실리는 광고 못지않은 메시지전달 효과를 낼 것이라 믿어 의심치 않는다.

신제품을 개발하는 사람들이 연구소나 생산 현장에서 제품의 내구성을 위한 노력을 늦추지 않을 때, 우리 광고인들은 오래 사용될 슬로건을 만들어 내는 일에 분주해야 할 것이다. 제품과 수명을 같이하고 나아가서 몇 개의 제품이 태어나고 소멸되어 가는 동안에도 건강하게 장수하여 살아남는 슬로건들을 우리 주위에서 심심치 않게 볼 수 있었으면 하는 바람이다.

한국관광공사

" Feel The Rhythm of Korea "

한국관광공사, 지구촌에 범을 내리다!

한국관광공사의 "Feel The Rhythm of KOREA"는 2020년에 기획된 어떤 광고보다 한국적인 음악과 리듬으로 주목받았던 캠페인으로 손꼽을 수 있다. 광고의 주목성은 물론이고 광고를 통해 전달하고자 기획된 메시지들을 음악을 통해 명확하고 파워풀하게 전달하고 있다는 점에서 시청자들은 물론이고 많은 관련 학회나 협회에서도 칭찬을 아끼지 않았다. 특히, 이날치의 음악과 앰비규어스댄스컴퍼니(Ambiguous Dance Company)의 춤이 제대로 역할을 한 광고 캠페인으로 한국광고학회 '올해의 광고상' 그랑프리, 한국광고주협회 '국민이 선택한 좋은 광고상' 대상 수상 등 다양한 분야에서 전략과 크리에이티비티를 인정받았다.

음악과 댄스의 코드는 국가와 문화가 다른 공간에서도 유사한 공감을 이끌어 낼 수 있는 글로벌 커뮤니케이션(Global Communication) 도구라고 할 수 있다. 때문에 한국관광공사 글로벌 캠페인은 "국내에 '1일1깡'이 있다면, 글로벌에는 '1일1범'이 있다"는 말이 나올 만큼 세계인의 마음속에 대한민국이라는 나라의 방방곡곡을 각인시킨 일등공신으로 부각되었다.

팬데믹(pendemic)을 극복할 강력한 캠페인이 필요

본 캠페인을 기획할 당시는 전 세계가 코로나로부터의 위협과 고통이 시작될 즈음이었다. 아무리 'Welcome to Korea'를 외쳐도 대한민국을 찾기가 쉽지 않았던 시기였기에 더욱 강력하고 차별화된 캠페인이 필요했다. 처음 캠페인의 기획은 'Come Dance with Korea'라는 콘셉트로 시작되었다. 이 콘셉트를 표현해 줄 만한 수많은 영상들을 서치하던 중 하나의 영상에 주목하게 되는데, 바로 앰비규어스댄스컴퍼니와 가수 이날치가 함께 하는 무대영상이었다. 우리는 이 영상의 중독성에 끌렸고, 시종일관 흐르는 국악 베이스의 노래와 댄스가 대한민국의 '흥'을 극대화시킬 수 있겠다는 매우 중요한 판단을 하게 되었다. 이 시기 세계인들에게 '관광'이라는 키워드는 이미 오래 전 '추억의

라이프스타일'이 되어가는 시기였다. 그것이 우리가 'Welcome to Korea'가 아닌 'Come Dance with Korea'라는 콘셉트를 도출한 이유다. 즉, 직접적인 관광이 어려운 시기에 비대면으로라도 세계인에게 '대한민국 여행에 대한 기대감'을 높이는 일이 커뮤니케이션 전략의 핵심적인 목표였다.

> "범 내려온다. 범이 내려온다.
> 장림 깊은 골로 대한 짐승이 내려온다.
> 몸은 얼숭덜숭, 꼬리는 잔뜩 한 발이 넘고,
> 누에머리 흔들며, 전동 같은 앞다리,
> 동아 같은 뒷발로 양 귀 찌어지고,
> 쇠낫 같은 발톱으로 잔디뿌리 왕모래를
> 좌르르르르 흩치며,
> 주홍 입 쩍 벌리고 워~리렁 허는 소리
> 하늘이 무너지고 땅이 툭 꺼지난 듯
> 자래 정신없이 목을 움추리고
> 가만히 엎졌것다."

> "범 내려온다. 범이 내려온다.
> 송림 깊은 골로 한 짐생이 내려온다…"

단순하고 중독성 강한 멜로디와 리듬은 물론이고, 구구절절 입과 귀에 담기는 가사는 구수하기가 우리나라 그 어떤 음식보다 더하다.

Feel the Rhythm of Korea

한국에서 경험하게 될 모든 순간의 즐거움을
"한국의 리듬"으로 전달하는 2020 한국 관광 캠페인

'힙'과 '흥'이 있는 한국의 리듬, "Feel The Rhythm of Korea"

캠페인을 이끌어 가는 슬로건은 "Feel The Rhythm of Korea"다. 한국에서 경험하게 될 다양한 순간의 즐거움을 '한국의 리듬'으로 전달하는 캠페인이다. 세계인은 물론이고 대한민국의 젊은 타깃들이 한국 관광을 더욱 즐겁고 다채롭게 느낄 수 있도록 '힙'과 '흥'이 살아있는 한국의 리듬을 전달하고자 했다. 이를 위해 화제가 될 수 있는 다양한 콘텐츠를 제작하고, 자발적인 바이럴을 통해 확산될 수 있는 '밈(Meme) 마케팅'을 전개하고자 했다.

대표 캠페인인 서울(편)에는 '범 내려온다'라는 음악과 함께 대한민국 수도서울의 방방곡곡을 그야말로 쥐 잡듯 샅샅이 뒤져가고 있다. 'Feel The Rhythm of Korea_Seoul(편)'에서는 청와대를 시작으로 삼성미술관 리움, 덕수궁, 자하문 터널, 동대문 디자인 플라자 등을 무대로 소개했다. 이어서 전주, 부산, 강릉, 안동, 목포 등 6개 지역의 소재로 제작되었고, 2020년 하반기에 총 19개 나라에서 약 36억 원의 예산으로 집행되었다. 약 5억 6천 회의 조회수와 VTR 30.5%를 기록(2020년 12월 24일 기준)하였다. 바이럴 캠페인의 집행 국가가 19개국이라는 것은 사실적으로 전 세계인이 대한민국의 흥겨운 광고 음악에 어깨를 들썩였다는 말이나 다름이 없다.

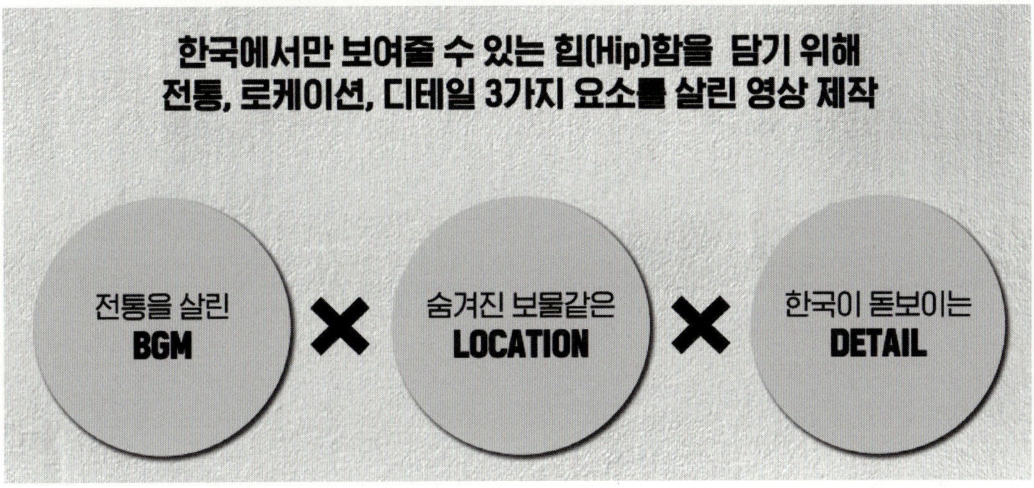

다시, 세계인이 대한민국을 찾는 날을 위하여!

하나의 광고 캠페인이 성공을 거두기 위해서는 수많은 광고 요소들의 역할이 시너지를 이룰 때 가능하다. 때로는 광고 모델이 그 중심에 서기도 하고, 때로는 제품 자체가 가지고 있는 품질의 경쟁력이 캠페인을 이끌기도 한다. 이번 캠페인은 'Feel The Rhythm of Korea'라는 키 메시지를 중심으로, 가장 한국적인 리듬과 음악과 장소들이 세계인에게 인상깊게 전달되었다는 데 큰 의미가 있다. 직접 관광이 불가한 상황에서 당시 트렌드에 부합하고 공감을 얻어낼 수 있는 소재들의 활용, 단순히 랜드마크 소개 방식의 홍보를 지양하고 익숙하면서도 새로운 'K-Culture'를 개발하고 그들의 숨겨진 매력을 전달하고자 했던 전략, 그리고 이를 통해 한국의 전통미와 현대미의 융합을 이끌어 낸 '독특한 문화 경험의 선물'이 매우 긍정적인 캠페인 효과에 기여했다고 판단된다.

인류의 일상에 '마스크와 격리'라는 반갑지 못한 상황이 마무리되고 '여행'이라는 소중한 일상이 회복되었을 때 한국관광공사의 'Feel The Rhythm of Korea' 캠페인이 기대했던 중장기적인 성과를 충분히 이끌어 내기를 기대한다.

자료제공: HS애드

3장 슬로건의 구분

01 | 용도에 따른 구분

슬로건은 어떤 주체를 어떤 목적으로 표현하느냐에 따라 크게 그룹 및 기업 슬로건, 브랜드 및 제품 슬로건, 캠페인 슬로건, 정치 및 선거 슬로건 등으로 구분하여 사용된다.

- 그룹 및 기업 슬로건
- 브랜드 및 제품 슬로건
- 캠페인 슬로건
- 정치 및 선거 슬로건

1) 그룹 및 기업 슬로건

오늘날의 기업환경은 소비자와의 원활한 커뮤니케이션을 무시하고는 존재할 수 없을 정도로 유연하고 쌍방향적이다. 즉, 아무리 좋은 제품을 생산하고 판매하는 기업이라 할지라도 철학이나 비전 그리고 사회활동 등을 통해 일반 대중이나 소비자들과 지속적이고 호의적이고 적극적인 커뮤니케이션 관계를 유지하지 않고서는 기업의 긍정적 이미지를 유지하기가 힘들 뿐 아니라 제품의 판매에서도 문제가 발생할 가능성이 다분하기 때문이다. 뿐만 아니라 기업과 소비자 사이에 평소 탄탄하게 관계 맺어진 호의적 이미지는 기업이 성장궤도에 있을 때뿐만 아니라 위기국면에 봉착했을 때 더욱 그 진가를 발휘한다.

기업 슬로건은 대체로 기업의 이미지나 모습 또는 철학이나 비전, 규모나 역사성을 명확하게 전달할 목적으로 만들어지며, 이를 통해 조직원들이 기업이 원하는 하나의 목표를 향해 나아갈 수 있도록 해 줄 뿐 아니라, 소비자들 역시 해당 기업에 대한 긍정적인 이미지를 갖도록 하는 역할을 한다.

- 라면의 진리 (오뚜기)
- 믿을 수 있는 식품 (농심)
- 집에 대한 바른 생각 (대방건설)
- 타이어 바꿀 때 (타이어뱅크)
- 내일의 나를 위해 (삼성증권)
- 마음이 합니다 (현대해상)
- 연금은 미래다 (미래에셋증권)
- 길을 만들다 (현대엘리베이터)
- 모두의 기쁨 그 하나를 위하여 (하나금융그룹)

이러한 기업 슬로건은 요즘과 같이 다양한 브랜드나 제품들 속에서 자사의 브랜드를 드러내기가 쉽지 않고, 제품 간의 특별한 장점을 강조하기 어려운 시기일수록 그 중

〈그림 3-1〉 포드 기업슬로건(사례)

〈그림 3-2〉 본죽 기업슬로건(사례)

요성을 더한다. 이는 그 제품을 생산하거나 서비스를 제공하는 기업에 대한 신뢰와 이미지가 제품의 구매에 근본적인 역할을 행사하기 때문이다.

2) 브랜드 및 제품 슬로건

브랜드 및 제품 슬로건은 특정 브랜드나 제품의 판매를 촉진하거나 제품의 이름을 기억시키거나 제품의 카테고리, 품질, 기술력, 시장위치, 편리함 등을 전달하기 위해 만들어진다. 때문에 소비자의 니즈를 정확하게 파악하고, 제품의 차별되고 유일한 속성 또는 경쟁력 있는 우위를 강조하여 최종적으로 소비자들의 구매 욕구를 불러일으키는 역할을 해야 한다.

- 마셔보면 안다 (립티)
- 파름신이 내리면 (번개장터)
- 감기 시작했다. 판콜 마셨다 (판콜)
- 맛있땅! 즐겁땅! (땅땅치킨)
- 7~8분이면 염색되는 (세븐에이트)
- 대한민국 쓰담쓰담 (멘소래담)
- 날씬한 기분 (미에로화이바)
- 부드러움 속에 카리스마가 있다 (엔초)
- 손 안의 야구놀이터 (쏠야구)
- 제대로 만든 크래커 (제크)
- 패션의 시작입니다 (빅맨)

〈그림 3-3〉 테라 브랜드슬로건(사례)

〈그림 3-4〉 인사돌 브랜드슬로건(사례)

- 청정라거 (테라)
- 누구나, 골프를, 쉽게 (프렌즈 아카데미)
- 스포츠가 있는 곳에 (파워에이드)

효과적인 브랜드 슬로건을 창조해 내기 위해서는 제품이나 서비스가 지니고 있는 경쟁력을 찾아내는 것이 무엇보다 중요하다. 따라서 광고 슬로건을 만드는데 관여하는 기획자나 카피라이터는 그 누구보다 제품이나 시장상황에 대한 연구에 몰두해야 한다. 타의 추종을 불허하는 제품력과 이를 간절히 원하는 소비자의 니즈가 슬로건을 통해서 만나게 될 때 그 효과는 가히 폭발적이 될 것이다. 때로는 슬로건 한 줄의 힘만으로도 제품이 주지 못하는 커뮤니케이션의 힘을 발휘하기도 한다.

3) 캠페인 슬로건

캠페인 슬로건은 헤드라인에 비해 상대적으로 장기간 활용되는 특징을 지니고 있으며, 이를 통해 일정 기간 반복되어 집행되는 광고 캠페인에서 더욱 일관되고 강력한 시너지 효과를 실어주는 역할을 한다.

- Feel The Rhythm Of Korea (한국관광공사)
- 가전을 나답게 (삼성)
- 시작을 시작해 (삼성증권)
- 잘 잤다 (에이스침대)
- 당신이 제일 행복하길 (제일화재)
- 사람이 미래다 (두산)
- 생활의 중심 (SK텔레콤)
- 엄마를 부탁해 (웅진코웨이)
- 우리 강산 푸르게 푸르게 (유한킴벌리)
- 전자제품 살 땐 하이마트로 가요! (하이마트)
- 지구를 혁신하다 (SK이노베이션)
- 토요타에 가자 (TOYOTA)

〈그림 3-5〉 트롬건조기 캠페인 슬로건(사례)

훌륭한 캠페인 슬로건은 광고 헤드라인에게 천군만마와 같다. 그리고 때로는 잘 만들어진 헤드라인이 장기적인 캠페인의 슬로건으로 성장하기도 한다. 광고가 기본적으로 산발적인 힘보다는 축적의 힘에 의존한다고 볼 때 캠페인 슬로건이야 말로 진정한 광고의 힘을 말해주는 든든한 파수꾼이다.

4) 정치 및 선거 슬로건

정치 슬로건과 선거 슬로건은 캐치프레이즈와 함께 유권자들에게 자신이나 정당의 공약이나 의지를 효과적으로 알리기 위해 사용되며 궁극적인 목적은 자신의 정책적 공약을 유권자들에게 쉽고 설득력 있게 전달하기 위한 것이다. 그러나 때로는 자신의 공약보다는 상대의 공약이나 상대방 자체를 비방함으로써 자신이 선택받으려는 네거티브 표현을 사용하기도 한다. 특히, 이러한 정치나 선거에 활용되는 슬로건들은 화법이나 어법에 있어서 문어체 형태보다 직접 현장에서 외칠 수 있는 구어체 형태를 갖게 될 때 더 큰 쓰임새와 효과를 맛보게 된다.

- 저녁이 있는 삶 (손학규)
- 가족이 행복한 나라 (정동영)

- 깨끗한 경제 튼튼한 경제 (이회창)
- 내 꿈이 이루어지는 나라 (박근혜)
- 큰 일꾼 큰 정치 (정세균)
- 당신의 능력을 보여주세요 (유승민)
- 당당한 서민 대통령 (홍준표)
- 내게 힘이 되는 나라, 평등국가 (김두관)
- 빚 없는 사회, 편안한 나라 (정세균)
- 사람이 먼저다 (문재인)
- 새로운 대한민국 (노무현)
- 세상을 바꾸는 대통령 (권영길)
- 실천하는 경제대통령 (이명박)
- 세상을 바꿉시다 (백기완)
- 준비된 대통령 (김대중)
- 내 삶의 친구 (이인영)
- 바르고 깨끗한 (안철수)
- 유능한 경제대통령 (이재명)
- 국민이 키운 대통령 (윤석열)

해마다 각종 선거철이 되면 포스터나 방송 등을 통해 정당과 후보자 공약을 대변하는 슬로건 뽑아내기에 총력을 기울이는 모습을 보게 된다. 정치 및 선거 슬로건을 만드는 작업에서 무엇이 가장 중요한가? 후보나 정당의 능력이나 경쟁력 못지않게 중요한 것은 유권자들의 욕구를 파악하는 일이다. 위의 많은 사례에서 볼 수 있듯 대부분의 슬로건들은 그 시대가 가장 원하고 필요한 메시지, 다시 말하면 기존 정권이나 후보가 갖지 못했던 부족한 부분을 언급하고 있는 모습을 볼 수 있다. 이를 통해 새로운 후보 또는 새로운 정권으로의 탈바꿈을 시도하려는 것이다. 이런 면에서 보면, 정치 및 선거 슬로건이야말로 표현의 차별화보다는 유권자들의 바람과 의지를 제대로 반영한 전략적 메시지의 도출이 힘을 발휘한다.

02 | 문장구조에 따른 구분

1) 단어형 슬로건

슬로건이 카피의 다른 요소들에 비해 간략하게 정리되어 표현됨을 특징으로 한다는 점에서 보면 슬로건 문장의 가장 기본적인 구조는 단어의 형태를 갖는다고 볼 수 있다. 단어를 단독적으로 사용하거나 단어와 단어의 결합을 통해 슬로건을 구성하는 경우이며, 일반적으로 단독형은 '명사'나 '감탄사'를 사용하고, 결합형의 경우에도 '명사와 명사'를 결합하여 사용하는 경우가 대부분이다.

(1) 단독형

명사나 감탄사 등 하나의 단어를 가지고 슬로건을 구성하는 경우이다.

- 코막힘엔 (오트리빈 S)
- 주름엔 (가히 멀티밤)
- 관절엔 (류마스탑)
- 쉿! (레간자)
- 역시! (러시앤캐시)
- 쾌변 (불가리스)
- Hello! (푸르지오)

(2) 결합형

두 개 이상의 단어를 결합하여 슬로건을 구성하는 경우이다.

- 우주맥주 (칭따오)
- 국민쉼터 (하이원리조트)
- 결국 믿음 (미즈노)
- 먹는 치질약 (치센)
- 대한민국 힐링도시 (문경)
- 민생안심 (신라면)
- 발효과학 (딤채)

- 피부맞춤법 (이니스프리)
- 행복드림 (롯데마트)
- 행복중심케어 (라이나생명)

2) 명사(부사)구형 슬로건

명사구 슬로건은 '관형어+명사'로 구성되는 슬로건과 '명사절+명사'로 구성되는 슬로건의 두 종류로 나뉜다. 이 중 '관형어+명사'의 명사구는 관형어를 통해 제품이나 기업의 이미지를 표현하고, 기업이나 제품의 특장점을 대신할 수 있는 체언(명사)을 수식하게 된다. 때문에 이 구성은 슬로건에 사용될 단어의 선택에 보다 신중해야 한다. 즉, '모발의 혁명'이라는 슬로건에서 '혁명'이라는 명사가 제품에서 전달하고자 하는 핵심적인 이미지를 표현하는 역할을 하는 것이다. 또한 '세상이 부드러운 이유'와 같이 '관형절+명사'로 이루어진 명사구는 슬로건의 이해도에 있어서 '생명과학의 기수'와 같은 '관형어+명사'의 구성보다 안정적이라는 이점이 있다. 즉, '관형어+명사'의 명사구는 주목성은 높지만 가독성과 이해도가 떨어지고, '관형절+명사'의 명사구는 생략되지 않은 문형을 사용함으로써 슬로건에 대한 이해도가 상대적으로 높다고 볼 수 있다.

- 뉴스의 중심 (연합뉴스)
- 우리아이 키 성장 (아이클타임)
- 리얼 칩 (에어베이크드)
- 대한민국 1등 요소수 (유록스)
- 기술의 기아, 안전의 기아 (기아)
- 기술의 현대, 품질의 현대 (현대)
- 모발의 혁명 (밀란)
- 생명과학의 기수 (한미약품)
- 자연파 연인의 만남 (까르마화장품)

또한, '기술의 기아, 안전의 기아'나 '기술의 현대, 품질의 현대'처럼 기업명이나 제품명이 슬로건에 포함되어 있는 경우와 '관형어+명사' 형태의 명사구를 반복하여 사용함으로써 일정한 리듬감을 살리는 역할을 하기도 한다.

3) 생략형 슬로건

특정한 문장 성분이 생략되어 활용되는 슬로건. 특히, 생략된 부분에 소비자 스스로 기업명이나 제품명을 넣어 완성시킬 수 있는 슬로건의 형태는 소비자가 능동적으로 기업이 전달하고자 하는 메시지를 완성하여 기억하는 효과를 기대할 수 있다. 단, 그 슬로건을 접하는 소비자가 그 제품이나 기업에 대해 어느 정도 관여할 수 있는 여지가 있어야 효과적이며, 슬로건에 표현되는 브랜드나 기업명에 이르기까지 자연스럽게 읽혀지고 기억될 수 있는 충분한 장치가 마련되어야 한다. 즉, 생략된 부분이 소비자의 머릿속에서도 생략되는 것이 아니라, 언어적으로는 생략되어 있으나 현실적으로 더욱 강력한 인상을 남기는 것이 생략형 슬로건을 활용하는 이유이다.

- 패키지 여행은 (자유투어)
- 사람을 중앙에 (중앙하이츠)
- 맑고 깨끗한 (칠성사이다)
- 멋 부리지 않은 듯이 멋이 나는 (캠브리지멤버스)
- 부드러움의 깊이가 다른 (스카치블루)
- 부부건강의 맥을 이어주는 (맥가드)
- 삶이 특별한 자리에 (크레센도)
- 생활 속의 낙원을 가꾸는 (온양관광호텔)
- 세계 속에 동양을 심는 (동양도자기)
- 언제 어디서나 편리한 (비씨카드)
- 전자제품 살 땐 (하이마트)

4) 문장형 슬로건

문장형 슬로건은 완결된 하나의 문장으로 구성된 슬로건을 말한다. 문장형 슬로건은 단어형 슬로건이나 생략형 슬로건에 비해 다소 길어질 수 있다는 우려는 있지만 긍정적으로 보면 전달하고 싶은 메시지를 비교적 명확하고 친절하게 전달할 수 있다는 장점도 있다. 문장의 형태는 대부분 서술형을 사용하고 있으며, 청유형이나 명령형, 의문형 등을 사용하는 경우도 종종 볼 수 있다.

(1) 서술형

- 또 다른 이야기를 짓다 (레고)
- 스핀이 스코어를 바꾼다 (스릭슨)
- 다음이 더욱 기대되는 PR회사 (레인보우커뮤니케이션)
- 잘 파는 게 투자다 (유안타증권)
- 국민을 먼저 생각합니다 (KB국민카드)
- 미래는 바뀝니다 (대우자동차)
- 삶에 향기를 드립니다 (위너스카드)
- 삼성이 만들면 다릅니다 (삼성자동차카드)
- 순간의 선택이 10년을 좌우합니다 (금성)
- 제일 먼저 듣겠습니다 (제일은행)
- 첨단 기술로 세계와 겨룬다 (에디슨)
- 패션은 구두에서 완성됩니다 (엘칸토)
- 필기구는 마이크로가 좋습니다 (마이크로)

(2) 청유형

- 배달을 즐겨요 (던킨 딜리버리)
- 야채를 더 드십시오 (큐피마요네즈)
- 케토톱으로 캐내십시오 (케토톱)
- 흔들어주세요 (써니텐)
- 누구든지 즐겨요 (새우깡)
- 선물같은 사람에게 선물하세요 (롯데백화점)
- 열효율이 높은 제품을 선택합시다 (경동보일러)

(3) 명령형

- 시작을 시작해 (삼성증권)
- 100% 올몰트로 즐겨라 (비라거)
- 거침없이 터뜨려버려 (스프라이트)
- 세계를 라운딩하라 (PACIFICLINKS)

- 토요타에 가자 (TOYOTA)
- 마시자! 건강을 위하여! (헤포스)
- 생활의 판을 바꾸자 (판코아)
- 세계를 품어라 (목원대학교)

(4) 의문형

- PING인가? PING이 아닌가? (PING)
- 누구시길래? (SM5)
- WHO? (대우건설)
- Why not change the world? (한동대학교)

03 | 핵심단어에 따른 구분

독일의 슬로건 연구결과에 의하면 광고에서 많이 쓰이는 단어의 품사는 명사가 22.4%, 형용사가 12.8%로 나타나고 있다. 특히 슬로건에서는 명사가 일반적으로 가장 많이 사용되는 것으로 나타나고 있다. 이는 명사가 다른 품사의 단어에 비해 슬로건의 핵심내용을 전달하고 기억시키기에 용이하기 때문이라고 생각된다.

또한 슬로건에서의 형용사는 제품이나 기업이 지니고 있는 특징이나 장점을 포장하고 강조하는데 있어서 유용한 역할을 하기에 적당한 품사이기 때문에 광고의 본질을 생각한다면 지극히 자연스러운 현상이라 할 수 있다. 이러한 형용사는 슬로건에서 두 가지의 형태로 역할을 하고 있는데 하나는 명사를 수식하는 역할이며, 다른 하나는 명사 없이 독자적인 역할을 수행하는 경우이다.

동사는 슬로건에서 형용사와 비슷한 역할을 수행하는 것으로 보인다. 형용사의 경우와 마찬가지로 동사 역시 명사와 부합하여 사용되거나 동사 독립적으로 또는 다른 동사와 연계하여 슬로건의 역할을 수행하게 된다.

슬로건의 의미를 전달하는 방법에서 소비자에게 단어 자체로써 흥미와 관심을 끄는 힘을 지닌 단어가 있다. 이를 슬로건의 '핵심단어'라고 한다. 그리고 어떤 품사의 단어가 슬로건에서 핵심단어의 역할을 하고 있는지에 따라 슬로건을 구분할 수 있다.

1) 명사 핵심단어

명사 핵심단어 슬로건은 메시지를 전달하는 데 있어서 명사가 핵심단어의 역할을 수행하는 슬로건을 말한다. 명사는 슬로건에 활용되는 품사 중에서 일반적으로 빈도수가 가장 높은 단어이다.

- 우리아이 키 성장 (아이클타임)
- 남자를 아니까 (우르오스)
- 당신의 초시대를 만듭니다 (SK텔레콤)
- 건강은 돈으로도 살 수 없습니다 (일양약품)
- 고객과의 약속을 소중히 하는 (동부화재)
- 그녀는 프로다. 프로는 아름답다 (베스띠벨리)
- 기술의 상징 (금성)
- 남성의 여유 (솔로)
- 보람의 일터 (코오롱)
- 비비안은 품질입니다 (비비안)
- 지구를 혁신하다 (SK이노베이션)

일반적으로 기업 슬로건에 활용되는 키워드는 단순히 슬로건에만 활용되는데 그치는 것이 아니라 그 기업 전체의 비전이나 철학을 내포하는 커뮤니케이션의 '핵심단어'인 경우가 많다. 또한, 그 제품이 지니고 있는 차별화된 특징이나 고객에게 줄 수 있는 가장 중요한 혜택이 슬로건의 명사형 핵심단어로 활용되기도 한다. 위의 사례들에서 보는 바와 같이 명사형 핵심단어를 활용하는 슬로건의 경우 다른 슬로건에 비해 상대적으로 명쾌한 메시지를 전달할 수 있다는 장점이 있다.

2) 형용사 핵심단어

형용사 핵심단어 슬로건은 메시지를 전달하는 데 있어서 형용사가 핵심단어의 기능을 수행하는 슬로건이다. 앞서 언급했듯이 광고나 슬로건이 일정부분 포장의 역할을 한다는 것을 가정할 때 형용사가 일정부분 꾸밈새의 역할을 하는 것은 어쩌면 당연한 일이다. 즉, 기업이나 제품이 주고자 하는 혜택이나 소비자가 얻고자 하는 이상적인 모습을 슬로건을 통해 눈에 보이듯이 설명하고 그려주는 것이다.

- 힘찬 하루 (헛개차)
- 깨끗한 피부의 재창조 (미아사샤)
- 순결한 머릿결을 위한 (리브겐)
- 건강한 여행 (여행콩)
- 든든한 은행, 든든한 동행 (하나은행)
- 맛있는 빵 (샤니)
- 맛있는 치킨 (60계치킨)
- 새로운 표현시도 (장프로필)
- 좋은 사람, 좋은 기름 (S OIL)

일반적으로 형용사 핵심단어를 활용하는 슬로건을 살펴보면 위의 사례들의 경우처럼 명사 단어 앞에서 제품이 주고자 하는 핵심적인 혜택을 형용사 핵심단어가 수식하는 경우가 많음을 알 수 있다. 즉, 형용사 핵심단어의 뒤에 위치하는 명사는 대부분 제품명이거나 제품의 카테고리 또는 제품을 사용하는 주체 등이고 형용사형 핵심단어는 그 주체단어를 이상적인 모습으로 치장하여 전달하는 데 초점을 맞추고 있는 것이다.

3) 동사 핵심단어

동사 핵심단어 슬로건은 슬로건의 메시지를 전달하는 데 있어서 소비자의 구체적인 행위를 유발하는 동사가 핵심단어의 기능을 수행하는 슬로건이다. 이러한 동사 핵심단어 슬로건은 소비자에게 구체적인 행위, 즉 구매행위나 기업이 소비자에게 기대할 수 있는 행동들을 촉구하는 슬로건으로 제품의 판매 또는 기업이나 브랜드에 대한 구체적인 태도 변화를 목적으로 하는 슬로건 창작의 경우에 많이 활용된다.

- 카드, 날다 (대한항공 현대카드)
- 별이 쏟아지는 (스타벅스 현대카드)
- 너에게 밥을 보낸다 (배달의 민족)

- 걸면 걸리는 (걸리버)
- 인류에 봉사하는 (오리리화장품)
- 케토톱으로 캐내십시오 (케토톱)
- 토요타에 가자 (TOYOTA)
- 흔들어주세요! (써니텐)

동사 핵심단어 슬로건은 다른 품사를 사용하는 슬로건에 비해 생동감이 있고 유쾌하다. 단어에서 전해주는 내용뿐만 아니라 품사가 주는 맛에서 보다 진취적이고 적극적인 내용을 전달하고 있음을 행간에서 읽을 수가 있다. 따라서, 기업 내외적으로 변화를 꾀하고자 하거나 새롭게 고객에게 다가가고자 하는 등의 능동적인 커뮤니케이션 전략을 전개하기 위해서는 이러한 동사 핵심단어 슬로건을 활용하는 것도 효과적이라 생각한다.

4) 기타 핵심단어

이 외에도 슬로건을 구성하는 핵심단어들은 부사 핵심단어와 감탄사 등의 다양한 형태의 핵심단어로 구성된 슬로건들을 볼 수 있다. 그 중에서 감탄사나 의성어 및 의태어 등을 활용하는 슬로건도 다른 슬로건들과 차별화되면서 자신의 역할을 일당백으로 해내고 있음을 볼 수 있다. '쉿, 레간자'와 같이 제품이 주고 있는 정숙성의 가치를 한 글자의 감탄사로 종결짓는 슬로건, '클릭, 뿅, 띵동'처럼 빠른 배송의 이점을 재미있는 세 단어로 구성한 경우처럼 명작 슬로건을 창조하는 데 도움을 주는 핵심단어를 찾는 일은 즐거운 일이다.

(1) 부사, 관형사 핵심단어

- 한 번 더 케어 (루헨스)
- 우리의 첫 가전 (삼성신혼가전)
- 같이의 가치 (NH농협)
- 고객을 위해 한 번 더 (현대해상화재보험)
- 제대로 만든 크래커 (ZEC)

- 제일 먼저 듣겠습니다 (제일은행)
- 형님 먼저 아우 먼저 (농심)

(2) 감탄사, 의태어, 의성어 등 핵심단어

- 쉿! (레간자)
- 역시! (러시앤캐시)
- 클릭, 뿅, 띵동 (YES24)
- 참치 먹고 으쌰~ (동원참치)
- Hello! (푸르지오)

04 | 표현방법에 따른 구분

명확하면서 창의적이고, 창의적이면서 효과적인 슬로건을 만들어 내기 위해 지금 이 시간에도 많은 카피라이터와 전략가들이 회의와 고민을 거듭하고 있을 것이다. 사실, 슬로건을 창작하는 과정에서 일일이 전략과 이론을 대입하기란 어려운 일이다. 그러나 모든 광고전략이 그렇듯이 슬로건에도 '창작기술'과 '창작전략'은 필요하다. 이것은 마치 프리미어리그의 축구선수나 메이저리그의 야구선수들의 환상적인 플레이에서 볼 수 있듯이 다양한 전략과 훈련의 경험들이 몸에 녹아 있다가 결정적인 순간에 자신도 모르게 실력을 발휘해 내는 것과 같다. 이희복(2006)은 국내 50대 광고주를 중심으로 '주요 광고 브랜드의 슬로건 분석'을 통해 슬로건이 가지고 있는 언어적 기법과 브랜드 표현의 특징을 분석하였다. 본 내용에서는 연구자가 주요 브랜드 슬로건의 특성으로 분류한 구분 가운데 몇 가지를 활용하여 다양한 슬로건 표현방법에 대한 본인의 생각과 의견을 첨언하고자 한다.

1) 브랜드 포함 여부

기업 슬로건에서 80%, 제품슬로건에서 76.6%가 슬로건 안에 브랜드명을 포함하고 있지 않은 것으로 조사된다. 이는 슬로건의 역할 중에서 브랜드를 수식하는 역할보다 슬로건 독립적인 역할이 더욱 강조되고 있음을 말해주는 것이다. 그럼에도 불구하고 슬로건의 역할 중에서 '브랜드 알리기'는 빼놓을 수 없는 중요한 역할이다. 이번 장을 통해서 어렵지 않게 만날 수 있었던 슬로건들 중에서 '브랜드 네임'이 어떻게 포함되고 있고, 슬로건에서 어떤 역할을 하고 있는지를 다양한 사례를 통해 살펴보기로 하자.

(1) 브랜드 직접포함 슬로건

슬로건에 브랜드를 직접적으로 포함시켜 활용하는 이유는 무엇인가? 그것은 슬로건이 지속적으로 활용되어 인구에 회자됨으로 해서 브랜드도 덩달아 소비자의 마음속에 기억되는 일거양득의 효과를 노릴 수 있기 때문이다. 위에 사례로 정리해 놓은 슬로건들은 우리의 기억 속에 그 브랜드가 어느 정도 인지되어 있는 슬로건들이다.

- 다방이 다했다
- 보호대는 닥터메드
- 매일 레모나
- 맥콜이 찐(眞)이야!
- 번개같이 사는 거래
- 국민이 힘입니다
- 나는 나, 티코를 탄다!
- 다이아몬드는 삼신입니다
- 맞다! 게보린
- 매트 매트 홈매트!
- 명심을 기억하십시오!
- 종가집은 엄격하게 만듭니다
- 케토톱으로 캐내십시오
- 하이마트로 가요!

(2) 브랜드 간접포함 슬로건

슬로건에 브랜드를 포함시키는 방법으로는 직접포함 외에도 간접적으로 포함시키는 방법도 있을 수 있다. 이러한 브랜드 간접포함 슬로건은 브랜드 직접포함 슬로건에 비해 자연스럽고 흥미롭게 브랜드를 전달할 수 있다는 장점이 있다. '이가 탄탄(이가탄)', '걸면 걸리는(걸리버)'의 경우와 같이 제품이 주는 효과나 효능을 브랜드와 연결시킨 슬로건, '요구르트의 황제(칸)', '원하지 않을 땐(노원)', '지구를 혁신하다(SK이노베이션)'과 같이 명문 브랜드를 해석하여 슬로건에 활용하는 슬로건, 또는 '쌍둥이 할 때 쌍, 감기 할 때 감(쌍감탕)'처럼 브랜드를 알리는데 슬로건의 총력을 기울이는 슬로건 등 소비자의 인식 속에 브랜드를 알리기 위한 다양한 노력이 전개되고 있다.

- 건강하게 키워요 (키요)
- 걸면 걸리는 (걸리버)
- 고뿔에는 (고프레)
- 쌍둥이 할 때 쌍, 감기 할 때 감 (쌍감탕)
- 여섯 달을 고집하는 (옹가네여섯달간장)
- 요구르트의 황제 (칸)
- 원하지 않을 땐 (노원)
- 이가 탄탄 (이가탄)
- 지구를 혁신하다 (SK이노베이션)

내공이 있는 카피라이터들은 이쯤해서 눈치를 채고 남음이 있다. 이미, 브랜드 속에 제품에서 전달하고자 하는 핵심 메시지를 담아 탄생한 브랜드들이 많다는 사실을 말이다.

(3) 브랜드 미포함 슬로건

직접적이든 간접적이든 슬로건에서 브랜드에 대한 힌트를 주지 않는다면 어떤 내용으로 슬로건을 꾸미게 될까? 그 자리는 슬로건을 통해 전달하고자 하는 기업의 자랑거리나 고객이 받을 수 있는 혜택이 차지하게 될 것이다. 즉, 고객으로 하여금 관심을 가기에 충분한 내용들을 압축하여 문패처럼 걸어놓지 않을까?

- 깊이를 더하는 시간 (발렌타인)
- 아름다움은 자란다 (설화수)
- 빈 속에도 마음 편히 (타이레놀)
- 내 몸에 가까운 물 (포카리스웨트)
- 모두의 원더랜드 (현대프리미엄아울렛)
- 믿을 수 있는 차 (볼보)
- 인생역전 (로또)
- 유럽이 지켜 온 맛 (칼스버그)

2) 표기문자의 종류

이미 시장은 글로벌화되어 있고, 모든 제품의 사용자들에게 일상적인 외국어는 최소한 거부감을 주는 언어는 아니라는 점에서 영어 등의 외국어를 슬로건에 활용하는 것은 이제는 지극히 자연스러운 일이다. 그럼에도 불구하고 우려되는 바는 단순한 시각적인 효과를 드러내기 위한 외국어의 활용은 자칫 전달하고자 하는 중요한 메시지 전달 효과를 낮추는 부정적 영향을 줄 수 있기 때문에 명확한 목적을 지닌 표기문자의 활용이 요구된다.

(1) 한글슬로건

- 맛의 신세계 (피코크)
- 야채가 신선한 집 (채선당)
- 유아에서 고교까지 (빨간펜)
- 좋은 아침, 좋은 신문 (조선일보)
- 책은 위대하다 (소나무)
- 행복한 공부방 (메가스터디)

(2) 영문슬로건

- A MORE BEAUTIFUL WORLD (AMORE)
- BEST HOME, BEST LIFE (HANYANG)

- Beyond Limit (Kangwon University)
- Different Premium (SM3)
- Dreams are the same (Hanwha)
- driving science (HYUNDAI MOBIS)
- European Stylish Outdoor (Lafuma)
- Have a good time (KTF)
- It's different (sky)
- Life is Cool (WHISEN)
- only (SHINSEGAE)
- pride (SOONCHUNHYANG UNIVERSITY)
- SMART BANK (KEB)
- TRUE STYLE (TRUGEN)
- Your best way to nature (KOLON SPORT)

(3) 혼용슬로건

- 대한민국 CEO (체어맨)
- 종로 2가 YMCA 건너편 (코아아트홀)
- First Class만을 위한 신개념 별장 (청평호반리조트)
- Hightopia를 꿈꾸는 (유토피아)
- IBM은 다릅니다 (IBM)
- made in USA를 우리 손으로 (한세실업)
- NATE 시대! 영어 정복자 (i winner)
- No.1이 짓는 No.1 아파트 (현진)
- Play it 상상 (KT&G)
- V라인 얼굴 (옥수수 수염차)
- X세대남성 화장품 (아모레 트윈엑스)

3) 대구와 대조

대구와 대조는 슬로건뿐 아니라 헤드라인이나 캐치플레이즈 등 카피 요소들에서 전달하고자 하는 내용을 보다 효과적으로 강조하여 전달하고, 기억에 남기기 위해 많이 사용하는 표현법이라 할 수 있다.

(1) 대구법를 사용하는 슬로건

대구법을 사용하는 슬로건은 '맛있는 한 끼, 건강한 한 끼', '맛있땅! 즐겁땅!', '뼈에 좋은 칼슘 몸에 좋은 칼슘', '사랑을 드립니다. 기쁨을 드립니다', '키도 크고 몸도 튼튼'처럼 강조하고자 하는 단어나 제품이 가지고 있는 특징 또는 혜택을 대구의 형태로 나열한다. 대구법을 사용하는 슬로건은 기업이나 제품의 메시지를 읽고, 말하고, 듣고, 기억하기 쉽게 전달할 수 있다는 장점이 있다.

- 맛있는 한 끼, 건강한 한 끼 (코코랩)
- 맛있땅! 즐겁땅! (땅땅치킨)
- 1등 바람 1등 에어컨 (LG휘센)
- 강산이 변하는 데 10년, 여자가 변하는 데 2개월 (썬타나)
- 깨끗한 맛, 깨끗한 맥주 (크라운수퍼드라이)
- 눈높이 사랑, 눈높이 교육 (대교)
- 사랑을 드립니다. 기쁨을 드립니다 (현대백화점)
- 앞선 생각, 앞선 가구 (동서가구)
- 이 튼튼 뼈 튼튼 (칼톤)

(2) 대조법을 사용하는 슬로건

대조법은 문학적으로 서로 상반되는 대상이나 내용을 내세워 전달하고자 하는 주제를 강조하거나 인상을 선명하게 하기 위해 활용하는 수사법이다. 광고 슬로건에서의 대조는 대구에 비해 상대적으로 활용도가 높지 않지만 효과적으로 활용할 경우 그 전달력이 배가된다. 위의 사례들에서 볼 수 있듯이 '작지만 큰 행복', '찻길은 좁히고, 사람길은 넓히다'나 '가격은 꼬마키! 품질은 엄마손!', '급할수록 귀할수록'처럼 형식은 어느 정도 대구의 역할을 하고 있다고 볼 수 있으면서 내용적으로는 서로 반대되는 메시지를 전달하여 강조하는 슬로건 표현이다.

- 작지만 큰 행복 (맥도날드 불고기버거)
- 찻길은 좁히고 사람길은 넓히다 (세종대로 사람숲길)
- 가격은 꼬마키! 품질은 엄마손! (아몽)
- 꼬마신사 꼬마숙녀 (해피아이)
- 급할수록 귀할수록 (DHL)
- 맞기는 꿈, 찾는 행복 (대구은행)
- 엄마사랑, 아기사랑 (라라마미)
- 정다운 빙그레, 용감한 이글스 (빙그레이글스)
- 하늘만큼 땅만큼 (교보생명)

4) 두운과 각운

두운은 구나 행의 첫머리에 규칙적으로 같은 운의 글자를 배치시키는 일이고, 각운은 이와는 거꾸로 구나 행의 끝에 규칙적으로 같은 글자를 배치시켜서 활용하는 수사법이다. 슬로건에서 두운과 각운과 같은 반복적 운율을 활용하는 가장 큰 이유는 읽기나 듣기를 쉽게 하여 기억을 용이하게 하기 위해서이다.

(1) 두운을 활용하는 슬로건

- 1등 바람 1등 에어컨 (LG휘센)
- 더 멋있게, 더 안전하게 (뉴르망)
- 신선한 공기, 신나는 하루 (서울랜드)
- 좋은 사람 좋은 기름 (S Oil)

(2) 각운을 활용하는 슬로건

- 맛있는 한 끼, 건강한 한 끼 (코코랩)
- 맛있땅! 즐겁땅! (땅땅치킨)
- 급할수록 귀할수록 (DHL)

- 이 튼튼 뼈 튼튼 (칼톤)
- 피로도 바로, 활력도 바로 (바로코민)
- 하늘만큼 땅만큼 (교보생명)

5) 직유와 은유

슬로건은 기본적으로 기업이나 브랜드를 포장하여 리본을 달아주는 역할을 한다는 점에서 보면 비유를 어떻게 사용해야 하는가라는 고민은 의미가 있다. 때로는 직유를 활용하여 메시지를 명확하게 수식하기도 하고, 경우에 따라서는 은유를 활용하여 돌아가기도 하지만 잊지 말아야 할 것은 그것이 직유이건 은유이건 간에 전달하고자 하는 메시지를 명확하게 전달할 수 있는 방법을 선택해야 한다.

(1) 직유 형태의 슬로건

- 번개같이 사는 거래 (번개장터)
- 가족 같은 골프웨어 (임페리얼)
- 내 집 같이 가족 같이 (외환은행)
- 연인의 손길처럼 피부를 달래주는 (연인과연인)
- 오랜 친구처럼 기분 좋은 옷 (메이폴)

(2) 은유 형태의 슬로건

- 대구시민의 발 (대구도시철도)
- 대한민국 식빵의 시그니처가 되다 (삼미종 생식빵)
- 라면의 캡틴 (캡틴)
- 모발의 혁명 (밀란)
- 바르는 피부보약 (비취가인)
- 보험은 사랑입니다 (삼성생명)
- 神들의 산책 (로디우스)
- 첫사랑의 맛 (칼피스)

6) 비교우위 표현

광고는 결국 '경쟁우위 화법'이다. 현대를 사는 모든 제품이 경쟁이듯, 그 제품들을 수식하는 슬로건 역시 경쟁의 굴레에서 자유로울 수 없다. 따라서 많은 슬로건들이 이전의 자사 제품이나 현재의 경쟁 제품 대비 우위를 차지하기 위해 노력하고 있다. 심지어 기존의 모든 제품들과의 차별화를 선언하는 과감한 슬로건도 찾아 볼 수 있다.

(1) 단순상위 표현

구체적인 비교의 대상을 거론하지 않아도 자사의 제품이 경쟁제품에 비해 상위에 있음을 알리고자 하는 방법으로 제품의 절대적인 우위나 특장점을 표현하는 슬로건이 있다. '대한민국 1등'이나 '대한민국 1%', '상위 1%'를 거론하거나, 해당 제품군의 '원조'임을 주장하거나, 지금까지의 제품과는 다르게 '제대로' 만들었다는 내용을 슬로건에 포함시키는 것은 경쟁상대를 거론하지 않아도 경쟁우위의 효과를 누리기에 충분한 슬로건들이다. 그러나 주의할 것은 무작정 경쟁제품 대비 우위를 주장한다고 해서 모든 소비자가 이를 인정해 주는 것은 아니다. 제품에 대한 자타공인의 인증이 있거나 최소한 제품력에서 객관적인 입증을 확신할 수 있을 때 비로소 빈 수레가 아닌 명실상부한 '경쟁우위'의 지위를 차지할 것이다.

- 먹는 콜라겐 1등 (에버콜라겐)
- 대한민국 1등 요소수 (유록스)
- 소주의 원조 (진로)
- 세계에서 가장 많이 팔린 롤케익 (파리바게뜨 실키롤케익)
- 대한민국 No.1 직영 중고차 (K Car)
- 합격자 수 1위 (에듀윌)
- 대한민국 1등 할인점 (이마트)
- 대한민국 1% (렉스턴)
- 라면은 농심이 맛있습니다 (농심라면)
- 상위 1%를 위한 장타 드라이버 (BIG BaNG)
- 소주 위에 소주 (김삿갓)
- 오래가는 건전지 (듀라셀)
- 제대로 만든 크래커 (ZEC)

(2) 비교우위 표현

슬로건을 통해 경쟁우위를 차지하는 가장 쉬운 방법은 자사제품의 상대적 우위를 표현하는 것이다. 상대보다 더 앞선 기술과 서비스를 강조하여 자사제품의 우월함을 알리는 방법이다. 그러나 이 역시도 공허한 외침을 벗어나기 위한 카피라이터의 노력은 필수임을 잊지 말자.

- 다 이겼어 (다이너스)
- 한 번 더 케어 (루헨스정수기)
- 밥보다 맛있는 오트밀 (퀘이커)
- 일본의 벽을 넘다 (다이너스5)
- 다르게, 더 바르게 만듭니다 (자코모)
- 더 빠르고 더 안전한 (한진해운)
- 더 편리한 카드 (외환비자카드)
- 물이 좋아 더 맛있는 맥주 (하이트)
- 앞서가는 미용실에만 판매하는 (꾸오레화장품)
- 앞선 기술, 앞선 품질 (벽산)
- 앞선 기술로 꿈을, 첨단 자동차로 세계를 (기아산업)
- 앞선 기술이 건강을 창조합니다 (유닉스전자)

(3) 시대적으로 앞섬을 표현

슬로건을 통해 '어제보다 더 나은 내일'을 위해 항상 노력하고 있음을 드러내는 것도 기업이나 브랜드가 상대적 우위의 이미지를 차지하는 또 하나의 방법이다. 이러한 방법은 '단순상위 표현'이나 '경쟁제품 대비 상위 표현'에 비해 다소 우월함이 약하게 전달될 수 있다는 우려가 있을 수 있지만 장기적으로 소비자의 마음을 움직이기 시작한다면 향후 기업이나 브랜드의 이미지 향상에 기대 이상의 역할을 할 수 있다.

- 더 나은 미래를 향한 동행 (현대자동차그룹)
- 더 좋은 내일을 위해 (OB맥주)
- 보다 나은 생활을 위한 보다 나은 제품 (한국듀폰)
- 보다 많은 사람의 건강 (산용산업)

- 우리의 생각은 항상 앞서간다 (델시)
- 함께 만드는 더 똑똑한 세상 (IBM)

(4) 카테고리 차별화

슬로건으로 경쟁우위를 말하는 방법 가운데 또 다른 하나는 지금까지의 모든 제품들과 전혀 다른 제품임을 강조하는 것이다. 또는 지금까지 소비자들의 라이프스타일을 송두리째 바꾸어 놓을 만한 새로운 이슈를 슬로건을 통해 제안함으로써 독보적인 위치로 자신의 제품을 이동시키는 것이다. 특히, 강력한 리더 브랜드가 시장을 지배하고 있는 상황이라면 더욱이 전혀 새로운 차원에서의 '발상의 전환'이 필요하고 효과적이다. 당신의 브랜드가 카테고리 차별화에 성공한다면 그 시장에서는 허허벌판이 모두 내 땅이고, 당분간 당신의 주위에 심기를 불편하게 하는 상대도 없을 것이다.

- 특허받은 치킨 (충만치킨)
- 프리미엄 육아 세제의 기준 (레스랩)
- 닦지 말고 씻자 (웅진룰루비데)
- 라면이 아니라 뉴면입니다 (빙그레뉴면)
- 씹어 먹는 젤리주스 (조이젤)
- 열공하지 말고 올공하자 (올공)
- 진심이 짓습니다 (e편한세상)

7) 기타 정보유형

슬로건이 할 수 있는 역할 가운데 하나는 기업이나 제품이 가지고 있는 전문성이나 혜택에 대한 정보를 설득력 있게 제공하는 것이다. 기업의 능력이나 제품력에 대한 객관적이고 신뢰할 만한 정보가 슬로건을 통해 소비자의 마음에 기억되고 저장된다면 거액의 비용을 들여 노출하는 다양한 매체광고 못지않은 슬로건 효과를 기대할 수 있다.

- 10억 항균이 살아 있는 (비오플)
- 100% 손으로 만든 (미스터피자)
- 100% 현미의 영양 그대로 (신양현미유)

- 12시간 지속형 진해 거담제 (카벤)
- 12시간 지속형 향기 좋은 전자모기향 (베이프매트 훈증기)
- 124년의 침대역사 (시몬스침대)
- 3당 만에 7kg 이상을 목표로 (누트리쿠키)
- 3중으로 보온되는 내의 (보온매리)
- 3중 차콜필터의 부드러운 맛 (캐빈85마일드)
- 30대 여성피부를 위한 새로운 출발 (뜨레아)
- 4가지 복합 성분약 성인병 치료 예방약 (포리감마론)
- 4명까지 동시에 통화하는 (KT멤버링)
- 60일 액체 전자모기향 (베이프60리퀴드)
- 7~8분이면 염색되는 (세븐에이트)
- 70%는 바다를 건너 갑니다 (스포티지)
- 8일 모심기에 가장 적합한 (국제산파이앙기)
- 80% 절전되는 전구 (롱세이브)

숫자는 슬로건의 매력을 더해준다. 구체적인 숫자를 슬로건에 활용함으로써 제품이 주고 있는 정보에 신뢰를 더할 뿐 아니라 그 효능이나 혜택을 구체적이고 명확하게 전달하는 역할을 한다. 막연한 우위를 말하는 슬로건보다 손에 잡히는 정보를 주는 슬로건의 힘이 입증되는 순간이다.

- 독일에서 온 종합 상처치료제 (티로서겔)
- 마시는 간장약 (생력)
- 마시는 비타민 C (비타500)
- 몸에 뿌리는 모기 쫓는 약 (리페란)
- 물만 부어 사용하는 드라이몰탈의 대명사 (레미탈)
- 바르는 여성 호르몬제 (샤랑드)
- 원적외선이 나오는 (삼성 바이오TV)
- 자기 전에 씹는 껌 (자일리톨)
- 지하철 4호선 혜화역 (동숭아트센터)
- 통이 돌아 통째로 비벼줍니다 (통돌이)

슬로건을 통해서 소비자에게 정보를 전달하는 방법은 숫자 말고도 다양하게 있을 수 있다. 신뢰할 수 있을 출처를 밝히거나, 새로운 활용법을 소개하거나, 새로운 기능이나 새로운 소비자층을 대상으로 한다는 것을 밝힘으로써 관심을 끌고 새로운 욕구를 창출해 낼 수 있는 것이다. 원산지 표기는 과일이나 생선뿐만 아니라 슬로건에서도 유효하고 중요하다.

이렇듯 한 줄의 슬로건은 다양한 문장구조와 핵심단어, 그리고 각양의 표현방법으로 주목도와 설득력을 높이려는 노력을 하고 있다. 이 가운데 무엇이 지금 우리에게 필요하고 효과적인 방법인지는 제품에 따라, 시기에 따라, 시장에 따라 그 적용이 달라지기 때문에 전략가와 크리에이터가 머리를 맞대고 풀어 나가야 할 숙제다.

LG U+ iPhone12 5G

"같은 것도 다르게! Z 맘대로"

광고는 하나, 클라이언트는 둘

일반적으로 한 광고는 하나의 클라이언트와 함께 제작되지만, 이번에는 하나의 광고에 두 곳의 클라이언트와 에이전시가 트라이앵글로 파트너십을 발휘해야 하는 프로젝트다. LG U+와 Apple과 엘베스트… LG U+와 Apple은 기업의 규모로 보나 명성으로 보나 업계를 선두에서 이끌어가는 브랜드를 가지고 있었고, 시기적으로도 서로가 매우 중요한 의미를 갖는 캠페인이었다. 문제는, 중요한 시기의 광고 캠페인일수록 각사가 전달하고자 하는 메시지가 상이할 수밖에 없다는 것이다. 여기서부터 에이전시의 고민과 어려움은 시작된다. Apple은 iPhone 최초로 5G폰을 출시하는 터라 제품의 차이점을 강력하게 소구하고자 했고, LG U+는 MZ세대의 고객층을 제대로 확보하고자 하는 의지가 강했다. 이전 광고에서 사용했던 "Z 맘대로"라는 메인 카피를 유지하고 제품보다는 타깃 지향성을 지닌 메시지로 캠페인 차별화를 꾀하고 싶었다. 시작부터 쉽지 않았다. 하나의 클라이언트와 하나의 브랜드 캠페인을 진행하는 과정도 쉽지 않은데, 한국의 기업과 미국에 본사를 두고 있는 기업을 상대로 중요 캠페인을 기획하고 제작한다는 일은 전략의 제안과 조율 그리고 컨펌 과정에서 단순히 산술적으로 두 배가 힘든 일 그 이상이다. 그러나 중요한 것은 본 캠페인은 'LG U+의 iPhone'광고라는 것이다. SKT도 KT도 아닌 LG U+를 전략의 핵심에 놓고 아이데이션을 시작했다. 'MZ들이 iPhone12를 살 땐 LG U+에서'라는 이미지와 긍정적인 반응을 만들어 주는 것이 본 캠페인의 효율성을 높이는 핵심 과제라고 생각했다.

MZ 세대만 들을 수 있는 주파수를 찾아서

LG U+ iPhone12의 타깃인 MZ세대. 특히, 10대들의 귀에만 들리는 주파수가 있다는 것을 아는가? 성인이 될수록 청각 능력이 떨어져 8,000Hz 이상의 고음대의 영역은 오직 10대들만 들을 수 있다. 그래서 우리는 MZ 세대의 귀에 정확하게 꽂아 넣을 수 있는, MZ 세대만을 위한 커뮤니케이션 주파수를 찾기로 했다. 첫 시작은 캠페인을 대표할만한 아이코닉한 모델이나 BGM을 찾는 일이다. "이 노래가 광고에 나온다고?""이 모델을 U+가 안다고?" 우리는 우리의 타깃에게서 직관적이고 놀라운 반응을 만들어 내고 싶었다. 자기들만 알고 자기들끼리만 공유하던 있을 것 같았던 음악이나 모델을 찾아내어 그들과 공유하고 공감하고자 했다. 그렇게 찾아낸 모델이 바로 'DPR Live'다. BGM은 그들의 음악인 'Martine Blue'로 초이스. DPR Live는 TV 방송출연 한 번 없이 콘서트를 매진시켰고, 유튜브 뮤직의 첫 글로벌 런칭 광고에 BGM으로 쓰였을 뿐 아니라, 조회 수는 이미 천만을 넘긴지 오래된, 말 그대로 기존 매체보다 새로운 메가 플랫폼 유튜브에서 확인받은 모델이었다. 다음은 우리가 찾은 그 주파수에 어떤 메시지를 태울 것인가가 관건이었다. 지난 광고의 '네 맘대로 해, Z 맘대로'보다 한 스텝 더 들어가 MZ 세대를 이해하고, 표현할 수 있는 메시지여야 한다는 목표는 명확했다.

MZ, 쟤들은 왜 저러는 거지?

MZ세대를 자세히 들여다보면 '왜 저러는 거지?'라는 모먼트들이 많았다. 특히, 코로나로 밖에 나갈 수 없는 시대가 그 모먼트들을 더욱 극대화했다. 예를 들면 집 안의 식탁이나 계단을 활용해 클라이밍을 하고, 클럽에 갈 수 없으니 방역복을 드레스코드를 정하고 집에서 클러빙을 하고, 영화관에 못 가니 반대편 아파트 빈 벽에다 빔을 쏴 극장처럼 영화를 상영하고 관람하였다. 그들은 물건과 상황들을 기존의 방식이 아니라, 자기들 방식대로 재해석하고 창의적으로 사용하는 것이었다. 그 때 머리에 불이 띵-하고 들어오면서, 제품과 타깃을 관통하는 인사이트가 떠올랐다. 그것은 바로 "같은 걸 다르게"였다. 그리고 텍스트보다 이미지가 익숙한 MZ에게 직관적으로 전달하기 위해, 결정적 '비쥬얼 코드'를 만들었다. 같다는 의미의 부호인 등호(=)에 같지 않다는 의미의 사선(/)을 그은 '비주얼 코드'를 만들에 차별화되고 공감할만한 'Z 코드(code)'를 만들어 보여주자! 여기서 탄생한 카피가 바로, "같은 걸 다르게 Z맘대로!"다. "같은 5G도 iPhone12로 다르게, 같은 iPhone12도 U+로 다르게!"

이렇게 다사다난하게 탄생한 iPhone 12 광고는 글로벌 가이드로 선정되었다. 가장 먼저 반응이 온 건 Apple 본사였다. iPhone 12에 대한 해석과 타깃을 표현하는 방식에 클라이언트의 만족도는 매우 높았다. 그래서 우리의 광고를 'iPhone 12 광고의 글로벌 가이드 사례'로 전 세계에 공유하기 시작했다. 그리고 소비자들의 반응도 기대만큼 폭발적이었다. "DPR Live를 모델로 쓰다니", "뭘 좀 아는데"라는 반응이 쏟아졌다. 캠페인 초기에 목표했던 MZ 세대 고객층의 확보. 'iPhone은 LG U+'라는 이미지는 이번 캠페인을 통해 더욱 공고하게 구축되었다.

자료제공 : 엘베스트

2부 슬로건 창작 기술

4장 슬로건의 기능

최근 광고를 비롯한 다양한 마케팅 커뮤니케이션 활동들은 매우 빠르게 변화하고 있다. 그럼에도 불구하고 기업이나 제품이나 콘텐츠를 대변하는 '한 줄 슬로건'은 여전히 중요한 역할을 하고 있다. 그 이유는 무엇일까?

우선적으로 주목할 부분은 시장에서 넘쳐나는 제품과 그 제품 간의 경쟁이 치열해지고 있다는 점이다. 그리고 이에 따른 제품력의 차별화는 물론, 제품을 광고하는 표현의 폭이 넓고 다양해져서 소비자가 일일이 제품의 특장점을 구분하거나 광고 메시지의 차별화를 파악하고 판단하기 힘든 '정보의 홍수' 속에서 생활하고 있기 때문이다. 즉, 광범위한 메시지를 좁혀서 짧고 명확하게 전달하는 메시지 역할이 필요해졌다.

두 번째는 광고정보 처리과정을 소비자가 능동적으로 조절할 수 있는 기술들의 발달과 다양한 뉴미디어의 등장으로 인해 새로운 IMC 전략의 필요성이 활성화되고 있다. 광고회피기술의 발달로 인해 헤드라인과 바디카피와 같은 구체적인 카피 요소를 접하기보다는 슬로건과 같은 핵심적 메시지 요소만을 접할 기회가 점차로 늘어나고 있다는 현실도 반영되었다. 즉, 새롭고 다양한 마케팅 커뮤니케이션 활동을 융합시키는 도구로 응축된 슬로건의 메시지가 매력적인 역할을 발휘하는 것이다.

세 번째는 우리의 생활 곳곳에서 만날 수 있는 글로벌 슬로건의 역할 덕분이다. 'Just

do it', 'Always-Coca Cola', 'I'm lovin' it', 'The clean cleam' 등 글로벌 브랜드의 슬로건 파워를 실감하면서 자연스럽게 한 줄의 슬로건을 통해 효과적으로 브랜드 아이덴티티가 형성되고 있음을 체험하게 되었다. 이러한 명작 슬로건을 통한 브랜드 아이덴티티는 오랜 기간 동안 해당 브랜드의 성공적인 마케팅 커뮤니케이션에 핵심적인 역할을 해 왔다.

이러한 슬로건의 역할과 중요성은 시장의 경제적 상황이 호황이면 호황인대로 불황이면 불황인대로 줄어들지 않는다. 이런 면에서 볼 때 슬로건에 대한 관심은 지금보다 더 커져야 하며 좋은 슬로건을 창작해 내기 위한 노력 역시도 지금보다 더 치열해야 함은 두말할 필요가 없다.

카피를 구성하고 있는 다양한 요소들은 각기 자신의 역할과 기능을 하면서 광고 캠페인의 효과를 완성시켜 나간다. 특히 슬로건은 다른 카피의 요소와는 다르게 비교적 독립적으로 자신의 역할을 수행해 나가는 꿋꿋함을 과시한다. 그렇다면 이런 특징을 지닌 슬로건은 구체적으로 어떤 기능을 하고 있는가? 물론 하나의 슬로건이 하나의 기능만을 수행하는 것은 아니다. 짧은 한 줄의 슬로건을 통해서도 몇 가지의 다양한 기능을 기대할 수 있다. 이것을 '슬로건의 다기능성'이라고 한다.

01 | 커뮤니케이션 구축 기능

광고의 표현으로 주목을 끌거나 광고에서 전달하고자 하는 제품의 정보로 소비자들의 관심을 유도하는 기능은 비단 헤드라인의 것만은 아니다. 잘 만들어진 슬로건은 헤드라인 못지않게 소비자의 집중과 주목을 광고의 표현이나 제품의 정보로 끌어 들이는 힘을 발휘한다. 즉, 슬로건이 다양한 기능을 발휘하기 위해 가장 먼저 해야 할 일은 소비자들이 그 슬로건에 관심을 갖도록 만드는 일이다. 그런 면에서 슬로건의 '커뮤니케이션 구축의 기능'은 마치 눈 내린 겨울에 집으로 가는 길목을 쓸어 초대한 손님들이 쉽게 방문할 수 있도록 하는 일과 같다고 할 수 있겠다.

① 광고 정보에 주목하게 하는 기능
② 광고 표현에 집중하게 하는 기능
③ 상품이나 상표의 언어적 표지 기능

슬로건은 독립적으로도 충분한 역할을 발휘할 뿐 아니라, 광고의 다양한 표현요소와 함께 사용되어 광고의 메시지에 집중하도록 하는 역할을 한다.

02 | 브랜드 연계 기능

슬로건이 줄 수 있는 또 하나의 기능은 회사명 또는 상표명과 연계하여 소비자의 인식 속에 자연스럽게 침투하는 기능이다.

① 쉬운 형식을 이용한 꾸준한 반복
② 브랜드와 슬로건의 언어적 형평성 유지
③ 제품 특징 또는 상품 이미지와 소비대상 동일시
④ 주장을 사실로 수용하는 파블로프(Pavlov)식 자극 현상(거꾸로도 마찬가지)
⑤ ①~④의 합동작업을 통한 제품 인지도 제고
⑥ 궁극적으로 제품의 구매 유도

우리는 가끔 '말에 뼈가 있다'라는 말을 한다. 슬로건이야 말로 말에 뼈가 있어야 한다. 허울만 멀쩡한 의미도 없고 의도도 보이지 않는 슬로건이 아니라 그 한 줄 안에 회사명이나 브랜드 네임, 또는 제품이나 기업이 지니고 있는 특장점이 전략적으로 연계된 슬로건을 창작하고 활용해야 한다. 이는 우리가 흔히 R.O.I에서 언급하는 적합성(Relevance)과 다르지 않다.

03 | 정보전달 및 입증 기능

슬로건은 브랜드라는 집에 들어가면서 가장 먼저 만나게 되는 문패와 같다. 슬로건이 기업 소개서나 제품 설명서에서 언급하고 있는 모든 정보나 사실을 소비자에게 전달할 수는 없지만, 그 기업이나 제품이 가지고 있는 철학이나 기능의 핵심을 명확하게 전달할 수는 있다. 그리고 슬로건은 브랜드나 제품의 특징적 요소에 대한 정보를 전달하기에 좋은 위치를 차지하고 있다. 따라서 슬로건에서 제품이나 브랜드가 전달하고자 하는 정보를 효과적으로 전달하고 그 정보를 설득력 있고 논리적으로 입증해 낼 수 있다면 금상첨화다.

① 가상의 제품 가치를 실제의 제품 가치로 전이
② 동일한 성능의 경쟁제품과 차별화
③ 표면상의 객관성을 통한 소비자의 구매논거 충족

04 | 욕구만족 및 창출 기능

슬로건을 통해 소비자가 마음속에 가지고 있는 욕구의 가려운 부분을 시원하게 긁어 줄 수 있다. 또한 슬로건은 소비자들 스스로 조차 잊고 있었던 욕구를 자극하여 일깨워 주기도 하고, 심지어 없었던 새로운 욕구를 창출하여 제품을 구매하게 만들기까지 한다. 가장 좋은 제품은 고객이 원하는 제품이다. 그렇다면 가장 좋은 슬로건은 무엇인가? 고객이 원하는 욕구를 만족시켜 주거나 창출해 주는 슬로건이다. 슬로건을 창작하기 전에 기업이나 브랜드 또는 제품을 연구하는 일 못지않게 고객이나 소비자를 연구해야 하는 이유가 여기에 있다.

① 제품의 감성적 장점을 직접적으로 제시
② 욕구를 자극하고 일깨우는 역할
③ 감성적 가치의 전달
④ 감성적 장점과 상징으로 제품과 동일시
⑤ 잠재된 소망과 소비자의 동경을 상징적 방법으로 충족

05 | 소비권유 기능

직접적이든 간접적이든 슬로건의 궁극적인 목표는 제품을 구매하도록 하는 것인데, 이를 위해서 가장 먼저 해야 할 일은 슬로건과 소비자가 커뮤니케이션할 수 있는 손쉬운 경로를 구축하는 일이다. 이는 슬로건의 기능으로 첫 번째 소개한 '커뮤니케이션 구축 기능'과 일맥상통하는 부분이다.

① 인위적 권위관계 구축
② 힘이나 권력을 언어적 기술로 포장
③ 명령적 내용을 선의의 충고나 권유로 위장

앞서 언급했듯이 슬로건의 기능은 어느 하나에 국한하지 않는다. 그렇다고 슬로건이 마치 무소불위의 능력자라는 말은 아니다. 중요한 것은 기업이나 브랜드의 시장 상황 또는 소비자 환경과 경쟁 상황에 따라 가장 적합한 슬로건의 유형을 찾아내고, 이에 맞는 슬로건의 기능을 수행하게 함으로써 소정의 마케팅 목적을 달성하는 데 조력하게 하는 것이 합당하다.

YES24

“클릭, 뽕, 띵동~”

결국, 소비자의 마음에 남는 건 ‘키워드’ 한 줄

카피 한 줄의 힘이 얼마나 위대한지는 광고의 연차가 더해질수록 실감하게 된다. “순간의 선택이 10년을 좌우합니다”, “12시에 만나요 부라보콘”, “우리강산 푸르게 푸르게” 같은 슬로건들은 수십 년 동안 소비자의 마음속에서 성장하면서 브랜드를 키워 왔다. 슬로건 창작에서 가장 중요한 것이 바로 ‘어떤 키워드’를 슬로건에 사용할 것인가를 결정하는 일이다. ‘한 줄 슬로건’의 힘은 프레젠테이션에서도 여지없이 드러난다. 특히 경쟁 프레젠테이션의 경우 슬로건의 역할과 영향력은 매우 크다. 광고회사에서 몇 달 넘게 밤을 새워 준비한 전략과 아이디어들을 어떻게 하면 효과적으로 광고주에게 전달할 수 있을까? 수많은 방법과 기술이 있겠지만 가장 중요하고 효과적인 방법은 제시하는 전략의 전체를 한 줄에 아우를 수 있는 ‘핵심 콘셉트(key concept)’나 ‘핵심 메시지(key message)’를 한 줄의 슬로건으로 명쾌하고 창의적으로 작성하여 제시하는 일이다.

당신이 10개 광고회사의 전략과 아이디어를 심사하는 광고주라고 생각해보자. 그리고 한 회사에서 5개 내외의 아아디어를 제시한다면 하루에 50개 내외의 아이디어들 속에서 옥석을 가려야 한다. 결코 쉬운 일이 아니다. 경험에 의하면, 결국 프레젠테이션이 끝나고 광고주의 머릿속에 남는 것은 심플하고 창의적이고 강력한 한 줄의 키워드. 즉, 슬로건뿐이다.

슬로건에 의성어나 의태어를 써 봤어?

대한민국 대표 인터넷 서점 〈YES24〉의 슬로건 “클릭, 뽕, 띵동~”은 필자가 한화그룹의 광고회사 한컴(Hancomm)에 근무하던 시절 제작하여 오랫동안 캠페인 카피로 활용된 슬로건이다. 캠페인 슬로건의 탄생 스토리는 역시 경쟁 프레젠테이션이었다. 매체는 라디오 광고였고, 메시지의 핵심은 ‘빠른 배송’이라는 콘셉트를 극대화하여 표현하는 일이다. 라디오는 그 어느 매체보다 키워드를 포함하

는 카피라이팅이 성패를 좌우한다. 당시 팀에는 필자와 5~6년 동안 동고동락해 오던 능력있는 카피라이터가 함께 프로젝트 카피를 준비해 오고 있었다. 준비기간 동안 수없이 많은 카피 아이디어들이 회의실을 가득 채우기 시작했다. 모두가 훌륭한 아이디어들이다. 그런데, 프레젠테이션 D-Day가 다가올수록 이 아이디어가 '다른 경쟁 회사에서는 생각지도 못할만한 차별화된 아이디어인가?'라는 질문에는 확답과 확신을 주지 못했다.

대한민국 사람이면 누구나 공감하는 〈YES24〉의 브랜드 파워와 사용경험이 차별화된 라디오 카피를 쓰는데 걸림돌이 된 것이다. '빠른 배송', '총알 배송'이라는 언어적 틀에서 크게 벗어나지 못하는 카피들이 아쉬웠고 불안했다. "지금까지 우리가 써 놓은 카피들을 다 버리고 단 한 줄의 카피로 줄여보자!" 아니 "단 한 단어로…" "남들이 시도하지 못한 방법으로…" 한 달 넘게 프레젠테이션 준비를 해 온 팀원들에게는 청천벽력과 같은 팀장의 리뷰다. "뭐, 의성어나 의태어 같은 건 어때?" 사실 이 한마디가 새로운 슬로건 탄생에 매우 경쟁력 있는 힌트가 되었다.

쉽고 명쾌하다는 건, 힘이 있다는 것

성공한 캠페인의 카피나 슬로건들을 살펴보면 한 가지 공통점이 있다. 매우 쉽고 명쾌하다는 것이다. 〈YES24〉의 캠페인 슬로건도 그렇게 탄생했다. 가만히 살펴보니까 집에서 책 한 권 주문해서 받아보는 일이 무척 쉬운 일이었다. 손가락 하나 까딱하여 '클릭'하기만 하면 어느새 '뽕!'하고 집 앞까지 날아와 아파트 초인종을 '띵동~'하고 누르니 말이다. 그래 "클릭, 뽕, 띵동~" 전형적이지 않은 슬로건이 탄생하는 순간 모두는 무언의 만장일치를 날렸다. 즐겁고 재미있고 자신이 생겼다. 주저리주저리, 중언부언 써 내려가는 카피가 아니어서 더 좋았다. '날아가는 총알'처럼 깔끔하고 군더더기가 없었다. 결국, 이 한 줄의 카피로 경쟁 프레젠테이션은 승리했고, 매일 출근길 라디오에서 "클릭, 뽕, 띵동~"이라는 슬로건이 흘러나오는 광고를 들을 수 있었다.

자료제공: 저자(Hancomm)

5장 슬로건의 지향성

명확한 광고목표(Advertising Object)나 핵심 인사이트(Key Insight)의 설정이 광고효과를 높여 주듯 슬로건의 지향성에 대한 세심한 배려가 효과적이고 경쟁력 있는 슬로건을 창작하는 데 많은 도움을 준다. 즉, 해당 제품이나 브랜드가 지니고 있는 시장상황이나 특장점, 유통, 소비자 환경 등에 대한 세심한 고려를 바탕으로 하여 슬로건이 나아가고자 하는 명확한 방향을 제시하는 것은 마치 광고 메시지의 핵심인 콘셉트를 결정하는 것 못지않게 중요한 일이다. 타깃지향(Target Oriented), 행위지향(Action Oriented), 혜택지향(Benefit Oriented), 개성지향(Personality Oriented), 차별지향(Differ Oriented) 등 슬로건의 다양한 지향성에 영향을 주는 요소들로는 제품의 시장 점유율, 경쟁 제품, 제품의 수명주기, 제품의 특장점 및 유통상황 그리고 소비자 환경 등을 들 수 있다.

01 | 타깃지향 슬로건

성공 캠페인의 가장 대표적인 공통점은 정확한 목표 소비자를 선택하고 그들에게 가장 설득력 있는 메시지를 찾아내어 전달하고 있다는 것이다. 결국, 메시지를 찾아내는 일보다 선행되어야 하는 일이 그 메시지를 누구에게 전달할 것인가를 결정하는 일인데 그래야만 우리가 전달하고자 하는 메시지가 배달사고 없이 정확한 주소에 전달될 수 있기 때문이다.

일반적으로 우리가 광고전략을 수립하면서 접근하게 되는 소비자분석이나 행동분석 방법은 다양하다. 그 중에서 가장 일반적으로 소비자의 특성을 구분해 내는 방법이 바로 인구통계학적 기준이나 심리학적 기준으로 소비자를 분석하는 방법이다.

- 인구통계학적 기준에 의한 소비자 특성 분류
- 심리학적 기준에 의한 소비자 특성 분류

소비자를 인구통계학적 기준에 의해 분석하는 방법은 성별, 연령, 거주지, 직업, 수입, 교육정도 등 통계적 수치나 명확한 기준에 따라 그 특성과 구분하여 분류하는 것이다. 이러한 방법은 소비자를 분류하고 분석하는 데 가장 일반적으로 사용되고 있으며, 그 방법이 쉽다는 장점이 있으나 보다 구체적이고 심도있는 분석이나 특성분류를 필요로 하는 경우에는 다소의 부족함이 있는 것도 사실이다. 이 경우 심리학적 기준에 의한 소비자 특성 분류를 병행함으로써 그 부족한 부분을 채울 수 있다.

심리학적 기준에 의한 소비자분석 방법은 소비자들의 개성, 라이프스타일, 구매동기, 태도, 가치관과 같은 표면적으로 쉽게 파악하기 힘든 부분들에 대한 세밀한 검토를 통해 이루어진다. 인구통계학적 기준에 의한 분석에 비해 명확성을 갖기 어렵다는 단점이 있음에도 불구하고 보다 깊이 있고 구체적인 특성분석이 가능하다는 이유로 현대 광고에서의 소비자 분석에 중요한 역할을 하면서 활용되고 있다. 이 가운데 특히, 제품의 사용 정도나 상표 충성도 정도에 의한 소비자 분석, 그리고 VALS 분석 등은 제품 판매에 직접적인 효과와 관련한다는 점에서 슬로건 제작에도 중요한 의미를 가지고 활용할 수 있다.

- 제품 사용 정도에 의한 분류

- 상표 충성도에 의한 분류
- VALS 분석에 의한 분류

제품의 사용 정도를 기준으로 소비자를 분류하는 방법은 제품 사용자를 '다량 사용자', '보통 사용자', '소량 사용자'로 구분하여 타깃(Target)을 세분하고자 할 때 유용하게 활용된다. 또한 해당 브랜드나 제품에 대한 충성도가 어느 정도 위치에 있는가를 파악하는 일 역시 제품 판매를 위한 다양한 전략과 전술을 수립하고 집행하는데 있어서 매우 유용한 역할을 하게 된다. VALS 분석은 추구하는 가치와 라이프스타일에 의해 소비자들을 네 집단으로 구분하여 정리하고 있다.

① 욕구추구 소비자(Needs Driven Consumers) 집단
② 외부지향 소비자(Out Directed Consumers) 집단
③ 내부지향 소비자(Inner Directed Consumers) 집단
④ 통합적 소비자(Integrated Consumers) 집단

욕구추구 소비자 집단은 제품에 대한 좋고 나쁨 또는 그 이미지에 의해 제품을 선택하기보다는 기본적인 욕구를 충족하거나 생계를 유지하기 위한 수단으로 제품을 구매하는 집단을 말한다. 외부지향 소비자 집단은 제품의 구매나 사용에 다른 사람들의 시선이나 인식을 많이 의식하는 집단으로 일반적으로 이러한 집단에는 자기감시(Self-Monitoring) 수준이 높은 사람들이 속해 있다. 이에 반해 내부지향 소비자 집단은 자기중심적이거나 자신의 경험을 중시하거나 사회적 이슈에 관심이 많은 집단으로 대체적으로 독자적으로 행동하는 소비자들을 지칭한다. 통합형 소비자 집단은 일반적이지 않으나 앞서 소개한 외부지향 소비자의 특성과 내부지향 소비자의 특성을 혼용하는 매우 성숙된 소비 성향을 지닌 소비자 계층을 말한다.

이처럼 다양한 광고전략을 바탕으로 탄생한 전략적 슬로건은 카피라이터 개인의 감성적 능력에 의존하는 리스크를 줄이고, 보다 효과적이고 설득력 있는 슬로건을 만드는데 역할을 할 것이다.

우리는 위급한 상황이 벌어졌을 때 막연하게 "Help Me!"를 외치는 것만으로는 적극적인 도움을 이끌어 내기에 부족하다는 것을 잘 안다. 주위에 보이는 사람들 중에서 자신이 도움을 받고자 하는 사람을 구체적이고 직접적으로 지칭하여 도움을 청하는 것이

효과적이다. 예를 들면, "저기, 청바지 입고 모자 쓰신 두 분 저 좀 도와주세요"라고 대상을 가리키라는 것이 그 사람에게 도움을 받을 확률을 더욱 높일 수 있다.

슬로건이 '타깃 지향'이어야 하는 이유도 그러하다. 슬로건에서 특정한 타깃을 지칭하여 호명하거나 구분하는 것은 마치 카피의 헤드라인에서 특정 소비자를 구분하여 지칭하는 것처럼 광고에 대한 주목률을 높이고 메시지 전달의 효과를 높이는 데 큰 역할을 한다. 즉, 제품을 구매하는 타깃을 직접 지칭하거나, 제품을 사용하는 타깃을 지칭하거나, 제품을 사용하여 이루고자 하는 모습으로 변화된 모습의 소비자를 거론함으로써 그들에게 보다 관심을 받는 슬로건이 될 수 있다.

슬로건을 통해 정확한 타깃을 불러내라! 그리고 당신이 원하는 타깃에게 당신의 슬로건에 답하게 하라! 이보다 효과적인 슬로건은 없을 것이다.

- 남자를 아니까 (우르오스)
- 그녀의 영화채널 (CINE f)
- 혼자 있는 강아지를 위한 친구 (해피독TV)
- 10대를 위한 파운데이션 란제리 (틴틴)
- 20대의 꿈꾸는 외출을 위하여 (요하넥스)
- 30대 여인의 새로운 경험 (아뜨레)

〈그림 5-1〉 타깃지향 슬로건(우르오스 사례)

- 갱년기 여성을 빛나게 하는 (효성 우메켄 석류완)
- 꼬마신사 꼬마숙녀 (해피아이)
- 상위 1%를 위한 장타 드라이버 (BIG Bang)
- 어린이 직업체험 테마파크 (키자니아)
- 어린이 치즈 (앙팡)
- 여성이 행복한 스마트폰 (EVE)
- 유아에서 고교까지 (빨간펜)

02 | 행위지향 슬로건

광고가 항상 소비자들의 최종적인 구매행위에 영향을 주는 것을 목표로 삼지 않는다 하더라도 다양한 모습으로 소비자들의 태도나 행동을 유지하거나, 강화시키거나, 바꾸어 주는 역할을 한다. 슬로건도 이와 마찬가지다. 특히, 특정한 캠페인을 이끌어가는 캠페인 슬로건의 경우 소비자들을 광고주가 원하는 대로 움직일 수 있게 한다면 이보다 효과적인 일은 없을 것이다.

- 너에게 밥을 보낸다 (배민)
- 닦지 말고 씻자 (웅진룰루비데)
- 뜨겁게 살자 (하이트진로)
- 재수 없이 대학 가자 (이통대가)
- 토요타에 가자 (TOYOTA)
- 함께 가요, 더 나은 미래 (LH)
- Play English (TOSS ENGLISH)
- Play it 상상 (KT&G)

소비자의 구매심리 단계를 나누는 이론은 AIDMA에 이어 AISAS로 진화되었고, 최근 소비자 스스로 검색(Search)과 구매(Action) 단계 사이에 비교(Comparison)와 검토(Examination) 단계를 세분화하는 AISCEAS까지 발전되어 오고 있다. AISAS의 핵심은 구매행위 전후의 단계에서 소비자가 적극적으로 검색과 공유에 관여한다는 것이다. 이는

〈그림 5-2〉 행위지향 슬로건(LG 트롬 건조기 사례)

기업이 더 이상 일방적으로 전달하는 콘셉트의 광고 메시지가 효율성을 갖기 힘들며, 좀 더 많은 고객에게 보다 효율적인 광고 메시지를 전달하기 위해서는 SNS와 검색 플랫폼의 활용 단계에 고객이 긍정적인 반응을 할 수 있도록 유도하는 전략과 크리에이티브가 필요하다는 것을 말해주고 있다. 이 부분에 대한 보다 구체적인 설명과 제안은 '슬로건 창작 단계'에서 상세하게 다루고자 한다.

우리가 소비자의 구매태도나 행동을 연구하고 그 변화와 발전을 탐구하는 이유는 결국 광고 메시지 효율성을 극대화하기 위함이고 궁극적으로는 판매에 기여하고자 함이다. 이제 단순히 USP(Unique Selling Proposition)나 SMP(Single Minded Proposition)에 근거한 브랜드나 제품의 콘셉트를 도출하고 이를 크리에이티브에 반영하는 것만으로는 충분하지 못하다. 매우 다양하고 세분화되어 가는 구매 단계 가운데 어느 단계에서 어떤 메시지가 어떤 역할을 해 주기를 원하는지를 구체적으로 계획하고 결정해야 한다. 물론, 단계에 따라 같은 제품의 콘셉트도 달라질 수 있다.

03 | 혜택지향 슬로건

소비자들은 각기 자신이 가지고 있는 문제나 욕구를 해결하기 위해 제품을 구매한다. 따라서, 소비자들이 가장 원한 것은 그 제품을 구매하여 소비함으로써 얻게 되는 혜택이다. 그것이 생리적인 욕구 충족에 관한 것이든 심리적 욕구 충족에 관한 것이든 말이다. 그렇다면 소비자가 '광고를 통해서 어떤 욕구를 충족하기를 원할까?'를 파악하는 일은 그 어떤 전략보다도 선행되어야 할 일임에 틀림이 없다. 특히, 제약제품이나 기능성 제품들의 경우 소비자가 원하는 혜택에 대한 약속만큼 강력한 이슈는 없다.

- 좋은 물 (백산수)
- 깨끗해요 (마미손)
- 한 번 더 케어 (루헨스 정수기)
- 이슬같이 깨끗한 다음날 (참이슬)
- 효과 빠른 진통제 (타이레놀)
- 누구나. 골프를. 쉽게 (프렌즈 아카데미)
- 갈증해소를 위한 음료 (게토레이)
- 공기처럼 가벼운 스마트 (Mirach A)
- 누리세요! 쇼핑특권 (OK캐쉬백쿠폰)
- 다리가 길어 보이는 학생복 (아이비클럽)
- 서민이 활짝 웃는 그날까지 (미소금융중앙재단)
- 성공할 수 밖에 없는 (English Bus)
- 수학내신 100% 잡아주는 (노개명수학)
- 어깨가 편안한 정장 (바쏘)
- 오래 가는 관절염 치료엔 (오스테민)
- 입 냄새 싹 (후라보노)
- 재수 없는 인터넷 수능학습 (이통대가)
- 펀드를 키우는 좋은 계획 (하나대투증권)
- 피를 잘 돌게 하는 (써큐란)
- DHA가 머리를 좋게 한다 (엘리트)

〈그림 5-3〉 매슬로우의 인간 욕구 5단계

매슬로우(A. H. Maslow)는 인간의 욕구를 다음의 5단계로 나누어 설명하고 있다.

- 제1단계: 생리적 욕구
- 제2단계: 안정(안전)의 욕구
- 제3단계: 사랑과 소속의 욕구
- 제4단계: 존경의 욕구
- 제5단계: 자아실현의 욕구

지금 우리가 쓰려고 하는 슬로건이 소비자의 어떤 욕구를 충족시키기 위한 것인지를 곰곰이 생각해 보자. 무작정 멋드러진 슬로건을 만들어 내는 것만이 능사가 아니라는 것을 깨닫게 될 것이다. 왜냐하면, 인간은 매슬로우가 제시하는 몇 가지 욕구 중 한두 가지를 충족시키면서 살 수 있는 존재가 아니기 때문이다. 인간은 다양한 제품을 구매하여 소비하면서 다양한 욕구를 충족시키며 살아가는 존재이기 때문에 우리가 광고하고자 하는 제품마다 그 제품이 충족시켜 주어야 하는 욕구가 달라야 한다는 것을 의미한다.

- 생리적 욕구를 충족시키는 슬로건: 배고픔이나 갈증, 아픔, 추위나 더위와 같은 인간의 육체적인 불만족이나 고통으로부터 탈피하고자 하는 욕구를 충족시키는 슬로건
  - 숙취해소 개념장착 (모닝케어)

- 눈 건강 프로젝트 (아이크리어)
- 호흡이 답답할 땐 (지리에어)
- 갈증해소를 위한 음료 (게토레이)
- 두통·치통·생리통엔 (게보린)
- 먹고 싶은 이유식 (거버)
- 쾌변 (불가리스)

- **안정(안전)의 욕구를 충족시키는 슬로건**: 주택이나 의류, 재산 등을 통해 보다 안전하고 안정적인 생활을 유지시키고자 하는 욕구를 충족시키는 슬로건
  - 누구나 건강할 자격 (자연의 품격)
  - 맛있는 한 끼, 건강한 한 끼 (코코랩)
  - 내 몸에 가까운 물 (포카리스웨트)
  - 아침이 다른 침대 (흙표흙침대)
  - 생활을 편리하게 (오트론후리콘)
  - 생명을 소중히 하는 차 (VOLVO)
  - 안락하고 튼튼한 (우방주택)
  - 편안한 패션내의 (트라이)

- **사랑과 소속의 욕구를 충족시키는 슬로건**: 생리적 욕구나 안정에의 욕구보다는 한 차원 높은 수준의 욕구로 상대로부터 사랑받고자 하는 욕구나 자신이 속해있는 조직으로부터 인정받고자 하는 욕구를 충족시키는 슬로건
  - 마음을 담다 (KT)
  - 결국 믿음 (미즈노)
  - 내 부모 내 형제처럼 (보람상조그룹)
  - 가정에 행복을 주는 (울트라믹서)
  - 다리가 길어 보이는 학생복 (아이비클럽)
  - 아름다운 가꾸어지는 것 (뷰티텍코리아)
  - 함께하는 즐거움 (크라운맥주)

- **존경의 욕구를 충족시키는 슬로건**: 자신에 대한 만족과 성취의 느낌이 강한 욕구, 사회로부터 인정받고자 하는 욕구, 특권이나 사회적 지위를 누리고자 하는 욕구를 충족시켜주는 슬로건
  - 성공을 부르는 습관 (한국경제)
  - 가치를 아는 사람, 당신은 다릅니다 (SM5)
  - 귀한 분을 위한 귀한 차 (재규어)
  - 누리세요! 쇼핑특권 (OK캐쉬백쿠폰)
  - 당신이 사는 곳이 당신이 누구인지 말해줍니다 (롯데캐슬)
  - 성공한 남자의 이미지 (입생로랑)

- **자아실현의 욕구를 충족시키는 슬로건**: 자신의 능력과 기술 또는 잠재력을 최대한 실현시키려는 욕구를 충족시키는 슬로건
  - 그 여자의 자기발견 (디크라쎄)
  - 사랑의 실천 (한양대학교)
  - 세계경영 (대우)
  - 세계를 향해 빛을 여는 (계명대학교)
  - 인류에 봉사하는 (오리리화장품)

뿐만 아니라, 로버트 세틀(Robert B. Settle)과 파멜라 알렉(Pamela L. Alreck)은 그들의 저서 「Why They Buy : American Consumers Inside and Out」에서 매슬로우의 인간의 5단계 욕구가 포함하고 있지 않은 세부적인 소비자 성향까지 다루어 나열하고 있다. 매슬로우의 5단계 욕구가 수직적인 관계에 있음에 비해 로버트 세틀과 파멜라 알렉의 욕구는 수평적 관계를 지니고 있다는데 가장 큰 차이가 있다. 따라서 이 같은 소비자들의 욕구를 만족시켜주는 슬로건 커뮤니케이션 방법을 찾아내는 것 또한 의미 있다고 하겠다.

- 성취의 욕구: 어려운 일의 수행하여 성과를 이루고자 하는 욕구
- 독립의 욕구: 자율적이며 남들과 다른 개성을 지니고 싶어 하는 욕구
- 전시의 욕구: 대중 속에서 관심을 끌고 주목받고자 하는 욕구
- 인정의 욕구: 타인으로부터 긍정적인 평가를 얻고자 하는 욕구
- 지배의 욕구: 타인을 상위에서 지배하거나 감독하고자 하는 욕구

- 제휴의 욕구: 타인과 조직에서 친밀한 관계를 조성하고자 하는 욕구
- 보호의 욕구: 사람이나 동물, 사물 등을 살피고 보호하고자 하는 욕구
- 의존의 욕구: 타인의 도움으로 안정적인 생활을 유지하고자 하는 욕구
- 성적 욕구: 성적인 매력과 만족을 느끼기 원하는 욕구
- 자극의 욕구: 심신을 자극하고 단련하여 건강한 생활을 유지하기 위한 욕구
- 기분전환의 욕구: 피로를 풀고, 즐거움과 행복을 느끼고자 하는 욕구
- 새로운 경험의 욕구: 일상에서 탈피하여 새로운 변화를 경험하고자 하는 욕구
- 이해의 욕구: 학습하고 이해하여 지적 수준을 높이고자 하는 욕구
- 일관성의 욕구: 불확실한 변화보다는 안정적인 일관성에 가치를 두는 욕구
- 안전의 욕구: 위험으로부터 자신을 보호하고자 하는 욕구

“제품이나 브랜드에서 경쟁력 있는 특성을 찾아내라!”
“제품에서 찾아낸 특성으로 슬로건을 통해 소비자에게 매력적인 약속을 하라.”

그 약속 자체가 소비자들에게 행복을 선물할 것이고, 기업이 제품을 통해 소비자와의 약속을 지킨다면 그 제품과 슬로건은 아주 긴 기간 동안 소비자들의 사랑을 받을 것이다.

〈그림 5-4〉 혜택지향 슬로건(대웅제약 베아제 사례)

04 | 개성지향 슬로건

본 장에서 다루고 있는 개성지향 슬로건과 다음 장에서 다루고자 하는 차별지향 슬로건은 다소 비슷한 맥락에서 해석되어야 할 부분이 있다. 즉, 제품이나 브랜드의 개성이나 차별점을 중심으로 접근하는 전략 가운데 몇 가지가 맥을 같이하기 때문이다. USP 전략이 그렇고, SMP 전략이 그렇고, 또 브랜드 이미지 전략이 그 맥을 같이 한다고 볼 수 있다. 그것이 생산자 중심의 제품에서 비롯된 것인지, 소비자 중심의 인식에서 비롯된 것인지, 또 얼마만큼 장기적이고 탄탄한 전략의 결과인지가 다소 차이를 보일 뿐 그 핵심이 제품이나 브랜드의 개성이나 차별화에 초점을 두고 있기 때문이다.

제품이 다양해지고 기술이 발달하여 제품 간의 차별화된 특성을 자랑하기가 쉽지 않다. 설령 차별화된 제품을 개발하여 생산한다 하더라도 발달된 기술로 인해 금방 유사하거나 더욱 경쟁력 있는 제품이 시장에 나오는 데까지 걸리는 시간은 그리 오래 걸리지 않는다. 그럼에도 불구하고 개성있고 경쟁력 있는 제품 개발을 위한 지속적인 노력과 이를 찾아내고 강조하여 소비자에게 전달하고자 하는 노력은 계속되어야 한다.

그 역할의 중심에 슬로건이 있다. 제품이 지니고 있는 개성을 찾아내고 그 개성을 특성화시킨 설득력 있는 슬로건을 만들어 낸다면 시장에서 제품의 판매를 돕고 제품의 수명을 늘리는 일에 일등공신 역할을 하고 있다고 볼 수 있다.

- 정성으로 차리다 (비비고)
- 맛있게 맵다 (동대문엽기떡볶이)
- 시원한 매운 맛 (진비빔면)
- 연비가 좋은 엔진오일 (쉘힐릭스)
- 가벼운 한 끼 식사 (농심쌀국수)
- 화덕피자 전문가의 집 (뜨삽)
- 7~8분이면 염색되는 (세븐에이트)
- 눈으로 마시는 맥주 (카프리)
- 80% 절전되는 전구 (롱세이브)

〈그림 5-5〉 개성지향 슬로건(토레타 사례)

- 기름 뺀 수타피자 (미스터피자)
- 마시는 간장약 (생력)
- 바르는 여성 호르몬제 (샤랑드)
- 야채가 신선한 집 (채선당)
- 제대로 만든 크래커 (ZEC)
- 활동주의 젖병 (엔젤젖병2000)
- 힘 좋은 세탁기 (매직파워세탁기)

개성지향적인 슬로건은 단순히 구체적이고 객관적인, 즉 눈에 보이는 차별화를 꾀하기도 하지만 우월한 고급스러움 등의 감성적 개성을 강조하여 접근하기도 한다.

- 귀족의 품위 (다우닝산업)
- 귀족의 멋과 향취 (체스)
- 가죽패션의 신귀족주의 (샤샤)
- 영국이 낳은 스포츠의 귀족 (슬레진저)

05 | 차별지향 슬로건

사실 슬로건의 차별화라고 하는 것은 앞서 언급한 타깃(Target), 행위(Action), 혜택(Benefit), 개성(Personality) 등을 표현하기 위한 구체적인 노력이 시너지를 이룰 때 비로소 가능하다.

본 장에서는 이 가운데 경쟁적 차별성을 지니는 슬로건에 제한하여 살펴보고자 한다. 설득력 있는 광고나 슬로건이 필요한 가장 근본적인 이유는 대부분의 제품이 '경쟁'이라는 피할 수 없는 시장환경 때문이다. 즉, 세계유일의 독점제품이 아니라면 지금 시장에서 함께 경쟁하고 있는 수많은 제품들과 얼마만큼 차별화된 경쟁력을 지니고 있느냐가 승패의 관건이다. 지금까지 시장에 없었던 새로운 제품, 보다 더 효과적인 성능이나 매력, 전혀 새로운 이슈의 창조와 전달 등 '다름'의 매력을 보여주어야 한다.

- 특허받은 치킨 (충만치킨)
- 보통 깡이 아니다 (새우깡블랙)
- 거품 없는 여행 (노랑풍선)
- 대한민국 1등 할인점 (emart)
- 더 빠르고 더 안전한 (한진해운)

〈그림 5-6〉 차별지향 슬로건(CJ 햇반 사례)

- 독일에서 온 종합상처치료제 (티로서겔)
- 라면은 농심이 맛있습니다 (농심라면)
- 라면이 아니라 뉴면입니다 (뉴면)
- 비교할수록 (아이퍼스트)
- 삼성이 만들면 다릅니다 (삼성자동차카드)
- 소주 위에 소주 (김삿갓)
- 이젠 요구르트가 아니라 이오입니다 (이오)
- No.1 AD Portal (TVCF)
- 그녀는 프로다. 프로는 아름답다 (베스띠벨리)

그러나 잊지 말아야 할 것은 단순히 '차별화를 위한 차별화'가 아니어야 한다. 슬로건의 차별화는 철저하게 소비자 니즈에서 출발해야 한다는 것은 아무리 강조해도 지나치지 않는다.

슬로건 스토리 05

비락식혜

"한국 맛 좋다"

전통적인 한국 맛의 탄생, 비락식혜

대한민국의 대표 전통음료인 비락식혜는 1993년에 탄생했다. 그 이전까지만 해도 식혜나 수정과와 같은 음료들은 명절에 고향에 가야만 맛볼 수 있는 귀한 음식이었다. 전국 방방곡곡에서 마치 연어들처럼 각자의 고향을 찾아온 자식들에게 할머니가 장독대에서 살얼음 동동 띄워 시원하게 퍼 주는 식혜의 맛을 따라올 음료는 없었다. 1994년 캔 속에 든 식혜를 슈퍼마켓이나 마트에서 언제든지 사서 마실 수 있게 된 것은 그야말로 식품업계의 혁명에 가까운 사건이었다. 비락의 이런 도전적인 생각과 시도는 당시 많은 동종 기업들의 우려를 한 몸에 받기에 충분했다. 더욱이 비락식혜가 시장에 출시되기 얼마 전 '전통음료'의 카테고리로 시장에 출시된 모 보리음료가 화려한 마케팅 노력에도 불구하고 기대한 만큼의 효과를 얻지 못했던 것이 가장 큰 불안요인으로 작용했다. 그러나 비락은 품질에 대한 확신 하나만으로 비락식혜를 시장에 출시하였다. 비락식혜는 이후 대한민국의 음료 시장에서 매실음료, 대추음료, 쌀음료 등 전통음료의 출시를 이끌었고, 당시의 '신토불이' 열풍이 우리 음식에 대한 관심을 고조시키면서 한때 매출 2,500억 원까지 성장하는 식혜시장을 견인했다. 그 본격적인 론칭 마케팅 활동에 동참하여 힘을 실어 주었던 것이 바로 "한국 맛 좋다!"라는 슬로건이다.

차별화된 제품 카테고리로 승부하라!

물론 비락식혜의 성공비결의 핵심은 출시 이후부터 지켜 온 올곧은 제조방식과 좋은 재료만을 고집하는 품질이지만, "한국 맛 좋다"라는 슬로건은 당시 우유와 탄산음료 그리고 과즙음료와 이온음료가 차지하고 있던 시장에 '전통음료'라는 새로운 카테고리를 형성하는 데 큰 역할을 하게 된다. 슬로건에 활용되는 핵심단어는 그 제품이나 기업의 특징이나 혜택 또는 비전이나 철학을 담아내는 것이 일반적이다. 비락식혜 역시 '한국 맛'이라는 명사형 핵심단어를 슬로건에 활용함으로써 '식혜'라는 전통제품이 소비자에게 주는 심리적 실제적 혜택을 명쾌하게 전달하는 역할을 하였다. 고향에서 마시던 그 식혜의 맛을 과연 재현할 수 있을 것인가에 대한 우려는 존재했지만, 대한민국 소비자에게 식혜 자체에 대한 맛과 긍정적 이미지는 손톱만큼의 이론이 없었다. 따라서 비락식혜는 '한국 맛'이라는 핵심단어를 활용한 '차별지향 슬로건'으로 소비자와 적극적인 커뮤니케이션을 시작하였고, 결국 그 차별성이 '소비자 혜택'으로 전달되는 효과를 보이게 된다.

이제, 비락식혜가 식혜시장에 우뚝 서다!

대한민국 시장에 비락식혜가 론칭하고, 매해 엄청난 성장을 기록하던 시기에 필자가 담당 카피라이터로 참여했다. 물론 필자가 대한민국에서 생산되는 식혜라는 식혜는 다 마셔 본 '식혜 마니아'가 된 것도 이 무렵이다. 지금이야 이러저러한 광고상이 많지만 당시는 한국능률협회에서 시상하는 '올해의 히트상품'이라는 것이 브랜드 마케팅 분야에서는 가장 의미 있는 상이었는데, 당시 필자가 담당했던 브랜드인 '비락식혜'와 '동서가구'가 '올해의 히트상품'을 한 해에 동시수상하는 영예를 안았던 기억이 있다. 현재의 식혜시장은 한바탕 전쟁을 겪고 난 평온한 시장이지만 돌이켜보면 식혜를 시장에 성공적으로 도입한 이후에도 한동안 어려움을 지속되었다. 그것은 어떤 제품이든 도입기를 거쳐 성장기에 접어들면서 겪게 되는 어려움인 경쟁 브랜드의 출현이다. 모두가 성공을 의심했던 전통음료 시장에 비락이 큰 길 하나를 낸 후 막강한 유통을 자랑하던 국내기업들에서 너도나도 각자의 브랜드를 가지고 새로운 식혜제품을 출시하기 시작했다. 비락식혜를 광고주로 담당하면서 마셔본 경쟁 브랜드만도 수십 종이 넘었을 정도다. 대한민국 No.1 브랜드인 비락식혜 카피라이터로서 경쟁 제품을 모르고 카피를 쓴다는 것은 있을 수 없는 일이기 때문에 출장을 가거나 휴가를 떠나거나 여행을 갈 때마다 대한민국 방방곡곡의 휴게소란 휴게소는 다 들려 "아저씨, 비락식혜 있어요?" "아줌마 식혜 하나 주세요!"를 연발했다. 당시를 기억하면 동네마다 참 별의별 식혜가 다 나와 있더라... 어느새 집 냉장고 위에 가지각색의 식혜 캔이 피라미드처럼 쌓였다. 물론 다른 식혜들을 마셔볼수록 비락식혜가 제 맛이라는 확신이 굳어만 갔으니 그야말로 '발로 쓴 카피'의 효과를 제대로 본 경우다.

과거에는 식혜가 중장년층의 제품으로 인식되었지만, 현재는 20~30대 소비자들의 구매율이 점점 높아지고 있다. 또한 국내뿐 아니라 해외에서도 인기가 높아 미국, 호주, 파라과이 등 세계 15개국에 수출되며, 교민에게는 '고향의 맛'을, 현지인들에게는 '한국의 맛'을 전달하는 첨병의 역할을 하고 있다.

자료제공: 저자(예음기획)

6장 슬로건 창작 단계

명작 슬로건을 창작하는 데 있어서 방법이나 절차가 따로 있을 수 없다. 그러나 지난 20여 년 동안 카피를 쓰고 수많은 광고캠페인의 크리에이티브를 디렉팅하면서 나름 효과적인 카피라이팅 방법을 체득할 수 있었다. 특히, 본인이 직접 캠페인의 카피라이터로 참여할 때와 직접적인 카피라이팅 작업에서 반 발 떨어져 디렉터로서의 역할을 할 때는 카피를 보는 시야의 깊이와 넓이가 다른데, 지나고 보니 후자가 훨씬 더 넓은 시각에서 캠페인을 보게 되는 것 같다. 어떻게 하면 좀 더 효과적인 방법으로 힘있는 카피를 써 낼 수 있을까에 대한 고민도 그 시절에 관심을 가지고 숙고했던 부분이다.

슬로건을 창작해 내는 일은 헤드라인을 쓰거나 바디카피를 써 내는 작업과는 차이가 있다. 슬로건은 어쨌든 해당 브랜드나 제품에 모든 초점이 맞추어져야 하기 때문이다. 그리고 설득의 절차를 갖거나 다른 광고 요소들과 시너지를 기대하거나 할 수 없는 상황에서 장기적인 수명을 혼자 연명해 나가야 하는 운명을 가지고 태어난다. 거듭 말하지만 슬로건 창작에서 가장 중요한 일은 브랜드에 대한 깊이 있는 이해이다. 따라서 슬로건 창작 작업의 8할 이상은 브랜드와 제품을 연구하고 이해하는데 시간을 할애하길 바란다. 그 후에 당신의 글쓰기 실력을 뽐내도 늦지 않다.

01 | 브랜드 파악하고 정의하기

슬로건은 브랜드를 말해주는 또 다른 표현이다. 좋은 슬로건을 만들어 내기 위해 가장 먼저 해야 할 일은 기업이나 브랜드 또는 제품에 관해서 상세하게 파악하고 정의하는 일이다.

기업이나 브랜드의 역사에서부터 철학과 비전, 그리고 그 브랜드나 제품이 탄생하게 된 스토리, 그리고 브랜드 안에 담긴 의미나 가치와 같은 것들을 상세히 인식하고 이해하는 것이 명작 슬로건을 만들어 내는 데 있어서 든든한 주춧돌의 역할을 한다. 이렇듯 브랜드나 제품에 대한 객관적인 정보를 인식하고 나면 마치 우리가 빅 아이디어를 탄생시키기 위한 단계 중 잠시 모든 입력된 정보를 망각하고 부화의 단계를 거치는 것처럼 슬로건 창작에 있어서도 자연스럽게 지금까지의 정보가 머릿속에 입력된 상태에서 카피라이터 나름대로 브랜드를 다시 한 번 정의해 보는 단계에 이르게 되는 것이다. 이 단계는 슬로건을 창작하는 카피라이터가 그 슬로건의 주체가 되는 브랜드나 제품을 얼마나 실질적으로 이해하고 있는가를 판단하게 하는 척도의 역할을 한다.

- 기업 또는 브랜드 역사 알기
- 브랜드 또는 제품의 탄생 스토리 알기
- 브랜드의 의미 알기
- 브랜드에 대한 객관적 정보 입력하기
- 브랜드를 다른 한 마디로 정의하기

모든 커뮤니케이션의 수단이 결과적으로는 문자나 언어 또는 시각적인 비주얼로 귀결되지만, 설득력을 좌지우지하는 결정력은 표현의 내면이 받쳐주고 있다는 것이 사실이다. 사실에 근거하지 않은 슬로건은 공허한 공약과 같아서 결국은 소비자들에게 믿음이 아닌 불신의 결과를 초래한다. 그리고 효과적인 슬로건이나 카피는 그 제품에 대하여 애정과 끈기를 가지고 연구하고 몰입하는 과정에서 이미 숙성된다.

카피라이터가 브랜드를 자기 나름대로 새롭게 정의하기 위해서는 브랜드에 대한 기본적인 정보나 스토리 외에도 제품이 가지고 있는 개성이나 구체적인 특징을 찾아보는 것도 중요한 절차 중 하나이다. 여기서 말하는 특징이라고 하는 것은 지금 당신이 생각하고 있는 모든 것이다. 절대적 기능이나 특징뿐 아니라, 상대적으로 우월하거나 열세에 있는 특징까지도 빠짐없이 찾아내고 기록해야 한다. 제품이 가지고 있는 특별함 중 그 어떤 것도 카피라이터 스스로 판단하여 처음부터 제외시키는 일은 없어야 한다.

- 원산지
- 가격
- 기술
- 효능
- 혜택
- 크기
- 컬러
- 다양성
- 편리성
- 내구성
- 맛 또는 멋
- 디자인 및 포장
- 원료
- 제조방법
- 유통
- A/S 등

때로는 저렴한 가격이 장점이 되기도 하지만 반대로 비싼 가격이 특징이 되기도 한다. 제품의 원료에서 특징을 찾을 수도 있고 제조방법이나 유통과정에서 차별화된 특징을 찾아내기도 한다. 음식은 맛이 제일 중요하다고 생각하는 사람도 있지만 음식을 멋으로 먹는 소비자도 있기 마련이다. 생산자 스스로 가장 중요한 특징이라고 생각하는 것뿐만 아니라, 경쟁제품에 의해 돋보이게 되는 특징도 있을 수 있다. 앞선 기술, 뛰어난 효능, 풍부한 혜택, 내구성, 디자인과 포장, 애프터서비스에 이르기까지 어느 것 하나도 놓치지 말고 찾아내는 것이 중요하다.

02 | 경쟁브랜드 파악하기

이미 이전 단계에서 자사 브랜드가 가지고 있는 특징과 경쟁브랜드에 대한 기본적인 정보들은 어느 정도 파악이 되었다고 본다. 하지만 보다 예리하고 강력한 힘을 가진 슬로건을 창작해 내기 위해서는 경쟁브랜드가 가지고 있는 감추어진 정보와 전략까지도 샅샅이 찾아낼 필요가 있다. 기록경기를 제외한 대부분의 스포츠는 상대적이다. 프로야구를 보자. 괴물투수 류현진의 강속구를 꼭 타율이 높은 선수들이 잘 쳐내는 것은 아니지 않는가? 류현진의 투구에 강한 타자는 따로 있기 마련이다. FIFA 랭킹 1위가 랭킹 10위의 국가를 항상 이기는 것은 아니다. 이는 스포츠의 승패는 체력과 전략 이외에도 많은 것들이 상대적으로 영향을 미치기 때문이다. 그 가운데 상대에 대한 정보를 얼마만큼 가지고 있는가는 승패를 그날의 승패를 가르는 아주 중요한 역할을 한다. 한일전이 항상 흥미로운 것은 '영원한 숙적'이라는 타이틀도 있지만 상대에 대해서 서로가 너무 많이 알고 있다는 것이다. 우리는 가끔 복싱 같은 경기에서 혜성처럼 나타난 신예가 누구도 예상하지 못한 상태에서 챔피언을 쓰러뜨리는 경우를 가끔 본다. 신예는 챔피언을 너무 잘 알지만 챔피언은 신예를 전혀 몰랐던 경우일 수 있다.

이처럼 한 줄의 슬로건을 찾아내는 작업뿐 아니라 마케팅 전반에 있어 경쟁브랜드를 파악하는 일은 아무리 힘주어 강조해도 지나치지 않다. 그리고 경쟁브랜드를 파악하기 위한 노력은 그것이 선발주자이건 후발주자이건 가리지 않는다. 후발주자는 항상 선발주자의 약점을 호시탐탐 노리고 있기 때문이다.

- 경쟁브랜드의 장단점
- 경쟁슬로건의 내용
- 경쟁슬로건의 용어 및 핵심어
- 경쟁슬로건의 표현방법
- 경쟁슬로건의 지향성

특히, 슬로건 창작에서 경쟁브랜드의 슬로건 전략을 사전에 파악하고 이를 자사의 슬로건 창작에 참고하여 적용하는 일은 매우 중요하다. 이는 12장의 브랜드나 제품의 포지셔닝과 리포지셔닝 전략 부분을 통해 구체적으로 언급하고 있다. 지금 시장에서 경쟁브랜드가 사용하고 있는 슬로건의 내용이나 용어, 핵심어, 문체 또는 어투 등을 꼼꼼히 살펴 자사브랜드의 슬로건 창작에 참고하길 바란다. 물론 단순한 차별화를 위한 참고가 아니라, 경쟁적 우위를 점유할 수 있는 기회로 삼길 바라는 마음에서다. 안타깝게도 같은 제품군의 브랜드에서 유사한 느낌을 주는 슬로건, 때로는 거의 흡사한 표현의 슬로건들을 종종 보게 된다.

경쟁브랜드보다 늦게 탄생하는 슬로건은 최소한 경쟁브랜드의 생김새를 알고 창작된다는 장점을 가지고 있지 않은가? 상대가 무기로 삼고 있는 것이 스피드인지, 지구력인지, 아니면 강력한 펀치인지를 알고 있다면 우리는 최소한 그보다 유리한 고지를 차지할 기회를 얻는 것이다. 상대가 주먹을 내고 기다리는데 당신은 무엇을 낼 것인가?

03 | 소비자욕구 파악하기

현대의 시장 환경 속에서 가장 중요한 것은 바로 소비자이다. 아무리 좋은 제품을 만들었다 하더라도 그 제품이 곧 소비자의 구매와 연결된다고 생각하는 것은 안일한 일이다. 좋은 제품과 필요한 제품은 다르기 때문이다. 소비자에게 꼭 필요한 제품을 만들었다면, 이제는 소비자의 욕구를 정확하게 파악한 슬로건을 만들 차례다.

오늘날의 소비자들은 제품을 구매하고 소비할 때 기능적 효용이나 상업적 가치 못지않게 개인의 개성이나 특성을 잘 나타낼 수 있는, 즉 제품이나 브랜드가 가지고 있는 상징적 의미와 가치를 점점 더 중요하게 생각하는 경향이 있다. 이제는 제품이나 브랜드도 개인의 이미지나 메시지를 상대나 대중에게 표현하는 커뮤니케이션의 도구가 되고 있다. 이러한 관점에서 보면 고관여 제품이나 패션제품의 경우 개인별 자기감시 수준에 따라 콘셉트 도출의 방향성이 크게 달라져야 함을 알 수 있다. 단순히 제품의 물리적 특성이나 상징적 가치 가운데 어떤 부분을 강조할 것인가의 고민을 넘어 타인의 시선이나 인식을 어떻게 얼마만큼 반영할 것인가에 대한 고민이 필요한 부분이다.

개인이 기업의 제품이나 서비스를 자신의 개성과 이미지를 표현하는 도구로 활용하고, 이를 통해 커뮤니케이션하고, 그 과정에서 얻어지는 다양한 흥미와 재미까지를 구매하고 소비한다는 점에서 많은 마케팅 신생어가 탄생하고 있다.

- 가심비: 가심비(價心比)는 '가격'에 '마음 심(心)'을 더한 말로 '가격 대비 심리적인 만족감'을 중시하는 소비 형태이다. 가격 대비 성능을 중시하는 '가성비'에서 파생된 말로 가성비의 경우 가격이 싼 것을 고르는 경우가 많지만, 가심비의 경우 조금 비싸더라도 자신의 만족을 충족시킬 만한 것을 구매한다는 특징이 있다.
- 나심비: 제품이나 서비스를 구매하는 의사결정 과정에서 가격과 상관없이 소비자 본인이 만족하면 소비하는 행태이다. 나심비는 '나의 심리적인 만족의 비율'의 줄임말이면서 '나 + 심리 + 가성비'의 합성어이기도 하다. 가격 대비 성능을 중시하는 가성비와 가격 대비 심리적인 만족을 추구하는 가심비와 달리 제품이나 서비스의 가격이 얼마인지는 중요하지 않고, 소비자가 소비를 통해 얻게 되는 만족감에 초점을 맞춘다. 나심비가 젊은 층의 소비 성향으로 부상한 것은 1인 가구의 확대와 욜로족의 증가 등 개성을 중시하는 사회적 분위기가 조성되면서 자기 자신이 만족할 수 있는 소비를 추구하는 사람들이 증가한 데 따른 것이다.
- 가잼비: '가격'에 '재미(잼)'를 더한 말로 '가격 대비 재미(잼)의 비율'을 줄여 부르는 말이다. 어떤 품목이나 상품에 지불한 가격에 대비해 느낄 수 있는 재미의 정도를 뜻한다. 가잼비는 욜로의 경향과 더불어 제품이나 서비스의 물리적 가치 못지않게 구매제품이나 구매과정에서 얻을 수 있는 심리적 즐거움이나 행복의 가치를 중요하게 생각하는 대표적인 소비 성향이다.
- 펀슈머(Funsumer): '재미(Fun)'와 '소비자(Consumer)'를 결합한 말로, 제품에 대한 재미를 구매하고 소비하는 고객을 의미한다. 이는 상품의 종류가 많아지고 개인의 취향이 존중되면서 자리 잡은 소비 트렌드이다. 펀슈머들은 단순히 제품을 구매하고 소비하는 것뿐만 아니라 자발적으로 자신의 소비 경험을 재생산하는 특징이 있다. 이러한 경험은 주로 SNS 채널을 통해 짧은 기간 내에 빠르게 공유되어 소비업계에 큰 파급력을 미친다. 이에 소비업계에서는 펀슈머를 사로잡기 위한 다양한 마케팅 전략을 펼치고 있다.
- 하비슈머(Hobbysumer): '취미(Hobby)'와 '소비자(Consumer)'의 합성어로, 퇴근 후 자신의 삶을 즐기기 위해 다양한 취미활동을 위해 소비하는 사람들을 뜻한다. 즉, 이들은 가격 대비 마음의 만족을 추구하는 소비 형태인 가심비에서 한 발 더 나아가 자신의 경험에 가치를 둔다. 하비슈머는 1인 가구의 증가로 집이 주거를 위한 공간에서 문화를 즐길 수 있는 공간으로까지 확대되며 나타난 현상으로 이들은 퇴근 후나 주

말 같이 온전한 자신의 시간에 그림을 그리거나 자수를 놓고, 악기 연습 등의 취미 활동을 하면서 만족을 느낀다.

- **프로슈머**(Prosumer): 앨빈 토플러 등 미래 학자들이 예견한 기업의 '생산자(Producer)'와 '소비자(Consumer)'를 합성한 말이다. 소비자가 소비는 물론 제품개발, 유통과정에까지 직접 참여하는 '생산적 소비자'로 거듭나는 의미다. 프로슈머 마케팅 개념은 소비자가 직접 상품의 개발을 요구하며 아이디어를 제안하고 기업이 이를 수용해 신제품을 개발하는 것으로 고객만족을 최대화시키는 전략이다. 디지털시대의 프로슈머는 아날로그시대의 프로슈머보다 훨씬 적극적이다. 아날로그시대 프로슈머는 제품평가를 통해 생산과정에 의견을 반영하거나 타깃 마케팅의 대상이 되는 등 간접적인 영향력을 행사하는 데 그친 반면, 디지털시대 프로슈머는 보다 직접적이고 때로는 과격한 방법으로 자신의 의견을 반영한다. 인터넷을 통해 활발하게 의견을 개진하고 불매운동이나 사이버 시위도 서슴지 않는다.

따라서, 소비자가 어떤 욕구와 필요를 가지고 브랜드나 제품이나 서비스에 접근하는가를 파악하는 일은 제품구매 행위와 직접적으로 연결되는 요소라고 할 수 있다. 이런 면에서 보면 재미, 심리, 자존감, 전문성, 취향 또는 취미 등은 소비자를 파악하는 매우 중요한 요소이다.

1) 사회계층 파악

소비자 욕구를 파악하기 위해 가장 먼저 선행되어야 할 것은 소비자가 속해 있는 사회계층을 다양한 각도에서 파악하는 일이다. 사회계층은 그 안에 속해있는 구성원들이 유사한 라이프스타일과 행동패턴을 가지고 있는 비교적 영속적이고 동질적인 집단이며, 소비자가 어떤 사회계층에 속해 있느냐는 그들의 구매행동에 상당한 영향을 미친다. 이러한 사회계층을 분류하는 기준으로는 소득과 소유물, 직업, 사교활동, 성취정도, 가치관 등을 들 수 있으며, 그 계층은 정적인 것이 아니라 개인의 노력에 따라, 시대와 그 시대의 가치관의 변화에 따라 변화하는 동적인 특성을 지니고 있다.

- **소득과 소유물**: 소득과 소유물은 사회적 지위와 비교적 관련성이 높기 때문에 전통적인 구매력 측정 도구로 활용되어 왔다.

- ▶ 연봉 수준
- ▶ 주택 소유 여부
- ▶ 소유 주택의 경제적 가치
- ▶ 승용차 소유 여부
- ▶ 소유 승용차의 배기량
- ▶ 주식, 펀드, 예금 등의 소유 정도

- 직업: 직업은 개인이 어떤 계층에 속하는지를 평가하는 중요한 기준이 되며, 사회에 따라 지위에 대한 평가가 달라진다.
  - ▶ 학생
  - ▶ 군인
  - ▶ 교사
  - ▶ 의사
  - ▶ 회사원
  - ▶ 공무원
  - ▶ 변호사
  - ▶ 연예인
  - ▶ 스포츠맨
  - ▶ 프리랜서

- 사교활동: 사교활동의 종류와 수준을 통해서도 개인의 사회계층 파악이 가능하다.
  - ▶ 어떤 취미활동을 하는가?
  - ▶ 어떤 여가활동을 하는가?
  - ▶ 어떤 사람들과 취미 및 여가활동을 함께 하는가?
  - ▶ 연말 등 특별한 모임의 형태는 어떠한가?
  - ▶ 연말 등 특별한 모임의 구성원은 어떠한가?
  - ▶ 여가나 취미활동의 빈도는 어느 정도인가?

- 성취정도: 직업 또는 사회적 위치 안에서 이루어 낸 개인의 성과나 업적 역시 개인의 사회계층을 구분하는 잣대가 될 수 있다.

▶ 학위정도

▶ 수상실적

▶ 상금랭킹

▶ 토익성적

▶ 메달리스트

- 가치관: 가치관은 동일한 집단 안에서도 그 사람을 차별되게 만드는 기준이 되며, 특히 중요한 의사결정 과정이나 세부적인 계층의 구분이 필요할 경우에는 개인적 가치관에 대한 충분한 검토가 선행되어야 한다.

  ▶ 정치적 성향

  ▶ 종교적 신념

  ▶ 자녀 교육관

  ▶ 성별이나 인종에 대한 생각

  ▶ 개인주의적 성향과 집단주의적 성향

  ▶ 기타 개인의 철학과 가치관

슬로건 창작에 앞서 이처럼 다양한 관점에서의 사회계층에 대한 파악이 선행되어야 하는 이유는 계층에 따라 제품에 대한 문제인식과 평가기준이 다르고 소비행동 특성도 차이를 보이기 때문이다. 그리고 이러한 차이가 궁극적으로 소비자가 제품을 소유하고 싶어 하는 이유를 파악하는 데 도움을 준다. 이는 소득과 소유물이 동일한 경우라도 직업이나 성취의 정도, 가치관에 따라 차이를 보인다는 것을 의미한다. 따라서 비교적 손쉽게 파악이 가능한 소득, 직업, 성취 정도 못지않게 개인의 철학과 가치관에 대한 깊이 있는 통찰이 소비자를 파악하는데 매우 직접적이고 유효한 역할을 한다고 볼 수 있다.

2) 가족관계와 역할 파악

가족은 혈연, 결혼, 입양 등을 통해 구성된 운명공동체 집단으로 개인의 구매에 다양하게 영향을 미치며, 가족생활주기 단계에 따라 가족 구성원의 구매패턴이 달라지고, 가족관계에서 발생되는 전통적인 의례와 문화의식들이 다양한 시장기회를 조성하는 역할을 한다. 특히, 가정이라는 조직단위별로 구매하고 사용하는 제품이 많다는 점에서 가족은 소비자들의 구매 욕구를 파악하는 데 중요하게 다루어야 할 부분이다.

전통적인 가족생활주기단계를 살펴보면 우선 비교적 경제적 부담이 없고 재정상태가 양호한 '독신기'와 자신과 함께하는 가족 구성원이 생기는 보금자리기의 단계를 거치면서 구매 제품이나 패턴이 달라진다. 또한 보금자리기 내에서도 6세 미만의 막내를 가진 '보금자리 1기', 6세 이상의 막내를 가진 '보금자리 2기', 그리고 부양자녀가 있는 장년을 가족 구성원으로 가지고 있는 '보금자리 3기'의 선호하는 제품과 구매량의 차이를 보일 것이다. 물론 '노부부기'와 '고독한 생존기'라 불리는 사별노인들을 위한 실버마케팅도 이제는 신경을 써야 할 부분이다.

- 독신기
- 보금자리 1기
- 보금자리 2기
- 보금자리 3기
- 노부부기
- 고독한 생존기

또한 제품을 구매할 때 가족 구성원들은 각자 일정 부분 역할을 감당하게 된다. 다시 말해서 기본적인 구매욕구를 지닌 구성원과는 별개로 한 제품의 구매의사결정과정에서 정보수집자, 영향력 행사자, 의사결정자, 구매자, 사용자 등의 역할을 나누어 행사하는 것이다.

- 정보 수집자(Information Gatherer)
- 영향력 행사자(Influencer)
- 의사결정자(Decision Maker)
- 구매자(Purchaser)
- 사용자(User)

예를 들어 아파트를 구매한다고 했을 때, 아내는 정보 수집자의 역할을 하고, 남편은 의사결정자의 역할을 한다고 볼 수 있다. 자녀들의 학교 위치와 전학 여부를 고려해야 한다면 아이들이 영향력 행사자가 될 수 있고, 사용자는 온 가족이 된다. 또한 한 명이 구매해서 여러 명이 소비하는 제품이 있는 반면, 여러 명이 구매해서 한 명이 소비하는 제품도 있다. 치약이나 휴지, 라면이나 반찬과 같은 경우는 일반적으로 주부가 구입하여 온 가족이 소비하는 전자의 경우이고, 신생아 용품 같은 경우가 여러 명이 구매해서 한 사람이 소비하는 후자의 경우이다. 이처럼 가족구매활동의 특징은 가족 구성원이 공동으로 구매활동에 참여한다는 것이며, 구매결과에 따르는 리스크가 큰 제품일수록 구성원들 간의 의사결정 참여도가 높아진다.

3) 문화적 환경과 이슈

문화는 '한 사회의 인간행동을 규정짓는 규범과 양식의 총체적 체계'라고 할 수 있다. 따라서 소비자의 욕구와 행동을 파악하고 예측하려면 그 소비자가 속한 문화적 특징을 파악하는 일이 중요하다.

문화를 구성하는 요소는 물질적 요소와 사회적 기관, 언어 및 은어, 가치와 신념, 관습과 의례, 심미적 요소와 같은 것들이 있을 수 있다. 물질적 요소는 전화기나 자동차처럼 기술의 발달에 따라 생활의 편리성을 더해주는 요소들을 말하며, 사회적 기관은 교회나 절, 학교, 극장, 문화센터 등 인간의 사회생활과 직간접적으로 관계를 맺고 있는 단체나 기간들을 말한다. 언어와 은어는 그 사회집단의 생활유형을 가늠하게 하는 좋은 지표가 되는데, 특히 은어와 같은 경우는 그 언어의 사전적 의미 이외에 그 집단에서 이해되는 은밀하고 독특한 의미를 내포하기 때문에 더욱 깊은 소속감을 부여한다. 그 집단의 사회적 분위기를 지배하는 핵심적 기치와 신념이 무엇인가에 따라 구성원의 구매행동이 달라지며, 그 구성원들이 반복적으로 치르게 되는 다양한 관습과 의례들 역시 많은 재화와 서비스를 소비하게 한다.

- 물질적 요소
- 사회적 기관
- 언어와 은어
- 가치와 신념
- 관습과 의례
- 심미적 요소

이렇듯 다양한 문화적 환경들이 소비자들의 라이프스타일과 필요에 의해 이슈화되면 이른바 에코마케팅, 실버마케팅, 입시마케팅, 귀성마케팅, 다문화마케팅 등의 이름으로 또 하나의 세분화된 시장을 형성하게 된다. 슬로건이 지향하는 수명과 소비자나 문화 그리고 트렌드 변화의 속도가 마치 계주를 하는 것처럼 물흐르듯 이어진다면 더욱 효과적일 것이다.

4) 소셜미디어 이용자의 태도와 행동 특성

대중(Mass)을 대상으로 하는 미디어는 소셜(Social)이나 개인(Individual)을 대상으로 하는 미디어로 바뀌고 있다. 이는 단순한 미디어 환경의 변화가 아닌, 미디어 활용의 변화로 이해하는 것이 옳다. 즉, 소비자들이 미디어에 접근하는 태도의 변화이며, 미디어를 활용하는 스타일의 변화를 말하는 것이기 때문이다. 타깃의 태도나 행동의 변화에서 광고나 슬로건의 콘셉트 변화를 이끌어 내는 것은 당연한 순서다. 이러한 소셜 미디어 환경의 변화를 소셜 미디어 이용자의 관점에서 고찰한 홍문기와 최익성(2015)의 「소셜 미디어 이용자와 광고 PR·전략」은 매우 흥미로운 부분이 있어 이를 바탕으로 요약하고 저자의 의견을 추가하여 소개하고자 한다. 저자들은 현대의 소셜 미디어 이용자를 아래의 10가지 기준으로 분류하였다.

(1) 합리성: 생각하는 사람들

소셜 미디어를 이용하는 사람들은 무엇이 필요하고 어떻게 행동해야 하는지를 고민하고 따진다. 어떤 것이 더 싼지, 더 재미있는지, 더 빠른지, 더 중요한지 등. 이들은 인터넷 비교 사이트, 블로그 댓글, SNS 코멘트 등을 살펴보며 이성적이고 합리적인 판단을 하기 위해 시간과 노력을 투자한다. 좀 더 편하고 자유롭게, 더 많은 것을 누리기 위해 정보를 선택하고 피드백을 하면서 자신이 원하는 것을 얻기 위한 생각을 한다. 그래서 '소셜 미디어 이용자들은 합리적'이다.

(2) 능동성: 저지르는 사람들

합리적 가격으로 원하는 시점에 원하는 것을 얻기 위해 소셜 미디어 이용자들은 일을 저지르고 벌인다. 따라서 소셜 미디어 이용자들을 대상으로 광고와 PR 전략을 수립하기 위해서는 제품이나 서비스가 만들어지기 이전부터 미디어 이용자들을 적극적으로 개입시켜 개성있는 스타일을 주도적으로 창출하거나 원래의 용도와는 다른 목적으로 제품과 서비스를 이용할 수 있는 환경을 마련할 필요가 있다. 그래서 '소셜 미디어 이용자들은 능동적'이다.

(3) 창의성: 만들어 내는 사람들

활발한 정보교류와 SNS 같은 개인 미디어의 활성화로 소셜 미디어 이용자들은 새로운 가치를 창조하고 새로운 트렌드를 만들어 낸다. 창의적인 소셜 미디어 이용자들은 다른 가치관과 생활 방식을 바탕으로 다른 삶의 방식을 창조해내고 있다. 새로운 커뮤니케이션 기술과 최첨단 디지털 기기를 쉽게 이용하는 이들은 자신만의 생활과 문화를 창의적으로 만들어 공유하며 관심 분야에 대한 새로운 세상을 만들어 간다. 그래서 '소셜 미디어 이용자들은 창의적'이다.

(4) 개인성: 특색 있는 사람들

소셜 미디어 이용자들은 개인화 경향을 보인다. 이들은 세상의 중심을 자신에게 두고 개성을 중시하며, 남들과 다른 그 무엇을 추구하고 있다. 특히, 스마트 관련 기술의 발전과 더불어 N 스크린(N-Screen), 클라우드 컴퓨팅(Clouding Computing), 사물 인터넷(IoT: Internet of Things), 웨어러블 디바이스(Wearable Devices) 등 미디어 유형이 다양해지면서 그들의 차별화된 개성이 더욱 부각되고 있다. 이들은 개인화를 통해 정체성을 확인하고, 타인을 위한 삶이 아닌 자신의 신체와 정신적 건강을 중시하는 삶을 영위하려고 한다. 그래서 '소셜 미디어 이용자들은 개인적'이다.

(5) 다양성: 제각각인 사람들

소셜 미디어 이용자들은 제각각이다. 다양한 메시지를 인터넷, 모바일, SNS와 같은 새로운 미디어를 통해 생산하고 유통하면서 여러 가지 분야에서 전문성을 발휘하는 멀티스페셜리스트들이다. 이들은 소셜 커뮤니케이션 과정에서 제품과 서비스에 대해 다양한 평가요소를 정립시켜 타깃들의 다양한 구미에 맞는 다양한 평판을 만들어 낸다. 소셜 미디어 이용자들의 다양성에 대한 발 빠른 대응은 새로운 제품과 서비스는 물론 새로운 직종을 만들어 내기도 한다. 그래서 '소셜 미디어 이용자들은 멀티플'이다.

(6) 정보 탐색성: 찾고 비교하는 사람들

소셜 미디어 이용자들은 다양한 루트를 통해 정보를 찾아다닌다. 상품이나 서비스를 구매하기에 앞서 이용후기, 상품평을 보고 가격을 비교하거나 소셜 네트워크를 이용해 상품의 품질, 특성, 구매 방법, 구매 장소, 사용 방법 등의 정보를 찾아서 여기 저기 돌아다닌다. 이들은 스스로 찾은 정보를 소셜 미디어 네트워크를 이용해 멤버들과 공유하고 서로 유통시켜 확산을 주도한다. 필요한 정보를 얻기 위해 탐색하고 그렇게 얻은 정보를 확산시키는 사람들, 그래서 '소셜 미디어 이용자들은 정보 사냥꾼'이다.

(7) 상호 작용성: 서로 소통하는 사람들

소셜 미디어 이용자들의 상호작용적 참여와 커뮤니케이션은 똑똑하고 실속있는 온라인 소비를 가능하게 한다. 소셜 미디어를 이용한 정보의 습득, 업무 수행, 여가 활동, 사회적 관계 형성 등은 상호 공감대 형성을 가능하게 한다. 소셜 미디어를 이용해 콘텐츠를 유통하고 소비하는 지금, 소셜 미디어 이용자들은 웹에서 현실과 가상을 넘나드는 새로운 방식의 인적 네트워크를 구축하며 정보를 공유하고 의사소통을 도와주는 상호작용 서비스를 즐기고 있다. 그래서 '소셜 미디어 이용자들은 커뮤니케이터'다.

(8) 관계 형성: 연결하는 사람들

소셜 미디어 이용자들은 서로 이어져 있다. 삶의 질을 높이고 상호 신뢰를 높이는 커뮤니케이션 수단으로 소셜 미디어를 활용하는 이들은 개인적 인간관계를 서로 연결시켜 관계를 발전시켜 나가고 있다. 때문에 이들은 기업이나 조직의 입장에서 장기적 자산으로서 잠재적 이익을 창출해주는 원동력이 된다. 소셜 네트워크 기반의 관계 전략은 광고와 PR 전략의 패러다임을 바꾸고 있다. 그래서 '소셜 미디어 이용자들은 관계 형성자'다.

(9) 네트워킹: 인연 맺는 사람들

소셜 미디어 이용자들은 사람과 사람을 연결해 주는 커넥티드 디바이스를 이용해 커뮤니케이션한다. 서로를 알아가면서 높은 수용도를 바탕으로 새로운 사회적 네트워크를 형성한 이들은 더 이상 무관하지 않다. 기업과 조직들은 이들이 맺은 서로의 관계에 끼어들어 새로운 광고와 PR 전략을 마련하고자 한다. 그래서 '소셜 미디어 이용자들은 네트워커'다.

(10) 스토리텔링: 이야기하는 사람들

소셜 미디어 이용자들은 새로운 스토리를 만들어 낸다. 이들의 이러한 특성은 브랜드 메시지가 담겨 있는 스토리 제작, 바이럴 콘텐츠의 확산, SNS 드라마나 웹 소설 등의 콘텐츠를 개발하는 등 새로운 차원의 감성 서비스 제공으로 이어지고 있다. 수없이 쏟아져 나오는 정보의 홍수 때문에 재미와 감동을 줄 수 있는 콘텐츠가 스토리와 함께 소셜 미디어 이용자들 사이에서 유통되고 있다. 그래서 '소셜 미디어 이용자들은 이야기꾼'이다.

04 | 슬로건 창작하기

앞에서 언급한 몇 가지 과정들을 거치고 나면 이제 비로소 슬로건의 문장 표현 작업에 들어가도 좋다. 슬로건도 다른 카피요소와 마찬가지로 처음에는 일반적인 문장에서 시작하지만 그 문장에서 불필요한 가지들을 솎아내고, 심플하게 응축시키고, 차별화하는 작업을 거친다면 보다 정교하고 성숙한 슬로건을 탄생시킬 수 있을 것이다.

1) 콘셉트 결정단계

콘셉트는 광고 커뮤니케이션이 가야 할 방향이다. 슬로건 창작의 시작은 어떤 콘셉트의 메시지를 슬로건을 통해 전달할 것인지를 결정하는 '콘셉트 결정단계'다. 이 부분에서는 슬로건의 역할에 대한 명확하고 냉철한 판단이 필요하다. 슬로건은 헤드라인이나 바디카피 등의 다른 카피요소들과는 역할과 쓰임새가 다르다는 것을 알아야 한다. 앞서 언급한 바와 같이 슬로건은 커뮤니케이션 구축, 브랜드 연계, 정보전달과 입증, 욕구만족 및 욕구창출, 소비 권유 등의 기능을 가지고 있다. 특히, 슬로건은 독자적 사용이 용이

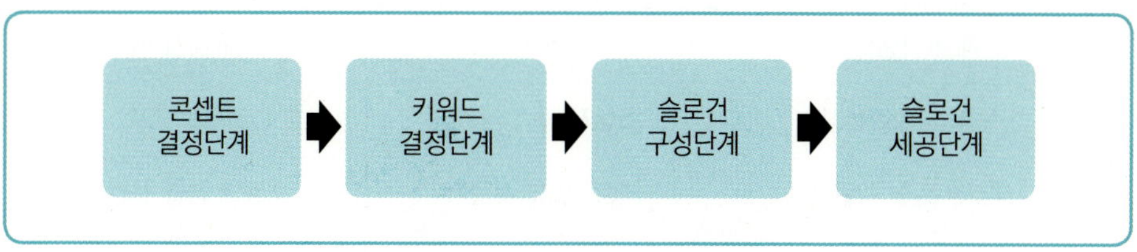

〈그림 6-1〉 슬로건 창작 세부단계

해야 하며 장기적인 사용을 염두에 두어야 한다는 점을 유념할 필요가 있다.

광고 커뮤니케이션에서 이야기하는 콘셉트의 도출은 크게 제품 콘셉트(Product Concept), 광고 콘셉트(Advertising Concept), 표현 콘셉트(Creative Concept)로 구분하여 정리할 수 있다. 여기서 다루고자 하는 슬로건 콘셉트는 표현 콘셉트 부분에 해당한다.

(1) 마케팅 요소에 따른 콘셉트 도출

노스캐롤라이나대학의 로버트 라우터 본(Robert Lauter Bone) 교수는 4P(Product, Price, Place, Promotion)를 버리고 시장의 변화를 반영한 4C(Consumer, Cost, Convenience, Communication)로 전환할 것을 주장한다. 이제 광고는 마케팅 중심의 4P의 개념을 넘어 커뮤니케이션 중심의 4C, 스마트 커뮤니케이션 시대의 4S로 진화하고 있다(김병희 외, 2015). 매스미디어가 시장 환경을 지배하던 시대의 마케터는 4P를 어떻게 믹스할 것인가를 고민했다. 그러나 어느 순간부터 생산자나 마케터에게 실려 있던 힘의 중심이 소비자 쪽으로 이동하면서 4C가 주목받기 시작했다. 즉, 제품(Product)보다는 소비자(Consumer)의 인식이나 요구가 중요해지기 시작했고, 가격(Price)보다는 비용(Cost) 관점에서의 접근이 필요해졌고, 단순히 판매를 위한 장소(Place) 역할보다는 고객의 편의성(Convenience) 중심의 접근이 필요했고, 광고는 이를 위한 단순한 판촉(Promotion)의 역할보다는 고객과의 폭넓은 소통(Communication)의 도구로 활용되기를 원하는 시대로 변화한 것이다. 그리고 4C는 생산과 소비의 많은 매체가 스마트해지면서 자연스럽게 4S(Smart, Share, Social, Story)의 시대로 발전하게 된다.

태어날 때부터 '디지털 네이티브(Digital Natives)'인 소비자들이 늘어가고 있다. 따라서 그들의 소비가 갈수록 스마트해지는 현상은 매우 자연스러운 변화다. 이러한 스마트 환

〈표 6-1〉 콘셉트 구분

구분	제품 콘셉트	광고 콘셉트	표현 콘셉트
가치	제품(브랜드)	소비자	커뮤니케이션
개념	제품의 핵심 특성	소비자 약속 제시	크리에이티브
방향	무엇을 말할 것인가	무엇을 말할 것인가	어떻게 말할 것인가
사례	빠른 배송	총알 배송	클릭, 뽕, 딩동

〈표 6-2〉 마케팅 요소의 변화

구분	4P	4C	4S
마케팅 요소	Product	Consumer	Smart
	Price	Cost	Share
	Place	Convenience	Social
	Promotion	Communication	Story
매체	Mass Media	Interest Media	Social Media

경의 변화를 이해하고 활용하는 능력은 광고인이 지녀야 할 필수자질이 되었다. 스마트 환경이 가져다준 의미 있는 소비자 행태의 변화는 '검색'과 '구매'가 동시에 가능하다는 점과 제품이나 서비스를 구매 또는 경험해 본 후 그 느낌이나 생각을 '공유'할 수 있게 되었다는 것이다. 제이콥 닐슨(Jakob Nielson)은 소셜 미디어에서 '1대 9대 90의 법칙'이라는 재미있는 법칙을 발견했다. 1%의 사람이 콘텐츠를 창출하면, 9%의 사람들이 해당 콘텐츠를 재전송하거나 댓글을 달아서 90%의 사람들이 볼 수 있도록 한다는 것이다. 이는 소셜 미디어를 적극적으로 활용하는 스마트 소비자들의 엄청난 파워를 느끼게 하는 부분이다.

매체가 다르면 콘셉트도 달라야 한다. 매체는 콘셉트를 담아서 소비자 앞에까지 나르는 그릇이다. '4P에서 4C로' 그리고 '4C에서 4S로' 가는 마케팅 요소의 변화는 단순히 '매스 미디어(Mass Media)에서 관심 미디어(Interest Media)로' 그리고 '관심 미디어(Interest Media)에서 소셜 미디어(Social Media)로' 변화하는 매체의 발전 이상의 의미를 갖는다. 소비자들의 관점과 욕구와 라이프스타일의 변화이기 때문이다. 그렇다면 이러한 마케팅 요소의 변화는 광고 콘셉트를 도출하는데 어떤 영향을 주는가? 마케팅 요소의 변화는 소비자의 관점과 욕구의 변화를 반영한 것이고, 소비자의 관점과 욕구는 광고 콘셉트를 도출하기 위한 가장 핵심적인 근원이기 때문에 디지털 시대의 콘셉트 도출은 정도의 차이는 있어도 변화가 불가피하다.

- 소비자의 스마트해진 구매 행위와 라이프스타일을 반영해야 한다.
- 단순한 편리함보다는 사회적 개인적으로 사귐(소속감)의 감정이 느껴져야 한다.

- 브랜드 스토리는 물론, 브랜드와 소비자 사이에 이야기 거리가 형성되어야 한다.
- 이러한 모든 경험과 감정을 공유한다는 것을 명심하라.

디지털 시대의 콘셉트 도출은 과거의 그것과는 달라야 한다. 슬로건도 마찬가지다. 또한 광고를 기획하거나 제작하는 본인이 디지털형 인간(Digital Sapience)인가, 아날로그적 감성을 추구하는 인간(Analogue Sapience)인가하는 취향과는 전혀 다른 문제다. 광고는 취미활동이 아니다. 클라이언트의 예산으로 집행되고, 예산대비 성과의 효율성을 데이터로 평가받아야 하는 상업 활동이고 마케팅 활동이다. 아쉬운 것은 국내 디지털 광고가 이미 전통적인 4대 매체 못지않은 시장 규모와 역할을 차지하고 있음에도 불구하고 디지털 광고 시장에 최적화된 전략이나 콘셉트 도출 방법을 마련하여 적용하고 있는 회사를 찾기 쉽지 않다는 것이다.

(2) 소비자 구매 단계에 따른 콘셉트 도출

슬로건 콘셉트 도출작업을 진행하기 위해서 소비자 구매심리 단계 이론을 살펴보는 일은 중요하다. 소비자의 구매심리 단계를 나누는 이론은 AIDMA에 이어 검색(Search)과 공유(Share)의 역할을 강조하는 AISAS로 진화되었고, 최근 소비자 스스로 검색(Search)과 구매(Action) 단계 사이에 비교(Comparison)와 검토(Examination) 단계를 세분화하는 AISCEAS까지 발전되어 오고 있다. 이는 기업이 좀 더 많은 고객에게 보다 효율적인 광고 메시지를 전달하기 위해서는 SNS와 검색 플랫폼의 활용 단계에 고객이 긍정적인 반응을 할 수 있도록 유도하는 다양한 전략과 크리에이티브가 필요함을 입증하고 반영한 것이다.

AIDMA는 소비자가 제품에 대한 정보를 접하면서 구매에 이르기까지 어떤 과정을 거치게 되는지를 설명하는 것으로 일반적으로 Attention(주의), Interest(흥미), Desire(욕구), Memory(기억), Action(구매)에 이르는 일련의 단계를 거친다고 설명하고 있다.

- Attention(주의): 소비자에게 최대한의 집중도를 높여 주의를 갖게 하는 단계
- Interest(흥미): 첫인상에서 주어진 강한 인상을 통해 호기심을 불러일으키는 단계
- Desire(욕망): 소유욕을 유발시켜 심리적 최종 단계(구매)로 연결시키는 단계
- Memory(기억): 가장 강하게 인식된 부분이 기억에 남아 구매하게 하는 단계
- Action(구매): 소비자가 제품을 직접 구매하는 행동을 취하는 마지막 단계

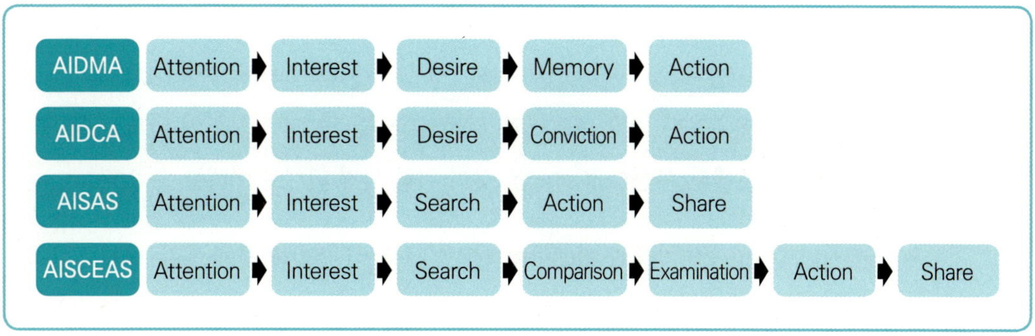

〈그림 6-2〉 소비자 구매심리 단계

AIDCA는 소비자가 제품에 대한 정보를 접한 후 구매에 이르기까지 과정에서 욕망(Desire)과 구매(Action) 사이에 '확신(Conviction)'의 단계를 추가한 이론이다. 이는 다양한 대안들 가운데 하나의 브랜드나 제품에 대한 확신을 가지고 선택하는 경로의 중요성을 강조한 이론이라고 볼 수 있다. 일반적으로 Attention(주의), Interest(흥미), Desire(욕구), Conviction(확신), Action(구매)에 이르는 일련의 단계를 거친다고 설명하고 있다.

- Attention(주의): 소비자에게 최대한의 집중도를 높여 주의를 갖게 하는 단계
- Interest(흥미): 첫인상에서 주어진 강한 인상을 통해 호기심을 불러일으키는 단계
- Desire(욕망): 소유욕을 유발시켜 심리적 최종 단계(구매)로 연결시키는 단계
- Conviction(확신): 다양한 대안 가운데 하나의 브랜드에 대한 신뢰를 갖는 단계
- Action(구매): 소비자가 제품을 직접 구매하는 행동을 취하는 마지막 단계

AISAS는 AIDMA 이론에 기초한 이론으로 인터넷을 활용하는 마케팅 커뮤니케이션의 과정은 단순히 구매에 그치는 것이 아니라, 다양한 네트워크를 통해 다양한 사람들과 제품에 대한 정보를 공유(Share)하고 있다는 것에 초점을 두고 있으며, 특히 부정적인 정보의 경우 그 파급효과가 큼을 강조하고 있다.

- Attention(주의): 소비자에게 최대한의 집중도를 높여 주의를 갖게 하는 단계
- Interest(흥미): 첫인상에서 주어진 강한 인상을 통해 호기심을 불러일으키는 단계
- Search(검색): 제품을 구매하기 전에 다양한 정보를 검색하고 비교하는 단계
- Action(구매): 소비자가 제품을 직접 구매하는 행동을 취하는 단계
- Share(공유): 구매하고 사용한 제품이나 서비스에 관하여 소비자들과 공유하는 단계

AISCEAS는 최근 스마트폰을 통해 일반화되고 있는 가격비교 사이트 등의 활용에 주목하는 이론으로, 검색(Search)과 구매(Action) 사이에 '비교(Comparison)'와 '검토(Examination)'의 과정을 삽입한 경우다. 이는 AISAS의 '검색(Search)'을 좀 더 세분화한 단계로 볼 수 있으며, AIDCA 이론에서 '확신(Conviction)'을 갖기 위한 사전 단계로 이해할 수 있다.

- Attention(주의): 소비자에게 최대한의 집중도를 높여 주의를 갖게 하는 단계
- Interest(흥미): 첫인상에서 주어진 강한 인상을 통해 호기심을 불러일으키는 단계
- Search(검색): 제품을 구매하기 전에 다양한 정보를 검색하고 비교하는 단계
- Comparison(비교): 성능이나 가격 등의 정보를 검색하고 비교하는 단계
- Examination(검토): 제품을 구매하기 전에 다양한 정보를 조사하고 검토하는 단계
- Action(구매): 소비자가 제품을 직접 구매하는 행동을 취하는 단계
- Share(공유): 구매하고 사용한 제품이나 서비스에 관하여 소비자들과 공유하는 단계

특히, AISCEAS에서는 소비자가 검색(Search)을 단순히 제품에 대한 1차원적인 정보를 얻기 위함이 아니라, 다른 제품과 비교하고 다양한 관점에서의 가성비를 검토하는 도구로 적극적으로 활용하기 시작했다는 데 의미를 두고 있다. 즉, 쇼핑, 여행 숙박 등 다양한 제품군에서 폭넓은 비교 검토가 가능한 어플리케이션이 등장하고 소비자들은 이를 활용하여 가격은 물론 인기순위까지 구매에 반영할 수 있게 되었다.

우리가 소비자의 구매태도나 행동을 연구하고 그 변화와 발전을 탐구하는 이유는 결국 광고 메시지 효율성을 극대화하기 위함이고, 이를 통해 궁극적으로 판매에 기여하고자 함이다. 이제 단순히 USP(Unique Selling Proposition)나 SMP(Single Minded Proposition)에 근거하여 콘셉트를 도출하고 이를 크리에이티브에 반영하는 것만으로는 충분하지 못하다. 매우 다양하고 세분화되어 가는 구매 단계 가운데 어느 단계에서 어떤 메시지가 어떤 역할을 해 주기를 원하는지를 구체적으로 계획하고 결정해야 한다.

(3) 사전지식과 자기감시 수준에 따른 콘셉트 도출

사전지식(Prior Knowledge)과 자기감시(Self-Monitoring) 수준은 소비자가 광고 정보를 처리하는 과정에 유의미한 영향을 미친다(류진한, 2011). 특히 그 제품이나 브랜드가 신제품일 경우에는 더욱 큰 의미가 있다. 시장 환경의 다변화와 기술의 발달, 경쟁의 심화 그리고 소비자 니즈의 다양화 및 세분화 등으로 인해 제품의 수명은 갈수록 짧아지고 제품

의 개발과 출시에 소요되는 비용은 높아지고 있다. 이는 신제품이 시장에 진입하여 성공적으로 살아남을 확률이 갈수록 낮아지고 있다는 것을 의미한다. 최근 소비자들은 신제품에 대한 정보탐색의 욕구와 방법에 있어서 과거와는 매우 다른 양상을 보이고 있다. 이는 광고 정보의 과부하나 제품 간의 품질 균등화로 인한 속성 차별화의 어려움 때문이기도 하지만 검색을 통한 비교 검토가 손쉬워진 디지털 환경 발전의 혜택이기도 하다.

소비자의 정보추구 성향이나 정보처리 과정은 매우 빠르고 능동적으로 변하고 있다. 따라서 동일한 제품의 광고를 동일한 매체에 집행한다고 해도 다양한 소비자의 환경과 성향에 따라 다르게 접근해야 함은 두말할 나위가 없고, 그 효과 역시 다를 것이다(간형식·김종필, 2007). 이 가운데 광고를 통해 소비자에게 어떤 내용의 메시지를 전달할 것인지를 가늠하는 중요한 전략 가운데 하나가 콘셉트 전략이고 그 콘셉트를 설정하는데 예비 소비자들의 사전지식과 자기감시 수준을 파악하는 일은 핵심적인 절차라 할 수 있다. 굳이 광고 이론을 거론하지 않더라도 우리가 일상에서 제품을 구매하고 소비하는 다양한 행위들 속에서 그 예는 쉽게 찾을 수 있다. 가장 손쉬운 예로 자동차 산업의 변화와 제품에 대한 인식을 들 수 있다. 이제 가솔린이나 디젤을 연료로 하거나 전적으로 수동 운전에 의지하는 자동차의 수명은 얼마 남지 않았다. 전기나 수소를 연료로 하여 달리는 승용차를 거리에서 보는 일은 어렵지 않다. 어떻게 보면 자동차는 현재 시장에서 새로운 제품군에 있으면서 가장 광범위한 소비층을 가진 제품이다. 그런데 전기차나 수소차를 대하는 소비자층은 어떠한가? 일반적으로 남들보다 먼저 신제품을 경험해야 하는 소비성향을 가진 얼리 어답터(Early Adopter) 안에도 제품에 대한 정보를 가지고 있는 소비자와 그렇지 않은 소비자, 그리고 그 정보의 양과 질에 따라서 어쩌면 전혀 다른 소비자로 봐도 무방할 정도로 서로 다른 정보처리 과정과 소비 행태를 가진다. 사전지식의 수준 차이에서 보면 하나의 소비자군으로 묶기에는 무리가 있다. 이미 해당 제품군을 사용해 본 경험이 있는 소비자라면 더할 나위 없다. 또한 소위 이야기하는 개념소비를 지향하는 소비층에는 자기감시(Self-Monitoring) 수준이 매우 중요한 변수가 된다.

사전지식(Prior Knowledge)이란 소비자가 제품과 관련하여 가지고 있는 정보, 경험, 친숙성의 정도를 말한다. 그리고 이러한 사전지식은 정보탐색과 정보처리와 같은 소비자 행동을 이해하는데 있어서 중요한 도구로 인정받고 있다. 일반적으로 사전지식은 객관적 지식(Objective Prior Knowledge)과 주관적 지식(Subjective Prior Knowledge), 그리고 경험에 근거한 사전지식(Experience-Based Prior Knowledge)으로 나눈다. 이와 관련하여 알바와 허친슨(Alba & Hutchinson, 1987)은 지식은 '친숙도'와 '전문성'이라는 두 가지 중요한 차원을 제시하면서, 능력과 경험이 상대적으로 많은 사람은 '전문가'로 능력과 경험이 상대적으로 적은 사람을 '초보자'로 분류하였다. 그들은 친숙도를 '소비자에게 축적되어 있는 제품관련 경험(Product Related Experience)의 양'으로, 전문성을 '제품과 관련한 과업을 성공적으로 수행할 수 있는 능력'이라고 정의하고 있다.

자기감시(Self-Monitoring)는 상황에 따라 얼마나 타인에게 인정받기 위해 자신을 표현하는 행동이 달라지는가에 대한 것이다. 자신의 구매행동의 사회적 적절성 여부를 가리기 위한 상황적 단서에 따라 자신을 관찰하고 통제하며 관리하려는 경향이다(Snyder, 1974, 1979). 이러한 자기감시 수준은 개인이 제품을 구매하는 이유와 이와 관련한 시장행위를 이해하는 데 중요한 단서가 된다. 스나이더(Snyder)는 개인이 사회활동과 대인관계에서 그들이 처한 상황에 잘 적응하거나 잘 적응하고 있는 것처럼 보이려고 할 때, 또는 타인에게 인정받고 싶어 할 때, 자신의 이미지와 연상을 조작하여 표현하려는 행위 등을 자기감시라는 심리적 개념으로 제시한 것이다. 그는 자기감시의 기능을 다섯 가지로 나누어 설명하고 있다. 첫째는 개인의 진실한 정서상태의 표현을 더 정확하게 할 수

〈표 6-3〉 지식의 의미와 구성요소

연구자	지식의 의미	구성 요소
Bettman & Park(1980)	경험적으로 기억에 저장된 지식	경험과 지식을 분리
Beattie(1983)	기억에 저장된 제품군과 특정 상품에 대한 정보	능력
Johnson & Russo(1984)	친숙성은 주관적 지식과 경험을 반영	친숙성을 지식과 동일시
Brucks(1985)	기억에 저장된 정보의 양과 제품 지식에 관한 인식	주관적 지식, 객관적 지식
Alba & Hutchinson(1987)	소비자가 축적한 제품 관련 경험과 업무를 수행할 능력	친숙성, 전문성
Flynn & Goldsmith(1999)	기억 속에 저장된 소비자의 지각	주관적 지식
Sujan(1985)	초심자에 비해 전문가가 의사소통에 더 많은 반응을 나타냄	전문가(고지식 수준), 초심자(저지식 수준)

있도록 하며, 둘째는 실질적인 정서적 경험과 일치할 필요가 없는 임의적인 정서 상태를 정확하게 전달하게 해 주고, 셋째는 부적절한 정서 상태를 감추어 무반응과 무표현으로 나타내며, 넷째로 적절한 정서 상태를 경험하고 있는 것처럼 나타내 주기도 하고, 다섯째로는 정서적 경험이 없지만 무반응이 적절하지 못하다고 판단될 때 정서를 경험하고 있는 것처럼 나타나게 해 주는 기능을 한다는 것이다.

- 개인의 진실한 정서상태의 표현을 더 정확하게 할 수 있도록 함
- 실질적인 정서적 경험과 일치할 필요가 없는 임의적인 정서 상태를 정확하게 전달함
- 부적절한 정서 상태를 감추어 무반응과 무표현으로 나타냄
- 적절한 정서 상태를 경험하고 있는 것처럼 나타냄
- 정서적 경험이 없지만 무반응이 적절하지 못하다고 판단될 때 정서를 경험하고 있는 것처럼 나타나게 함

한상필(1999)은 자기감시를 자기검색으로 표현하고 '자신의 표현적 행동(Expression Behavior)에 사회적 적절성 여부를 가리기 위해 상황적인 단서에 따라 자기를 관찰하고 통제하며 관리하려는 성향'이라고 정의하면서 사회적 상황과 대인관계적 맥락에서 개인 행동을 이해하는 데 좋은 개념일 뿐 아니라 속성광고와 이미지광고의 효과를 연구하는 데도 적절한 개념이라고 이야기한 바 있다. 특히, 혁신층에 노출되는 신제품 광고의 경우 자기감시 수준은 브랜드태도나 구매의도에 미치는 영향에 있어서 일반제품 광고 못지않게 의미있는 역할을 할 것으로 기대했다.

이러한 자기감시가 소비자연구 및 광고심리학 연구 영역에서 활발한 변수의 역할을 하고 있는 이유는 충분한 이론적 배경을 가지고 있을 뿐 아니라, 태도, 설득, 정보처리, 평가 및 판단 등 소비자 행동의 여러 영역에서 조절변수의 역할을 할 수 있다고 판단되기 때문이다. 자기감시 이론의 주요 관심사는 크게 두 가지로 볼 수 있다. 첫째는 사람들이 자신의 사회활동과 대인관계에서 타인에게 비치는 자신의 이미지와 인상을 어느 정도까지 통제하려고 하는가에 관한 것이고, 둘째는 대인관계에서 이러한 전략을 사용하게 되면 어떤 결과를 갖게 되는가에 관한 것이다. 이러한 자기감시 이론은 자기감시 수준의 고저에 따라 자기감시 수준이 높은 사람(High Self-Monitoring)과 자기감시 수준이 낮은 사람(Low Self-Monitoring)으로 분류하고 각각의 특징을 〈표 6-4〉와 같이 설명하고 있다.

〈표 6-4〉 자기감시 수준에 따른 소비자 특성 분류

자기감시수준이 높은 소비자	자기감시수준이 낮은 소비자
① 행동에 대한 상황이나 대인관계 측면에 관한 적절성에 관심이 많다. ② 자신의 행동과 자기표현에 대한 타인의 반응에 민감하다. ③ 자신의 언어 및 비언어적 자기제시의 감시 수단으로 상황 단서를 사용한다.	① 자기제시의 상황적 적절성에 관한 사회적 정보에 민감하지 않다. ② 자기제시와 표현 행동을 자신의 정서와 태도에 의해 통제한다. ③ 상대에 대한 행동이 일관적이다.

아커(Aaker, 1999)는 자기감시 수준이 높은 사람들은 상표성격이 그들에게 상징하는 바에 민감하게 반응한다고 했다. 자기감시 정도가 낮은 사람은 자신의 내적 단서에 강하게 영향을 받기 때문에 자신이 추론한 결론에 더 의존하지만, 자기감시 정도가 높은 사람은 외적 상황 단서에 더 강하게 의존하기 때문에 자신이 추론한 결론에 덜 의존한다는 결론을 내린다. 브라운과 칼덴버그(Browne, A. B & Kaldenberg, D., 1997)는 자기감시는 물질주의와 정(正)의 관계를 가지며, 자기감시 수준이 높은 사람은 낮은 사람들에 비해 가시적 제품에 보다 높게 관여되고 상표 의식적이며 패션 의식적임을 발견하였다. 스나이더와 에트리지(Snyder, M & Attridge, M. D., 1988)는 실물 크기의 광고 모형을 만들어 그림 메시지와 언어 메시지를 각각 이미지 지향적인 것과 제품 지향적인 것으로 나누어 제시하였을 때 자기감시 수준이 높은 사람들은 이미지 지향적인 광고에 자기감시 수준이 낮은 사람들은 제품 지향적인 광고에 호의적인 평가를 했으며, 특히 각각의 점수가 높을수록 이런 경향은 더 뚜렷하게 나타난 것으로 판단하였다.

오늘날의 소비자들은 제품을 구매하고 소비할 때 기능적 효용이나 상업적 가치 못지않게 개인의 개성이나 특성을 잘 나타낼 수 있는, 즉 제품이나 브랜드가 가지고 있는 상징적 의미와 가치를 점점 더 중요하게 생각하는 경향이 있다. 이제는 제품이나 브랜드도 개인의 이미지나 메시지를 상대나 대중에게 표현하는 커뮤니케이션의 도구가 되는 것이다. 이러한 관점에서 보면 특정한 제품 특히, 고관여 제품이나 패션제품의 경우 개인별 자기감시 수준에 따라 콘셉트 도출의 방향성이 크게 달라져야 함을 알 수 있다. 단순히 그 제품의 물리적 특성이나 상징적 가치 가운데 어떤 부분을 강조할 것인가의 고민을 넘어 본인의 의사 못지않게 타인의 시선이나 인식을 얼마만큼 반영할 것인가에 대한 고민이 필요한 부분이다.

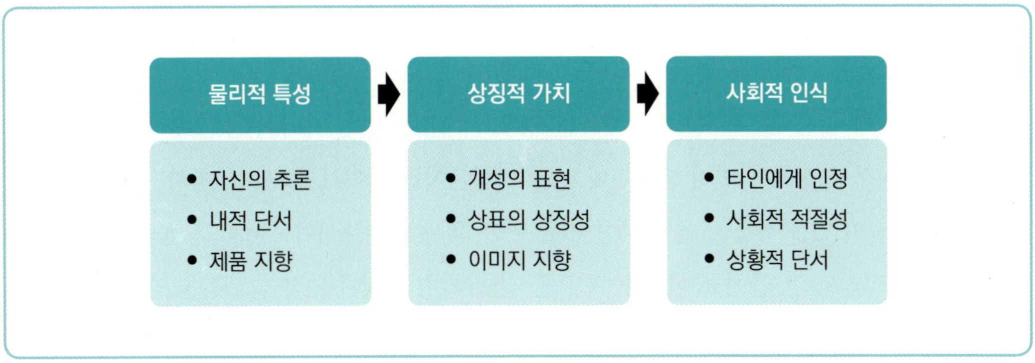

〈그림 6-3〉 자기감시 수준에 따른 구매가치 변화(저감시 → 고감시)

2) 키워드 결정단계

슬로건 창작의 두 번째 단계는 슬로건에 사용될 핵심어를 고르고 결정하는 '키워드 결정단계'다. 대부분의 경우 소비자에게 전달해야 하는 핵심 메시지 안에 슬로건의 키워드가 들어있으나, 때로는 특정한 메시지를 전달하기 위한 방법으로 전혀 새로운 범주의 키워드가 탄생하여 역할을 하기도 한다. 따라서 키워드를 고르고 결정하는 일은 명작 슬로건을 창작하는 데 핵심이 되는 단계라고 할 수 있다. 슬로건의 '키워드'는 아래와 같은 몇 가지 방법을 기준으로 찾을 수 있다.

(1) 기업의 철학이나 신념에서 탄생한 키워드

좋은 슬로건은 그 한 줄만으로도 기업이나 브랜드가 추구하는 철학이나 신념을 충분하게 전달해 주는 역할을 한다. 이는 슬로건이 얼마나 중요한 역할을 하며, 슬로건에 사용될 핵심단어를 뽑아내는 일이야 말로 얼마나 신중한 작업임을 말해주는 부분이다. 때문에 명작 슬로건은 기업이나 브랜드와 함께 궁합을 맞춰 가면서 천수를 누리는 것을 창작의 목표로 삼아야 할 것이다.

- 사람을 향합니다 (SK텔레콤)
- 탱크주의 (대우전자)
- 건강의 횃불 (삼일제약)
- 또 하나의 가족 (삼성)
- 창의와 혁신 (3M)

(2) 제품이나 서비스의 속성에서 탄생한 키워드

슬로건의 키워드는 먼 곳에 숨어 있지 않다. 슬로건의 키워드는 우리가 다루고자 하는 제품이나 서비스 그 안에 존재하는 경우가 대부분이다. 따라서 등잔 밑에 놓인 제품의 특징적 속성에서 먼저 슬로건에 쓰일 핵심단어를 찾아보자. 사실, 자랑거리는 필시 안에 숨어 있을 확률이 높기 때문이다. 우선, 회사의 제품이나 서비스를 꼼꼼하게 연구하자! 그리고 그 안에 숨어 있는 힌트를 찾아보자! 그것이 명작 슬로건을 만들어 내는 가장 쉬운 지름길이다.

- 고향의 맛 (다시다)
- 가능성을 만나다 (SK텔레콤)
- 야채가 신선한 집 (채선당)
- 다리가 길어 보이는 학생복 (아이비클럽)
- 닦지 말고 씻자 (웅진룰루비데)

(3) 브랜드 네임에서 탄생한 키워드

광고가 수행해야 하는 가장 궁극적인 목표는 브랜드나 제품에 대한 꿈과 욕심을 찾거나, 증대시키거나, 창출하는 것이다. 그럼으로 해서 소비자로 하여금 제품을 구매하게 만들어야 하기 때문이다. 그러나 우리가 심심치 않게 범하는 결정적인 오류 가운데 하나는 "광고는 기억나는데 그 브랜드가 뭐지?" "그 아무개 모델이 나온 거 말야, 제품 이름이 뭐더라?"라는 반응의 광고들을 만드는 일이다. 슬로건도 예외는 아니다. 멋진 슬로건을 만들어 놓고 그 슬로건에 가려 브랜드나 제품이 기억나지 않는다면 좋은 슬로건이라고 할 수 없다. 특히, 브랜드와 독립적으로 사용될 일이 많은 슬로건이나 경쟁사 대비 브랜드 인지에 중점적인 목적을 둘 필요가 있는 경우라면 브랜드 네임을 슬로건에 직·간접적으로 활용하는 것도 좋은 방법이라 할 수 있다.

- 직접 브랜드 핵심단어
  - 국민이 힘입니다 (국민카드)
  - 나는 나, 티코를 탄다 (티코)
  - 명심을 기억하십시오! (명심)
  - 역시, 러시앤캐시 (러시앤캐시)

- 하이마트로 가요! (하이마트)
- IBM은 다릅니다 (IBM)
- It's SONY (Sony)

- 간접 브랜드 핵심단어
  - 다릴 땐 (다리오)
  - 이가 탄탄 (이가탄)
  - 걸면 걸리는 (걸리버)
  - 고뿔에는 (고프레)
  - 원하지 않을 땐 (노원)
  - 오래 써서 롱, 절약해서 세이브 (롱세이브)

(4) 소비자 욕구, 필요, 만족에서 탄생한 키워드

인간의 감각은 우리가 생각하는 것처럼 명확하지 않은 경우가 많다. 때로는 필요한 것만 듣고, 필요한 것만 보기도 한다. 따라서 슬로건을 통해 소비자가 원하는 메시지나 소비자가 원하는 행복을 말한다면 다른 어떤 내용보다 더 시선을 끄는 슬로건이 창조될 확률이 높다. 모든 광고가 그렇듯이 크리에이티브를 고민하기 전에 소비자가 지금 무엇을 원하고 있는지를 먼저 고민하라. 그 안에서 유레카를 발견할 것이다. 물론 카피라이터에게 무조건적인 예스맨이 되라는 이야기는 아니다. 때에 따라서는 소비자들의 고정관념을 바꾸어주는 슬로건이 탄생할 필요도 있다. 그러나 이 역시도 집요하고 철저한 논리와 노력을 바탕으로 소비자로 하여금 새로운 욕구와 필요를 느끼게 할 만큼의 강력한 힘을 가진 슬로건을 탄생시킬 필요가 있다.

- 남자는 최고를 원한다 (질레트센서)
- 오래가는 건전지 (듀라셀)
- 흐르거나 튀지 않는 수성 페인트 (누구나)
- 아, 날씬해지고 싶어! (화이버트·정)
- 원하지 않을 땐 (노원)

(5) 사회 문화적 이슈로부터 탄생하는 키워드

슬로건은 장기적으로 활용된다는 점에서 사회 문화적 이슈나 트렌드의 영향을 상대적으로 적게 받는 것은 사실이다. 그러나 슬로건 역시 소비자라는 대중을 상대로 하는 커뮤니케이션 수단임을 감안한다면 사회나 문화로부터 완전하게 자유로울 수 없다. 때문에 극도로 한시적이 아닌 나름의 생명력을 지닌 이슈이고 그것이 해당 제품이나 기업이 전달하고자 하는 메시지에 부합하는 것이라면 명작 슬로건을 창조해 내는 데 긍정적인 역할을 할 것이다.

- 즐겨찾기 (CJ mall)
- 휴대폰에 걸 땐 (KT전화)
- 명문학군 프리미엄 1번지 (일산자이)
- 환경은 녹색풍, 생활은 미래풍 (귀빈타운)

슬로건 창작에서 단어의 선택은 그 시대의 사회 문화적 이슈와 깊은 연관성을 지닌다. 그렇다면 요즘의 화두는 무엇일까? 자연, 환경, 건강, 웰빙, V라인, S라인, 학군, 여행, 취업, 인생역전, 노후설계 뭐 이런 것들이 아닐까?

3) 슬로건 구성단계

슬로건 창작의 세 번째 단계는 핵심어를 중심으로 브랜드나 제품을 대표할 한 줄의 슬로건을 본격적으로 구성해 보는 '슬로건 구성단계'다. 처음에는 시를 쓴다는 생각보다는 수필을 쓴다는 느낌으로 슬로건 작업의 첫 발을 내딛는 것이 부담을 줄이는 방법이다. 처음부터 군더더기 없는 완벽한 시 한 편을 써내는 시인이 없듯이 첫 줄에 뻑 가는 명작 슬로건을 써 내는 카피라이터는 아마도 이 세상에 없을 것이다. 최소한 한 번 더 생각하면 한 뼘 더 성숙한 슬로건이 탄생한다. 읽기 편한 수필로 시작해서 군더더기 없는 시로 줄이고, 이 시를 미니스커트처럼 짧은 한 줄로 줄여 나가는 것이다. 잘 다듬어진 슬로건 한 줄에는 불필요한 한 글자도 없어야 한다. 불필요한 물음표 느낌표도 없어야 한다. 이것이 슬로건의 펀치를 강하게 만드는 비결이다.

4) 슬로건 세공단계

슬로건 창작의 마지막 단계는 '세공 단계'이다. 앞의 단계에서 대부분의 슬로건은 완성된다. 그러나 조금 더 갈고 닦아서 더 빛나는 슬로건으로 탄생할 수 있는지 마지막까지 개선의 끈을 놓지 말자. 물론 의무사항은 아니다. 때로는 지나친 세공이 다이아몬드의 크기를 줄일 수도 있으니까. 단어의 순서를 바꿔 보고, 문체나 어투를 달리해서 더 좋은 효과를 기대할 수 있는지 시도해 보자. 마지막까지 끈을 놓지 않는 몇 번의 시도가 때론 상상하지 못했던 명작 슬로건으로 재탄생하기도 하고, 바로 전에 써 놓은 슬로건의 논리와 당위성을 더욱 단단하게 만드는 의미있는 역할을 한다.

똑같은 악보를 보고 연주를 하더라도 연주자의 실력과 내공과 열정과 표현력에 따라 백인백색의 감동을 주는 것처럼 결국 긴 세월을 견디는 명작 슬로건은 마지막까지 섬세한 세공의 단계를 소홀히 하지 않을 때 탄생한다.

빙그레 엔초

내부 초콜릿이 들어가 있는 아이스크림

용량	열량	출시년도
85 mL	270kcal	2000.02

“부드러움 속에 카리스마가 있다”

가장 큰 힌트는 제품 속에 숨어있다

광고 캠페인의 헤드라인이나 명작 슬로건을 탄생시키는 데 힌트를 주는 요소들은 다양한 곳에 숨어 있다. 소비자의 욕구 속에 숨어 있기도 하고, 제품을 사고 파는 시장 속에 있기도 하고, 때로는 경쟁제품이 자사제품의 캠페인이나 슬로건을 만들어 내는 데 결정적인 역할을 하기도 한다. 그런데 슬로건 창작 작업에서 가장 먼저 해야 할 일은 제품이나 서비스 자체를 꼼꼼하게 살펴보는 일이다. 브랜드 네임 속에, 때로는 제품의 모양이나 맛, 효능과 같은 특성 속에, 때로는 제품의 역사, 생산, 유통, 포장, 소비자, 가격, A/S 속에 우리에게 명작 슬로건 아이디어를 제공하는 핵심적인 힌트가 숨어 있기 때문이다.

소개하는 〈엔초〉는 빙그레 광고주를 담당하던 2000년을 전후하는 시기에 출시된 제품이다. 엔초뿐만 아니라 ‘투게더’, ‘메로나’, ‘더위사냥’, ‘메타콘’과 같은 아이스크림류와 ‘뉴면’, ‘매운콩라면’, ‘꽃게랑’ 등의 면과 스낵류 제품 광고를 담당했다. ‘꽃게랑’은 “눈물나게 맛있다!”라는 카피로 TVCM을 집행했고, ‘매운콩라면’은 “맛이 얼굴에 보인다”라는 키워드를 활용했다. ‘투게더’는 원료에 대한 신뢰를 강조했고, ‘메타콘’은 “콘 속의 두 맛”이라는 키워드로 콘의 속성, 즉 두 가지 색의 두 가지 맛을 강조했다. 엔초 캠페인을 준비하던 당시를 회상해 보면 회의실 냉장고에 항상 ‘빙그레 엔초’를 가득 채워 놓고 회의 때 마다 아이스크림은 배 터지게 시식하면서 아이데이션을 하곤 했다. 팀원들은 회의를 마치고 배탈이 나기 일쑤였다.

아이스크림 속에서 ‘카리스마’를 발견하다

당시 빙그레가 새롭게 선보였던 쟁쟁한 아이스크림 제품들 가운데 압권은 바로 〈엔초〉였다. 우선 제품의 생김새 자체가 예사롭지 않았다. 얼핏 보이는 겉모습은 초콜릿 토핑 속에 흰 아이스크림이 채워져 있는 일반적인 아이스크림과 크게 다르지 않지만, 한 입 베어 무는 순간 그 진가를 발견하게 된다. 초콜릿 토핑 안을 채우고 있는 아이스크림 속에 진하고 딱딱하고 숨어 있는 초코바가 소비자를 긴장하게 만든다. 부드럽고 달콤한 아이스크림 속에 감추어진 진하고 딱딱한 초코바는 엔초만이 지니고 있는 강력한 ‘매력’이자 ‘비밀병기’다. 그렇게 탄생한 슬로건이 “부드러움 속에 카리스마가 있다!”다. 사실, ‘부드러운 카리스마’라는 용어는 당시 유사 이래 처음으로 여성 법무부 장관이 취임하던 시기에 ‘부드러움’과 ‘카리스마’를 겸비한 인물

로 각광받으면서 이슈가 되었다. 이러저러한 이유를 힘입어 엔초는 론칭 시기부터 소비자의 인기를 누리게 된다. 배우 조인성을 모델로 하는 로맨틱 스토리의 TV광고 역시 한 몫 하였던 것으로 기억한다. "부드러움 속의 카리스마" 〈엔초〉는 제품에서 발견한 대체 불가한 카리스마로 지금까지 소비자들의 사랑을 받고 있다.

자료제공:저자(Hancomm)

7장
슬로건 창작의 힌트

명작 슬로건을 창작하는 교과서적인 이론이나 방법이 정해져 있는 것은 아니다. 다양한 광고이론과 카피라이팅의 도구들을 슬로건 창작에 맞게 적용하고 발전시켜 나아가고자 하는 것이다. 이런 관점에 보면 기존에 만들어진 명작 슬로건의 사례들을 통해 그 접근 방법을 유추해 보고 이를 통해 유용한 힌트를 얻는 것도 좋은 방법이 될 수 있다.

01 | 명작 슬로건 창작의 11가지 가이드

1) 미니스커트처럼 짧게 써라

슬로건은 짧을수록 좋다. 헤드라인은 경우에 따라 짧지 않아도 되는 당위성을 찾을 수 있으나 슬로건은 그 길이가 길어서 이득을 줄 수 있는 방법이 도저히 떠오르지 않는다. 꼭 필요한 메시지만 짧게 써라. 긴 슬로건은 마치 돈 꾸러 온 사람의 장황한 서론처럼 상대를 지치게 만들 뿐이다. 짧게 말하고 나머지는 소비자의 몫에 맡기자. 때문에 필자는 슬로건을 '카피의 핵'이라 정의한다. 'It's Sony', 'OK! SK!', '다릴 땐, 다리오', '맞다! 게보린',

'쉿, 레간자', '역시! 러시앤캐시', '올레, KT', '이가 탄탄, 이가탄', '쾌변, 불가리스', '흔들어주세요! 써니텐' 등이 좋은 사례들이다.

- It's Sony (Sony)
- OK! SK! (SK)
- 걸면 걸리는 (걸리버)
- 꿈의 동산 (드림랜드)
- 다릴 땐 (다리오)
- 당당한 술 (독도)
- 맑고 깨끗한 (칠성사이다)
- 맞다 (게보린)
- 매트매트 (홈매트)
- 모발의 혁명 (밀란)
- 민생안심 (신라면)
- 발효과학 (딤채)
- 사랑의 실천 (한양대학교)
- 생활창작 (일룸)
- 쉿! (레간자)
- 神들의 산책 (로디우스)
- 실력 비상 (비상에듀)
- 양말도 옷이다 (싹스탑)
- 올레 (KT)
- 이가 탄탄 (이가탄)
- 인생역전 (로또)
- 즐겨찾기 (CJ mall)
- 차고 깨끗한 (청하)
- 창의와 혁신 (3M)
- 쾌변 (불가리스)
- 피부의 꿈 (아이오페)

- 행복드림 (롯데마트)
- 흔들어주세요! (써니텐)

2) 판사의 판결문처럼 명확하게 써라

만약 법정의 판결문이 귀에 걸면 귀걸이 코에 걸면 코걸이처럼 애매모호하다면 어떨까? 판결문을 다 읽었는데도 도대체 누구에게 어떤 죄가 있다는 것인지 고개를 갸우뚱하게 만든다면 어떨까? 의사의 처방전도 마찬가지다 명확한 진단을 내려 투약을 처방해야 하는 처방전의 내용이 보는 사람에 따라 해석이 분분하다면 어떤가? 누가 들어도 화자의 명확한 의지가 전달되는 슬로건이 좋은 슬로건이라고 할 수 있다. '두통, 치통, 생리통엔', '맛있는 빵', '생생한 칼라는 역시', '엉키지 않는', '효과 빠른 위장약', '힘 좋고 오래 가는' 등은 슬로건의 메시지를 명확하게 전달하고 있다.

- 과민성 대장증상에 (듀스파타린)
- 단 하루라도 높은 이자 (대구투자금융)
- 두통, 치통, 생리통엔 (게보린)
- 맛있는 빵 (샤니)
- 몸살감기에 (콜링)
- 비비안은 품질입니다 (비비안)
- 생생한 칼라는 역시 (후지필름)
- 시험을 잘 치르게 하는, 그 (아이템플)
- 신뢰받는 항공사 (KLM)
- 어린이 해열제 (아이잔)
- 엉키지 않는 (매직세탁기)
- 자극 없이 순하게 (세바메드)
- 푹 고아 낸 전통육수 (眞육수)
- 한국의 상표 (프로스펙스)
- 회화에서 토론까지 되는 진짜 영어 (리얼영어)
- 효과 빠른 위장약 (미란타)

- 흐르거나 튀지 않는 수성 페인트 (누구나)
- 힘 좋고 오래 가는 (로케트밧데리)

소비자가 공감하고, 기억하고, 감동하기를 바라기 전에 슬로건을 통해 무슨 이야기를 건네고 있는지는 최소한 명확하게 전달할 필요가 있을 것이다. 아무리 눈치 없는 여자라도 '지금, 이 남자가 나에게 사랑한다고 말하고 있구나!'라고 정확하게 알아듣도록 말하라.

3) 새롭고 흥미롭게 창의적으로 써라

슬로건을 광고의 R.O.I에 적용시켜 보면 적합성(Relevance), 독창성(Originality), 영향력(Impact)이 좋은 슬로건의 조건이 될 수 있다. 특히, 독창성과 같은 경우 요즘처럼 하루에도 수많은 제품들이 탄생하고 사라져 가는 시장 환경에서 수없이 많은 슬로건 가운데 소비자의 눈과 마음을 잡아 둘 수 있는 중요한 요소 중 하나다. 이는 기술의 차별화가 어려운 시기에 제품이나 기업의 가치를 보다 높이고 소비자의 인식에 보다 가깝게 다가가기 위한 가치를 심어 주는데 중요한 역할을 한다고 볼 수 있다.

- 다리가 길어 보이는 학생복 (아이비클럽)
- 걸면 걸리는 (걸리버)
- 눈으로 마시는 맥주 (카프리)
- 소리를 지우는 방음 바닥재 (소리지움)
- 재수 없이 대학 가자 (이통대가.com)
- 즐거움이 제일 높은 곳 (63빌딩)
- 즐겨찾기 (CJ mall)
- 새살이 솔~ 솔 (복합마데카솔)
- 클릭! 뽕! 띵동! (예스24)

슬로건이 소비자에게 흥미를 줄 수 있는 방법은 두 가지가 있다. 'What to say', 즉 내용에서 줄 수 있는 흥미와 'How to say', 즉 형식에서 줄 수 있는 흥미이다. 그러나 우선적으로는 슬로건에서 전달하고자 하는 내용이 소비자에게 흥미로울 필요가 있다.

창의적인 슬로건은 창의적이지 않은 제품도 창의적으로 보이게 만드는 힘이 있다. 제품이 딱딱하고 창의적이지 않다고 해서 슬로건까지 딱딱할 이유는 없다. 남들과 다른 슬로건, 우리 제품을 보다 창의적으로 바꾸어 줄 수 있는 슬로건은 소비자에게 흥미를 주기 때문에 금상첨화다. '다리가 길어 보이는 학생복', '샘플만 써 봐도 아는 화장품', '양말도 옷이다', '침대는 가구가 아닙니다', '재수없이 대학가자' 등은 내용이 창의적인 슬로건이고, '새 살이 솔~솔~', '쉿', '클릭! 뽕! 띵동!' 등은 형식이 창의적인 슬로건의 수작이다.

4) 입장 바꿔 상대의 눈높이에 맞춰라!

미국 제32대 대통령 루즈벨트(Franklin Delano Roosevelt)는 임기를 마치면서 다시 태어난다면 광고인의 인생을 살고 싶다고 했다. 아마도 그는 '한 몸으로 수백 수천의 인생을 살아볼 수 있다'는 광고인의 매력을 일찍이 간파한 모양이다.

광고 카피라이팅은 철저하게 소비자를 향하는 글쓰기 작업이다. 처음 카피를 배우던 시절 여성용 언더웨어 제품의 론칭 광고를 맡아 카피를 쓰면서 그 제품을 일주일 간 입고 출근한 웃지 못 할 추억이 있다. 근무했던 회사의 성공 캠페인 중 '눈높이 교육' 캠페인이 있다. 교육이 그러하듯 카피의 가장 기본적인 시각은 소비자의 눈높이에서 광고를 만들고 카피를 쓰는 것이다. 슬로건도 예외는 아니다. '여자를 위해 여자가 만든 가구', '다리가 길어 보이는 학생복', '빠른 부엌, 즐거워지는 부엌', '최고로 키우세요' 등이 소비자의 눈높이에서 만들어진 슬로건이다.

벤츠자동차 카피를 쓸 때는 벤츠처럼 잘 나가는 인생을 살고 계신 회장님처럼, 숙취해소음료 카피를 쓸 때는 하루가 멀다 하고 술자리를 달리는 영업사원의 경험과 마인드를 가지고, 여성용 화장품 카피를 쓸 때는 여리고 예민한 여성피부가 되어, 아이가 없어도 아기용품 광고 카피를 쓸 때는 아이 두셋 낳아 키워본 아기엄마가 되어 카피를 쓰는 것이 카피라이터의 기본 중의 기본이다.

- 선물 같은 사람에게 선물하세요 (롯데백화점)
- 누구나 나만의 피로가 있다 (박카스)
- 우리의 첫 가전 (삼성신혼가전)
- 남자를 아니까 (우르오스)

- 다리가 길어 보이는 학생복 (아이비클럽)
- 빠른 부엌, 즐거워지는 부엌 (한샘 인텔리전트키친)
- 아빠와 내가 똑같이 산 바로 그 신 (헉스)
- 여자를 위해 여자가 만든 가구 (동서컨셉트가구)
- 최고로 키우세요 (베비라)

5) 지능적으로 제품의 이점을 살려라!

명작 슬로건은 직접적이든 간접적이든 제품이나 브랜드가 지니고 있는 이점이나 혜택을 소비자에게 전달한다. 그러나 잊지 말아야 할 것은 그 이점이나 혜택이 기업의 입장이 아닌 소비자의 욕구를 정확하게 파악한 것이어야 한다. 뿐만 아니라 그것을 표현하고 전달하는 방법이나 형식 역시도 철저하게 소비자의 시각에서 출발하는 것이 명작 슬로건 창작의 기본이다. '뒤끝이 깨끗한', '뿌리 뽑는 무좀약', '어깨가 편안한 정장', '엉키지 않는', '입 냄새 싹', '폼 나는 새치염색', '효과 빠른 기침 감기약' 등이 그 좋은 예들이다. 왜, '창의적'이 아니라 '지능적'이라는 표현을 했을까? 꼭 새롭고 독특한 표현이 아니더라도 소비자의 마음을 움직일 수 있는 전략적인 메시지로 접근한다면 이 모두가 지능적으로, 제품의 이점을 살리는 슬로건이기 때문이다.

- 12시간 지속형 폴리트랩 화장품 (베아뜨)
- 7~8분이면 염색되는 (세븐에이트)
- 80% 절전되는 전구 (롱세이브)
- DHA가 머리를 좋게 한다 (엘리트)
- 가격은 100만원대 품질은 300만원대 (진도모피)
- 다리가 길어 보이는 학생복 (아이비클럽)
- 멋 부리지 않은 듯이 멋이 나는 (캠브리지멤버스)
- 뿌리 뽑는 무좀약 (라미실)
- 선이 아름다운 옷 (베스띠벨리)
- 아름다운 변화 (자녹스)
- 어제보다 아름답다 (Retem)

- 입 냄새 싹~ (후라보노)
- 제대로 만든 크래커 (ZEC)
- 통이 돌아 통째로 비벼줍니다 (통돌이)
- 폼 나는 새치염색 (비겐크림폼)
- 피를 잘 돌게 하는 (써큐란)

6) 군살 없이 필요한 근육만 남겨라!

명작 슬로건은 명품 몸매와 같아야 한다. 명품 몸매는 어떤 몸매인가? 건강하고 아름다운 몸매이다. 군살 없이 적당한 근육을 갖추고 있다. 슬로건도 마찬가지다. 명작 슬로건은 한 눈에 매끈하고 건강함이 느껴진다. 슬로건에 사용된 단어들의 필요성을 냉정한 시각으로 다시 한번 살펴보자. 단어의 사용을 절제하다 보면 슬로건의 길이는 자연스럽게 짧아진다. 불필요한 거품을 빼고 군살 없는 몸매로 다시 태어나게 하자. '같이의 가치', '먹고 싶은 이유식', '야채가 신선한 집', '오래가는 건전지', '차고 깨끗한', '창의와 혁신'과 같은 슬로건에서 필요 없는 군살은 찾아 볼 수 없다. 내가 탄생시킨 슬로건은 이정재나 장혁의 잘 단련된 식스팩을 보듯 뿌듯해야 한다. 허리에 잡지 한 권 분량의 군살이 잡히거나, 팔뚝을 흔들 때마다 출렁이는 살에 멀미가 날 정도라면 그 슬로건은 건강한 슬로건이 아니다.

- 같이의 가치 (NH농협)
- 급할수록 귀할수록 (DHL)
- 마음 속의 주유소 (SK주유소)
- 먹고 싶은 이유식 (거버)
- 명심을 기억하십시오 (명심)
- 야채가 신선한 집 (채선당)
- 역시! (러시앤캐시)
- 오래가는 건전지 (듀라셀)
- 이가 탄탄 (이가탄)
- 즐겨찾기 (CJ mall)
- 차고 깨끗한 (청하)

- 창의와 혁신 (3M)
- 쾌변 (불가리스)

지금, 슬로건을 쓰고 있다면 군살을 빼는 작업부터 시작하라. 살을 빼 놓고 근육을 만들라. 이것이 좋은 슬로건을 만드는 좋은 순서다. 카피라이터는 군살이 있어도 슬로건의 군살은 허용하지 말자. 지금부터 슬로건의 다이어트를 시작하라!

7) 핵심단어, 명작 슬로건의 반(半)이다!

광고를 구성하는 요소는 크게 언어적 요소와 시각적 요소로 나눌 수 있다. 그리고 슬로건은 카피의 한 요소로서 광고의 언어적 요소에 속하는 부분이다. 특히, 다른 카피의 요소들에 비해 짧은 구성을 필요로 하기 때문에 어떤 단어를 어떻게 활용하는가가 무엇보다 중요한 일이라 할 수 있다. 명작 슬로건을 창작하는 과정에서 가장 심사숙고해야 할 부분은 '핵심단어'를 찾는 일이다. 슬로건의 핵심단어는 몇 가지 방향에서 찾을 수 있다. 첫째, 기업이나 브랜드가 추구하는 철학이나 신념에서 찾을 수 있다. 오래된 슬로건이지만 대우전자의 '탱크주의'가 그 좋은 사례다. 둘째, 우리가 다루고자 하는 제품이나 서비스 그 안에 존재하는 경우가 대부분이다. 웅진룰루비데의 슬로건인 '닦지 말고 씻자'에는 명확하고 강력한 메시지를 전달하는 핵심 메시지가 담겨있다. 셋째, 브랜드 네임을 슬로건에 직·간접적으로 활용하는 것도 좋은 방법이다. '하이마트로 가요'는 브랜드를 간접적으로 강조하는 슬로건이고, 노원의 '원하지 않을 땐'은 브랜드를 간접적으로 강조하는 슬로건이다. 넷째, 소비자의 욕구나 필요, 만족에서 찾을 수 있다. 슬로건을 통해 소비자가 원하는 메시지나 소비자가 원하는 행복을 언급하라. '오래가는 건전지', '아, 날씬해지고 싶어'들이 좋은 사례이다. 다섯째, 사회 문화적 이슈를 잘 활용하는 슬로건은 명작 슬로건을 창조해 내는 데 긍정적인 역할을 할 것이다. 요즘의 화두는 무엇일까?

- 다리가 길어 보이는 학생복 (아이비클럽)
- 모발의 혁명 (밀란)
- 야채가 신선한 집 (채선당)
- 이가 탄탄 (이가탄)
- 폼나는 새치 염색 (비겐크림폼)

8) 눈에 보이는, 그림 같은 슬로건을 써라!

언어적 요소를 소비자의 기억 속에 쉽게 그리고 오래 기억되게 하는 방법은 그 내용을 시각화하여 전달하는 방법이다. 슬로건을 읽는 순간 소비자의 머릿속에 전달하고자 하는 이미지가 그림으로 그려진다면 그 슬로건은 다른 슬로건에 비해 상대적으로 임팩트 있는 슬로건의 역할을 수행할 가능성이 높다. 따라서 지금 우리가 창작하고 있거나 이미 창작하여 활용되고 있는 슬로건이 시각화에 성공한 슬로건인지 다시 한 번 살펴보자. 'I ♥ New York', '눈으로 마시는 맥주', '베지밀 반 분유 반'이 그 좋은 예이다.

- I ♥ New York (New York)
- 눈으로 마시는 맥주 (카프리)
- 다리가 길어 보이는 학생복 (아이비클럽)
- 베지밀 반 분유 반 (베지밀)
- 통이 돌아 통째로 비벼줍니다 (통돌이)

9) 뉴 카테고리로 새로운 가치를 창조하라!

우리는 무엇인가를 나누어 인식하거나 설명하는 데 참 익숙하다. 남자와 여자, 선생과 학생, 의사와 환자, 개와 고양이, 물과 불, 라면과 김밥, 자장면과 짬뽕, 손과 발, 영어와 수학, 콜라와 사이다, 물과 불, 산과 바다, 연필과 지우개, 동전과 지폐, 고모와 이모, 필자와 독자, 카피라이터와 디자이너… 쓰다 보니 재미도 있다. 아마도 이 책의 전부를 흑과 백으로 나누라 해도 나눌 수 있을 듯하다. 우리는 왜, 수많은 사이의 단어들을 무시한 채 편 가르듯 나누어 생각하기를 좋아하는가? 아마도 기억하기 쉽고 편리해서 그럴 수도 있겠다.

피자나 아이스크림이 속옷도 아니고 남성용 여성용이 따로 있을 리 없지만 남자들은 못 먹고 여자들만 먹으라는 제품 슬로건도 있다.

- 깔끔한 숙녀들의 깔끔한 맛 (밥알없는정식혜)
- 남자들은 참아줘요 (캔디바)
- Made for Woman (Mr. Pizza)

특히, 비교의 대상이 이미 소비자들에게 익히 알려진 브랜드 파워나 인지도를 지니고 있다면 후발주자로서 전략적으로 선두 브랜드와 카테고리를 잘 구분하여 사용하는 것만으로 적지 않은 효과를 누릴 수 있다. 제품도 그렇고 광고도 그렇고 슬로건도 그렇다. 기존의 고정관념에서 벗어나지 못하면 남들과 똑같은 수준에 머물 수밖에 없다. 자신이 담당하고 있는 클라이언트의 제품이나 브랜드를 보다 빛나게 만들 수 있는 방법은 제품이 가지고 있는 특징에서 보다 발전되고 매력적인 가치를 찾아내는 일이다. 상품개발팀에서 생각했던 언어의 범주에서 우왕좌왕하는 그저 그런 슬로건을 만드는 일에 시간을 허비하지 말라. 카피라이터가 상품을 개발한 연구원과 다르고 광고주의 담당자와 다른 이유는 '사실보다 뛰어난 가치'를 찾아내는 일을 망설임 없이 그리고 훌륭하게 해낼 수 있기 때문이다.

요즘은 새로운 이동통신 기기나 서비스 그리고 자동차나 아파트 같은 브랜드들이 TV CM의 대부분을 차지하고 있지만, 1990년대 초반은 내의3사로 총칭되는 백양(BYC), 쌍방울(트라이), 태창(빅맨)의 트로이카가 안방의 브라운관 경쟁을 치열하게 벌였던 시대였다. 그 당시 선두브랜드인 BYC의 모델은 유인촌 씨가 도시적이고 스마트한 멋을 한껏 뽐내었으며, 그 뒤로 트라이의 모델은 야성적인 매력으로 인구에 회자되었던 이덕화 씨가, 그리고 빅맨의 모델은 중후한 멋을 풍기는 노주현 씨가 활동했었다. 필자는 당시 처음 카피라이터로 입문하여 카피를 배우기 시작하면서 "빅맨, 패션의 시작입니다!"라는 명카피를 물려받아 수년간의 캠페인을 담당하여 진행했다. "패션의 시작입니다"라는 슬로건은 왜 탄생했을까? 다름 아닌 그 시기가 내의하면 일반적으로 백색내의를 당연시했던 때에서 컬러내의의 유행이 시작되는 전환기였기 때문이다. 내의가 땀 흡수나 피부보호와 같은 기본적인 기능적 속성에서 발전하여, 개인의 개성과 멋을 표현해주는 명실상부한 '패션'으로 자리매김하기 시작하는 시기였던 것이다. 패션을 아는 사람들의 진정한 멋은 보이지 않는 곳(Under Wear)에서부터 시작된다는 메시지를 슬로건에 담은 것이다.

- 4계절 에어컨 (하우젠제로)
- 세탁편의점 (유니데스)
- 양말도 옷이다 (싹스탑)
- 침대는 가구가 아닙니다 (에이스침대)
- 패션의 시작입니다 (빅맨)

광고 카피라이터는 장미를 파는 사람이 아니라 사랑을 파는 사람이 되어야 한다. 장미는 몇 천원으로 살 수 있지만, 사랑은 액수로 환산할 수 없는 가치를 지닌다.

10) 슬로건에도 유머가 필요하다!

요즘 젊은 세대에게 이상형을 물으면 꼭 빠지지 않고 등장하는 조건 가운데 하나가 '유머가 있는 사람'이다. 같이 있으면 부담스럽지 않고 즐겁고 재미있는 사람이 결혼조건 가운데 손에 꼽히는 조건인 것이다. 인생도 그러한데 광고에서 유머가 지니고 있는 힘은 무시할 수 없다. 물론 슬로건에서도 유머의 힘을 간과할 이유가 없다. 쉽지는 않을 것으로 예상되지만, 그 기업의 문화에 따라서, 그 브랜드나 제품에 따라서, 캠페인의 유형에 따라서 우리는 충분히 유머의 힘을 빌려 슬로건의 효과를 증대시킬 수 있다.

브랜드나 제품에 따라 다소의 차이가 있기는 하지만 우리나라 광고나 슬로건에서 '유머'라는 속성이 적극적으로 묻어나는 표현을 찾아보기가 쉽지 않다. 매우 아쉬운 부분이다. 특히, 슬로건에서 재미나 유머가 느껴지는 사례를 찾는다는 것은 거의 숙원사업에 가깝다. 아마도 광고는 그 시대나 사회의 문화를 가장 민감하게 반영하는 커뮤니케이션 수단이기 때문에 유럽이나 동남아에 비해 상대적으로 보수적인 대한민국의 국민성과 문화가 영향을 주었을 것이다. 그런 관점에서 보면 이제 광고나 슬로건의 표현에서도 재미있고 재치있는 슬로건들이 우후죽순 격으로 탄생할 수 있는 시대적 환경은 조성되고 있다고 본다.

빅 아이디어에는 용기가 필요하다. 당신이 광고 역사에 남을 '유머 슬로건'의 효시가 되어 볼 생각은 없는가?

11) 건강하게 장수하는 슬로건을 써라!

슬로건이 헤드라인과 다른 점 중 하나는 생명력이 길다는 것이다. 헤드라인은 대부분 하나의 광고만을 위해 만들어지고 사용되는 것이 일반적인데 반해 슬로건은 하나의 제품이나 광고 캠페인 또는 기업의 수명과 그 생명력을 같이 하는 것이 일반적이다. 이것이 슬로건이 헤드라인이나 다른 카피의 요소들 보다 중요하게 다루어져야 하는 이유이다. 그리고 담당 광고회사가 바뀌거나, 광고주의 광고 담당자가 바뀔 때마다 슬로건이 바뀌어서는 안 되는 이유이기도 하다. 슬로건은 제품과 함께 탄생해서 제품과 함께 성장하고 제품과 운명을 같이하는 것이 가장 바람직하다.

그렇다면 어떤 슬로건을 쓰는 것이 장수하는 슬로건을 창작하는 방법일까?

- Just do it (Nike)
- OK! SK! (SK)
- 고향의 맛 (다시다)
- 다이아몬드는 삼신입니다 (삼신)
- 맑고 깨끗한 (칠성사이다)
- 사랑해요 (LG)
- 우리 강산 푸르게 푸르게 (유한킴벌리)

첫째, 너무 유행에 민감한 슬로건은 피하는 것이 좋다. 헤드라인은 유행하는 단어나 어투를 시기적절하게 활용하는 것 자체로 아이디어의 몫을 한다고 볼 수 있고, 모델 역시 제품에 따라서는 유행에 민감할 필요가 있다. 그러나 장수하는 슬로건을 만들기 위해서는 유행이나 트렌드에서 한 발 떨어져 다소 진중할 필요가 있다. 일희일비하지 않는 슬로건이 장수하는 슬로건의 첫 번째 비결이다.

둘째, 제품이나 기업이 지니고 있는 근원적인 매력에서 시작하라. 슬로건은 한 사람의 이름 앞에 붙는 닉네임과 마찬가지로 그 제품의 속성이나 이점을 정확하게 대신해 줄 수 있어야 한다. 따라서 이슈나 트렌드와 같은 주변요소보다는 제품 자체에서 깊게 우러나오는 사골국물 같은 슬로건이 자기 역할을 하는 효과적인 슬로건이 될 확률이 높다.

셋째, 소비자들이 제품을 통해 얻고자 하는 기본적인 욕구에서 해답을 찾는 것이 장수하는 슬로건을 만드는 또 하나의 비결이다. 매년 수많은 제품이 새롭게 태어나고 있다. 그리고 소비자들은 그 제품을 사용함으로써 얻고자 하는 기본적인 욕구를 마음속에 지니고 있다. 그 깊은 곳에 감추어져 있는 욕구를 찾아내어 슬로건에 활용하라.

슬로건 창작에서 카피라이터가 부릴 수 있는 가장 가치 있는 사치는 브랜드와 수명을 같이하는 슬로건을 만들어 내는 일이다.

02 | 명작 슬로건에 등장하는 단골손님

1) 숫자

슬로건이나 카피에서 숫자는 소비자의 시선과 주목을 끌어주는 역할을 한다. 숫자는 시각적인 차별화를 줄 뿐 아니라, 전달하고자 하는 메시지에 대한 신뢰를 더해준다. 따라서 제품의 특성에서 찾아낸 숫자나 데이터를 적절하게 활용하는 것은 효과적인 슬로건을 만드는데 있어서 힌트로 삼을 만하다. 슬로건에서 숫자를 활용하는 경우는 크게 세 가지로 나누어지는데 첫 번째는 기업이나 제품의 역사, 두 번째는 소비자의 연령 등 타깃의 구분, 세 번째는 제품의 특성을 표현하기 위한 수단 등으로 활용하고 있음을 볼 수 있다.

- **제품의 역사**
    - 124년의 침대역사 (시몬스침대)
    - 135년 스위스 네슬레의 결론 (앙팡밀)
    - 16년 전통 (덕성)
    - 20년 전통의 학습지 전문회사 (아이템플)
    - 20년, 500만개의 실적이 효능을 확인하는 (바이오보원벨트)
    - 30년 전통, 그 앞선 기술로 만든 (한일바이오김장독)
    - 30년 전통 (시대F.D.A)

- **제품의 타깃**
    - 10대를 위한 파운데이션 란제리 (틴틴)
    - 100만 대학인의 범대학 신문 (한국대학신보사)
    - 17세를 위한 감성 (씨티클럽)
    - 20대의 꿈꾸는 외출을 위하여 (요하넥스)
    - 30대 여성피부를 위한 새로운 출발 (뜨레아)
    - 30대 여인의 새로운 경험 (아뜨레)

• 제품의 특성

- 1년 365일 땅 속 김장김치 맛 (딤채)
- 60일 액체 전자모기향 (베이프60리퀴드)
- 7~8분이면 염색되는 (세븐에이트)
- 70%는 바다를 건너갑니다 (스포티지)
- 80% 절전되는 전구 (롱세이브)
- 100% 손으로 만든 (미스터피자)
- 100% 우리 쌀로 바르게 빚은 술 (화랑)
- 100배 농축 알로에 캅셀 (알로틴에이)
- 10배 화면, 10배의 감동 (63아이맥스영화관)
- 10억 항균이 살아 있는 (비오플)
- 12시간 지속형 진해 거담제 (카벤)
- 12시간 지속형 폴리트랩 화장품 (베아뜨)
- 18K 목걸이 그 정상의 아름다움 (리골드)
- 1등 바람 1등 에어컨 (LG휘센)
- 21세기와 커뮤니케이션한다 (데이콤)
- 24시간 주부를 편안하게 하는 (삼성 하이폰)
- 2천년대의 새로운 감각 (매리트가구)
- 3달 만에 7kg 이상을 목표로 (누트리쿠키)
- 3중 차콜필터의 부드러운 맛 (캐빈85마일드)
- 3중으로 보온되는 내의 (보온매리)
- 4가지 복합 성분약 성인병 치료 예방약 (포리감마론)
- 4계절 에어컨 (삼성하우젠ZERO)
- 4명까지 동시에 통화하는 (KT멤버링)
- 4원색 수퍼플랫 브라운관 (금성 아트비전)
- 47년 전통과 앞선 기술의 결정 (노루표페인트)
- 48년 최씨고집 (우황청심원)
- 8일 모심기에 가장 적합한 (국제산파이앙기)

2) 국가나 도시

슬로건에서 국가나 도시는 그 브랜드나 제품의 태생이나 출처를 밝힘으로써 품질의 우위를 강조하거나, 패션이나 식품, 전자제품 등에서 원조를 밝힘으로써 자사제품의 스타일이나 타입을 구분하여 드러내는 목적, 그리고 글로벌 지향의 일반적인 목적으로 사용되기도 한다. 특히, 우리나라, 한국, 대한민국 등의 표현은 식품 등에서 신뢰할 만한 제품임을 알리기 위해서나 애국심에 호소하기 위해, 또는 대표 브랜드임을 강조하기 위해 사용한다. 주의해야 할 점은 제품의 특장점과 무관하게 단순한 애국심이나 애향심을 자극하는 표현은 큰 효과를 기대하기 어렵다는 점과 소비자들이 각 국가나 도시에 가지고 있는 긍정적 인식이나 이미지를 브랜드나 제품 메시지에 적절하게 연결시켰을 때 효과를 극대화할 수 있다는 것이다.

- **대한민국(Korea)**
  - 국내 스무디 No.1 (스무디킹)
  - 국내 유일의 공원주차장 (종묘주차장)
  - 국내 최대의 패스트푸드 (롯데리아)
  - 대한민국 1등 할인점 (이마트)
  - 대한민국 CEO (체어맨)
  - 대한민국 골프채널 (J Golf)
  - 대한민국 노트북의 대명사 (아이넥스)
  - 대한민국 대표 보험 사이트 (다이렉트보험114)
  - 대한민국 대표 영어교육 (지앤비어학원)
  - 대한민국 습기 제거제 (물먹는 하마)
  - 대한민국 엔터테인먼트의 꿈 (손오공)
  - 대한민국 이동통신 (KTF)
  - 대한민국 초고속 인터넷 (메가패스)
  - 대한민국을 새롭게 하는 힘 (SK Telecom)
  - 대한민국의 하늘을 드높이는 으뜸인재 양성 (공군사관학교)
  - 우리나라 우유 60년, 서울우유 60년 (서울우유)
  - 우리나라에서 제일 작은 카세트 라디오 (자코)

- 한국의 상표 (프로스펙스)
- 한국의 힘 (유공)
- 한국인의 두통약 (게보린)

- **미국(America)**
  - 앵글로 아메리칸 캐주얼 (옴파로스)
  - 정통 아메리칸 진 캐주얼 (랭글러)

- **유럽(Europe)**
  - 유러피안 부띠끄 (라이프모드)
  - 유러피안 스타일의 드레시 캐주얼 슈즈 (디망쉬)
  - 유러피안 캐주얼웨어 (아벤토)
  - 유러피안 프레스티지 차 (포텐샤)
  - 유러피안 하이캐주얼 (꼼빠띵)
  - 유럽 제1의 정통맥주 (칼스버그)
  - 유럽감각의 신귀족주의 캐주얼웨어 (이니지오)
  - 유럽발 패션 순수주의 (로렐)
  - 유럽의 패션 (끄레아또레)
  - 유럽이 지켜 온 맛 (칼스버그)
  - 유럽풍 고급 아동복 (마이룩)
  - 유럽풍 네오트레디셔널 (아벤토)
  - 유럽풍 정통 캐주얼 (기라로쉬 캐주얼)
  - 유럽풍 코디네이트 패션 (카운트다운)
  - 정통유럽의 세계적인 아동복 (후케)

- **프랑스(France)**
  - 블란서풍 캐주얼 (뉴망)
  - 블란서풍의 세련된 개성미 (이브생로랑)
  - 프랑스 리버레이스를 사용한 란제리 브랜드 (젤로스)
  - 프랑스 정통의 맛-와인, 잼 (HEDIARD)

- 프랑스의 주방을 지켜 온 명품 (테팔)
- 빠리에서 태어난 백화점 (쁘랭땅백화점)
- 파리 신사의 드레스셔츠 (까르벵)
- 파리 오리지널 패션 (피에르가르뎅)
- 파리여성의 에티켓 (바나아)
- 파리의 고전 (기라로쉬)
- 파리정상급 패션 란제리 (아미에 오바드)

- **독일**(Germany)
  - 독일 스포츠미학의 결론 (푸마)
  - 독일에서 온 종합상처치료제 (티로서겔)

- **이탈리아**(Italy)
  - 세계적인 이태리 패션 명품 (파올로구찌)
  - 이것이 정통 이태리 신사복 (보스렌자)
  - 이태리 가죽패션의 살아있는 신화 (안드레아까라도)
  - 이태리 감성을 입는다 (RIFLE)
  - 이태리 마르조또사의 기술 (로가디스)
  - 이태리 샤티스 기술제휴 (설가구산업)
  - 이태리 신사복 예술의 걸작 (니노세루치)
  - 이태리 심미주의 캐주얼 (라우라비아조티)
  - 이태리 액세서리 명품 (Anoldo Bassini)
  - 이태리 정통가구 (샤티스)
  - 이태리 최고의 고품격 정통 신사복 (카날리)
  - 이태리 최고의 법랑욕조 (아리스톤)
  - 이태리 패션 명가 (FENDI)
  - 이태리풍 코디네이션 아동복 (꼬모디따)
  - 이태리풍의 하이캐주얼 (메르꼴레디)

- **일본(Japan)**
  - 일본에서 일본인이 만든 일본어 학습지 (일본어저널)
  - 일본진의 명품 (BIG JOHN)

- **스위스(Swiss)**
  - 스위스 시계철학의 완성 (라드)
  - 스위스 전통 고급시계 (로다니아)
  - 스위스 정통 손목시계 (에니카)
  - 스위스에서 온 파스텔톤 유아복 (베베주)

- **영국(U.K)**
  - 영국이 낳은 스포츠의 귀족 (슬레진저)
  - 영국 정통정신을 이어 온 신사숙녀복의 세계적인 이름 (아쿠아스큐텀)
  - 정통 영국 브랜드 (월드폴라)
  - 영국 상류의 감각 (제인쉴튼)

- **글로벌(Global)**
  - 글로벌 시대 인재들의 산실 (제주한라대학)
  - 글로벌 인재양성대학 (영남외국어대학)
  - 글로벌시대를 선도하는 최고의 리더를 양성합니다 (오산대학교)
  - 세계 26개국 어린이와 함께하는 (구몬수학)
  - 세계 50여개국에 수출하는 (한국도자기)
  - 세계 최고와 論하다 (세종대학교)
  - 세계 최고의 명성 (국제존디어트랙터)
  - 세계 최초의 천연 뇌세포성분 DHA우유 (아인쉬타인우유)
  - 세계가 함께 타는 (프라이드)
  - 세계로 도약하는 한국의 명문 (전북대학교)
  - 세계로 비상하는 한국의 명문 (부산대학교)
  - 세계로 뻗어가는 과학 학문의 메카 (목포과학대학)
  - 세계로 이어지는 활주로 (한서대학교)

- 세계를 내 품에, 미래를 내 손에 (한국해양대학교)
- 세계를 당기는 힘 (인천대학교)
- 세계를 품어라 (목원대학교)
- 세계를 향해 빛을 여는 (계명대학교)
- 세계에서 가장 안전한 차 (볼보)
- 세계의 어린이와 함께하는 (구몬수학)
- 세계의 조미료 (미원)
- 세계인의 비즈니스카 (베스타)
- 세계인의 상표 (샤프전자)
- 세계인의 오디오 (SHARP)
- 세계인의 요구르트 (다농)
- 세계인의 우리내의 (비와이씨)
- 세계인의 입술 보호제 (챕스틱)
- 세계인의 커피 (맥스웰하우스)
- 세계일류를 지향하는 (해피론)
- 세계적으로 자랑할 수 있는 고급 어린이 분유 (파스퇴르분유)
- 세계적인 가방의 대명사 (샘소나이트)
- 세계적인 두피모발전문 관리센터 (스벤슨)
- 세계적인 염색 전문가 (로레알)
- 세계적인 이태리 패션명품 (파올로구찌)
- 세상에서 가장 맛있는 토마토 음료 (토마토농장)

3) 소비자

슬로건에서 브랜드나 제품의 타깃을 명확하게 지칭하거나 기업이나 브랜드가 혜택을 나누고자 하는 소비자의 범위(Consumer Scope)를 구분하여 주는 일은 의미가 있다. 슬로건을 보면서 이것이 자신을 위한 제품임을 눈치채도록 하거나, 타깃의 관심사 범주에 들어있음을 알려 줌으로써 보다 효과적인 커뮤니케이션이 가능해지는 것이다. 따라서 막연한 대상을 향한 슬로건을 작성하는 일보다는 나름의 깊이 있는 고민을 통해 선정된 타

것을 향해 슬로건을 외치는 것은 중요하다. 아무래도 불특정 다수에게 외치는 함성보다는 내 귀에 대고 속삭이는 목소리에 관심이 가기 때문이다.

- **나**
  - 나는 나, 티코를 탄다 (티코)
  - 내 차 보다 편한 차 (금호렌터카)

- **너**
  - 당신의 깊이 그것은 렉서스의 힘 (렉서스LS430)
  - 당신이 사는 곳이 당신이 누구인지 말해줍니다 (롯데캐슬)

- **우리**
  - 우리은행 (충청은행)
  - 우리의 친절한 이웃 (상호신용금고)

- **가족**
  - 온 가족 종합 영양제 (게므론)
  - 가족 같은 골프웨어 (임페리얼)
  - 가족의 사랑이 있는 중형세단 (캐피탈)

- **아기 또는 아동**
  - 바르는 아기 피부 보호막 형성제 (말리스킨)
  - 저자극성 유아용 세제 (마일드붐)
  - 아가의 꿈 (쏘쏘)
  - 아가의 소중한 꿈 (베베드림)
  - 아기과학을 실현하는 (매일유업)
  - 아기 사랑은 커지고, 엄마 수고는 덜어지고 (플레이텍스)
  - 아기의 모든 것 (누크)
  - 꼬마숙녀를 위한 (미뉴에트)
  - 꼬마신사 꼬마숙녀 (해피아이)
  - 도시꼬마들의 자유연출 (Lusty)

- 불소함유 어린이 종합 영양제 (비막톤F)
- 아동가구 전문점 (DoDo)
- 어린이 문화를 창조하는 (아가월드)
- 어린이 책 전문출판 (예림당)
- 어린이의 생명과 안전을 추구하는 기업 (아르미)
- 유아교육만을 생각하는 (대한교육정보)
- 유아에서 고교까지 (빨간펜)
- 크는 아이들 영양 보급에 (클레오·산)

엄마

- 엄마가 만들어 아이가 행복해요 (해피랜드)
- 엄마를 위하여, 아가를 위하여 (홈프라자)
- 엄마사랑, 아빠사랑 (모닝베베)
- 엄마와 아기의 축복받은 방 (모아방)
- 엄마의 사랑 아빠의 정성 (퍼·베이비)

여성

- 그 여자의 자기발견 (디크라쎄)
- 그녀는 프로다. 프로는 아름답다 (베스띠벨리)
- 기품있는 여인의 멋 (에르모싸)
- 성숙한 여인의 화사한 센스 (베르디체)
- 센스있는 여성의 패션메이컵 (미네르바센스)
- 아름다운 숙녀화의 발자취 (훼어레디)
- 아름다운 여인 (베아뜨리체)
- 여성건강을 위한 새로운 피임약 (마이보라)
- 여성들이 좋아하는 상품권 (아모레상품권)
- 여성용 패션 면내의 (뉴하이나)
- 여성의 미를 창조하는 (초이스통상)
- 여성이 선택한 남성 언더웨어 (질)
- 여성이 선택한 남성화장품 (미스쾌남)

- 여성이 행복한 스마트폰 (EVE)
- 여인은 아름다운 자연 (옥수알로에)
- 여인의 기품을 완성하는 (진도모피)
- 여자를 편하게 해줍니다 (크리넥스키친타올)
- 여자만의 피임 愛티켓 (마이보라)

• 남성

- 남성의 여유 (솔로)
- 남자가 아름다워 보일 때 (갤럭시)
- 남자는 최고를 원한다 (질레트센서)
- 남자의 주말 (위크앤드)
- 남자의 클래식 (이브생로랑)
- 전통적인 남성의 향취 (올드스파이드)

• 고객 또는 소비자

- 고객과의 약속을 소중히 하는 (동부화재)
- 고객의 기쁨 우리의 보람 (외환은행)
- 고객의 사랑으로 발전하는 (레이디가구)
- 고객이익 우선의 (동방증권)
- 소비자를 생각하고 제품의 품질을 생각하는 기업 (부라더)
- 소비자를 위한 기업 (삼성교재사)
- 소비자문화를 창조하는 기업 (에이스뱅크)
- 소비자의 신뢰를 바탕으로 성장하는 기업 (SACOS)
- 손님에게 정성을 (한일은행)

• 국민

- 국민건강을 위하는 기업 (삼호물산)
- 국민과 더불어 번영하는 기업, 국민의 사랑받는 기업 (롯데캐논)
- 국민 생활의 힘 (KB국민카드)

- **세계인**
    - 세계인의 입술 보호제 (챕스틱)
    - 세계인의 요구르트 다농 (다농)
    - 세계인의 커피 (맥스웰하우스)

- **인간 그리고 인류**
    - 인간과 통신의 만남 (텔슨전자)
    - 인간에, 사회에, 지구에 (TOYOTA)
    - 인간을 위한 휴먼 타이어 (미쉐린)
    - 인류를 아름답게 사회를 아름답게 (태평양화학)
    - 인류에 봉사하는 (오리리화장품)
    - 인류의 건강을 위한 기업 (보령제약)
    - 인류의 꿈 (영본시몬스침대)

03 | 명작 슬로건이 숨어있는 곳

좋은 슬로건은 어디에 숨어 있을까? 슬로건의 아이디어는 어디에서 출발하는가? 부자의 눈에는 돈의 흐름이 보인다고 한다. 좋은 슬로건이 시작되는 곳과 좋은 슬로건의 호재가 머무는 곳을 보는 눈을 가진 카피라이터가 있다면 그는 아마 명작 슬로건을 창작해 내는 달인이 될 것이다.

1) 명작 슬로건은 제품 속에 있다.

모든 광고의 빅 아이디어가 그렇듯, 좋은 슬로건의 핵심적인 아이디어는 어쩌면 지금 당신의 눈앞에 있는 제품 속에 있을지도 모르는 일이다. 제품을 만들게 된 계기, 제품이 탄생하게 된 역사, 제품이 가진 장점과 심지어는 단점까지도 슬로건을 만들어주는 좋은 아이템이 될 수 있다는 것이다. 좋은 슬로건을 창조하기 위해 제품을 고민하고 만들어 낸 연구자를 만나라. 좋은 슬로건을 창조하기 위해 제품을 생산하는 공장에 직접 찾아가 보라. 좋은 슬로건을 창조하기 위해 제품을 직접 써 보고 느껴 보라. 좋은 슬로건을 창조하기 위해 기꺼이 세상에서 가장 까다로운 소비자가 되어 보라. 좋은 슬로건을 만들어 낸 카피라이터라면 아마도 공장이나 연구원의 어느 직원보다도 그 제품을 더 잘 알 것이다. 현미경으로 제품의 안팎과 상하좌우를 꼼꼼히 살펴보라. 그 속에서 소름 돋는 아이디어를 발굴해 내라.

- **브랜드 네임에서 찾은 슬로건**
  - 고뿔에는 (고프레)
  - 매트 매트 (홈매트)
  - 이가 탄탄 (이가탄)
  - 쌍둥이 할 때 쌍, 감기 할 때 감 (쌍감탕)
  - 알 만한 사람은 다 안다구요 (알마겔)
  - 오래 써서 롱, 절약해서 세이브 (롱세이브)

- **제품의 특징에서 찾은 슬로건**
  - 7~8분이면 염색되는 (세븐에이트)
  - 겔타입의 휴대용 위장약 (겔포스)
  - 마시는 간장약 (생력)
  - 線이 매혹적인 구두패션 (비제바노)
  - 숨쉬는 고무장갑 (보성라텍스)

- **제품의 역사에서 찾은 슬로건**
  - 100년의 資材를 100년의 石材로 (일신석재)
  - 48년 최씨고집 (우황청심원)
  - 국내최초 보험금 현장지급 서비스 (캐쉬익스프레스)
  - 삼보컴퓨터의 역사가 한국컴퓨터의 역사입니다 (삼보컴퓨터)
  - 좋은 책 만들기 반세기 (동아출판사)

- **제품의 용기에서 찾은 슬로건**
  - 60일 액체 전자모기향 (베이프60리퀴드)
  - 주머니 속의 액체 위장약 (겔포스)

- 칙-뿌리는 무좀약 (토오졸)
- 캡슐형의 진통제 (세다핀A)

제품의 타깃에서 찾은 슬로건

- 깔끔한 숙녀들의 깔끔한 맛 (밥알없는정식혜)
- 골프가 좋은 사람들 (프로메이트)
- 상위 1%를 위한 장타 드라이버 (BIG BaNG)
- 어르신을 위한 즐거운 임플란트 (락플란트치과의원)
- 활동파 비즈니스맨을 위한 소프트슈즈 (Mr. SOFT)
- CMA를 아는 사람들의 CMA (THE CMA plus)

생산과정에서 찾은 슬로건

- 100% 현미의 영양 그대로 (신양현미유)
- 기름 뺀 수타피자 (Mr. Pizza)
- 독일에서 온 종합상처치료제 (티로서겔)

유통과정에서 찾은 슬로건

- 세계 50여 개국에 수출하는 (한국도자기)
- 수퍼에서 따는 신선한 아가용 과일 (아기밀베이비쥬스)
- 원료에서 배달까지 신선하게 (풀무원녹즙)
- 직영목장에서 식탁까지 (신세계한우)
- 진짜 피로회복제는 약국에 있습니다 (박카스)

가격이나 A/S에서 찾은 슬로건

- 80% 절전되는 전구 (롱세이브)
- 달리는 合理主義 (피아트크로마)
- 도시감각의 3만원대 패션구두 (브랑누아)
- 사서 바로 쓰고, 충전해서 또 쓰는 건전지 (알카바)
- 적은 연료비, 거뜬한 파워 (가스부스터)

2) 명작 슬로건은 소비자 마음 속에 있다.

좋은 제품은 소비자들의 욕구가 만들어 낸다. 때문에 좋은 슬로건 창작에 도움을 주는 힌트는 소비자들의 욕구 속에 숨어 있을 가능성이 높다. 노크를 하고 소비자의 마음 속으로 들어가 보라. 그리고 정중하게 물어라. 아마도 좋은 슬로건을 써 주지는 못해도 좋은 슬로건을 창조할 수 있는 매력적인 힌트는 줄 것이다.

(1) 소비자의 욕구를 찾아내라

기업이나 제품이 소비자에게 줄 수 있는 이점은 다양하다. 그러나 광고를 통해 소비자에게 이점을 전달하는 방법으로 USP나 SMP를 이야기하듯이 슬로건에 있어서도 제품을 통해 얻을 수 있는 소비자의 다양한 혜택들을 찾아내고, 그 혜택들 가운데 가장 경쟁력 있는 욕구를 찾아내어 그것을 슬로건으로 승화시켜라. 그것이 소비자에게 사랑받고 오래도록 살아남는 슬로건을 만드는 지름길이다.

- 7~8분이면 염색되는 (세븐에이트)
- 가능성 있는 한 방 (토토)
- 겔타입의 휴대용 위장약 (겔포스)
- 다리가 길어 보이는 학생복 (아이비클럽)
- 단 하루라도 높은 이자 (대구투자금융)
- 뒤끝이 깨끗한 (패스포트 그린)
- 뿌리 뽑는 무좀약 (라미실)
- 아, 날씬해지고 싶어! (화이버트 · 정)
- 인생역전 (로또)
- 입 냄새 싹 (후라보노)
- 최고로 키우세요 (베비라)
- 치아 미백제 (나츄랄화이트)
- 쾌변 (불가리스)
- 크는 아이들 영양 보급에 (클레오 · 산)

(2) 소비자의 욕구를 증대시켜라

소비자가 지금까지 가지고 있었던 욕구를 슬로건을 통해서 증대시키는 일은 소비자의 욕구를 찾아내는 일보다 적극적인 마케팅 노력이다. 소비자 마음속에 새로운 욕구를 만들어 주거나 식어가는 욕구를 다시 불태우게 함으로써 제품에 대한 매력과 구매욕구를 다시 살릴 수 있다.

- 구김으로부터의 자유 (링클프리)
- 급할수록 귀할수록 (DHL)
- 이제, 목으로 느낀다 (OB 아이스)
- 자일리톨이 들어 있는 (자일덴트치약)
- 졸음 없는 코감기약 (지미코)
- 폼나는 새치염색 (비겐크림폼)
- 환경은 녹색풍, 생활은 미래풍 (귀빈타운)

(3) 소비자의 욕구를 창조하라

신제품이나 소비자가 아직 실생활 속에서 절실한 필요성이나 불편함을 느끼지 못하고 있는 제품이라면 슬로건을 통해 적극적으로 제품이나 브랜드에 대한 필요성이나 욕구를 창출해 내는 것도 좋은 방법이다. 어차피 완전히 새로운 제품이 세상에 탄생한다는 것은 불가능에 가까운 일이며, 따라서 슬로건을 통해 아직 소비자가 인식하지 못하고 있는 특정한 욕구를 찾아 소비자에게 전달해 주는 것은 명작 슬로건을 창작하기 위한 매우 능동적이고 바람직한 태도다.

- 12시간 지속형 향기 좋은 전자모기향 (베이프매트 훈증기)
- 눈으로 마시는 맥주 (카프리)
- 세균까지 잡아먹는 공기 청정제 (오조넥스)
- 빅맨, 패션의 시작입니다 (빅맨)
- 화장을 잘 지우는 포인트 (포인트)

3) 명작 슬로건은 시장 속에 있다

필자는 소비자에게 공감과 임팩트를 줄 수 있는 훌륭한 카피를 찾아내기 위해 슈퍼마켓이나 대리점에서 몇 날 며칠을 서성인 적이 비일비재하다. 좋은 카피는 소비자와 제품이 만나는 접점에서 마치 스파크가 일어나듯이 '유레카'하고 떠오를 수 있기 때문이다. 이것은 슬로건도 예외가 아니다. 소비자가 공감할 수 있는 좋은 슬로건은 어쩌면 제품을 선택하는 시장 한복판에 잠재해 있는지도 모른다. 범인이 백주대낮에 거리를 활보하는데 우리는 그 정체를 못 알아보는 경우도 있다. 명작 슬로건을 만들기 위해 슈퍼로 나가자! 훌륭한 슬로건은 책상 앞에 가만히 앉아 탄생하는 것이 아니다. 카피라이터의 땀 나는 발품 아래에서 탄생한다.

4) 명작 슬로건은 경쟁제품이 가르쳐 준다

우리는 때로 경쟁제품이나 경쟁회사에서 천우신조(天佑神助) 같은 빅 아이디어를 얻기도 한다. 경쟁제품 대비 우위에 있는 이미지나 제품력이 우리에게 경쟁력 있는 슬로건의 시초를 제공하기도 하지만, 때로는 경쟁사나 경쟁제품 대비 열세에 있는 상황에서도 전화위복처럼 힘있는 슬로건이 탄생하기도 한다. 우리 제품에 경쟁력 있는 이야깃거리가 부족하다면 내일부터라도 경쟁사나 경쟁제품에서 아이디어를 찾기에 혈안이 되어 보라! 분명히 후회하지 않을 만큼 만족스러운 슬로건 하나를 얻게 될 것이다.

- 남는 게 있는 주스 (과일촌)
- 닦지 말고 씻자 (웅진룰루비데)
- 비교할수록 (아이퍼스트)
- 울타리 없는 학교 (윤선생영어교실)

04 | 명작 슬로건의 진실과 오해

1) 장고(長考) 끝에 짧은 슬로건

개인적으로 소설을 쓰는 작업보다 시를 쓰는 작업이 더 어렵다. 한 권의 책을 빼곡한 글과 내용으로 채운 소설, 몇 장을 넘기며 편안하게 풀어나가는 에세이, 그리고 단 몇 줄을 가지고 오랜 여운을 남기는 시 한편. 각기 주는 감동은 다르지만 모르긴 해도 작가의 땀과 노력은 많이 다르지 않을 것이다. 즉, 몇 줄의 시를 창작해 내는 고통이 한 권의 소설책을 엮어 내는 고통에 비해 왜소하지 않다. 이는 한 줄의 헤드라인이나 슬로건이 십수 줄의 바디카피보다 더 많은 생각과 노력을 필요로 하는 것과 다르지 않다. 어쩌면 더 짧게 정리하여 쓰기 위해서 더 많은 노력을 하고 있는 것이 사실이기 때문이다.

아마도 말은 안하지만 카피라이터들이 가장 우습게 보는 친구들이 "야, 짧은 거 하나 쓰는데 뭐 그리 오래 걸리냐? 시간 없으니까 대충 빨리 하나 써 줘! 내가 가서 잘 팔아 올께"라고 부탁하는 AE나 광고주일 것이다. 어찌 브랜드와 생명을 같이 할 슬로건을 만드는데 단 몇 시간만 주고 재촉할 수 있는가? 짧다고 무시한다면 당신의 이름에 비하겠는가? 만약 "급하니까 대충 빨리 하나 지어주세요!"라고 해서 태어난 것이 당신의 이름이라면 기분이 어떻겠는가? 그래서 광고 카피라이터들은 긴 바디카피에 비해 짧은 헤드라인을 쓰는데 훨씬 많은 시간을 투자한다. 긴 카피를 짧고 임팩트 있게 줄여 쓰는 작업이 얼마만큼의 고뇌와 고통의 소산인지 카피라이터들은 잘 알 것이다.

- 쉿! (레간자)
- 맞다! (게보린)
- OK! SK! (SK)
- Hello! (푸르지오)
- 고향의 맛 (다시다)
- 피부의 꿈 (IOPE)
- 입 냄새 싹 (후라보노)
- 즐겨찾기! (CJ mall)
- It's SONY (Sony)

군더더기 없이도 브랜드나 제품이 전달하고자 하는 이야기를 얼마나 잘 전달하고 있는가 보라! 어떤 첨언이 필요한가?

장고(長考) 끝에 나오는 짧은 슬로건은 오랜 기간 동안 제품이나 브랜드에 대한 생각을 머릿속에 남기는 힘이 있다.

2) 각고(刻苦) 끝에 쉬운 슬로건

법정 스님이나 김수환 추기경님 같은 분에게 "스님, 인생이 무엇입니까?" 또는 "추기경님, 사랑이 무엇입니까?"라고 묻는다면 그분들은 아마도 나를 보고 그냥 인자한 웃음만 날리실 것이다. 사랑이나 인생이라는 깊이 있는 화두(話頭)일수록, 그리고 생각이 깊은 분들일수록 어렵게 이야기하지 않는 법이다. 그것은 어쩌면 깊은 생각 끝에 나오는 쉬운 한 마디가 가장 힘 있는 정답이기 때문이다.

남이 생각해 놓은 발명품이나 아이디어를 보고 "저런 아이디어는 나도 낼 수 있겠다"라고 생각해 본 적이 있는가? 그것은 그만큼 그 아이디어에 욕심이 가기 때문이고, 그 아이디어가 대중적인 인정을 받을만하다 라는 것을 반증해 주는 부분이기도 하다. 그리고 공전의 히트를 치는 노래들을 보자. 이 역시 대부분 대중들이 따라 부르기 쉬운 멜로디나 가사의 구조를 가지고 있다. 요즘 댄스 가수들의 춤이나 안무도 마찬가지다. 그러나, 이런 쉬운 아이디어나 쉽게 따라할 수 있는 노래들이 과연 하늘에서 뚝딱하고 떨어졌을까? 그렇지 않을 것이다. 남들이 다 부러워하는 아이디어는 뼈를 깎는 노력을 한 사람에게만 하늘이 주는 선물이다. 빅 아이디어란 그런 것이다.

잘 가르치는 선생님일수록 쉽게 가르친다. 무슨 말씀을 하고 계신지 알아들을 수 없을 정도로 어렵고 난해하게 수업을 진행하시는 선생님이나 교수님은 능력은 있으실지 모르겠으나, 우리가 잘 가르치는 선생님이라고 평가하지 않는다. 그렇다면 쉽게 가르치는 선생님이 그 수업의 내용을 쉽게 준비하는가? 그렇지 않을 것이다. 훌륭한 목사님의 설교는 어렵거나 지루하지 않게 신도들 귀에 쏙쏙 들어온다. 그러니까 졸리지도 않고 재미있다. "산은 산이요, 물은 물이다"이다. 얼마나 쉽고 명쾌한가? 그런데 이것이 쉽게 탄생한 말이겠는가? 아마도 산전수전 다 겪으신 인생 뒤에 어렵게 탄생한 진리일 것임을 두말할 나위가 없다.

쉬운 슬로건을 만들어 내기 위한 피나는 노력을 시작하자. 아마도 지금 우리가 기억하는 많은 훌륭한 슬로건들은 읽거나 말하기에 어렵지 않은 슬로건일 것이다.

- 클릭, 뿅, 딩동 (예스24)
- 한국 맛 좋다 (비락식혜)
- 휴대폰에 걸 땐 (KT전화)
- 내 차 보다 편한 차 (금호렌터카)
- 샘플만 써 봐도 아는 화장품 (참존)
- 자극없이 순하게 (세바메드)
- 이가 탄탄 (이가탄)

초등학교 5, 6학년 학생들이 쉽고 명확하게 이해하는 슬로건이 정답이다. 그들이 이해를 못하면 결코 좋은 슬로건이라 말할 수 없다. 지금부터 카피라이터는 자신이 쓴 슬로건 시안들을 가지고 초등학교 앞에 나가자. 아이들을 모아 놓고 어떤 슬로건이 쉽고 마음에 쏙쏙 들어오는지 한 번 물어보라. 그리고 그들의 리뷰를 결코 무시하지 말라. 아마도 당신은 웬만한 F.G.I 못지않은 전리품을 가지고 돌아올 것이다.

더 이상 어려운 슬로건을 가지고 잘난 체 하지 말자! 슬로건을 가지고 지식의 깊이를 평가받으려고 하지 말라! 깊게 생각하고 준비한 좋은 슬로건일수록 쉽게 다가오는 법이니까…

3) 검소(儉素)해서 빛나는 슬로건

슬로건의 본래 의미는 '함성'이지만, 대부분의 명작 슬로건은 크게 소리를 지르는 함성이 아니었다. 빈 수레가 요란하다고 했던가? 정말 가치 있고 들을만한 이야기치고 큰 소리를 내는 법이 없다. 사람도 마찬가지다. 본인이 불안하고 자신이 없을 때 대부분 이를 감추기 위해 큰 소리를 지른다. 정작 중요한 이야기는 단 둘이 있을 때 조용하게 전해지는 법이다. 그래서 나는 거창하고 요란한 프로포즈에 행복해 하는 청춘들과 약간의 생각의 차이를 느낀다.

'세계제일', '세계최초', '세계정상' '세계최강' 등의 슬로건이 힘이 있다고 생각하는가? '일등', '선두', '최고'라는 말에 당신의 마음은 열리는가? 다시 한번 생각해 볼 문제다. 시기와 상황에 따라 '최초', '최고', '최저'라는 직접적인 단어가 꼭 필요할 때가 있다. 그 때를 잘 판단하길 바란다. "네가 원하면 별도 달도 다 따 줄 수 있어!", "난, 이 세상에서 네가 제일 예뻐!"와 같은 말들은 서로 죽고 못 살 정도로 사랑할 때 하는 이야기이고, 거짓말인 줄 알면서도 속아넘어가 주는 것은 두 사람 사이가 행복할 때 통하는 이야기이다.

이 세상의 카피라이터들이여, 눈에 콩깍지 낀 소비자와 냉정한 소비자를 혼돈하지 말자! 거창하고 화려한 슬로건보다 브랜드나 제품이 지니고 있는 본연의 모습과 경쟁력 있는 매력을 잘 찾아내어 진솔하고 단아한 슬로건을 만들어 내는 일에 욕심을 내자!

- 토요타에 가자! (TOYOTA)
- 맛있는 빵 (샤니)
- 피로회복엔 (아로나민골드)
- 피로한 눈에 (핀클)
- 생활창작 (일룸)
- 먹고 싶은 이유식 (거버)
- 처음 느낌처럼 (락앤락)
- 쾌변 (불가리스)

화려하게 꾸미는 수식어는 없지만 담백한 매력과 경쟁력 있는 혜택들이 묻어있는 부족함 없는 슬로건들이다.

잘 만들어진 슬로건은 수식이나 형용사에서 나오는 것이 아니다. 그 제품이 탄생하게 된 배경은 무엇인가? 그 제품을 통해 소비자가 채워지기를 원하는 욕구는 무엇인가? 우리 제품이 다른 제품에 비해 경쟁적인 우위를 지니고 있는 부분은 무엇인가? 심지어 경쟁적 열위에서도 활용할만한 좋은 아이디어는 없는가?

브랜드나 제품을 둘러 싼 스토리들 속에 우리의 슬로건을 빛나게 만들 보석이 숨어있다. 그 보석을 찾는다면 평생 질리지 않을 뿐 아니라 살수록 사랑스러운 인생의 동반자와 같은 슬로건을 창조해 내는데 결정적인 힌트를 얻을 수 있을 것이다.

4) 배려(配慮)해서 대우받는 슬로건

슬로건 역시, 일방적인 커뮤니케이션이 아닌 양방향적인 커뮤니케이션이 되어야 함은 두말할 나위가 없다. 즉, 기업이나 제품이 지니고 있는 자랑거리를 상대방의 의사는 아랑곳하지 않고 늘어놓는 슬로건을 가지고서는 원하는 커뮤니케이션의 목적을 달성할 수 없다.

① 브랜드나 제품이 지니고 있는 특징이나 장점을 찾아라!
② 그 특장점 가운데 소비자가 가장 듣고 싶은 이야기가 무엇인가를 먼저 생각하라!
③ 그 이야기를 슬로건으로 만들어 내는 일을 시작하라!

브랜드 슬로건을 만드는데 있어서 가장 먼저 시작해야 할 일은 자신의 브랜드나 제품이 가지고 있는 특징이나 장점을 찾아내는 일이다. 그러나 그 특장점을 바로 슬로건으로 자랑해 내기에 앞서 해야 할 일이 하나 더 있다. 그것은 당신이 찾아 낸 수많은 특장점 가운데 소비자가 가장 원하고 듣고 싶은 이야기가 무엇인지를 찾아내는 일이다. 왜냐하면, 상대가 원하지도 않는 자신의 장점을 자랑하는 일만큼 어리석고 비효율적인 데이트는 없기 때문이다. 상대가 듣고 싶어 하고 다른 경쟁자에 비해 매력적일 확률이 많은 이야기로 소비자에게 접근하라. 그리고 그것을 슬로건의 화두로 활용하라. 이것이 소비자에게 대우받고, 광고 효과를 증대시킬 수 있는 슬로건을 창조하는 지름길이다. 브랜드 슬로건은 브랜드를 자랑하는 카피가 아니라, 그 브랜드를 선택할 소비자를 배려하는 카피가 되어야 한다.

- 아내가 선택한 남성 화장품 (율리시즈)
- 여자를 위해 여자가 만든 가구 (동서컨셉트가구)
- 가격은 꼬마키! 품질은 엄마손! (아몽)
- 최고로 키우세요 (베비라)
- 따뜻하게 사람들을 모아주는 (린나이 가스난방기구)
- 말로 하면 글로 뜬다 (015나래텔메신저)
- 단 하루라도 높은 이자 (대구투자금융)
- 4명까지 동시에 통화하는 (KT멤버링)
- 재수없는 인터넷 수능학습 (이통대가)

위의 사례들은 하나 같이 소비자를 생각한 흔적들이 물씬 묻어나는 슬로건들이다. 소비자가 원하는 기능을 잘 찾아냈거나, 소비자의 심리상태를 잘 배려한 흔적이 보이거나, 최소한 소비자들이 쉽게 수용할만한 단어나 어휘들을 가지고 만들어낸 슬로건들이다. 길지 않은 슬로건에서 단어 하나 어투 하나까지 소비자를 배려한 흔적이 배어 있다면 다른 어떤 슬로건보다 예뻐 보이는 것이 인지상정 아닐까?

슬로건 스토리 07

롯데캐슬 드메르

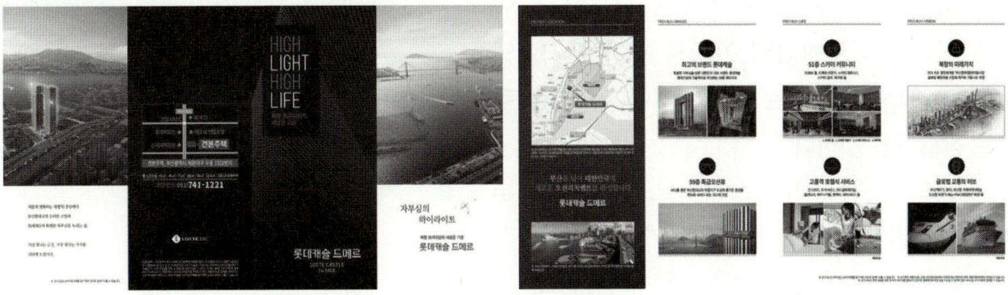

"High Light High Life"

부동산의 브랜드 프리미엄은 어디에서 찾아야 하는가?

롯데캐슬 드메르(De MER)는 '부산 북항 프리미엄의 새로운 기준'이라는 기치를 들고 사업의 첫 삽을 뜬다. 지하 5층 지상 59층 규모의 총 1,221실을 갖춘 초고층 고급 레지던스(생활주거시설)다. 이미 모든 생활 인프라가 갖추어진 부산 최고의 입지인 원도심에 대규모로 개발, 2022년에 완공 예정인 사업으로 입지적 가치가 뛰어나다. 또한 롯데캐슬은 이미 소비자들에게 브랜드 파워(한국능률협회컨설팅 주관 한국산업 브랜드 파워 건설부문 2위)를 인정받고 있다. 이렇듯, 입지와 미래가치 그리고 브랜드 파워를 모두 갖춘 사업임에도 불구하고 성공의 충분조건을 가졌다고 확신하지 못하는 이유는 무엇일까? 그것은 많은 경쟁 브랜드들이 해운대, 북항, 오션뷰, 호텔급 서비스, 럭셔리 라이프 등의 프리미엄 주거가치를 가지고 있거나 이야기하고 있기 때문이다. 결국, 드메르만의 차별화된 브랜드 가치를 만들어 내는 작업이 핵심전략이 될 수밖에 없는 현실이다.

우문현답, 문제는 현장에 답이 있다

우리에게 전략적 솔루션을 제공하는 현장은 제품의 물리적 현장이 아니라, 브랜드의 유효타깃의 인식과 라이프스타일과 소비자 가치의 현장이다. 드메르는 부동산 시장의 새로운 트렌드 '프루브(PRUV, Proud Realisers of Unusual Value)족'에서 힌트를 찾았다. 프루브족은 '희소가치를 실현하는 것을 자랑스러워하는 사람들'이다. 이들은 남들과 같은 매스티지(Masstige, Mass와 Prestige Product를 조합한 신조어)를 거부하고 남다른 희소가치를 추구하는 사람들, 소득수준이 향상되면서 자신만의 특별함과 차별선과 개성을 강조하고 추구하는 사람들, 자신만의 특별한 취향을 가지고 있으며 까다로운 욕구가 있어 정형화되거나 대중적인 것을 싫어하는 사람들, 자신이 남들과 다르다는 것을 생활 속에서 증명하기를 원하는 사람들이다.

프루브족의 선망을 자극하는 드메르만의 가치로 포지셔닝

롯데캐슬 드메르가 찾은 콘셉트는 '프루브족의 선망성 자극'이다. 소비자의 선망을 자극할 수 있는 드메르만의 차별화된 가치를 찾아 포지셔닝(Positioning)하고, 그로부터 핵심 키워드와 슬로건을 창출하는 것이다.

해운대의 중심, 아파트처럼 살고 호텔처럼 누리다, 글로벌 레지던스, 비욘드 럭셔리, 호텔 라이프와 럭셔리 라이프의 새로운 기준… 경쟁 브랜드들이 강조하고 있는 커뮤니케이션 메시지들이다. 드메르는 일반적으로 고급 아파트들이 강조하고 있는 고급 조경이나 럭셔리 커뮤니티, 레지던스의 호텔 서비스, VIP 컨시어지(Concierge)로 달라지는 물리적 삶이 아니라, 남들과 달라 보이는 '남다른 삶'이 펼쳐지는 프리미엄 공간! 당신은 이곳에 살만한 충분한 가치를 지닌 사람이며, 당신이기에 이곳의 삶을 누릴 자격이 있다는 메시지를 전달하고자 하는 것이다.

이렇게 탄생한 슬로건이 "High Light High Life"다.

현대사회에서 가장 좋은 제품은 어떤 제품일까? 그것은 고객이 필요로 하는 제품이다. 즉, 이제는 막연한 최고급의 '제품 경쟁력'보다는 그 제품을 통해 고객이 얻을 수 있는 '혜택의 가치'를 창출하고 만족시키려는 노력이 필요하다. 그런 의미에서 고객의 남다른 삶에 'Highlight'를 비추는 롯데캐슬 드메르의 약진을 기대해 본다.

편안한 삶

단지 설계,건축 설계,
커뮤니티, 인테리어,
조경, 서비스 등

남다른 삶

내 삶의 가치가
표현되는 곳,
소개하지 않아도
나를 알게 하는 곳

프루브(PRUV)족

- 남들과 같은 매스티지를 거부하고 희소성 가치를 추구
- 소득수준의 향상으로 자신만의 특별함, 차별성, 개성 강조
- 정형화, 일반화, 대중화를 싫어하고 자신만의 취향을 소유
- 자신이 남들과 다르다는 것을 생활 속에서 증명하기를 원함

자료제공: 애드우드

3부

슬로건 창작 전략

8장 Why Fan Model

01 | 모델의 개요

'Why?'라는 화두는 'What to say?'와 'How to say?'의 난제를 풀어주는 새로운 솔루션이 될 수 있다. 그리고 지금까지의 IMC 개념에서 한층 더 새롭고 복잡하고 다양해지는 요즘의 뉴 멀티미디어 환경 속에서 개별 광고 간의 통합적 메시지를 전달해 주는 슬로건의 역할과 맞물려 시기적으로 더욱 중요한 의미를 갖는다.

현대사회와 같이 미디어별 고객접점이 다양화되는 환경에서는 실제로 집행되는 커뮤니케이션 활동 역시 매우 복잡하고 다양해지기 때문에 이를 통합하여 관리, 운영하는 일은 어려울 뿐 아니라 그 중요성 역시 더욱 커지고 있다는 점에서 'Why?'의 중요성은 아무리 강조해도 지나치지 않다. 즉, 성공하는 광고 커뮤니케이션은 전략과 표현의 문제 이전에 커뮤니케이션 전반의 목적, 즉 '왜, 지금 이 광고를 해야 하는가?'에 대한 의문과 해답이 캠페인의 전반에 깊이 있게 견지되어야 한다. 이러한 환경에서 'Why?'는 광고효과를 증폭시키고 효율성을 제고하기 위해서도 필요하지만, 현대 커뮤니케이션의 부작용을 예방하는 의미에서도 중요하다는 일층 발전된 솔루션을 제공한다. 온라인이나 디지털 환경에서 모바일이나 소셜 미디어를 통해 고객과의 실시간 커뮤니케이션이 가능해짐에 따라 순발력 있는 통합적 커뮤니케이션 관리의 필요성은 더욱 강화되는데, 이에 메시지의 근본적 질문에 대한 명확한 해답이 핵심적인 역할을 하게 된다는 것이다.

- 왜, 광고예산을 전년대비 500% 증액했을까?
- 왜, 올해는 경쟁 프레젠테이션을 준비해야 하는가?
- 왜, 광고주는 우리 회사를 초청했는가?
- 왜, 이 프레젠테이션이 우리 팀에 배당되었는가?
- 왜, 광고주는 우리회사 프레젠테이션에 주목하지 않을까?

02 | 모델의 역할

'Why?'가 비단 슬로건에만 적용되는 이슈는 아니지만 그 필요성과 역할에 있어서 광고 캠페인의 수많은 요소 중 가장 선봉에 서야 할 카피적 요소가 슬로건이라는 판단으로 지금까지 거칠게 마나 정리한 나름의 전략모델을 펼치면 다음과 같다.

〈그림 8-1〉은 'Why Fan Model'을 이야기하기 위한 가장 기본이 되는 모델이다. 이 모델은 기존의 오길비(D. Ogilvy)의 'What to say?'와 번바흐(W. B. Bernbach)의 'How to say?'에 '지속적인 질문'을 던지는 과정으로 이해할 수 있다. 그리고 끊임없는 질문들을 통해서 보다 안전하고 탄탄한 캠페인의 토대를 구축하고자 하는 것이다. 핵심은 '무엇을 이야기할 것인가?'와 '어떻게 이야기할 것인가?'의 무용론을 말하는 것이 아니라, 그 둘의

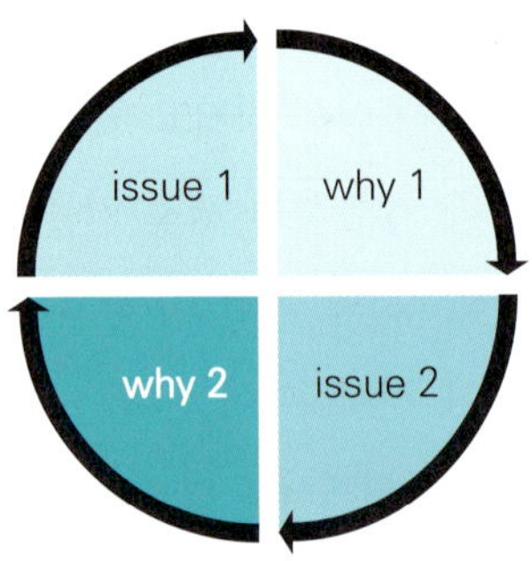

〈그림 8-1〉 Why Fan Model(기본형)

논의를 더욱 빛내기 위한 새로운 해결책으로 'Why Fan Model'을 제안하는 것이다.

지금까지 수많은 캠페인을 제작하고 집행하면서 성공과 실패의 롤러코스터를 수없이 타봤다. 또한 경쟁 프레젠테이션이라는 것을 수없이 맡아 진행하면서 그 해결의 방법이나 해결하지 못한 이유가 다름 아닌 '왜, 이 캠페인을 하는가?'에 대한 통찰이었다는 것을 절감한다. 그때는 이해하지 못했던 대부분의 실패작들은 'Why?'에 대한 깊이 있는 성찰이 부족했던 경우가 태반이다. 뒤돌아보면 매우 안타까울 뿐이다. 거꾸로 수많은 기획서와 수많은 크리에이티브 시안들로도 만족시키지 못했던 클라이언트의 눈높이를 'Why에 대한 이해' 하나로 충분히 뛰어 넘었던 기분 좋은 추억들도 적지 않다. 그 짜릿함은 느껴보지 못한 사람들은 모를 것이다. 클라이언트를 만나면서, 전략을 수립하면서, 브리프를 쓰면서, 소비자 조사를 하면서, 미디어 플랜을 세우면서, 그리고 아이데이션을 하면서 'Why?'에 대한 집요함을 놓치지 말라. 이것이 바로 '광고를 아는 사람'과 '광고를 이해하는 사람'의 차이를 만드는 일이기 때문이다.

이러한 'Why Fan Model'은 지금까지 가지고 있었던 광고적 사고에 두 가지 효용가치를 제공한다.

첫째, 'Why?'는 우리가 해결해야 할 문제를 지속적으로 좁혀 줌으로써 자칫 우리가 광고를 통해 해결해야 할 문제가 수십 가지가 넘는 상황을 깔끔하게 하나로 정리해 주는 힘이 있다. 즉, 커뮤니케이션의 피가 잘 안 통하는 근원적인 맥을 찾아 합병증의 원인이 되었던 핵심을 치료할 수 있게 만들어 주는 것이다. 이것이 바로 〈그림 8-2〉의 'Why Fan Model'의 집중역할(Focus Role)이다.

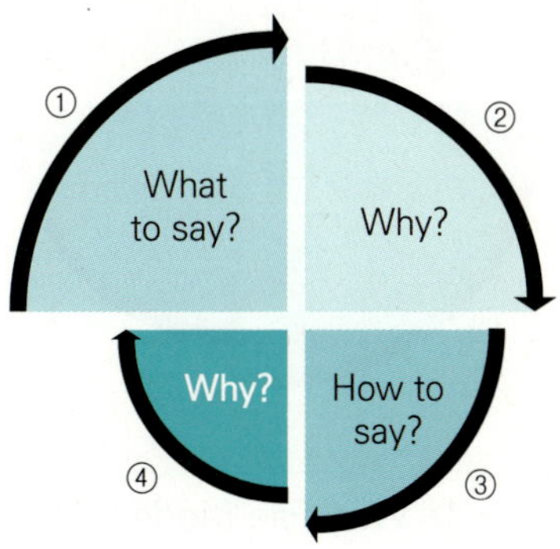

〈그림 8-2〉 Why Fan Model(집중역할)

즉, 기초적인 'What.1'과 'How.1'에 대한 고민에 이은 'Why.1'은 더욱 폭이 좁아진 'What.2'와 'How.2'를 제공하고, 이어지는 'Why.2'는 집중된 논제인 'What.3'와 'How.3'를 제공한다. 이렇듯 지속적인 'Why?'의 반복을 경험하다 보면 광고 캠페인을 통해 해결해야 하는 근본적인 문제점을 발견하게 되고, 그 해결방법을 찾는 과정에서 핵심적인 과제가 무엇인지를 인지하게 되는 '집중된 시야'를 갖게 된다.

둘째, 'Why?'는 작게는 하나의 제품, 크게는 브랜드와 기업에 대한 부단한 성찰을 통해 광고를 보는 시야를 넓혀주는 힘을 발휘한다. 즉, 카피를 보던 눈에서 크리에이티브를 보는 눈으로, 크리에이티브를 보던 눈에서 캠페인을 보는 눈으로, 캠페인을 보던 눈에서 전체적인 마케팅의 흐름을 보는 눈으로 성장시키는 역할을 하는 것이다. 이것이 바로 〈그림 8-3〉의 'Why Fan Model'의 확장역할(Expansion Role)이다.

즉, 'Why.1'은 'Problem.1'을 해결하는 'Solution.1'을 제공하고, 해결된 'Solution.1'에 이어지는 'Why.2'는 더 근본적인 'Problem.2'를 해결한다. 그리고 'Problem.2'와 'Solution.2'를 해결한 'Why.3'가 더 큰 문제인 'Problem.3'까지 해결하게 되는 것이다. 이렇듯 지속적인 'Why?'의 반복을 경험하다 보면 광고 캠페인의 역할로 인한 다양한 해결방법을 찾는 과정에서 광고 캠페인을 보는 '확장된 시야'를 갖게 되는 것이다. 물론, 앞에서 언급했듯이 'Why?'에 대한 집요한 활용은 다른 모든 카피 요소들에 앞서 슬로건 창작의 기술에서 활용되어야 한다.

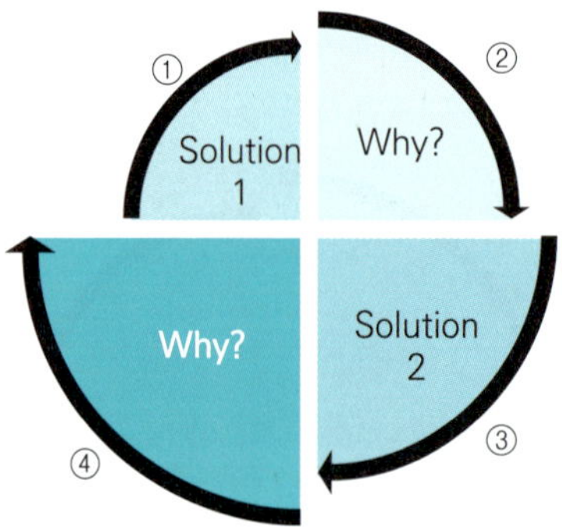

〈그림 8-3〉 Why Fan Model(확장역할)

롯데칠성사이다

" Re:Fresh, Re:Green "

브랜드 탄생 70주년을 앞두고 변화의 새로운 모멘텀을 고민하다

"Re:Fresh, Re:Green"은 2019년 집행된 칠성사이다의 브랜드 캠페인 슬로건이다. 해방이후 1950년에 탄생한 칠성사이다는 70년 넘게 장수하고 있는 대한민국 대표브랜드다. 2019년 캠페인 전략을 고민하던 시기는 브랜드 탄생 70주년이라는 의미 있는 경사를 앞두고 기업과 브랜드의 새로운 변화의 모멘텀을 만들어 내기 위한 다양한 전략적 방향성을 고민하는 시기였다. 당시 기업의 마케팅 패러다임은 CRS를 필두로 기업의 사회적 가치 창출이 필요가 아닌 필수로 여겨지는 시대였다. 롯데칠성음료는 초록우산어린이재단과의 재휴, 매립지 나무심기, 서울시 버스쉘터 공원화 등 개별적으로 폭넓게 실천해 오던 CRS 활동을 롯데칠성음료의 대표브랜드인 '칠성사이다'로 묶어 사회적 가치와 브랜드의 변화를 이끄는 통합 캠페인을 고안하게 된다.

단순히 컬러의 Green이 아닌, 사회적 가치의 Green을 입히자!

오랜 기간 '초록'으로 브랜드 컬러 아이덴티티를 이어 오던 칠성사이다의 마케팅 활동에 위기가 없었던 것은 아니다. 당시 환경에 대한 사회적 요구로 환경부로부터 '유색 패트병 규제'라는 상황에 직면하게 되고 70년 가까이 유지해오던 칠성사이다 브랜딩에 큰 위기를 맞게 된다. 그러나 위기를 기회로 바꾸는 것이 전략이고 리브랜딩(Re-Branding)의 역할 아닌가? 칠성사이다는 지금까지 활용해 온 '컬러로서의 Green'을 '사회적 가치의 Green'으로 업그레이드된 새 옷을 준비하게 된다. 즉, 소비자들

GREEN

Nature	Health	Hope	Environment	Safety	Go ahead

CRS 캠페인에 필요한 다양한 의미를 담고 있는 컬러

의 눈에 보이는 Green은 사라져도, 기존의 아이덴티티 컬러에 담겨 있는 긍정적 이미지와 사회적 가치가 담긴 의미들을 기업과 브랜드의 가치로 입히는 작업을 새로운 전략의 핵심으로 내세우게 된다.

우리는 투명해 지지만 세상에 초록을 입히는 브랜드가 되겠습니다

과거의 초록이 눈에 보이는 '가시적 초록'이라면, 매래의 초록은 인류와 환경에 기여하는 '가치적 초록'으로 발전한 것이다. 새로운 슬로건을 개발함에 있어서 기업의 철학과 지향점의 키워드를 리뉴얼된 기업 소개에서 추출하여 고객의 삶, 건강과 환경, 혁신과 미래로 규정하였다. 그리고 건강과 환경을 위한 Green의 가치에 고객의 삶을 위해 끊임없이 혁신하고 미래를 준비하는 롯데칠성음료의 기업상을 결합한 캠페인 슬로건을 준비하게 된 것이다.

핵심은 Green이 주는 긍정의 새로운 가치에 어떤 혁신의 모습을 입힐 것인가에 대한 고민이다. 완전히 새로운 모습으로 태어나겠다는 'New의 혁신'과 기존의 자산 위에 새로움을 더하는 'Re의 혁신'. 즉, 대한민국에서 유일한 칠성사이다의 70년 역사의 변화와 혁신은 '맑고 깨끗한 세상'을 꿈꾸던 우리의 브랜드 지향과 자산에 시대가 원하는 필요 가치를 더하는 'Re의 혁신'을 발견한 것이다.

세상을 다시 맑고 깨끗한 초록으로! "Re:Fresh, Re:Green"

시대가 원하는 변화에 수동적으로 움직이는 기업이 아닌 선제적으로 새로운 길을 제시하는 능동적인 브랜드가 되기 위해 롯데칠성음료는 업계 최초로 투명 패트를 1년 앞서 출시하였다. 초록에서 투명으로의 변화를 세상을 다시 초록으로 만들기 위한 칠성사이다의 실천적 행위이자 출발점으로 선언하고, 대대적인 "Re:Fresh, Re:Green" CRS 캠페인을 통한 다양한 실체적 활동을 펼쳐 소비자들의 많은 공감을 이끌어 냈다. 또한 단순히 과거의 컬러 아이덴티티를 넘어 컬러 자산에 담겨있는 긍정적 가치를 새롭게 브랜드에 입힘으로써 위기를 오히려 브랜드의 가치를 확장시키는 기회로 만들어 낸 훌륭한 캠페인 사례라고 생각한다.

자료제공: 대홍기획

9장 Slogan Brief

명작 슬로건은 명작 헤드라인 못지않게 창작에 필요한 세밀한 전략과 노하우를 바탕으로 제작되어야 한다. 그럼에도 불구하고 많은 광고인과 크리에이터들은 마치 슬로건을 카피라이터 개인의 능력이나 감으로 뽑아내는 한 줄 정도로 생각하는 것 같아 아쉽다. 슬로건을 제작하는 과정에도 헤드라인을 포함한 다른 카피의 요소들과 마찬가지로 체계적인 전략이 선행되어야 한다는 인식이 필요하다.

당연한 이야기지만, 슬로건 제작을 위한 전략적인 방법의 첫 번째는 '슬로건 브리프'를 작성하는 일이다. 이는 모든 광고 크리에이티브의 시작이 적절하고 명확한 브리프에서 출발함을 생각하면 지극히 당연한 일이다. 단발광고나 캠페인 광고를 준비하면서 당연히 광고 기획서나 브리프를 앞에 두고 세밀하고 충분한 전략적 논의 과정을 거치듯이 새로운 슬로건을 창작하기 위한 절차 중 가장 먼저 해야 할 일이 바로 슬로건 제작을 위한 브리프를 작성하고 이를 토대로 치밀한 점검과 회의를 진행할 것을 추천한다. 즉, "이 제품의 슬로건 하나 써 줘!" "이번에 회사 슬로건 하나 바꿔 볼까?"라는 식의 준비 없는 접근은 결국 슬로건 창작의 과정에서 많은 오류와 시행착오를 거치게 만든다.

새로운 슬로건의 창작이 필요하다면 지금 당신의 회사에서 사용하고 있는 '크리에이티브 브리프' 양식을 꺼내 브랜드나 제품의 상황에 맞는 '슬로건 브리프'로 바꾸어 활용해 보라. 아마도 당신의 그런 노력이 회사의 크리에이터들이나 클라이언트에게 매우 좋은 인상을 심어 줄 뿐 아니라, 효율적인 슬로건 창작 작업을 진행하는 데 있어서 결정적인 역할을 할 것이다.

바쁜 AE의 업무에 작게나마 도움을 주고자 간략하게 슬로건 브리프에서 다루었으면 하는 내용과 그 용어에 대한 설명을 추가하였다. 그리고 나름 정리한 슬로건 브리프 양식을 첨부한다. 시작은 미미하지만 향후 '명작 슬로건의 탄생'에 기여하는 시발점이 되었으면 하는 바람이다.

01 | 슬로건 브리프의 용어와 내용

① **배경**(Background): 시장상황, 소비자상황, 경쟁상황, 슬로건 기획의도 등 슬로건 창작에 필요한 광고주 및 광고 제품과 관련한 상황을 빠짐없이 기술하라.

② **브랜드 현황**(Brand or Product Description): 모든 카피라이팅은 제품에 대한 연구에서 시작한다. 슬로건을 창작하고자 하는 브랜드나 제품에 대한 기능적 속성, 콘셉트, 유통, 역사 또는 스토리 속에서 시장을 움직일 만한 차별화된 포인트가 무엇인지를 찾아 기술하라.

③ **문제점과 기획요인**(Problem & Opportunity): 광고의 전략이나 표현이 그렇듯이 슬로건 역시 브랜드나 제품이 가지고 있는 기회 요인은 물론 문제점에서도 좋은 탈출구를 찾을 수 있다. 브랜드나 제품이 가지고 있는 문제점과 기회를 경쟁적 관점에서 냉정하게 판단하여 기술하라.

④ **슬로건 목표**(Slogan Object): 슬로건을 통해 달성하고자 하는 목표를 구체적으로 설정하라. 슬로건의 목표는 실현 가능한 것이어야 하며, 해석의 오해가 없도록 명확하게 기술하는 것이 중요하다.

⑤ **슬로건 타깃**(Slogan Target): 광고에 타깃이 중요하듯, 슬로건에서 타깃을 설정하는 일 역시 매우 중요하다. 슬로건을 통해 메시지를 전달하고자 하는 핵심 타깃을 최대한 좁혀 설정하고 그들의 인구통계학적 및 심리학적 특성을 가능한 한 자세하게 기술하라. 슬로건은 다른 카피 요소에 비해 비교적 폭넓은 대상을 상대로 하는 커뮤니케이션일 경우가 많지만 그럼에도 불구하고 나름의 타깃을 설정하는 일은 의미 있다.

슬로건 브리프(양식)

Brand(Product) :

Date :

① Background
② Brand(Product) Description
③ Problem & Opportunity
④ Slogan Object
⑤ Slogan Target
⑥ Slogan Concept
⑦ Support & Reward
⑧ Desire Action
⑨ Brand Personality
⑩ Requirement
⑪ Timing
⑫ Why?

〈그림 9-1〉 슬로건 브리프(양식)

⑥ 슬로건 콘셉트(Slogan Concept): 위의 내용들을 종합적으로 참고하고 분석하여 슬로건의 목표를 달성하기 위한 핵심 메시지가 무엇인지를 짧은 한 문장으로 명확하게 기술하라.

⑦ 핵심단어(Keyword): 슬로건 콘셉트를 가장 효과적으로 표현하기 위하여 슬로건에 사용될 핵심단어를 결정하라.

⑧ 기대반응(Desire Action): 소비자가 슬로건을 접했을 때 기대하는 반응과 행동을 상세하고 구체적으로 기술하라.

⑨ 슬로건 개성(Brand Personality): 어떤 스타일의 슬로건이 앞서 제시한 슬로건 목표를 달성하는데 효과적인가? 또 이번 슬로건을 통해 표현하고자 하는 톤앤매너(Tone & Manner)는 어떠한지를 기술하라.

⑩ 필수요소(Requirement): 슬로건을 제작할 때 카피라이터가 꼭 엄수해야 하는 필수 사항을 체크하여 기술하라.

⑪ Why 점검(Why Check): 위의 ①~⑩까지의 모든 항목에 대한 근원적인 궁금증을 가지고 최종적으로 점검한다.

이제, 슬로건도 한 편의 캠페인 광고 못지않은 전략과 전술을 가지고 접근할 필요가 있다는 것에 관해서는 충분하게 설명이 된 것 같다. 이를 위해 앞서 제시한 슬로건 브리프가 체계적이고 전략적인 접근을 하는데 역할을 할 것으로 기대한다. 또한 카피라이터에게는 기존의 막연한 접근보다는 용이하게 슬로건 창작에 임할 수 있는 배려를 할 수 있다는 자체만으로 좋은 슬로건을 만들어 낼 수 있는 확률을 높이는 일이라 하겠다.

02 | 슬로건 브리프의 접근법

효과적인 크리에이티브 브리프를 작성하기 위한 다양한 접근법이 있듯이, 효과적인 슬로건 브리프를 작성하기 위한 몇 가지 접근법을 생각해보는 것도 의미 있는 일이다. 그 힌트는 슬로건과 헤드라인의 차이 또는 슬로건의 특성에서 찾아볼 수 있다.

1) 모든 항목에 궁금증을 갖자

우리가 왜 브리프를 작성해야 하는지는 이미 앞서 이야기한 바 있다. 이처럼 브리프의 작성은 모든 항목에서 'Why?'에 대한 궁금증을 갖는 것으로 시작하고 마무리되어야 한다. 왜, 시장환경과 소비자환경은 이러한가? 왜, 이것이 문제이고 이것이 기회인가? 왜, 슬로건의 목적, 타깃, 콘셉트가 이렇게 도출되었나? 왜, 광고 캠페인의 예산은 이렇게 책정되었나? 왜, 광고 시점이 지금이어야 하는가? 'Why?'에 대한 질문이 브리프 전반에 끊임없이 살아있게 만들어라. 'Why?'가 당신이 지금 작성하고 있는 슬로건 브리프의 논리와 이해를 탄탄하게 해 줄 것이다.

2) 장기적인 시각으로 작성하라

슬로건이 일반적인 카피들과 다른 점은 활용기간이 길다는 것이다. 슬로건은 여타의 헤드라인이나 캠페인 카피의 수명보다 장수하는 영역에 있다. 따라서 슬로건 브리프를 작성하는 담당자는 긴 호흡과 먼 안목을 가져야 한다. 일희일비하는 브리프보다는 마치 대하소설을 써 내려가지 전에 크고 묵직한 청사진을 그리는 심정으로 슬로건 브리프를 작성하라. 멀게 보고 작성된 브리프가 오래 사는 슬로건을 만든다.

3) 다매체성을 고려하여 작성하라

크리에이티브 브리프에는 있으나 슬로건 브리프에는 없는 것이 바로 미디어 플랜에 대한 부분이다. 신문광고를 위한 브리프를 작성하거나, TV 광고 또는 라디오 광고 제작을 위한 브리프를 작성하는 경우에는 당연히 특정한 매체에 초점을 맞춘 브리프를 작성하게 된다. 그러나 슬로건 브리프의 경우는 특정한 매체 활용에 대한 고려보다는 장기적으로 폭넓은 매체에 활용됨을 전제로 작성되어야 한다. 여기서 한 가지 아이러니함을 발견하게 된다. 특정 매체에 대한 고려를 필요로 하지 않기 때문에 브리프 양식에는 미디어 플랜을 작성하는데 할애된 공간은 없다. 이는 슬로건 브리프가 매체를 고려하지 않는 채 작성되어야 한다는 의미로 받아들여지기보다는 멀티미디어적 활용에 걸맞은 슬로건이 창작되어야 한다는 의미로 받아들이는 것이 올바른 이해라고 할 수 있다.

4) 목적이 명확하게 작성하라

광고의 목적 못지않게 슬로건 창작을 위한 목적은 더욱 명확해야 한다. 군대 간 훈련병에게 여자 친구와의 첫 번째 면회가 주어졌다. 서너 시간 걸려 찾아 온 만남에 야속하게도 딱 한마디만 할 수 있게 허락된다면 어떻겠는가? 상상하기조차 잔인한 상황이지만 슬로건의 여건은 이보다 더하면 더하지 덜하지 않다. 몇 단어 안에서 10년 넘게 하고자 하는 이야기를 담으려 한다면 전달하고자 하는 메시지의 목적이 명확하지 않고는 감히 불가능한 일이다. 어영부영하다가 마는 슬로건을 작성하는 오류를 범해서는 안 된다. 브랜드나 제품의 네이밍을 알릴 것인가? 제품의 경쟁적 속성을 알릴 것인가? 아니면 소비자의 욕망을 자극하여 드러내게 할 것인가? 갈 곳을 정하고 미련 없이 그 길을 향해 달려가는 슬로건을 창작하는데 슬로건 브리프가 한 몫을 해야 한다.

5) 창의적인 브리프를 작성하라

슬로건이 창의적인 매력을 갖기 위해서는 슬로건 브리프에서부터 그 창의성의 싹이 시작되어야 한다. 다시 말하면 '창의적인 슬로건 브리프'에서 '창의적인 슬로건'이 탄생한다는 것이다. 창의적인 슬로건 콘셉트를 찾아내는데 심혈을 기울이길 바란다. 물론 슬로건의 창의적 창작을 위해 객관성을 잃는다면 이 역시 어리석은 일이다. 여기서 이야기하고자 하는 창의성이라는 것은 새로운 슬로건의 창작을 위한 객관적인 지식과 데이터들까지도 신선하고 새로운 시각으로 해석하고 받아들임으로써 객관적이고 전략적이면서도 충분히 창의적인 슬로건을 탄생시킬 수 있다는 것이다.

오뚜기라면

“ 라면의 진리 ”

가열, 치열, 열열…
라면 시장의 경쟁은 용광로처럼 뜨겁다

대한민국 라면 시장은 이미 수백 가지의 브랜드로 포화 상태에 놓여 있을 뿐 아니라, 매년 소비자들의 트렌드에 맞춘 새로운 제품들이 지속적으로 출시됨에 따라 그 경쟁이 ‘치열하다!’라는 말로는 부족할 정도다. 사실, 대한민국에서 라면 제품을 생산하는 기업이 많은 것은 아니다. 지금 우리 머릿속에 떠오르는 몇 개의 기업에서 생산하여 출시하는 브랜드가 어마어마하게 많은 것이다. 학생들에게 본인이 먹어 본 라면 브랜드를 이야기하라고 하면 50여 명 정도 수강하는 수업에서 족히 서너 바퀴는 돌고도 남음이 있다.

“밥 말아 먹을 때 맛있는 라면”으로 인기를 끌었던 ‘진라면’을 비롯한 오뚜기에서 생산하는 개별 브랜드들의 고객 인지도나 위상은 높은 반면, 정작 모기업인 ‘오뚜기’를 인지하는 비율이 낮게 나타나는 것이 안타까운 현실이고, 우리가 광고 커뮤니케이션을 통해 극복해야 하는 중요한 숙제이기도 했다.

각각의 브랜드를 기업의 그릇에 담을 키워드를 찾아라!

오뚜기라면의 대표 브랜드인 ‘진라면’과 온라인에서 뜨겁게 입소문을 타고 있는 ‘열라면’과 신제품 ‘육개장’ 등 라면 카테고리의 제품들을 하나로 묶는 슬로건을 찾는 일. 그 한 줄의 탄생이 절실하게 필요했다. 그래서 우리는 소비자 마음 속에 ‘라면 = 오뚜기라면’이라는 브랜드 자리매김을 하고, 오뚜기라면의 위상을 높일 수 있는 캠페인을 준비하게 된다. 시장을 선도하기 위한 오뚜기라면의 새로운 도전이 시작된 것이다. 이를 위해서 1차적으로 소비자들에게 오뚜기가 생산하고 있는 각 제품들의 특장점을 알리고, 출시되는 신규 제품들에는 오뚜기가 가지고 있는 ‘맛에 대한 신뢰’를 주어 구매를 부스팅하기 위한 전략이 절실한 것이다. 사실, 전략적이고 창의적으로 잘 만들어진 명작 슬로건 하나가 이를 명쾌하게 해결해 주는 솔루션을 역할을 해 낼 수 있기 때문이다. 캠페인 슬로건 하나로

진라면

열라면

빅육개장

브랜드에 통일감을 주고, 세대와 트렌드에 대세감을 부여하고, 향후 출시되어 광고할 브랜드에 기대감을 주는 역할을 충분히 해 낼 수 있다.

진라면의 '진'으로 대표되는 오뚜기라면

"***이 진리야!" "이거 찐인데…" 요즘 화두가 되고 있는 '진리'라는 키워드를 가지고 슬로건을 풀어보기로 했다. 맛으로나 심리적으로나 '라면의 중심'이 되고 싶은 오뚜기라면의 의지를 표명하는 단어이기도 했다. 이렇게 탄생한 캠페인 슬로건이 바로 "라면의 진리! 오뚜기"다.

"진라면이 진리야!"
라면의 진리, 오뚜기(진라면)

"푸짐한 게 진리야!"
라면의 진리, 오뚜기(육개장)

"요즘 매운 맛, 이게 진리야"
라면의 진리, 오뚜기(열라면)

광고의 전반부는 각 제품이 가지고 있는 특장점을 소비자에게 전달하고, 마무리 부분에 오뚜기 CI와 함께 캠페인 슬로건을 지속적이고 통일감있게 노출하여 개별제품과 오뚜기브랜드의 연계성을 극대화하고자 하였다.

"라면의 진리" 캠페인은 오뚜기라면에 대한 브랜드 인지는 물론 진라면, 열라면, 육개장 등 개별 브랜드의 매출에도 긍정적이 변화를 나타내는 힘을 발휘했다. 진라면은 라면시장 점유율 1위인 신라면과의 격차를 눈에 보이게 줄이기 시작했고, 열라면과 빅육개장은 목표 이상의 매출을 달성하여 라면 시장에 성공적으로 안착하는데 역할을 했다. 또한 각 품목별 조사 결과 캠페인 슬로건의 이해도와 적합성에서 높은 평가를 받고 있는 것으로 나타났다. 오뚜기가 써 나가는 대한민국 라면의 새로운 역사에 '라면의 진리'가 향후에도 지속적으로 의미 있는 역할을 해 줄 것을 기대한다.

자료제공: 애드리치

구분	진라면 (수도권, n=250)	열라면 (수도권, n=200)	빅육개장 (수도권, n=200)
"라면의 진리" 캠페인 메시지 동의도	87%	77.5%	83.5%

10장 R.O.I

R.O.I는 시카고 디디비 니드함(DDB Needham)의 부사장 윌리엄 웰즈(William Wells)가 개발한 광고전략 모델이다. R.O.I 광고전략 모델은 복잡한 시대의 변화에 대한 인식을 바탕으로 광고 캠페인이 성공하기 위해서 지켜야 할 필수요소로 적합성(Relevance), 독창성(Originality), 영향력(Impact)을 강조한다. 이는 광고의 표현뿐만 아니라, 향후 광고 캠페인의 효과를 분석하는 데 있어서도 명확한 기준을 제시해 준다는 면에서 의의가 있다. 특히, 1980년대에 처음 개발된 R.O.I는 시대의 변화에 대한 인식을 바탕으로 시작되었다는 점에서 기존의 다른 광고전략 시스템과는 차이가 있다. 1990년대와 2000년대, 그리고 현재에 이르기까지 R.O.I 광고전략이 그 가치를 이어오고 있는 것은 전략의 유연성과 포용성을 반증하는 부분이라 하겠다.

R.O.I는 성공적인 광고전략을 수립하기 위한 방법으로 아래의 다섯 가지 질문에 대한 대답이 상호 일관성과 타당성이 있어야 한다고 주장하고 있다.

① 광고의 목표(Target Response)는 무엇인가?
② 누구에게 광고(Target Profile)를 전달할 것인가?
③ 어떤 이익(Benefit)을 소비자에게 약속할 것인가? 그리고 그 약속을 어떻게 뒷받침(Support)할 것인가?

④ 어떤 개성(Personality)으로 상표를 차별화할 것인가?

⑤ 어떤 매체(Media)를 통해 광고를 전달할 것인가? 그리고 어떤 틈(Aperture)을 노릴 것인가?

위의 다섯 가지 질문들에 대한 대답이 일관성과 타당성이 있을 뿐 아니라 상호 영향력을 주고받으려면 경쟁 브랜드에 대한 파악과 대응이 선행되어야 함을 물론이고, 향후 예견되는 다양한 사회적 현상과 소비자 환경에 대한 통찰력 있는 전략이 뒷받침되어야 한다.

R.O.I는 광고의 정보처리 효과를 평가할 때도 매우 명확한 기준을 제시한다.

- 적합성: 적합성은 광고 메시지를 기획하고 표현하는데 가장 기본이 되는 요소라고 할 수 있다. 즉, 광고의 전략과 메시지는 그 브랜드나 제품과 적합해야 하고, 목표고객이나 목표시장에 적합해야 한다. 이러한 적합성은 목표고객이 필요로 하는 메시지를 구체적으로 언급할 수 있고, 고객 역시 자신과 관련이 있는 메시지에 관심을 갖게 되기 때문이다.
- 독창성: 독창성은 목표고객으로 하여금 광고 메시지에 주목하게 하는 힘을 발휘한다. 즉, 수많은 정보나 메시지 가운데 자신의 메시지를 차별화된 메시지로 돋보이게 만드는 것이다. 이를 위해서는 기존의 틀에서 과감하게 벗어나는 전략과 표현의 용기가 필요하다. 그러나 무엇보다 중요한 것은 무작정 독특하고 차별화된 전략이나 표현이 아니라, '적합성을 보유한 독창성'을 발휘하는 일을 쉬운 일이 아니다.
- 영향력: 영향력은 광고 메시지가 목표고객에게 얼마나 충격적인 메시지로 다가가는 힘을 가지고 있는가를 말하는 것이다. 광고에서는 이를 '소비자의 마음을 헤치고 들어가서 전달하고자 하는 제품에 관심을 갖게 하고 심금을 울리는 광고 메시지의 힘'이라고 표현하기도 한다. 광고가 영향력을 갖기 위해서는 적합성과 독창성이 기본적으로 갖추어져야 하고, 광고 메시지는 물론, 메시지를 전달하는 장소(Place)와 시간(Time)에 대한 전략도 심도있게 고려해야 한다.

이렇듯 시대를 뛰어 넘을만한 탄탄한 전략적 터전을 소유하고 있는 R.O.I 광고전략이 좋은 슬로건을 창조하는데 일말의 가이드라인을 제공해줄 수는 없을까? 대답은 'Why Not?'이다. R.O.I는 지금까지 세계의 많은 광고인들이 빅 아이디어를 창조하는데 탄탄한 전략적 뒷받침이 되어 왔던 것처럼, 훌륭한 슬로건을 구상하고 창조해 내는데 있어서도 명확하고 전략적인 틀을 제공할 수 있으리라 확신하며, 이에 관하여 몇 가지 적용해 보고자 한다.

01 | 적합성 전략

"슬로건에도 적합성(Relevance)이 필요하다!"

앞선 내용들에서 언급하였듯이 슬로건은 여타의 광고 카피 요소들 가운데 가장 전략적인 필요에 의해, 그리고 장기적 시각을 가지고 탄생되어야 한다. 즉, 해당의 기업이나 브랜드 또는 제품이 달성하고자 하는 마케팅 목표에 완벽하게 부합하여야 함은 물론, 기업 입장보다는 고객 한 사람 한 사람의 관점과 필요에 합당하며 치열한 경쟁적 상황 속에서도 적절하고 적합한 가치를 지니고 있어야 한다.

1) 마케팅 목적에 적합한 슬로건

효과적인 슬로건은 기업이나 제품이 추구하는 마케팅 목적에 부합되는 것이어야 한다. 이는 슬로건이 독립적 사용이 가능하다고 해서 기업이나 제품과의 적합성이 배제되어 독립적인 의미로 활용되어도 된다는 의미가 아님은 모두가 아는 바이다. 즉, 잘 만들어진 슬로건은 기업의 철학이나 비전과 큰 틀에서 맥락을 같이 하여야 하며, 제품이 다양한 광고 캠페인을 통해 소비자에게 전달하고자 하는 일련의 메시지들과도 일맥상통해야 한다. 그럼으로 해서 궁극적으로 기업이 달성하고자 하는 마케팅 목적을 이루어 내는 데 적극적인 역할을 담당해야 하는 것이다.

- 신선함을 매일 (매일)
- 매일 레모나 (레모나)
- 현대상선의 새 이름 (HMM)
- 1포하라. 일상을 지키는 힘 (정관장)
- 라면이 아니라 뉴면입니다 (뉴면)

〈그림 10-1〉 후시딘 슬로건(사례)

〈그림 10-2〉 호로요이 슬로건(사례)

- 명심을 기억하십시오 (명심)
- 양말도 옷이다 (싹스탑)
- 정수기, 바꿀 땐 제대로 (웰스)
- 패션의 시작입니다 (빅맨)
- 화장을 잘 지우는 포인트 (포인트)

2) 소비자 욕구에 적합한 슬로건

아무리 좋은 제품을 개발하여 시장에 내 놓는다 해도 그 제품이 빠르고 다양하고 세분화되어 변화하고 있는 소비자들의 필요와 욕구에 부합하는 제품이 아니라면 그 노력은 무용지물에 불과하다. 다시 말하면 좋은 제품을 판단하는 기준이란 '생산자(기업)의 몫'이 아니라, 다분히 '소비자(고객)의 몫'이라는 것을 잊지 말아야 한다. 슬로건도 마찬가지다. 기업의 자랑만을 늘어놓는 슬로건에 관심과 주의를 기울여 주는 소비자는 많지 않다. 소비자가 원하고 기다려 온 소식만을 받아들이기에도 넘쳐나는 정보에 몸을 가눌 수 없을 정도이기 때문이다. 이는 아주 쉬운 일 같지만 많은 광고주나 카피라이터들이 안타깝게도 쉽게 간과하고 있는 부분이다. 다시 한 번 말하지만 소비자가 원하는 말이 무엇인지를 먼저 생각하라. 그리고 그것을 제품과 연관된 슬로건으로 발전시켜라. 그것이 명작 슬로건을 창작하는 가장 쉬운 방법이자 중요한 지침이다.

- 당신의 초시대를 만듭니다 (SK텔레콤)
- 소득2배, 행복2배, 하나된 강원도 (강원도)

〈그림 10-3〉 6초치킨 슬로건(사례)

〈그림 10-4〉 베아제 슬로건(사례)

- 나를 위한 요즘 진통제 (그날엔)
- 빈 속에도 마음 편히 (타이레놀)
- 3달 만에 7kg 이상을 목표로 (누트리쿠키)
- 7~8분이면 염색되는 (세븐에이트)
- 구김으로부터의 자유 (링클프리)
- 깔끔한 숙녀들의 깔끔한 맛 (밥알없는정식혜)
- 입 냄새 싹~ (후라보노)
- 폼 나는 새치염색 (비겐크림폼)

3) 경쟁적 상황에 적합한 슬로건

지금 이 시간에도 수많은 제품들이 시장에서 아우성을 치며 경쟁하고 있다. 이는 무난한 슬로건이나 그냥 우리 제품에 적합한 슬로건에 만족해서는 어쩌면 '직무태만'의 질책을 면하기 어렵다는 이야기와 다르지 않다. 이 책에 소개되고 있는 슬로건만 하더라도 족히 4,000 작품이 넘는다. 이 많은 슬로건들 가운데 당신이 지금 창작하려고 하는 슬로건은 당당히 Top 10안에 드는 명작임을 자부할 수 있어야 한다.

- 남자를 아니까 (우르오스)
- 모션수트 (프리모션)
- 밥보다 맛있는 오트밀 (퀘이커 오트)
- 80% 절전되는 전구 (롱세이브)

〈그림 10-5〉 엘라스틴 슬로건(사례)

〈그림 10-6〉 볼트 EV 슬로건(사례)

- 가격은 100만원대 품질은 300만원대 (진도모피)
- 닦지 말고 씻자 (웅진룰루비데)
- 단 하루라도 높은 이자 (대구투자금융)
- 독일에서 온 종합상처치료제 (티로서겔)
- 명문학군 프리미엄 1번지 (일산자이)
- 엉키지 않는 (매직세탁기뉴봉)
- 여성이 행복한 스마트폰 (이브)
- 헌트 合理主義 (헌트)

광고 슬로건 전략이 이러한 적합성의 차원에서 충분하게 검토되어 탄생된다면 최소한 성공하는 슬로건이 갖추어야 할 기본적인 자격을 갖춘 것으로 판단할 수 있다. 다시 말하면, 잘못된 방향으로 목이 터져라 고함지르는 꼴은 면할 수 있다는 것이다. 성공하는 광고 캠페인이 IMC를 위한 다양한 노력을 기울이듯, 좋은 슬로건은 해당 기업이나 제품의 다양한 커뮤니케이션 노력들을 하나로 묶어 시너지 효과를 내게 만드는 힘이 있다.

02 | 독창성 전략

"슬로건에도 독창성(Originality)이 필요하다!"

우리가 '광고'라고 부르는 것에 몇 가지의 자격이 필요로 하다면 그 중에서 꽤 비중있는 항목으로 '독창성'을 꼽을 것이다. 그리고 그것은 크리에이터나 크리에이티브가 갖추어야 할 자격일 뿐 아니라, 광고 전략을 수립하는 마케터나 AE들에게도 중요한 요소임에 틀림이 없다.

슬로건은 어떠한가? 물론 독창적인 슬로건일수록 힘을 발휘할 것이라는 점은 쉽게 예측이 가능하다. 그러나 여기에는 전제가 있다. 앞서 언급한 적합성이 충족된 상황이어야 한다. '적절하지 못한 독창성'은 '기본기 없는 개인기'에 불과하다. 그렇기 때문에 적합성이 충족되지 않은 슬로건에서 유쾌한 효과를 기대하기 쉽지 않다.

독창적인 슬로건은 무섭게 밀려드는 광고의 쓰나미 속에서 당신의 광고 메시지를 쉽게 발견하도록 도와줄 것이며, 더 나아가 제품이 갖고자 하는 브랜드 가치에 새롭고 경쟁력 있는 활력을 불어 넣어 줄 것이다.

1) 차별적 제품을 말하는 슬로건

모든 광고가 그렇듯이 좋은 슬로건을 만들어 내게 하는 무궁무진한 보물창고는 다름 아닌 브랜드나 제품 그 자체다. 따라서 브랜드나 제품이 지니고 있는 기본적인 속성 가운데 슬로건으로 승화시킬만한 요소를 발견해내는 것도 능력있는 카피라이터의 몫이라 할 수 있다. 결국, 소비자가 원하는 궁극적인 독창성이란 슬로건의 독창성이 아닌, 제품 자체의 독창성임을 잊지 말아야 한다.

지금이라도 당장 제품의 차별적 가치를 찾아내기 위한 노력을 시작하자! 제품을 생산하는 공장에 찾아가 개발자와의 면담을 신청하거나 생산라인에서 뼈가 굵은 베테랑을 찾아가라. 아니면, 마트에 나가 당신의 제품을 잔뜩 구입해 오라! 그것이 옷이라면 며칠을 그 옷만 입고, 벗고, 빨고, 다리고, 그리고 친구들의 반응을 물어보라. 그것이 식품이라면 끼니마다 그것만 먹어보라. 배고플 때도 먹어보고, 배부를 때도 먹어보라. 그리고 다른 경쟁제품과도 함께 먹어보라. 거기에서 당신은 제품에 대한 '차별적 확신'을 발견하게 될 것이다. 그것이 약이라면 좀 곤란하겠지만 그래도 제품의 차별적 가치를 찾기 위한 노력을 늦추지 말라. 그 약의 사용자나 판매자를 찾아 나서기를 두려워하지 말라. 그것이 M-Benz나 BMW와 같은 본인의 사정에 다소 무리가 되는 제품이어도 망설이지 말라. 한 일주일 기회삼아 빌려 타 보는 것도 좋은 추억이 될 것이다.

1990년대 중반 한창 전통음료인 식혜가 우후죽순 격으로 시장에 터져 나올 때, '비락식혜'라는 제품의 론칭 캠페인을 3년 동안 담당했었다. 론칭 초기만 해도 서로 성공에 대한 의구심 때문에 시장진출을 눈치 보기로 대신하다가 어느 정도 시장에 반응이 있다고 판단되면서 대기업과 중소기업 할 것 없이 너도나도 식혜를 출시해 내기 시작했다. 고속도로를 타고 가다보면 휴게소마다, 동네마다, 별의별 식혜들이 지천인 시절이 있었다. 그 때 집 떠나 지나는 모든 휴게소에 들러 그 지역의 식혜란 식혜는 다 먹어본 기억이 있다. 우리집 냉장고 위에 본인이 먹어 본 모든 경쟁브랜드 식혜의 빈 캔들이 피라미드로 쌓여 가면서 제품에 대한 '차별적 확신'이 쌓여 가고 있었다.

차별적 가치를 말하는 슬로건의 창작은 '지피지기(知彼知己)'에서 시작된다.

- 달콤하게 갓 (따옴)
- 특허받은 치킨 (충만치킨)
- 내 몸에 가까운 물 (포카리스웨트)

〈그림 10-7〉 포카리스웨트 슬로건(사례)

- 시원한 매운 맛 (진비빔면)
- 맛있게 맵다 (동대문엽기떡볶이)
- 밥보다 맛있는 오트밀 (퀘이커 오트)
- 한국 지형에 정확한 골프 레이저 (보이스캐디)
- 세계에서 가장 많이 팔린 롤케익 (실키롤케익)

2) 차별적 소비를 말하는 슬로건

똑같은 옷도 누가 입느냐에 따라 천차만별의 차이를 보인다. 페루의 한 시장에서는 물건을 구입할 때 "얼마에 파는 물건이요?"라고 물으면 "얼마에 사겠습니까?"라고 되묻는다고 한다. 똑같은 제품으로 화장을 했는데 '화장빨'의 차이가 장난 아니게 나타난다면 누구에겐 천혜이고 다른 누구에겐 재앙일 것이다.

이는 같은 제품이라 하더라도 그 제품을 사용하는 사람의 가치를 다르게 포지셔닝시키는 것만으로도 브랜드나 제품의 차별적 가치를 획득할 수 있다는 것을 말해준다. 앞서 언급한 차별적 제품을 말하는 슬로건이 '물리전'이라면, 차별적 소비를 말하는 슬로건은 '심리전'이다.

- 100% 올몰트로 즐겨라 (오비라거)
- 세상 커피를 씹어 먹다 (던킨 커피젤리)
- 숙취해소부터 음주갈증까지 찐하게 풀자 (헛개차)
- 크리스마스엔 아이스크림 케이크 (베스킨라빈스)
- 가능성 있는 한 방 (스포츠토토)
- 술에 타서 마시는 (신기한이슬)
- 이제, 목으로 느낀다 (OB 아이스)

3) 차별적 이슈를 말하는 슬로건

제품이나 브랜드에서 찾아내는 차별화된 가치 못지않게 힘을 발휘하는 것은 차별화되고 새로운 사회적인 이슈를 발견하는 일이다. 이는 슬로건의 커뮤니케이션이 사람과 사

〈그림 10-8〉 제주 삼다수 슬로건(사례)

람 사이에서 이루어지는 것이고, 그 사람들은 모두 사회와 문화 속에서 먹고 자고 생활하기 때문이다. 따라서 그 사회 문화적 이슈를 이끌어 가는 선구적 메시지를 찾아내어 그것을 슬로건 창작에 활용하는 작업은 브랜드와 제품을 차별화하여 시장에 포지셔닝시키는데 적지 않은 역할을 한다. 그리고 그 노력은 소비자들의 인식 속에서 기업이나 브랜드가 우리가 살고 있는 사회와 얼마나 잘 어울리며 지내고 있는지를 판단하게 하는 기준으로 작용할 것이다.

인간에 관한 이슈, 환경에 관한 이슈, 정보에 관한 이슈, 재테크나 노후준비에 관한 이슈, 취업에 관한 이슈, 결혼과 이혼에 관한 이슈, 건강에 관한 이슈 등 소비자의 관심과 주목을 끌 수 있는 이슈들과 친하게 지내는 일은 손해될 일이 없다. 물론, 선견지명의 안목으로 차별적 이슈를 창출해 내서 자신만의 것으로 적용하고 발전시켜 나간다면 더할 나위 없겠다.

- 배달을 즐겨요 (던킨 딜리버리)
- 일본의 벽을 넘다 (다이너스5)
- 나를 알아주는 (코지마 안마의자)
- 가전, 작품이 되다 (LG 시그니처)

〈그림 10-9〉 칸타타 콘트라베이스 슬로건(사례)

- 이 흐름에 함께하세요 (테일러메이드)
- 취향존중 시대의 직장인을 위해 (칸타타 콘트라베이스 TEA)
- 기름 뺀 수타피자 (Mr. Pizza)
- 자연을 입히세요 (꼼므뜨와)
- 즐겨찾기 (CJ mall)
- 패션의 시작입니다 (빅맨)

03 | 영향력 전략

"슬로건에도 임팩트(Impact)가 필요하다!"

당신의 슬로건이 적합성과 독창성을 겸비했다면 이미 영향력 있는 슬로건이 갖추어야 할 대부분의 조건을 충족했다고 볼 수 있다. 물론, 슬로건 본연의 기능을 제대로 발휘하기 위한 반복성과 장기적 사용을 전제로 한다면 더할 나위가 없다. 그렇다면, 영향력 있는 슬로건이란 어떤 슬로건이며, 그 슬로건에서 어떤 효과를 기대할 수 있을 것인가?

영향력 있는 슬로건을 창작하기 위한 첫 번째 조건은 '선택과 집중'에 있다. 선택에 과감하지 못하고 집중력이 떨어지는 슬로건은 분명한 콘셉트도 없으면서 신문광고 전면을 가득 채우고 있는 바디카피와 같을 뿐이기 때문이다. 따라서 집중력 있는 전략 속에서 보다 집중력 있는 슬로건 효과를 기대할 수 있는 것은 어찌 보면 당연한 일이라 할 수 있다. 조지 펠튼(G. Felton)은 효과적인 바디카피 작성법에서 작성된 바디카피를 세로로 일직선상에 배치한 다음 각 문장들이 표현 콘셉트와 어느 정도 일치하는지를 체크하라고 조언한다. 슬로건도 마찬가지다. 하고자 하는 이야기에서 벗어나지 않고 집중하는 것, 임팩트 있는 슬로건을 만드는 기본이다.

영향력 있는 슬로건을 창작하기 위한 두 번째 조건은 '약속에 대한 근거'에 있다. 기업이나 브랜드가 슬로건을 통해서 고객에게 약속하는 것들이 믿을 만한 것으로 여겨질 때 그 메시지의 힘이 더해지는 것은 두 말할 필요가 없다. 물론 슬로건에서 다른 헤드라인과 바디카피에서처럼 고객에 대한 약속과 그 약속을 뒷받침할 만한 메시지까지 포함하기에는 무리가 있다. 그러나 그 제품을 생산하는 기업이나 브랜드에 대한 소비자들의 기존관념이나, 사회활동, 지금까지 경험을 통해 인지된 요인들을 통해 슬로건의 약속이 믿을만한 것으로 인정되는 경우 차별화된 힘을 발휘한다. 물론, 제품의 효능 등의 메시지를 통해 '약속에 대한 근거'를 슬로건에서 직접적으로 밝힐 수 있다면 이 역시 좋은 방법이라 하겠다.

결국, 적합성(Relevance), 독착성(Originality), 영향력(Impact)을 충족시킨 슬로건이란 광고 메시지의 통합적 일치가 이루어진 슬로건을 의미하며, 이 세 가지 요소가 상호보완적인 역할을 수행할 때 슬로건의 효과 역시 시너지를 이루면서 마치 빅뱅과 같은 폭발적인 효과를 선물할 것이다. 좋은 전략은 마치 '팔방미인' 같아서 항상 여기저기에 쓸모가 많다.

슬로건 스토리 10

라인게임즈 언디셈버

"다시 게임을 시작하지"

게임마저 수저를 논하는 현재 게임시장을 흔드는 메시지

'Pay to win' 2021년 게임유저들 사이에 밈(meme) 같은 문장이다. 'Play to win'에서 변환된 것으로 '이기기 위해서 돈을 지불하라'는 뜻이다. 이는 게임시장의 3N이라 불리는 회사들이 만든 수익구조로 이기려면 소위 '현질(온라인 게임에서 아이템을 현금으로 구매하는 행위)'이라 불리는 걸 해야만 하는 상황을 만들었기 때문이다. 어쩌면 돈만 지불하면 레벨을 쉽게 올리고, 무기도 클릭 한 번에 얻게 되었지만, 아이러니하게도 유저들의 흥미는 점점 떨어져갔다. 오히려 지금과 반대로, 과거 자신의 시간과 체력을 다 바쳐 막노동처럼 몰두했던, 지독하게 재밌었던 그런 게임의 등장을 간절히 바라고 있었다. 그러한 환경에서 'UN(반대를 뜻하는)'이라는 이름을 품은 '언디셈버(UNDECEMBER)'가 개발되었다.

슬로건의 탄생, 다시 핵앤슬래시 본연의 즐거움을

언디셈버의 시장진입전략은 현재의 게임들과 정반대의 행로를 걷는다. 빅 스타를 모델로 내세우는 대신 게임과 오직 일반인 유저들만 등장시켰고, 귀에 걸리는 자극적인 말장난 대신 진지하게 게임의 본질에 대해서 이야기하기 시작했다. 현재 게임시장에 지친 유저들의 마음에 강력한 드라이브가 걸리도록... 우리는 그렇게 전략의 기본을 세웠고 그 전략을 머리에 단단히 넣고 주말을 보냈다. 그 주말 괜히, 왠지 보고 싶었던 영화 '직쏘'에서 답을 찾았다. 바로 "Let the game begin(게임을 시작하지)" 마음껏 싸우고 겨뤄보고 싶지만 기회와 장소를 잃어버린 유저들에게, 더 이상 게임을 게임처럼 느끼지 않는 유저들에게, 다시 게임 본연의 즐거움을 돌려줄 수 있는, 시작하게 할 수 있게 하는 두근거리는 문장이 될 수 있을 것 같았다.

정확하게 티깃팅된 메시지, "다시 게임을 시작하지"

그렇게 카피는 투지가 사라졌는가? 열정을 잃어버렸는가? 마음이 식어버렸는가? 모두 그대로지만 갈 곳을 잃은 당신에게. "다시 게임을 시작하지"로 전개된다. 정확하게 타깃팅된 메시지는 소비자와 시장에서 효과를 나타내기 시작했다. 게임은 다른 시장과 달리 출시를 기다리는 사람들이 있어서, 광고가 방영(On Air)되면 소비자들의 반응을 즉각적으로 느낄 수 있다.

언디셈버(UNDECEMBER) 광고가 방영되고 수백 개의 댓글이 달리기 시작했다. 그 중 가장 기억에 남는 댓글 몇 개가 있었다. “멘트 누가 생각했냐? 진짜 이렇게 아무렇지 않고 별 거 없는 말인데 시기적절하다.” “지금 게임에 지치고 방황하던 무뎌진 사람들 많은데 딱 그 마음을 자극하네.” “한동안 쉬었던 게임을 다시 시작하고 싶어지게 만드네요.” 우리가 노렸던 타깃들이 우리의 메시지를 정확하게 물었다. 이후 사전예약편 2와 본편까지 집행시키며 유저들의 기대감을 순차적으로 잘 키워나갔다. 물론, 게임공개까지 성공적으로 진행되었다.

자료제공: 엘베스트

11장 Grid Model

01 | 모델의 개요

1980년대 초 미국 시카고에 본사를 둔 광고회사 FCB(Foote, Cone & Belding)는 'FCB Grid' 라는 광고전략 모델을 발표한다. FCB Grid Model은 당시까지 발표되었던 광고전략 이론들을 종합하여 소비자행동과 제품의 관련성을 체계화시킨 것이다. 그 후로 세계 각국의 광고인들로부터 많은 관심을 받게 되고, 지금까지 유용한 광고전략 모델로 사용되고 있다. Grid Model은 관여이론과 두뇌분할이론을 함께 조합하여 새롭게 발전시킨 이론이다. Grid Model은 크게 두 가지 축(軸)을 중심으로 구성되는데 가로는 이성과 감성의 축이고 세로는 고관여와 저관여의 축이다.

Grid Model의 핵심은 우리가 광고하고자 하는 제품이 〈그림 11-1〉의 네 가지 상한 중 어디에 놓여 있는지를 파악하고, 이에 따라 소비자가 특정 제품이나 서비스를 구매하기 위한 의사결정이 어떤 과정을 거쳐 진행되는지를 파악하기 위한 것이다. 단, 이 네 개의 공간에 위치하는 브랜드나 제품은 고정된 것이라기보다는 시대와 소비자 환경에 따라 이동이 가능하며, 그 이동의 범위는 각각의 영역을 넘나들기도 한다는 것을 유념할 필요가 있다.

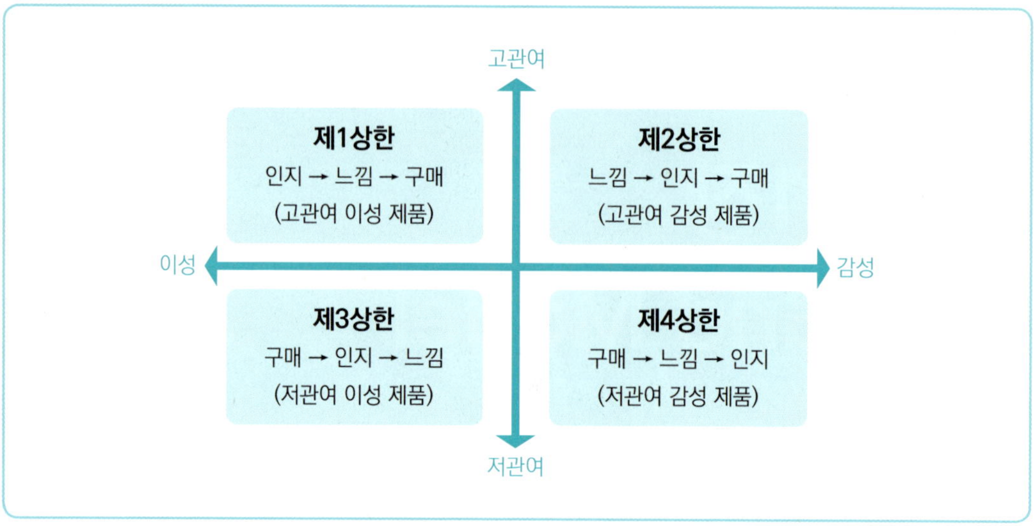

〈그림 11-1〉 FCB Grid Model

02 | 전략 및 활용방안

FCB Grid Model에 관하여 간략하게 소개하고, 광고전략에서 유용하게 활용되어 온 Grid Model을 슬로건 창작에 유용하게 활용하는 방법에 관해서 함께 살펴보고자 한다.

제1상한에 속하는 제품들은 선택에 대한 관여도가 높고 이성적 판단을 앞세운다. 고전적으로는 자동차, 주택, 금융상품, 학원, 제약제품, 기능성 화장품 등이 여기에 속하는 제품들이다. 제1상한에 속하는 제품들을 구매하기 위해서는 '인지(Learn) → 느낌(Feel) → 구매(Do)'의 과정을 거치게 되므로 소비자를 설득하기 위해서는 '정보에 충실한(Informative)' 광고 메시지가 필요하게 된다.

제2상한에 속하는 제품들은 선택에 대한 관여도가 높고 감성적인 판단을 앞세운다. 일반적으로 보석류, 일반 화장품, 패션 등이 속하며 대표적으로 오토바이와 같은 제품군을 여기에 포함시킨다. 제2상한에 속하는 제품들을 구매하기 위해서는 '느낌(Feel) → 인지(Learn) → 구매(Do)'의 과정을 거치게 되므로 소비자를 설득하기 위해서는 '감성적 호소력(Affective)'이 필요하다.

제3상한에 속하는 제품들은 선택에 대한 관여도가 상대적으로 낮고 이성적 판단이 앞선다. 여기에는 일상용품이나 포장된 식품들이 속한다. 제3상한에 속하는 제품들을 구매하기 위해서는 '구매(Do) → 인지(Learn) → 느낌(Feel)'의 과정을 거치게 되므로 소비자들에게 제품에 대한 '습관형성(Habit Formation)'을 유도하는 광고가 필요하다.

제4상한에 속하는 제품들은 선택에 대한 관여도가 낮으며 감성적 판단이 앞서는 경우이다. 여기에는 담배나, 음료, 캔디, 아이스크림 등 즉각적인 만족을 충족시키기 위한 제품들이 속하게 된다. 제4상한에 속하는 제품들을 구매하기 위해서는 '구매(Do) → 느낌(Feel) → 인지(Learn)'의 과정을 거치게 되므로 크리에이티브는 '자아만족(Self-Satisfaction)'적인 표현이 필요하다.

우리는 지금까지 30년 동안 세계적인 광고전략으로 사용되어 온 FCB Grid Model을 어떻게 슬로건 창작에 활용할 것인가? 이 고민에 대한 시작은 비단 슬로건에 관한 부분에 국한하지 않는다. 그것은 지금까지 이러저러한 이유로 성공 캠페인이라 불리는 광고들을 지켜보면서 브랜드나 제품이 속한 마케팅적인 위치와 커뮤니케이션 방법이 한 방향을 향해 나아가지 못하고 각자 다른 길을 가는 경우도 심심치 않게 보고, 요즘과 같은 다매체 시대에 동일한 제품 간에도 매체 간 크리에이티브의 맥을 유지하지 못하는 경우를 보면서 아쉬움이 있었던 것이 사실이다.

따라서 광고전략의 기본으로 돌아가 제품의 정확한 위치를 파악하고, 지금 사용하고 있는 슬로건이 그 제품의 위치에서 합당한 표현으로 집행되고 있는지를 다시 한 번 살펴볼 필요가 있다. 즉, 제1상한에 위치한 '고관여 이성 제품' 위에 '감성 슬로건'을 얹혀놓지는 않았는지? 제4상한에 위치한 '저관여 감성 제품'을 '고관여 슬로건'과 어울리지 않는 짝을 만들어 놓지는 않았는지를 살펴볼 필요가 있다. 모르긴 몰라도 적지 않은 제품과 슬로건이 맞지 않는 궁합에도 불구하고 무지의 소치로 서로가 잘 어울린다고 생각하며 동거해 왔는지도 모른다. 단, 같은 카테고리의 제품들도 제품의 시장환경이나 경쟁상황에 따라 전략적으로 상한을 선택할 자유와 필요는 인정되어야 한다고 생각한다.

지금, 당신의 제품을 Grid Model 안에 점을 찍어라. 그리고 당신 제품의 슬로건이 그 상한에 어울리는 슬로건인지를 검토하라. 만약 궁합이 잘 맞는 슬로건이라면 다행이지만, 그렇지 않은 경우라면 광고주가 이 책을 사서 읽기 전에 궁합에 맞는 몇 개의 슬로건을 창작하라. 그리고 자발적으로 발전적 슬로건 제안을 해 보는 것은 어떤가?

참고로 지금 우리에게 익숙한 몇 가지의 브랜드들의 슬로건을 FCB Grid Model에 적용하여 보기로 한다. 흥미로운 것은, 슬로건의 제작은 단순히 각 브랜드나 제품이 위치하는 상한의 카테고리에 따라 결정되는 것이 아니라 마케팅 환경이나 목적 등 다양한 환경이 영향을 미친다는 것이다.

제1상한: 고관여 이성 제품 슬로건

구매과정: 인지(Learn) → 느낌(Feel) → 구매(Do)

표현방법: 정보에 충실한 슬로건

- 1 ball in golf (Titleist)
- 침대는 과학입니다 (에이스침대)
- 에어컨 살 땐 (전자랜드)
- 대한민국 No.1 직영중고차 (K Car)
- 카드, 날다 (대한항공현대카드)
- 추월하는 가치를 만들다 (신한카드)
- 야, 너두 영어할 수 있어 (야나두)
- 갈증해소를 위한 음료 (게토레이)
- 현이 길어 깊고 부드러운 소리 (독일형삼익피아노)
- 상위 1%를 위한 장타 드라이버 (BIG BaNG)
- 어린이 직업체험 테마파크 (키자니아)
- 야채가 신선한 집 (채선당)
- 차이가 차이를 만드는 대학 (명지전문대학)
- 평생기술로 평생직업을 (한국폴리텍대학)
- 보이는 것만 믿습니다 (미래에셋)

제2상한: 고관여 감성 제품 슬로건

구매과정: 느낌(Feel) → 인지(Learn) → 구매(Do)

표현방법: 감성적 호소력이 담긴 슬로건

- 가전, 작품이 되다 (LG 시그니처)
- 인간을 위한 휴먼 타이어 (미쉐린)
- 최고의 순간은 당신으로부터 (포드 익스플로러)
- 시간 이상의 것을 원하신다면 (해밀턴)

- 그녀는 프로다. 프로는 아름답다 (베스띠벨리)
- 독특한 개성으로 표현되는 옷 (빅벨)
- 새롭고 강렬한 유혹 (샤빌)
- 숨쉬는 피부에 순하고 똑똑하게 (지지)
- 아름다운 변화 (이자녹스)
- 연인의 손길처럼 피부를 달래주는 (연인과연인)
- 최고로 키우세요 (베비라)
- 피부의 꿈 (아이오페)

제3상한: 저관여 이성 제품 슬로건

구매과정: 구매(Do) → 인지(Learn) → 느낌(Feel)

표현방법: 습관형성을 유도하는 슬로건

- 맑고 깨끗한 (칠성사이다)
- 내 몸에 가까운 물 (포카리스웨트)
- 바래다주지 못할 때 (카카오택시)
- 번개같이 사는 거래 (번개장터)
- 바쁜 아침 든든하게 (동원참치죽)
- 독일에서 온 안전한 물티슈 (포이달베이비물티슈)
- 두통, 치통, 생리통에 (펜잘)
- 라면은 농심이 맛있습니다 (농심라면)
- 맞다, 게보린 (게보린)
- 매트 매트 홈매트 (홈매트)
- 쾌변 (불가리스)

제4상한: 저관여 감성 제품 슬로건

구매과정: 구매(Do) → 느낌(Feel) → 인지(Learn)
표현방법: 자아만족을 위한 슬로건

- 사랑해요, 밀키스! (밀키스)
- 손안의 야구놀이터 (쏠야구)
- 배달을 즐겨요 (던킨 딜리버리)
- 설레임이 쏟아진다 (MBC Drama)
- 내가 찾은 자유 (유니온베이)
- 재미로 먹고 맛으로 먹는 (고래밥)
- 재미를 아는 낚시인의 선택 (실스타)
- 남자들은 참아줘요 (캔디바)
- 눈으로 마시는 맥주 (카프리)
- 뜨겁게 살자 (하이트진로)
- 부드러움 속에 카리스마가 있다 (엔초)
- 사랑의 마음을 담아주는 (국민문고)
- 요구르트의 황제 (칸)
- 이제, 목으로 느낀다 (OB ICE)
- 지중해와도 바꾸지 않겠다 (칼튼힐)
- 첫사랑의 맛 (칼피스)
- 함께하는 즐거움 (크라운맥주)

FCB의 Grid Model은 당신이 효과적인 슬로건을 창작하는데 여러 가지 유용함을 선물할 것이다. 첫째로, 새로운 IMC 전략을 필요로 하는 뉴 멀티미디어 시대에 전략적인 슬로건을 통한 전체 크리에이티브의 맥을 잡아주는 역할을 한다. 둘째, 자사 제품에 대한 이론적인 포지셔닝과 현실적인 포지셔닝의 간격을 실감하게 해 준다. 셋째, 캠페인의 전략과 크리에이티브 작업에 긍정적인 확신을 주거나 부정적인 의심을 주어 올바른 길을 찾을 수 있게 만들어 준다. 뿐만 아니라, 유용한 광고전략은 우리의 일상 속에서 다양하고 효과적인 역할을 하기도 한다.

슬로건 스토리 **11**

CJ제일제당 '비비고'와 '햇반'

" 정성으로 차리다 "

비비고, K-Food의 글로벌 플랫폼을 꿈꾸다!

2013년 왕교자 제품을 중심으로 런칭한 한식 대표 브랜드 비비고. 이후 비비고는 국물요리, 김치, 죽 등으로 카테고리를 확장하며 명실공히 한식의 대표 브랜드로 자리매김했다(2020년 한식대표브랜드 TOM_비비고 66%). 하지만 CJ제일제당 비비고의 목표는 단순히 국내 1위 한식 대표 브랜드에 머무르지 않는다. CJ그룹이 전 세계인들에게 CJ가 만든 K-Culture를 전파하고 세계인들에게 새로운 라이프스타일을 경험하게 했듯이, CJ제일제당은 비비고 브랜드를 통해 K-Food를 세계에 전파하고자 하는 목표를 가지고 있다. 즉, 비비고는 국내에서는 1위 브랜드로 사랑받고자 하며, 해외에서는 글로벌 K-Food 플랫폼이 되고자 하는 꿈을 이루고자 한다. 나이키가 'Inspiration'으로, 코카콜라가 'Happiness'로, 애플이 'Creativity'로 고객과 감정의 고리를 연결해 가며 대중성을 획득해나가듯 CJ제일제당의 비비고는 '정성'으로 고객과 관계 맺기를 시작했다. 비비고의 출발이자 근원이 한식이기에, 한식의 본질인 '정성'을 비비고 브랜드의 본질로 잡은 것이다.

"한식의 자존심"에서 "정성으로 차리다"로

이러한 브랜드 에센스를 표현하기 위해 2021년 브랜드 슬로건을 기존 '한식의 자존심'에서 '정성으로 차리다'로 변경하여 패키지, 광고 등에서 사용하고 있다. 뿐만 아니라 비비고는 그간 제품 중심의 캠페인에서 2021년 처음으로 브랜드 캠페인을 시작하였다. '정성'이란 브랜드 에센스를 고객관점에서 고객과 감성적으로 연결하기 위해 우리가 일상에서 정성스런 음식을 먹고, 마음까지 나눴을 때 자연스럽게 나오는 일상어인 "잘 먹었습니다"를 캠페인 슬로건으로 채택하여 고객과 지속적으로 커뮤니케이션하고 있다.

햇반 667 게시물 4.5만 팔로워 8 팔로잉

CJ햇반
언제나 가장 맛있는 집밥 햇반 공식 인스타그램

#비비고 의 정성 + #햇반 의 진심 👉 #햇반쿡반 탄생!
🎉... 더 보기
bit.ly/3CvoV6l

" 언제나 가장 맛있는 집밥 "

비비고, K-Food의 글로벌 플랫폼을 꿈꾸다!

1996년 국내 최초 상품밥으로 탄생하여 상품밥(즉석밥)의 대명사가 된 CJ제일제당의 햇반. 출시 이후 소비자 트렌드를 반영하여 건강한 '잡곡밥', 한끼 식사가 되는 '햇반 컵반', 영양이 가득한 '햇반 솥반', 요리가 되는 밥 '햇반 쿡반' 등을 출시하며 상품밥 시장의 진화를 주도해 왔다.

국내 상품밥 1위, 편리한 상품밥의 대명사를 넘어 햇반은 더 큰 꿈을 꾸게 된다. 그것은 바로 햇반만의 차별화된 기술력과 브랜드 파워를 바탕으로 상품밥이나 즉석밥이 아닌 '집밥'이 되고자 하는 것이다. 햇반의 '당일 도정 시스템(당해 생산된 햇쌀을 자체 도정 시스템으로 당일 도정)', 반도체 공정 수준의 '클린룸'과 보존료를 넣지 않고도 9개월 동안 실온 보관이 가능한 '무균화 포장 기술', 아기 젖병에도 사용되는 PP 재질을 사용하여 데우거나 끓여도 안전한 '환경호르몬 걱정 없는 용기'등 최고의 기술력이 있기에 충분히 가능한 이야기이다.

'편리한 밥'에서 '맛있는 밥'으로 진화하다

밥솥밥으로 대표되는 기존 집밥은 시간이 지남에 따라 맛이 쉽게 변질되며, 얼린 밥을 해동해서 먹을 경우에도 밥맛이 떨어지는 단점이 있다. 반면 햇반은 앞선 언급한 기술력 등을 바탕으로 소비자들에게 일관성 있게 '최고의 밥맛'을 경험하게 해준다. 소비자가 어떠한 TPO에 있건, 어떤 종류의 밥을 경험하던, 과거에도 현재에도 미래에도 "언제나 가장 맛있는 집밥"이 되고자 하는 목표를 가지고 있다. 이런 의미를 담아 2021년 햇반은 기존 "밥보다 더 맛있는 밥"에서 "언제나 가장 맛있는 집밥"으로 브랜드 슬로건을 교체하였고, 2022년부터 새로운 슬로건으로 본격적으로 고객과 커뮤니케이션하고 있다.

자료제공: CJ제일제당

12장 Positioning

아돌프 히틀러(Adolf Hitler)는 어떤 인물인가? 독일 국민이 생각하는 히틀러와 프랑스 국민이 생각하는 히틀러는 다른 인물일 수 있다. 링컨 대통령은 어떤 인물인가? 어떤 사람들에게는 1861년 미국의 제16대 대통령에 취임한 인물이고, 어떤 사람들에게는 1863년 1월 노예해방선언(Emancipation Proclamation)을 공표한 대통령이다.

〈그림 12-1〉 히틀러와 링컨

포지셔닝(Positioning)의 출발은 하나의 브랜드나 제품이지만, 핵심은 소비자들이 그 브랜드나 제품을 어떻게 생각하고 있는가이다. 포지셔닝의 기능이 세월이 흘러도 변하지 않고 강화되는 것은 인지(認知)보다는 인식(認識)에 초점이 맞추어진 유연성 때문이다. 즉, 예비고객의 마인드 속에 어떻게 인식되기를 원하는가? 우리 브랜드는 어떻게 인식되는 것이 바람직한가? 우리 브랜드에 대한 인식이 경쟁 브랜드에 대한 인식과 중복되지는 않는가? 결국, 시장에서는 브랜드나 제품이 가지고 있는 특징이나 사실보다는 고객의 마인드 속에 있는 브랜드나 제품에 대한 위치가 더욱 큰 영향력을 발휘한다는 것이다.

포지셔닝은 1972년 미국의 한 광고회사 간부인 알리스(Al Ries)와 잭 트라우트(Jack Trout)가 개발한 광고전략이다. 포지셔닝 전략이란 제품이나 서비스의 차별요소를 목표고객의 머릿속에 인식시키기 위한 마케팅 활동을 말하는 것으로, 자사 제품이 경쟁제품과는 다른 차별적인 특징을 갖도록 하여 이를 소비자 인식 속에서 위치시키는 것이다. 이러한 포지셔닝의 필요성은 오늘날과 같은 다매체, 과정보, 제품 간 속성 차별화가 어려워지고 있는 시장 환경에서는 더욱 절실하다고 할 수 있다.

지금까지 세계 광고시장에서 가장 큰 획을 그은 광고 전략을 꼽으라면 단연 '포지셔닝'이다.

- 절대 콜라가 아닙니다 (Seven-up)
- 또 다른 컴퓨터 회사 (Honeywell)
- 모두의 안전을 위해 (Volvo)
- 에이비스는 렌터카 업계에서 2위에 불과합니다 (Avis)
- 미국에서 세 번째로 잘 팔리는 커피 (Sanka)

이미 포지셔닝 전략이 세상에 선을 보인지 수십 년이 지난 것을 감안하면 놀라운 일이다. 과거에 효과적인 전략이라고 해서 현재의 시장에서도 효과적일 수는 없다. 어쩌면 기업도 많아졌고 상품도 많아진 시대에 오래된 전략이 살아남기란 더욱 어려운 것이 당연한 일일 것이다. 그런데 포지셔닝은 왜 시대가 흐를수록 그 빛을 더해 가는가? 그 비결은 전략의 중심을 기업이나 제품에 두지 않고 '고객의 인식'에 두기 때문이다. 포지셔닝의 관점에서 보면 같은 브랜드나 제품도 시대가 바뀜에 따라서 그 가치가 달라질 수 있다. 그 브랜드나 제품에 대한 소비자의 필요나 욕구나 관점이 달라지기 때문이다. 다시 한 번 강조하지만, 중요한 것은 '사실'이 아니라 '인식'이다. 포지셔닝은 "고객이 언제나 옳다"라는 말을 신봉한다.

오늘날의 커뮤니케이션 환경은 어떤 발전 과정을 거쳐 왔을까? 첫 번째 단계는 1950년대부터 시작되는 '상품의 시대'다. 경쟁사보다 더 좋은 제품을 생산한다면 그 제품을 판매하는데 큰 어려움이 없던 시대를 말한다. 이 시대의 광고인들은 제품 특성을 알리는 데 집중하는 광고 전략을 구사했다. 즉, 로저 리브스(Rosser Reeves, 1910~1984)의 '독특한 판매제안(USP: Unique Selling Proposition)'이 유행하던 시기다. 이러한 '상품의 시대'는 기술의 발달과 모방상품의 범람으로 종식을 맞게 된다. 다음 단계는 '이미지의 시대'다. 데이비드 오길비(David Ogilvy, 1911~1999)는 "모든 광고는 브랜드 이미지를 위한 장기투자다."라고 연설한 바 있다. 그리고 해서웨이(Hathaway) 셔츠와 롤스로이스(Rolls-Royce) 자동차 등의 광고를 통해 주장의 타당성을 입증하였다. 이 역시도 수많은 기업들이 고유의 명성을 쌓기 위해 이미지 경쟁에 나서는 바람에 상대적으로 소수의 기업만 살아남는 결과를 초래했다. 1960년대부터 1970년대에 이르기까지의 호황은 1980년대에 접어들면서 힘든 시기를 맞게 된다. 광고 역시도 새로운 시대를 맞이하게 되는데, 이 시기가 바로 '포지셔닝의 시대'의 시작이다. 이 시대의 커뮤니케이션은 기업이나 브랜드가 성공하려면 반드시 잠재고객의 마인드에 하나의 포지션을 차지해야 한다는 것이다. 최초의 컴퓨터는 스페리 랜드(Sperry-Rand)가 발명했지만, 오늘날 잠재고객의 마인드에 컴퓨터 제품으로서의 포지셔닝을 확립한 첫 번째 기업은 IBM이다.

일반적으로 사람의 인식은 자신이 가지고 있는 생각이나 지식에 부합하지 않는 정보를 거부한다. 따라서 소비자의 마인드 안에 기업이나 브랜드가 목표로 하는 메시지를 집어넣기는 쉬운 일이 아니다. 그럼에도 불구하고 시장에 새로운 상품을 출시하고 새로운 영역에 도전하는 수많은 브랜드들은 반드시 예비고객의 인식 속에 자신이 원하는 새로운 '인식의 사다리'를 놓아야 한다. 그리고 그 가장 높은 위치에 자신의 브랜드를 위치

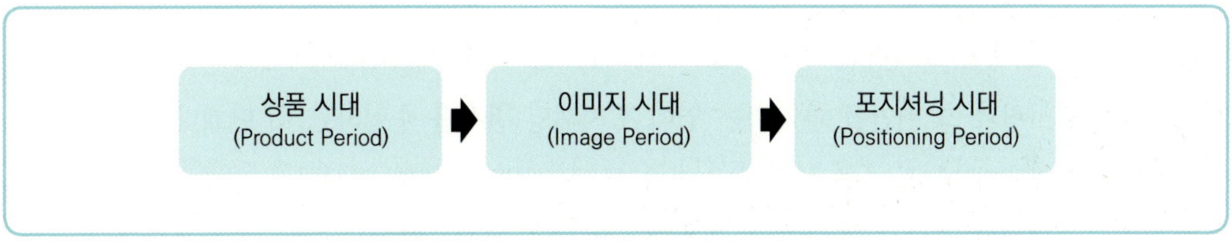

〈그림 12-2〉 커뮤니케이션 환경의 변화

시키기 위해 노력해야 한다. 마케팅 역사에서 볼 때, 일반적으로 고객의 인식 속에 가장 먼저 침투한 브랜드는 2위 브랜드에 비해 2배, 3위 브랜드에 비해 4배 정도의 시장 점유율을 차지해 왔다. 그리고 이 우위는 좀처럼 바뀌지 않는다.

고객의 마인드를 차지하기 위한 치열한 포지셔닝 경쟁은 세계의 수많은 브랜드 속에서 사례를 찾아볼 수 있다.

- 허츠(Hertz) vs. 에이비스(Avis)
- 코카콜라(Coca) vs. 펩시콜라(Pepsi)
- 제너럴모터스(General Motors) vs. 포드(Ford)
- 맥도날드(MacDonald) vs. 버거킹(Burger King)
- 하버드(Harvard) vs. 예일(Yale)

물론 당분간은 '리더 우위의 법칙'이 효과를 발휘할 것이다. 그러나 포지셔닝의 세계에는 긴장을 놓을 수 없는 수많은 가능성들이 존재한다. 특히, 두 개의 브랜드에 대한 소비자 인식이 근접해 있는 경우라면 역전의 가능성은 충분하고, 또 그 후로 몇 년은 새로운 리더가 시장을 지배할 것이다.

01 | 포지셔닝 수립 절차

제품의 포지셔닝은 기업이 목표로 하는 소비자의 마음 속에 가장 가깝게 접근하기 위한 일련의 노력으로 소비자 분석, 경쟁자 분석, 경쟁 포지셔닝 분석, 자사 포지셔닝 개발 및 수립, 자사 포지셔닝 확인 및 리포지셔닝의 순서로 진행되는 것이 일반적이다.

① 소비자 분석: 마케팅의 시작은 인식이고 시장은 소비자 안에 있다. 따라서 포지셔닝 전략의 개발 역시 소비자를 분석하는 일에서부터 시작된다. 즉, 해당 브랜드나 제품에 대한 소비자들의 욕구를 파악하는 일, 기존 제품들에 대한 소비자들의 불만족 사항과 그 원인을 파악하는 일이 포지셔닝 전략을 수립하는 첫 단계다.

② 경쟁자 분석: 자사 제품의 소비자 분석이 마무리되면 경쟁자나 경쟁제품에 대한 구체적인 파악이 필요하다. 이때 중요한 것은 자사 제품의 경쟁 브랜드나 제품을 무엇

으로 할 것인가를 결정하는 일이다. 이는 목표 시장을 어디로 설정할 것인가에 따라 달라질 수 있다.

③ **경쟁 포지션 분석**: 경쟁자 분석이 마무리된 후 해야 할 일은 소비자의 인식 속에서 경쟁브랜드나 제품이 어떻게 평가받고 있는지를 정확하게 파악하는 일이다. 즉, 제품에 대한 속성 및 경쟁 제품에 대한 소비자들의 지각도를 파악하고 이를 분석하는 일인데 주로 MDS(Multi-Dimensional Scaling)가 분석에 사용된다.

④ **자사 포지션 개발 및 수립**: 이렇게 소비자 분석과 경쟁자 분석이 마무리되면 본격적으로 자사 제품의 포지션을 개발하고 정립하는 단계에 이른다. 이는 앞서 분석한 경쟁제품에 비해 자사 제품이 소비자의 욕구를 더 잘 충족시켜줄 수 있는 가장 효과적인 위치를 파악하고 선정하는 것이 핵심이다.

⑤ **자사 포지셔닝 확인 및 리포지셔닝**: 시장과 소비자에 대한 전문적인 조사를 통해 자사 제품의 포지셔닝이 목표를 달성하고 있는지 또는 시장환경이나 소비자환경의 변화에 따라 소비자 욕구가 변화하지는 않았는지를 파악하여 필요한 경우 목표 포지션을 재설정하여 리포지셔닝을 실시한다.

포지셔닝 전략은 단기적인 포지셔닝 전략과 장기적인 포지셔닝 전략으로 구분된다. 단기적으로 주어진 경쟁상황 속에서 처음 의도한 대로 포지셔닝이 되었어도 시간의 흐름과 경쟁환경의 변화에 따라 당초 포지셔닝이 적절치 않을 수도 있다. 이 경우 제품의 처음 포지션을 다시 설정해야 하는데 이것을 '리포지셔닝 전략'이라 한다.

02 | 포지셔닝 전략 유형

브랜드나 제품의 포지션을 설정하기 위한 전략은 다양한 각도에서 검토와 고민이 필요하다. 물론 대전제는 경쟁대비 우위적 인식을 차지하기 위함이다. 포지셔닝 전략을 수립하기 위한 유형으로는 제품 속성에 의한 포지셔닝, 제품 사용자에 의한 포지셔닝, 제품의 용도나 사용 상황에 의한 포지셔닝, 경쟁제품에 의한 포지셔닝, 새로운 제품범주나 의제설정에 의한 포지셔닝 등의 방법이 있다.

1) 제품 속성에 의한 포지셔닝

제품 속성은 포지셔닝에서 가장 일반적으로 활용되는 전략의 유형으로 제품이 가지고 있는 기능적 편익이나 속성, 또는 가격 등을 경쟁제품과 차별화하여 소비자에게 인식시키기 위한 방법이다.

- 솔향강릉 (강릉시)
- 안전한 차 (볼보)
- 국물이 끝내줘요 (농심생생우동)
- 냄새 잡는 전문 기업 (센텍)
- 숨쉬는 고무장갑 (보성라텍스)
- 세계적인 중저가 장난감 (블루박스)
- 충치예방치약 (브랜닥스)
- 편안한 정장구두 (랜드로바)
- 졸음 없는 코감기약 (지미코)

2) 제품 사용자에 의한 포지셔닝

제품의 포지셔닝을 그 제품을 사용하는 사용자의 인구통계학적 또는 심리학적 기준에 의해 세분화하고 구체화하여 구분하는 것이다. 이러한 유형의 포지셔닝 전략은 집단 구성원의 소속감을 고취시키거나 집단 간의 상대적 우월감을 자극하는 효과가 있다.

- 남자를 아니까 (우르오스)
- 어르신을 위한 즐거운 임플란트 (락플란트치과의원)
- 어린이 방에도 안전한 (대웅매트킬라)
- 어린이 해열제 (아이잔)
- 10대를 위한 화장품 (클린엔클리어)
- 남자들은 참아줘요 (캔디바)
- 임산부용 전문 신발 (마티니트)

3) 제품의 용도나 사용 상황에 의한 포지셔닝

그 제품이 사용되는 용도나 상황 등에 의한 포지셔닝 전략을 말한다. 지금까지 소비자들이 인식하지 못했던 새로운 용도의 제품으로 포지셔닝하거나, 특정한 시즌을 위한 제품, 또는 특정한 시간대나 상황에 자사 제품의 이미지가 떠오르게 하기 위함이다. 이는 자사제품이 지니고 있는 기회요인을 적극적으로 활용하는 경우가 대부분이지만, 때로는 본래의 용도 이외의 새로운 용도로 포지셔닝함으로써 감소되고 있는 매출을 올려 보려는 위기극복의 일환으로 활용되기도 한다.

- 집에서. 누워서. 매일 (세라젬)
- 원하지 않을 땐 (노원)
- 12시에 만나요 (부라보콘)
- 밥 말아 먹을 때 맛있는 라면 (스낵면)
- 8억을 지켜주는 3분 습관 (이플래시)
- 자기 전에 씹는 껌 (자일리톨)
- 화장을 잘 지우는 포인트 (포인트)
- 7~8분이면 염색되는 (세븐에이트)
- 운동 전후, 근육통, 타박상에 (대일스프레이파스)

4) 경쟁제품에 의한 포지셔닝

소비자가 이미 머릿속에서 인식하고 있는 경쟁제품과 자사제품을 비교함으로써 포지셔닝하는 방법이다. 시장 내에서 경쟁제품이 확고한 이미지를 구축하고 있고, 특히 자사제품이 시장에 초기 진입하는 제품이라면 경쟁제품의 포지셔닝을 아전인수로 활용하여 쉽게 포지셔닝할 수 있다.

- 밥보다 맛있는 오트밀 (퀘이커 오트)
- 라면이 아니라 뉴면입니다 (빙그레 뉴면)
- 우리는 2등에 불과합니다 (Avis)
- 프리미엄 유아 세제의 기준 (레스랩)
- 복잡한 뱅킹 말고 (뱅뱅뱅)

5) 새로운 제품범주나 의제설정에 의한 포지셔닝

다른 제품들과의 차별적 경쟁력을 갖기 위해서는 크게 두 가지 방법을 고려할 수가 있다. 첫 번째는 새로운 범주의 제품을 개발하여 생산하는 것이고, 두 번째는 이미 생산된 제품에 새로운 범주의 이미지를 장착하는 것이다. 뿐만 아니라 소비자들을 유혹할 만한 새로운 의제(Agenda)를 설정하여 상대 브랜드의 막강한 브랜드 파워를 흔드는 방법을 선택할 수도 있다. 방법이 무엇이건 간에 목적은 기존의 제품들과는 전혀 다른 별개의 제품 범주로 자사 제품을 포지셔닝시키는 데 있다.

- 맛의 신세계 (피코크)
- 세상 커피를 씹어 먹다 (던킨커피젤리)
- 이 흐름에 함께하세요 (테일러메이드)
- 닦지 말고 씻자 (웅진룰루비데)
- 100% 천연 암반수 (하이트맥주)
- 마시는 비타민 C (비타500)
- 열공이 아니라 올공이야! (올공)
- 자기 전에 씹는 껌 (자일리톨)
- 진심이 짓는다 (e편한세상)
- 차보다 사람이 먼저입니다 (프로미)

03 | 리더의 포지셔닝 전략

역사적으로 볼 때 대부분의 리더 브랜드는 그렇지 못한 브랜드에 비해 2~4배 정도 많은 시장 점유율을 차지한다고 한다. 그래서 대부분의 브랜드들은 시장에서 리더가 되고 싶어 한다. 그렇다면 어떻게 해야 리더 브랜드가 될 수 있을까? 여러분은 닐 암스트롱(Neil Armstrong, 1930~2012)을 기억하는가? 수많은 사람 수많은 브랜드 가운데 '가장 먼저'로 인식되는 것이다.

이미 확립된 리더십은 쉽게 무너지지 않는다. 그리고 리더 브랜드의 가장 큰 장점은 무엇이든 원하는 마케팅 활동을 할 수 있다는 것이다. 단기적으로 리더는 시장에서 거의 무적이다. 그들은 5년 후 또는 10년 후에 시장이 어떻게 변할 것이고, 소비자가 어떤 가치를 중요하게 여길 것인지를 고민하고 준비하면 된다. 잭 트라우트와 알 리스는 저서 「포지셔닝」에서 리더 브랜드는 "우리는 1위 브랜드입니다!"라고 모두가 아는 사실을 되풀이하는 커뮤니케이션 활동은 하지 말아야 한다고 주장한다. 소비자는 모두가 다 아는 사실을 당신이 '1위'라고 주장할 때 마다 의아해하고 심지어 의심하기 때문이다. 그리고 그 관점이나 주장이 고객이 아니고 기업중심의 메시지라면 그 결과는 더욱 불안하다. 그렇다면, 리더 브랜드가 장기적으로 리더의 자리를 유지하려면 어떻게 해야 할까?

1) 리더 메시지를 강화하라

코카콜라 캠페인 슬로건의 고전인 'The Real Thing'은 제품군을 막론하고 효과적으로 사용할 수 있는 포지셔닝 전략이다. 리더의 포지션을 확보하는 가장 기본적인 단계는 고객이 그 브랜드를 가장 먼저 떠올리게 만드는 것이고, 그 포지션을 오래 유지하기 위해 필요한 단계는 고유의 콘셉트를 강화하는 것이다. 이는 단순히 "우리가 1위입니다!"라고 외치는 것과는 다른데, 우리 브랜드를 다른 모든 제품을 선택하는 기준으로 만드는 일이다.

2) 모든 가능성에 대응하라

리더가 쉽게 저지를 수 있는 실수 가운데 하나는 자신의 브랜드에 대한 맹신과 경쟁 브랜드에 대한 지나친 안도감이다. 리더 브랜드는 자신의 브랜드가 가지고 있는 경쟁력을 지속적으로 점검하고, 새로운 방향으로 끊임없이 업그레이드하고자 하는 노력을 멈추지 말아야 한다. 고객의 관점에서 브랜드나 제품이 더 좋아질 수 있는 가능성이 있다면 다양하고 신속한 조치를 해야 한다.

3) 신속하게 반응하라

현대 마케팅의 환경에서 '속도'는 또 하나의 강력한 무기다. 어쩌면 '적절한 타이밍'이라는 것도 너무 느긋한 발상일 수 있다. 새로운 제품이 고객 마인드에서 새로운 자리를 차지하기 전에 매우 적극적이고 공격적인 자세를 취할 필요가 있다. 경쟁 브랜드가 가격을 인하할 때, 새로운 유통을 시도할 때, 또는 일반적인 범주를 벗어난 의외의 마케팅 활동을 시작할 때 그냥 추이를 지켜보는 것은 상대에게 역공의 기회를 주는 것이나 다름없다. 경쟁 브랜드는 물론이고 예비고객의 변화를 신속하게 파악하고 그 움직임에 신속하게 반응해야 한다.

4) 멀티 브랜드로 싱글 포지션을 강화하라

리더 브랜드는 때로는 새로운 브랜드를 도입하여 경쟁 브랜드의 움직임에 대응해야 한다. 기존의 브랜드 포지셔닝에서 벗어나는 무분별한 제품 개발이 아니라, 이미 완성되어 차지하고 있는 포지셔닝을 강화할 수 있는 제품들을 지속적으로 출시하여 고객의 마인드 속에서 브랜드의 입지를 강화해 나가는 것이다. 이미 자산으로 확립되어 있는 굳건한 포지셔닝을 바꾸려고 노력하기보다는 기존의 인식에 부합하거나 그 인식을 강화하는 새로운 제품을 지속적으로 도입하는 것이 장기적으로 더욱 탄탄한 브랜드로 성장하는 가장 효과적이고 경제적인 길이다.

04 | 팔로어의 포지셔닝 전략

당신의 브랜드가 리더의 자리를 노리는 추격자의 위치에 있다면 어떤 전략을 준비해야 하는가? 당연한 이야기지만 리더에게 효과적인 전략이 추격자에게도 효과적인 전략이 될 수는 없다. 잭 트라우트와 알 리스는 「마케팅 불변의 법칙」에서 다루고 있는 '영역의 법칙'과 '독점의 법칙'과 '속성의 법칙'은 시사점이 있다.

- 영역의 법칙(The Low of Category): 당신이 어느 영역에서 최초가 될 수 없다면, 최초가 될 수 있는 '새로운 영역'을 개척하라.
- 독점의 법칙(The Low of Exclusivity): 리더 브랜드가 차지하고 있는 단어를 두 회사가 동시에 소유할 수 없다. '새로운 가치'를 찾아라.

- **속성의 법칙**(The Low of Attributes): 어떤 속성이든 반대되면서 효과적인 '또 다른 가치'는 어디에나 존재하기 마련이다.

우리의 목표가 리더 브랜드가 되는 것이라면, 지금 어떤 전략을 준비해야 할까? 그것은 어쨌든 리더가 갖지 못한 '빈 틈'을 발견하는 작업일 것이다.

1) 가격의 빈틈을 찾아라

가격은 브랜드나 제품을 포지셔닝하는데 기본적인 전략으로 사용된다. 고가의 빈틈을 가장 잘 활용한 사례는 미국맥주 미켈롭(Michelob)이다. 아이러니한 점은 미켈롭이 고가 포지셔닝을 시도할 당시 시장에는 버드와이저와 같은 프리미엄 맥주 브랜드들이 여러 개 있었다는 사실이다. 그러나 당시 이 브랜드들은 형식적으로는 '프리미엄'이라는 단어를 상표에 붙이고 있었지만 소비자들의 마음속에서는 오랜 기간 부식되고 소멸되어 가던 시기였다. 이는 앞서 리더 브랜드의 전략에서 언급한 '리더 메시지의 강화'가 얼마나 중요한지를 입증하는 사례이기도 하다. 또 한 가지 사례는 메르세데스 벤츠나 BMW와 같은 대형 세단의 인기에서도 찾아볼 수 있다. 이는 낭비벽이 심했던 당시 미국 자동차 시장에 '오래 탈 수 있는 고급차'에 대한 이해와 인식이 확산되는 추세에 맞는 전략이었다. 이외에도 '세계에서 가장 비싼 향수는 조이(The Joy) 하나뿐입니다'나 '세계에서 가장 비싼 손목시계, 피아제(Piaget)를 착용해야 하는 이유'와 같은 카피들은 브랜드의 고가 메시지를 잘 표현해 주고 있다. 그러나 무작정 가격을 비싸게 책정한다고 해서 효과적인 포지셔닝 전략을 수립했다고 판단할 수는 없다. 적절하지 못한 고가정책은 때로는 탐욕과 사치의 상징으로 전락하기도 한다. 고가 포지셔닝 전략을 효과적으로 사용하기 위해서 몇 가지 염두에 두어야 할 부분은 첫째, 가장 먼저 포지션을 차지해야 하고, 둘째는 메시지의 주장이 적절하고 설득력이 있어야 하며, 셋째는 시장이나 소비자들이 고가의 브랜드를 수용할 환경이 조성되어 있어야 한다. 가격 포지셔닝은 단순히 '저가전략'이나 '고가전략'을 이야기하는 것이 아니라, 상대 브랜드가 가지고 있는 '가격전략'의 틈을 찾아 우리만의 새로운 전략으로 활용하는 것이다. '저가전략'으로 시장에서 포지셔닝에 성공한 브랜드들도 있다. 최근 '노 브랜드(No Brand)'의 열풍도 이에 해당한다고 볼 수 있다.

마지막으로 한 가지 염두에 두어야 할 것은 가격(Price)과 비용(Cost)의 관점에서 판단하여 단순히 가격을 강조하는 포지셔닝 전략을 수립할 것인지, 아니면 비용차원에서의 가치를 부여할 것인지에 대한 다양한 검토와 전략이 필요하다.

2) 형태의 빈틈을 찾아라

현대사회에서 디자인은 제품의 기능이나 성능 못지않게 중요한 가치를 가진다. 소비자들은 브랜드나 제품이 주는 직접적인 혜택 못지않게 자신의 개성에 맞거나 아름다운 디자인에서도 많은 가치와 행복을 느끼기 때문이다. 자동차를 광고하는 메시지를 보자. 수천만 원에서 수억 원을 넘나드는 가격의 대표적인 고관여 제품군인 자동차를 광고하면서 성능에 관하여 이야기하는 광고를 본 적이 있는가? 그 대표적인 사례는 자동차 광고의 고전에서도 만날 수 있다. 바로, 폭스바겐(Volkswagen) 비틀(Beetle)이다. 당시 미국 시장에 상륙한 비틀은 작고, 통통하고, 못생긴 차였다. 뿐만 아니라, 큰 차를 선호하는 미국 시장에서 작은 독일 차를 판매한다는 것은 어떻게 보면 성공의 가능성이 희박한 론칭이기도 했다. 우리가 흔히 이야기하는 스와트 분석(SWOT Analysis)을 활용했다면 '작은 크기'라는 약점은 최소화하고 '연비나 내구성'같은 장점을 부각하는 전략을 사용했을 것이다. 그러나 폭스바겐은 '작은 크기'라는 제품이 가지고 있는 약점을 극명하게 표현하여 광고 역사상 가장 상징적인 성공 캠페인을 만들어 냈다. 그것이 바로 'Think Small' 캠페인이다. 제품의 크기에서 빈틈을 찾아 낸 것이다. 광고에서 폭스바겐은 넓은 여백의 구석에 비틀(Beetle)을 작게 레이아웃하고, '작지만 실용적인 차'라는 내용의 카피를 작성하여 넣었다. "좁은(small) 주차공간을 비집고 들어갈 때, 낮은(small) 요율의 보험을 갱신할 때, 적은(small) 수리비를 지불할 때, 또 새로운 폭스

〈그림 12-3〉 폭스바겐 비틀 'Think Small' 광고

바겐을 구입하기 위해 타던 폭스바겐을 중고 시장에 내 놓을 때, 당신은 폭스바겐의 경제성을 실감할 것입니다."라는 카피를 통해 소비자 마인드 안에 '작은 차 비틀'이 주는 경제성을 극대화하여 표현하였다.

물론 그 반대도 마찬가지다. 어쨌든 팔로어는 리더 브랜드가 가지고 있는 반대의 크기나 디자인의 빈틈에서 기회를 찾을 수 있다.

3) 또 다른 빈틈들을 찾아라

소비자가 중요하게 생각하는 가치는 제품마다 어느 정도의 기준이 정해져 있다. 자동차에서 성능이 디자인보다 중요하지 않은 것은 아니다. 기본적으로 소비자 마인드의 상위를 차지하고 있는 브랜드들의 성능은 거론의 필요가 없는 기본적인 신뢰를 바탕으로 하기 때문이다. 디자인이 좋고 성능에 대한 신뢰가 없는 자동차를 어떤 소비자가 구매하겠는가? 노트북이나 스마트폰을 구매할 때 가장 중요하게 생각하는 구매기준은 무엇인가? TV나 냉장고와 같은 가전을 구매할 때 중요하게 생각하는 기준은 무엇인가? 마트나 편의점에서 라면을 고를 때 가장 중요하게 생각하는 기준은 무엇인가? 아마도 소비자들이 가장 중요하게 생각하는 기준은 리더 브랜드가 이미 브랜드 포지셔닝 자산으로 차지하고 있을 가능성이 많다. 그래서 팔로어 브랜드는 리더 브랜드가 차지하고 있지 않은 다양한 빈틈 속에서 경쟁력이 될 만한 키워드를 찾고 강화시켜 나가야 한다.

성별은 또 하나의 효과적인 빈틈이 될 수 있다. 말보로(Marl boro)는 세계의 담배시장에서 남성적 이미지 포시션을 구축하여 성공한 대표적인 사례다. 필립모리스(Philip Morris)는 말보로 덕에 10년 사이에 매출이 5위에서 1위로 오르는 성공을 경험하게 된다. 이후 버지니아슬림(Virginia S)은 말보로와는 반대로 여성 타깃을 공략함으로써 '여성다운 담배'로서의 위치를 선점하게 된다. 국내에서도 '꽃을 든 남자'나 '남자들은 참아줘요'라는 브랜드나 슬로건들이 성별의 빈틈을 파고든 사례로 볼 수 있다.

연령이나 시간, 유통, 용량 같은 키워드에서도 충분히 리더가 갖지 못한 빈틈을 찾아낼 수 있다. 리더가 차지하고 있는 타깃이 아닌 다른 타깃에서 시장의 기회를 찾고 확장하는 경우는 국내에서도 종종 볼 수 있다. '10대들을 위한 화장품'을 출시하는 일, '시니어 전용 카페'를 론칭하는 일 등은 연령별 새로운 틈을 공략하는 전략이라고 볼 수 있다. 특별한 시간대를 자신의 브랜드만의 포지션으로 선점하는 전략도 팔로어에게는 유

〈그림 12-4〉 말보로 광고 캠페인 사례

용하다. '12시에 만나요, 부라보콘!'은 CM Song으로도 매우 익숙한 슬로건이다. '새벽배송'을 하는 마켓컬리는 '빠르고 신선한 유통'에서 빈틈을 찾은 경우이고, 코스트코(Costco)나 이마트 트레이더스(Emart Traders)와 같은 경우는 대용량 판매를 자사만의 포지션으로 선택하고 강화하고 있는 브랜드에 속한다. 이와는 반대로 1인 가구 및 혼밥, 혼술 등의 트렌드로 쌀, 달걀, 과일, 반찬류 등도 소량 판매로 새로운 돌파구를 열어나가기도 한다.

중요한 것은 이러한 다양한 빈틈을 찾고자 하는 팔로어들의 노력은 단순히 제품개발이나 키워드 개발에 초점을 맞추는 것이 아니라, 고객 욕구와 필요에 초점을 맞춘 전략이어야 함은 두 말할 필요가 없다. 미래지향적인 통찰로 리더가 갖지 못한 빈틈을 찾아내는 일, 그것이 조만간 팔로어 브랜드가 리더 브랜드가 될 수 있는 유일한 길임을 잊지 말자.

05 | 슬로건 포지셔닝

슬로건 창작에서 포지셔닝 전략은 어떻게 활용되는가? 우선, 지금 사용하고 있는 슬로건들이 기업이나 광고 캠페인이 가고자 하는 방향으로 가고 있는지를 검토하는데 포지셔닝을 활용할 수 있다.

우리는 주위에서 브랜드나 제품이 가야 할 포지션과 슬로건의 메시지가 현저하게 불일치하는 경우를 심심치 않게 발견하게 된다. 이러한 현상이 나타나게 되는 가장 큰 원인은 슬로건이 전략적 접근에 의해 만들어지지 않았기 때문이다. 따라서 캠페인 전략의 큰 틀에서 슬로건 메시지가 가고 있는 방향을 검토하고 이를 통해 슬로건 메시지의 방향을 조율해 나가는 것이 가장 먼저 다루어야 할 부분이다. 〈그림 12-5〉는 세계적인 자동차 브랜드들의 슬로건 포지셔닝에 대한 이해를 돕기 위해 필자가 임의로 맵

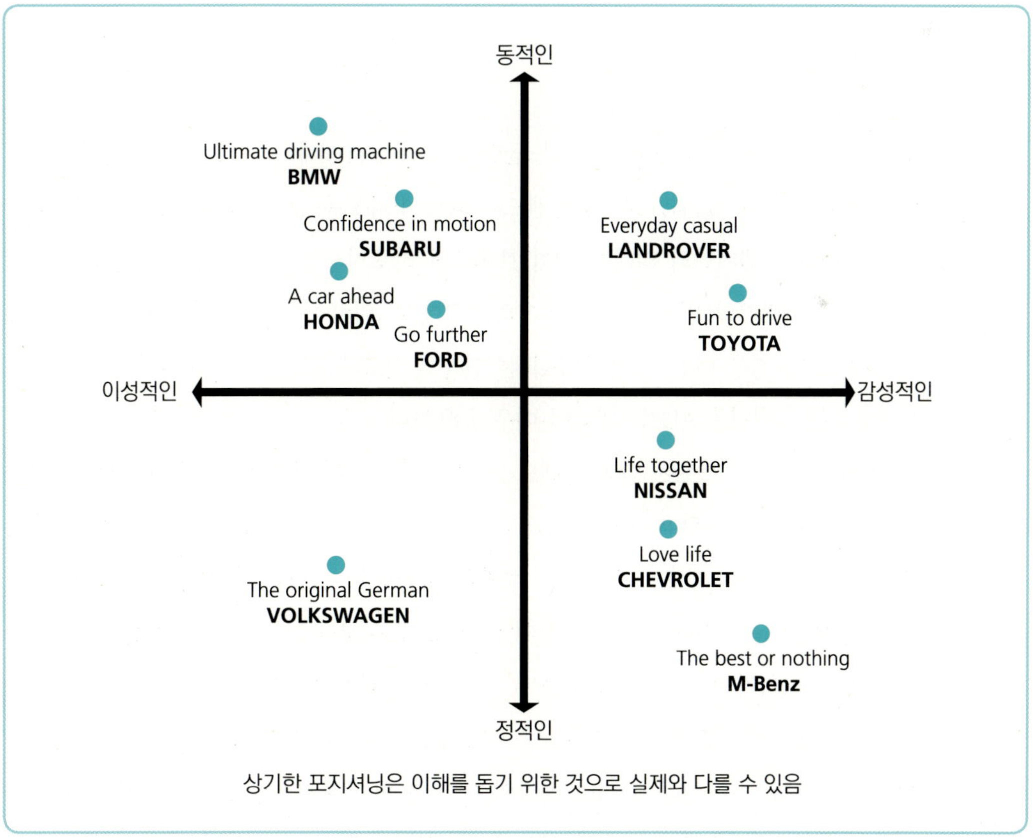

〈그림 12-5〉 슬로건 포지셔닝 맵(사례)

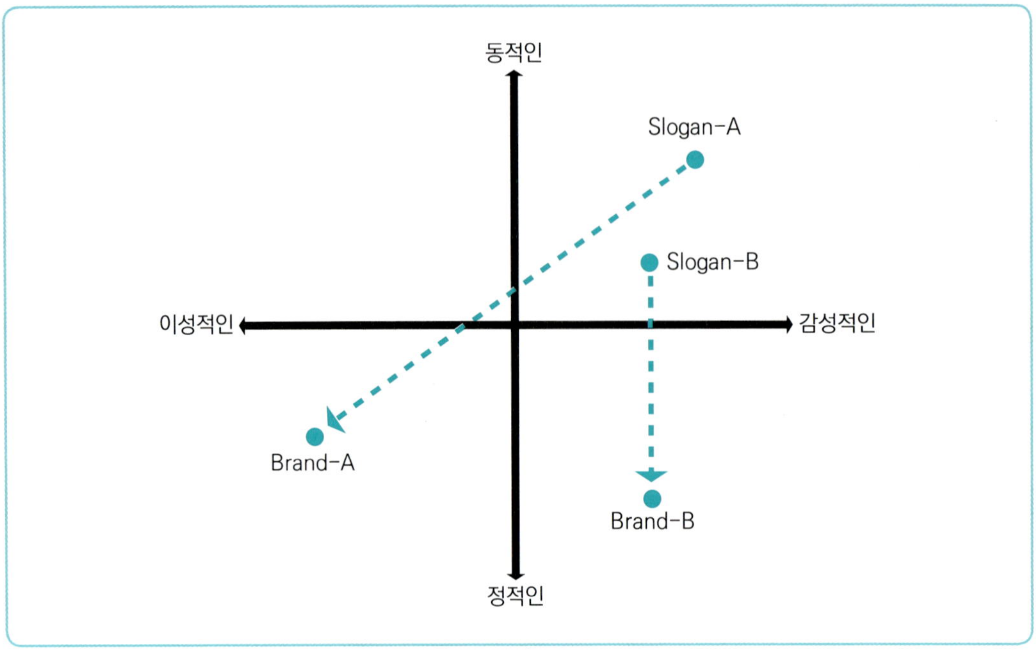

〈그림 12-6〉 슬로건 리포지셔닝

(Map)을 구성한 글로벌 자동차 브랜드들의 포지셔닝 사례다.

〈그림 12-6〉과 〈그림 12-7〉은 브랜드나 제품이 새로운 포지셔닝을 필요로 할 때 슬로건이 새로운 캠페인의 리더가 되어 브랜드의 리포지셔닝을 이끄는 경우이다. 지금까지 제품이 소비자의 인식 속에서 차지하고 있었던 위치에서 다른 전략적 위치로 이동을 필요로 할 경우 다른 어떤 커뮤니케이션적 노력보다 슬로건의 리포지셔닝을 통해서 브랜드 리포지셔닝을 이끄는 방법이 매우 유용하다.

미국 시장에서 스포츠 음료 브랜드 NO.1을 차지하던 게토레이가 국내 시장에 처음 론칭하고자 했을 때 많은 어려움이 있었다. 스포츠 이온음료 시장 규모는 미미한 상태였고, 당시 포카리스웨트에 비해서도 경쟁적 열세에 놓여 있었다. 소비자들은 게토레이를 맛이 없는 음료, 일반인에게는 맞지 않고, 스포츠를 하는 일부 전문가들을 위한 음료라는 인식을 가지고 있었다. 그래서 게토레이가 찾은 전략적 돌파구는 음료의 대표 브랜드인 코카콜라 포지셔닝의 파워를 이용하는 것이다. 조사결과 소비자들은 콜라를 갈증 해소를 위해 마신다. 그러나 콜라의 단 맛은 마신 후 더 큰 갈증을 유발한다는 문제점을 발견하게 된 것이다. 이에, 게토레이는 '갈증 해소 음료', '달지 않은 음료'로 포지

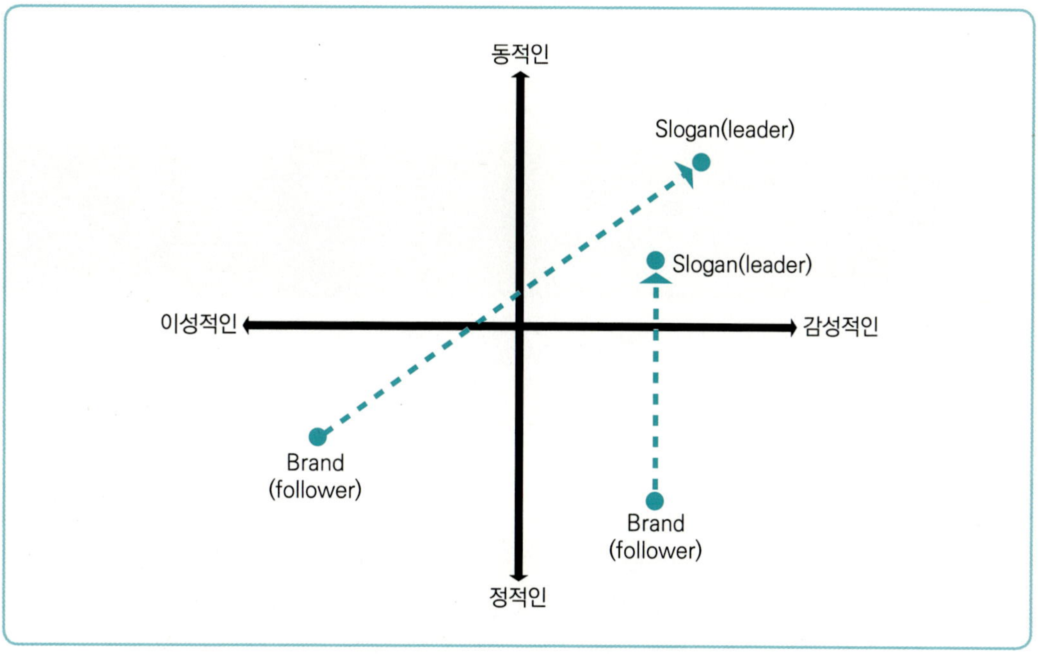

〈그림 12-7〉 브랜드 리포지셔닝

셔닝하게 된다. 또한 제품의 용도도 처음의 '스포츠 이온 음료'에서 '갈증 해소 음료'로 리포지셔닝함으로써 성공적인 시장을 구축하는 토대를 마련하게 된 것이다.

이처럼 슬로건 포지셔닝은 현재 사용하고 있는 기업 슬로건이나, 캠페인 슬로건, 또는 브랜드 슬로건이나 제품 슬로건 등을 올바로 효과적으로 활용하고 있는지를 검토하고, 필요한 경우 새로운 포지셔닝을 향해 나아가는데 선봉자적 역할을 하기에 충분하다.

생명보험사회공헌재단

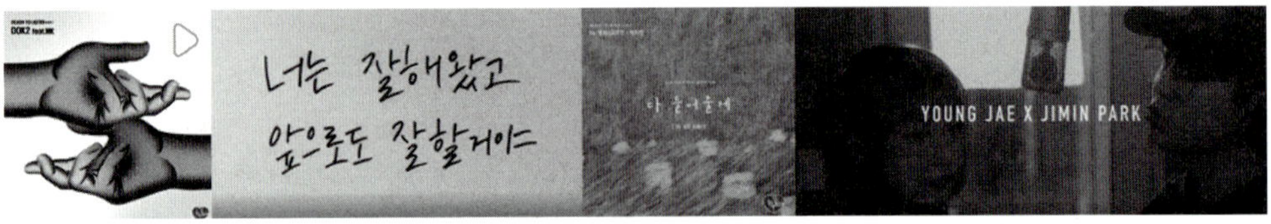

"다 들어줄 개"

9년 연속 청소년 사망원인 1위, 자살

2017년 전국 초·중·고등학생 1천 명을 대상으로 설문조사를 실시한 결과 '자살 충동이 들 때 어떻게 하나요?'라는 질문에 전체의 37% 학생이 '잊으려고 애쓴다'라고 답했고, '자살 문제를 상담 받는다면 누구와 할 건가요?'라는 질문에 69%의 학생이 '상담 받을 곳이 없다'라고 답했다(출처 : 시사저널). 2007년부터 2015년까지의 청소년 사망원인을 살펴본 결과 매해 '고의적 자해(자살)'과 '운수사고'가 가장 많은 부분을 차지하고 있는 것을 볼 수 있었다(출처: 통계청). 이렇듯 안타까운 현실 속에서 청소년 자살을 예방하기 위해 '생명보험사회공헌재단'뿐 아니라, '한국건강증진개발원', '보건복지부', '교육부' 등에서도 다양한 형태의 청소년 자살예방 캠페인을 진행하고 있다.

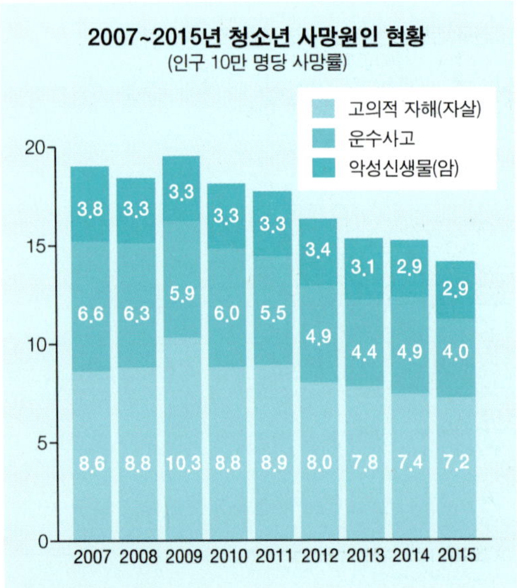

출처: 통계청, 사망원인통계

이제, 우리가 네 이야기를 "다 들어줄 개"

우리는 본격적으로 캠페인을 기획하기에 앞서 세 가지의 Problem Key Finding을 도출했다. 첫 번째는 청소년들의 눈높이에 최대한 부합하고, 어둡고 불편한 형태의 메시지는 지양할 것. 두 번째는 실질적으로 캠페인과 연계하고 연동될 수 있는 전략적 소재와 구체적인 메시지 전달이 필요함. 세 번째는 청소년 자살 문제에 대한 사회적 공감을 유도할 것. 이러한 배경에서 '내가 너의 이야기를 다 들어줄 개'라는 콘셉트가 도출되었고, 이렇게 탄생한 캠페인 슬로건이 바로 "다 들어줄 개"인 것이다. 마음의 문을 닫고 벼랑 끝에 올라 서 있는 우리의 청소년들. 지금 우리의 아이들에게 가장 필요한 것은 무엇일까? 그것은 질책이나 책망이 아니라, 공감과 격려의 말이다. 자살 위험에 놓은 우리의 아이들을 지켜내기 위한 생명보험사회공헌재단의 "다 들어줄 개" 캠페인은 이렇게 시작된다.

청소년의 고민을 다 들어주는 '다섯 마리 댕댕이'

우리 청소년들의 죽고 싶도록 고민스러운 이야기, 부모나 친구에게도 차마 이야기하지 못하는 걱정을 노란 리본을 목에 건 귀여운 강아지에게 털어놓도록 하는 것이다. 아이들이 차마 주위에 상의하지 못하는 고민과 비밀과 이야기들을 들어주는 또 하나의 '대나무 숲'이 탄생한 것이다. 다섯 마리 댕댕이와 함께 하는 청소년 고민 상담, 내가 너의 이야기를 "다 들어줄 개"캠페인. 우리가 마음의 문을 비교적 쉽게 열 수 있는 반려동물을 통해 타인에게 말 할 수 없는 속마음을 털어 놓고, 비언어적 교감을 통해 사람에게서는 얻기 힘든 감정을 충족시킬 수 있도록 했다.

"다 들어줄 개" 캠페인은 캐릭터 개발, 영상 제작, 음원 제작, 청소년 종합상담 시스템 등의 프로그램으로 기획되고 진행되었다. 아이들이 동물에 쉽게 마음을 연다는 점에 착안하여 친근하고 위트 있는 강아지 캐릭터를 개발하여 영상과 상담에 활용하는 아이디어다. 개발된 캐릭터에는 PET, TIPU, CHOCHO, BEAGIE, SHEBA라는 애칭을 붙여 주었다. 그리고 5마리 강아지의 활약상을 스토리로 청소년의 고민을 환기시키는 영상을 제작하였다. 뿐만 아니라 청소년들이 좋아하는 인기 가수와 함께 청소년들의 마음을 위로하는 가사의 음원을 제작 발표하였고 음원은 유튜브, 블로그, EBS 방송, 재단 블로그, 퍼블리시티 등 다양한 채널로 확산되었다. 또한 앱, 카카오, 문자로 365일 24시간 상담이 가능한 텍스트 기반 '청소년 종합 상담 시스템'을 론칭 운영하였다.

관련 기관 간의 협력을 통한 청소년 문제 해결에 기여

본 캠페인은 청소년이 아파하는 부분을 우리 사회에 알리고, 관련 기관 간의 협력을 통해 청소년 문제 해결에 기여한 좋은 사례로 평가되었다. 또한, 무거운 주제를 이해하기 쉽게 대중적으로 풀어낸 점과 강력한 파트너십과 다양한 채널을 통한 콘텐츠 확산에 성공한 사례로 볼 수 있다. 제작된 음원들은 멜론, 네이버뮤직 등 각종 음원 차트에 수누이권에 진입함은 물론, 실시간 멜론 검색어 1위를

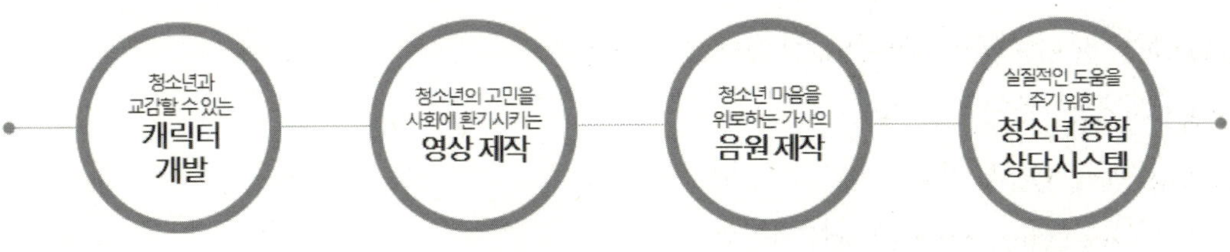

차지하는 성과를 보였고, 영어, 태국어, 스페인 등 총 14개국의 언어로 108개 커버 영상이 제작되어 해외로 확산되었다. 또한, '2019 International Business Award'에서 Non-Profit/Charity 부문 금상과 '한국PR대상'에서 대상을 수상하는 영예를 안았다. 특별히, 본 캠페인의 음원을 활용한 다양한 커버 영상들을 학생들이 스스로 제작하여 확산하는 효과를 경험할 수 있었다는 것은 매우 뜻깊은 결과라고 볼 수 있다.

자료제공: KPR

13장 Brand Cycle

슬로건은 일반적으로 제품의 탄생과 시작을 같이 한다. 그러나 빠르고 다양하게 변화하는 시장 환경 속에서 때로는 능동적으로 변화하는 모습을 보이기도 한다. 그 가운데

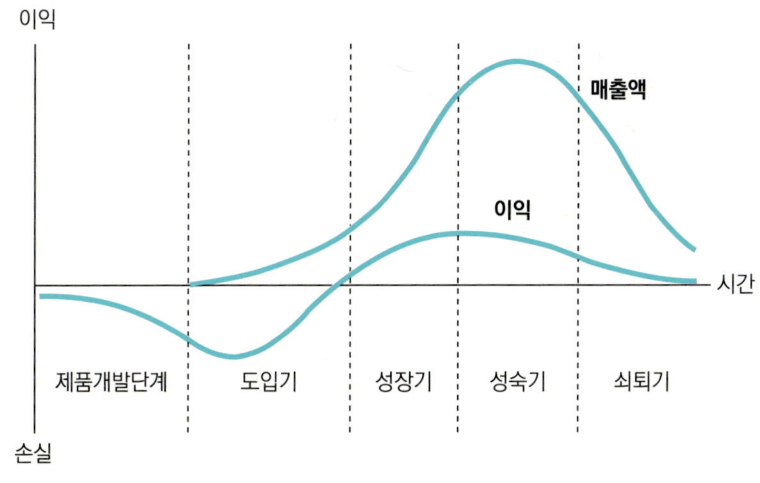

〈그림 13-1〉 제품 수명주기

하나가 브랜드나 제품의 수명주기(Product Life Cycle)에 따라서 전략적으로 새롭게 창작되고 활용되는 슬로건이다.

시장에서 제품의 수명주기는 도입기, 성장기, 성숙기, 쇠퇴기의 단계를 거치게 되는 것이 일반적이다. 따라서 이러한 단계에 따른 광고 전략이나 광고 콘셉트가 추출되어야 함은 물론이고, 이제는 광고 슬로건을 창작하는데 있어서도 유기적인 관계를 유지할 필요가 있다.

01 | 도입기 슬로건

일반적으로 슬로건은 그 제품의 시장 도입과 탄생을 같이하지만, 제품의 수명단계에 따라 적절하게 변화 발전하는 슬로건도 전략적으로 필요하다. 시장 도입기의 슬로건은 브랜드나 제품이 처음으로 시장에 등장하면서 소비자들에게 브랜드 자체를 효과적으로 알리거나 지금까지 없었던 또는 지금까지보다 더욱 강화된 욕구나 만족을 제공함을 알리기 위해 창작된다. 종합적인 마케팅 활동에 드는 비용이 가장 많이 소요되는 단계이다.

이 단계의 슬로건들은 다음과 같은 내용들을 포함하는 것이 일반적이다.

- 브랜드 네임을 전달하는 슬로건
- 새로운 편익을 제공하는 슬로건
- 새로운 시장을 창출하는 슬로건
- 제품의 신뢰를 제공하는 슬로건
- 제품의 타깃을 지칭하는 슬로건

- 다방이 다했다 (다방)
- 실력 비상 (비상에듀)
- 번개같이 사는 거래 (번개장터)
- 야, 너두 영어할 수 있어 (야나두)
- AI 로봇으로 일터를 돕는 (DIGICO KT)

02 | 성장기 슬로건

제품이 시장에 무난하게 진입하게 되면 비로소 매출이 증가하고 제품의 라이프 사이클은 성장기에 접어든다. 이 단계는 소비자들의 제품에 대한 수요가 증대되고 기업은 이익을 창출하기 시작하는 시기이다.

이 단계에서의 가장 큰 위기는 경쟁제품의 탄생인데, 제품 카테고리에 대한 성장 가능성에 의문을 가지고 있었던 기업들이 너도 나도 동일한 제품을 가지고 시장에 진입한다. 특히, 요즘처럼 기술이 발달한 시기에는 경쟁제품과 기술적 속성에서 차별화하기 어려운 유사제품을 만들어 시장에 진출시키는 일은 그리 어려운 일이 아니다.

따라서 이 시기의 슬로건은 자사 제품이 지니고 있는 경쟁적 매력을 더욱 설득력 있는 메시지로 강력하게 표출하여 경쟁사로 이동할 가능성을 지니고 있는 소비자들을 자사 제품에 묶어두는 역할을 해야 한다. 다시 말하면, 처음 시장 도입기에 사용하였던 슬로건의 힘만으로는 역부족을 느끼게 되는 경우 여타의 광고 커뮤니케이션 노력과 더불어 새롭게 강화된 슬로건으로 경쟁력 있는 힘을 보탤 필요가 있다.

이 단계의 슬로건들은 다음과 같은 내용들을 전략적인 목표로 하고 있다.

- 기존의 소비자층을 유지하고자 하는 슬로건
- 경쟁적 제품속성을 전달하고자 하는 슬로건

- 오직 U+에서만 (LG U+)
- 카드, 날다 (대한항공현대카드)
- 추월하는 가치를 만들다 (신한카드)
- 한국 지형에 정확한 골프 레이저 (보이스캐디)

03 | 성숙기 슬로건

시장의 성숙기에서 경쟁이 심화되고 급기야 수요에 비해 공급이 포화 상태에 이르게 되면 시장 성숙기에 이르렀다고 할 수 있다. 시장이 성숙기에 접어들게 되면 경쟁 제품들 간의 품질 경쟁은 물론 가격 경쟁까지 심화되어 제품 판매를 통한 이익 역시 점차로 감소하게 되는 과정에 이르게 된다. 성숙기에는 포화된 시장 안에서 자사 제품의 판매율을 높여 이익을 확대해야 하는 목표를 가지고 마케팅 활동을 펼치게 되는데 다음과 같은 전략적 방법을 기본으로 한 슬로건 재창출을 고려하는 것도 하나의 방법이 될 수 있다.

- 새로운 소비자층을 창출하는 슬로건
- 새로운 제품용도를 창출하는 슬로건
- 기존 고객의 사용빈도를 증대시키는 슬로건
- 품질개선을 알리는 슬로건
- 가격개선을 알리는 슬로건

- 우리의 첫 가전 (삼성 신혼가전)
- 배달을 즐겨요 (던킨 딜리버리)
- 초 프리미엄 가전 (LG 시그니처)
- 복잡한 뱅킹 말고 (뱅뱅뱅)
- 고객을 위한 발 빠른 아이디어 (라이프 플러스)

04 | 쇠퇴기 슬로건

시장 성숙기를 지나 더 이상 판매 곡선이 상승하지 않는 시기가 바로 판매 쇠퇴기의 시작이라 할 수 있다. 이러한 경우 마케팅 활동은 단계적으로 축소되거나 소멸되는 경우가 대부분이다. 그러나 마케팅 활동의 축소와는 별개로 슬로건은 쇠퇴하는 브랜드 곁에서 꾸준히 자신의 역할을 수행하게 되는데 일반적으로 쇠퇴기의 커뮤니케이션 활동은 소비자들의 마음 속에 잊혀져가는 브랜드를 상기시키려는 목적을 지닌 회상광고(Remind Advertising) 형태를 띄게 된다.

보건복지부

" 중년다움 대신, 도움을 말하세요 "

힘들어도 힘들다고 말하지 못하는 대한민국 중년

2018년 기준 대한민국 남성 자살사망자 수는 9,518명으로 나타나고 있으며, 그 가운데 42.3%인 4,029명이 41세에서 60세 중년으로 나타나고 있다. 중년 남성이 대한민국 자살 고위험군에 속해 있는 것이다. 50대 남성 자살률은 51.4%로 여성의 15.1% 보다 3배가 넘으며, 전제 자살 사망자 중 중년남성이 차지하는 비율은 25~30%를 차지할 정도로 높게 나타나고 있다. 중요한 것은 이러한 수치가 2009년부터 2018년까지 지속적으로 증가하고 있다는 것이다. 2020년 6월까지 접수된 신고건수 역시 전년 대비 1,200 건 증가한 4만 2천여 건으로 '코로나 블루'현상으로 인한 중년남성 자살 가능성 또한 높아질 것으로 예상하고 있다.

중년 남성은 특히, 고용이나 경제적 부담으로 인한 심리적 불안과 우울감이 고조되고 있는 현실 속에서 살고 있다. 또한, 40대 이후부터 남성호르몬이 줄어듦에 따라 신체적인 약화 및 갱년기 우울증 등의 심리적 현상도 자살영향요인 가운데 하나다. 이렇듯 다양한 문제들로 인해 많은 중년남성들이 자살로 내몰리고 있지만 '강한 남성'의 모습을 요구하는 사회적인 편견으로 인해 적극적인 도움을 요청하거나 받지 못하고 있는 실정이다. 2018년을 기준으로 성인 정신문제 상담률은 2.8%로 매우 저조한 실정이며, 연령대별로는 40~60대 중년이 가장 낮고, 중년 남성의 경우 1.8%로 더욱 심각한 상황이다.

"중년다움 대신, 도움을 말하세요"

중년 남성들의 자살예방을 위해 가장 필요한 것은 '소통'이다. 그래서 우리는 보건복지부와 함께 중년 남성 자살예방과 인식 개선 및 소통의 중요성 확산

라디오 광고 카피

"안녕하세요. 배우 손현주입니다."

"코로나19로 모두가 힘겨워진 요즘,
말 없이 한숨만 늘어가는 중년 남성 분들"

"힘들고 외로워도 속 시원히 말하지 못하는 이유는,
아빠, 자식, 남편 그리고 가장이라는 책임 때문일 것입니다."

"혼자 이겨내야 한다는 이런 생각이
우리 중년의 삶을 더욱 무겁게 하진 않았을까요? "

"말 못하는 중년 다움 대신, 당신을 살리는 도움을 말하세요."

"삶의 이야기가 시작되면 고통의 끝이 보입니다."

"당신, 그리고 우리는 혼자가 아닙니다."

"이 캠페인은 보건복지부와 자살예방상담전화 1393,
중앙자살예방센터가 함께합니다."

을 위한 '자살예방 캠페인'을 기획하게 된다. 캠페인에서 도출된 키 메시지는 "중년다움 대신, 도움을 말하세요"다. 사회적 편견으로 침묵할 수 밖에 없는 중년남성들이 실질적인 도움을 받을 수 있도록 직관적인 카피를 기획한 것이다. '다움'이 '도움'으로 교차되는 대구(distich) 표현을 통해 관점과 인식의 전환을 극대화하였다. 이를 위해 영상 광고와 라디오 광고 그리고 지면 광고를 제작하였다. 영상 광고에서는 우리나라 사회 문화적인 특성 상 중년남성에게 주어지는 가장다움, 남편다움 등의 낙인과 편견을 버리고 도움을 요청하라는 메시지를 전달하였다. 모델은 대중적인 인지도와 신뢰도가 높은 배우 손현주님이 함께 했다. 광고를 통해 자살은 하나의 원인으로 발생하는 문제가 아니기 때문에 자살예방상담전화(1393)뿐 아니라 법률, 금융 등 국가에서 제공하는 다양한 도움 서비스를 제시하고, "당신은 혼자가 아니며, 도움을 줄 수 있는 곳이 많다"라는 메시지를 전달하고 있다. 라디오 광고와 지면 광고를 통해서도 중년 남성들의 삶의 무게를 공감하고 나누어 짊어질 수 있는 메시지들을 모델과 함께 전달하고 있다.

중년 남성의 아픔과 어려움을 공유하고 어루만지다

본 캠페인의 공감 메시지는 광고의 타깃인 중년 남성은 물론 사회적으로 어려움과 아픔을 공유하고, 함께 도움을 주고자 하는 사회적 인식을 다시 한 번 일깨워주는 역할을 했다. '2020 올해의 광고PR상' 정부공익광고 부문 금상을 수상하였으며, 공개 1개월 만에 광고 조회 100만회 기록, 국내 광고 포털사이트(tvcf) '눈에 띄는 CF'와 '크리에이티브 100'부문 1위를 차지하는 등 광고 크리에이티브로서의 긍정적인 평가를 받았다.

자료제공: 유브레인커뮤니케이션즈

14장 Keyword Finding

「포지셔닝(Positioning)」의 저자 잭 트라우트(Jack Trout)와 알 리스(Al Ries)는 단어를 '방아쇠'에 비유했고, 언어는 '마음의 화폐'와 같다고 했다. 언어는 마음이나 생각을 밖으로 표현하는 대표적인 도구다. 그러나 언어를 효과적으로 가치 있게 활용한다는 것은 생각보다 쉬운 일이 아니다. 즉, 때와 장소와 상황에 맞는 적절한 언어를 사용하는 것만으로도 개인의 가치와 품격을 드러내는데 큰 역할을 한다. 그 가운데 하나가 '그 사람이 언어에서 사용하는 단어'다. 대화 속에서 그 사람의 품격과 가치가 드러난다. 설득력 있는 프레젠테이션을 하는 사람들의 공통점 가운데 하나는 자신의 생각을 드러내는데 필요한 '매우 적합한 단어'를 활용하는 것을 발견할 수 있다. 슬로건에서 '적합한 키워드'를 찾아내는 일이 중요한 이유다.

슬로건 키워드에 대한 부분은 '2부 슬로건 창작기술'에서 개략적인 세부단계와 키워드의 속성 그리고 다양한 사례들을 살펴본 바 있다. 슬로건 창작에서 키워드를 고르는 일은 가장 중요한 단계라고 할 수 있다. 물론 슬로건에서 어떤 내용의 메시지를 전달할 것인가를 결정하는 초기 단계인 '콘셉트 결정단계'가 그 기준을 제시하지만, 결과적으로 고객이나 소비자가 현장에서 만나는 것은 콘셉트나 기획서가 아니라 '한 줄의 슬로건'이라는 점은 감안하면 결국 슬로건 안에 담긴 키워드 하나가 기업이나 브랜드나 제품이

하고자 하는 이야기를 대신해주는 역할을 한다. '6장 슬로건 창작 단계'에서는 키워드의 몇 가지 유형으로 기업의 철학이나 신념에서 탄생한 슬로건, 제품이나 서비스의 속성에서 탄생한 슬로건, 브랜드 네임에서 탄생한 슬로건, 소비자 욕구나 필요나 만족에서 탄생한 슬로건, 사회 문화적 이슈로부터 탄생한 슬로건 등으로 나누어 설명하였다. 본 장에서는 '3부 슬로건 창작 전략'을 마무리하면서 다양한 아이디어 발상법 가운데 슬로건 창작 단계에서 키워드를 찾아내는 데 도움이 될 만한 발상법들을 모아 간략하게 소개하고자 한다. 물론, 소개하는 이론들이 '슬로건 창작'을 위한 발상이론은 아니지만, 경험에 의하면 대부분의 발상법들이 그렇듯이 크리에이터가 어떻게 활용하느냐에 따라 명작 슬로건을 만들어 내는데 매우 유용한 동반자의 역할을 할 수 있으리라 판단된다.

- 시와 문학의 키워드 발상
- 속성 열거법(Attribute Listing Method)을 활용한 키워드 찾기
- 마인드맵(Mind Map)을 활용한 키워드 찾기
- 스투파(Stupa)를 활용한 키워드 찾기

01 | 시와 문학의 키워드 발상

아이디어 발상 수업을 진행하다 보면 광고를 전공하는 학생들은 물론 홍보나 언론, 그리고 다양한 문화 콘텐츠 분야나 경영 및 마케팅을 전공하는 학생들이 많은 관심을 가지고 수업에 참여한다. 특히 문학이나 문예창작을 공부하는 학생들의 수업에 대한 관심이 많은데 학부 시절 국문학을 전공한 필자로서는 이런 제자들에게 남다른 애정이 생기는 것도 사실이다. 그런데 문학의 글쓰기와 광고를 비롯한 마케팅의 글쓰기는 같은 글쓰기일까? 결론부터 말하자면, 전혀 다른 글쓰기 작업이다. 근본적인 태생을 보면 문학이 '예술적 글쓰기'라며, 광고는 '상업적 글쓰기'에 가깝다. 즉, '글쓰기의 목적' 자체가 다른 곳에 있다.

그럼에도 불구하고 이렇게 다양한 학문을 전공하고 실무를 경험하고 있는 사람들이 '아이디어 발상법'에 적극적으로 관심을 갖는 이유는 무엇일까? 그것은 그 발상의 근간이 되는 '창의성(Creativity)'이라는 것의 가치와 효용이 크게 다르지 않기 때문이다. 그

리고 분명한 것은 다양한 분야에서 활용되고 있는 다양한 발상법들이 각각 개별적이고 배타적인 용도를 갖는 것이 아니라, 상호 유사성을 가지고 시너지를 이루어 발상 작업에 신선한 자극을 주고받는다는 것이다.

본 장의 내용은 다양한 문학가와 연구자의 의견뿐 아니라 필자의 문학적 광고적 경험을 바탕으로 다소의 개인적 의견과 재해석이 가감되었음을 미리 밝힌다. 그리고 문학적 관점에서의 '키워드 찾기(Keyword Finding)' 작업은 문학가나 장르에 따라 다양한 방법을 이야기하고 있다. 본 장에서 제시하고 있는 관찰, 접목, 단순화, 직유와 은유, 의인화, 의미부여의 문학적 발상법은 독자가 충분히 광고나 마케팅 등 다양한 콘텐츠적 관점으로 전환하여 이해 및 활용이 가능하리라 판단된다.

1) 관찰

문학의 시(詩)뿐만이 아니라 광고에서도 '관찰(Observation)'은 아이디어 발상의 가장 기본적인 작업이다. 그리고 이러한 관찰은 광고 커뮤니케이션에 필요한 '키워드 찾기'에도 핵심적인 역할을 한다. 어떤 광고인은 크리에이티브한 사고의 출발은 '남들이 다 보는 것에서 아무도 보지 못했던 것을 발견해 내는 것'이다. 즉, 아이디어 발상을 위한 관찰은 '그냥 보는 것'이 아니라, '남다른 무엇을 찾아내는 일'이다. 그리고 관찰은 '시선'이 아닌 '관점'의 중요성을 강조한다. 즉, 관찰하고자 하는 의도와 목적을 명확히 해야 한다.

일반적으로 '시인은 상상력이 풍부하다'라고 한다. 그렇다면 시인들은 어떻게 관찰하고 어떻게 상상할까? 일반적으로 크게 다음의 세 가지 방법을 사용한다고 한다.

첫째, 전체에서 부분으로 관점 옮기기
둘째, 남들이 보지 못한 것 보기
셋째, 당연한 것에 의문 갖기

물론, 아이디어 발상 작업은 지극히 개인적인 능력과 성향이 많은 부분을 차지하는 작업이라 이외에도 다양한 개별적 방법이 있을 수 있음을 전제로 한다.

(1) 전체에서 부분으로 관점 옮기기

문학적 시각에서 '부분을 깊이 있게 관찰하는 것'이 아닌, '전체에서 부분으로 관점을 옮기는 작업'을 추천하는 이유는 관찰하고자 하는 '사물에 대한 편견'을 없애기 위함이다. 즉, 전체를 보는 확장된 시야 없이, 세부적인 부분을 관찰하다 보면 '부분을 전체로 오인'하는 결정적 오류를 범할 수밖에 없다. 우리가 우화를 통해 많이 들어 왔던 '장님 코끼리 만지기' 이야기가 이를 설명하는 아주 쉬운 사례가 될 것이다. 코끼리의 전체 모습을 파악하지 못하고 '코끼리의 코'만 만져본 다거나, '코끼리의 다리'만 만져보고서 코끼리의 모습을 제대로 파악할 수 없다.

시인들이 창작 작업을 할 때도 마찬가지다. 시인들은 일반인들이 쭉 훑어보고 아무 생각 없이 넘겨버릴 법한 일이나 사물들도 스쳐 지나가는 것이 아니라, 전체 속에서 아주 세세한 부분까지 깊게 관찰하는 능력을 보인다. 예를 들면, 사물의 전체적인 상황을 시의 앞부분에서 표현한 후에 세세한 부분에 집중하여 내용을 표현하기도 하고, 구제척이고 세세한 부분을 여러 편의 시로 나누어 쓰고 각 부분을 묶어 전체를 표현하기도 한다.

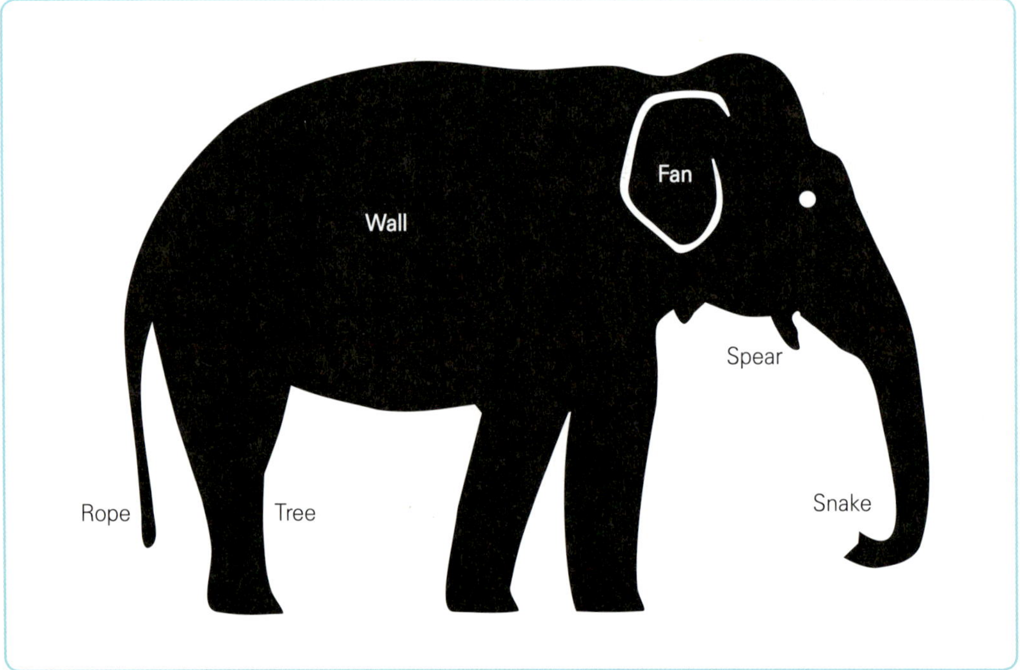

〈그림 14-1〉 맹인모상(The Blind Men and Elephant)

이러한 시적 '세분화된 관찰'에 의한 발상은 우리가 기업이나 제품을 광고하는 커뮤니케이션 메시지에서도 어렵지 않게 찾아볼 수 있다. 생활 속에 가장 가깝게 위치한 라면 광고의 예를 보자. 라면을 위의 코끼리 그림처럼 펼쳐 놓고 부분적으로 관찰해 보면 여러 가지 부속물들이 나올 수 있다. 우선은 라면의 봉지와 라면의 내용물로 구분될 수 있고, 라면의 봉지 안에도 또 몇 개의 스프를 담은 봉지가 있다. 그 스프까지 개봉을 하면 라면의 내용물 역시 면과 스프로 구분된다. "라면의 핵심은 면발인가? 국물인가?"여기에서부터 라면에 대한 관찰은 전체에서 부분으로 세밀화된다. "밥 말아 먹을 때 맛있는 라면"이라는 진라면 슬로건은 라면의 면발보다는 스프를 끓여서 우려진 라면의 국물 맛에 초점을 두어 도출된 콘셉트인 '국물 맛이 다른'에서 출발하여 '밥 말아 먹을 때 맛있는'으로 발전되었을 것이다. 이렇듯 라면이나 스낵과 같은 제품은 비교적 부분으로 나누어 관찰하기가 용이한 제품군이다. 자동차나 전자기기 같은 제품들은 어떠한가? 자동차는 크게 '인테리어'와 '익스테리어'로 구분하지만, 이 역시도 성능이나 가격과 같은 중요 요소들을 제외한 디자인적인 관찰에 국한한 것이니 자동차라는 제품의 관찰요소들을 엄밀하게 구분하자면 크게 보아도 성능, 가격, 디자인으로 나눌 수 있다. 그리고 성능은 다시 주행성, 안전성, 정숙성, 승차감 등 다양하게 세분되고, 가격도 동종 모델의 배기량이나 사양의 정도에 따라 세분화된다. 그리고 디자인을 인테리어(Interior)와 익스테리어(Exterior)로 구분할 수 있다. 굳이 전문적인 기술이나 부품들을 거론하지 않더라도 대부분 자동차들의 포지셔닝(Positioning)은 기본적으로 세로축은 '고가(Expensive)와 저가(Cheap)' 가로축은 '전통적(Classic)과 현대적(Modern)'으로 구분하는 것이 일반적이고, 세부적으로는 주행성능, 안전성, 승차감, 브랜드 가치, 연비 및 가성비, 디자인 등으로 구분된다. 따라서 같은 브랜드의 자동차라고 하더라도 소비자가 어느 가치에 초점을 맞추는가에 따라 판매자가 광고를 통해 강조해야 하는 키워드는 당연히 달라질 것이다.

(2) 남들이 보지 못한 것 보기

광고 크리에이티브에서 빅 아이디어를 판단하는 몇 가지 기준 가운데 하나는 그 광고를 보는 순간 명쾌하고 창의적인 힘에 자존심이 상하고 '나는 왜 저런 아이디어를 내지 못했을까?'하는 속된 말로 당신의 '뚜껑'이 열린다면 그 아이디어는 대부분 빅 아이디어일 가능성이 높다. 그런데 또 한 가지 재미있는 것은 대부분 이런 빅 아이디어는 어렵고 복잡한 것이 아니라 매우 쉽고 심플한 구도를 지니고 있다는 것이다. 바꾸어 말하면, 매일

- The Ultimate Driving Machine (BMW)
- The Best or Nothing (M. Benz)
- Volvo for Life (VOLVO)
- There is no Substitute (PORSCHE)
- Passion for Life (RENAULT)
- Driving Sporty Sedan (Honda)
- Everyday Casual (LANDROVER)
- Go Further (Ford)
- Life Together (NISSAN)
- The Original German (volkswagen)
- The King of SUV (ESCALADE)
- What a Luxury Car Should Be (LINCOLN)
- For the Few Who Know the Difference (LOTUS)

〈그림 14-2〉 자동차 브랜드와 슬로건

똑같은 일상을 살면서도 누군가는 그 일상에서 내가 보지 못한 부분들을 보고 발견해 낸 것이다.

이러한 관찰력을 기르기 위해서는 두 가지 방법을 추천한다. 첫 번째 방법은 남들보다 더 깊이 관찰하는 것이고, 두 번째 방법은 남들이 사소하게 흘려 넘기는 것에도 집중하는 것이다.

① 남들보다 깊이 관찰하기
② 사소한 것에도 집중하기

똑같은 사물이나 현상을 보고도 남들이 보지 못한 것을 발견해 내기 위한 첫 번째 방법으로는 남들보다 깊이 있게 관찰하는 것이다. 한 사물을 1분 동안 가만히 지켜보고, 그 사물에 대한 생각을 글이나 키워드로 적어보자. 그리고 잠시 후 같은 사물을 2분 동안 바라보고, 또 그 사물에 대한 생각을 적어라. 그리고 4분, 8분, 16분… 한 사물을 집중하여 깊이 있게 보면 볼수록 그 사물에 대하여 남들이 보지 못하는 새로운 모습을 발견하게 된다. 이것은 사물뿐만이 아니라 사고(思考)나 현상(現狀)도 마찬가지다.

물론 사물을 관찰하고 그 안에서 키워드를 찾아내는 훈련에서 '첫인상'도 중요하다. 그러나 아이디어 발상을 위한 '관찰'에서는 대상의 첫인상뿐 아니라, 그 대상을 1분 동안 지켜보고, 10분 동안 이야기를 하고, 10일 동안 만나보면서 처음에는 발견하지 못했던 새로운 매력들을 발견하기 위한 훈련이다. 물론, 그 반대의 경우도 발생할 수 있다. 그 대상에 대한 나만의 의미와 가치를 발견하기 위해서는 남들보다 깊이 있는 관찰을 하려는 노력이 선행되어야 한다.

포크로 찍으면
돛단배 같아요.

돛단배를 먹자.
냠!
냠!
냠!

유치원생이 학예회에서 발표한 '배'라는 제목의 시다. 우리는 일반적으로 '먹는 배'와 '타는 배'와 '신체의 배'를 대표적인 '동음이의어' 정도로 쉽게 생각하곤 했기 때문에 어쩌면 이 시의 발상이 별로 특별해 보이지 않을 수도 있다. 하지만 자세히 살펴보면 5살 아이의 순수한 관찰력이 잘 드러나 보이는 발상이라고 볼 수 있다. 왜냐하면 그것은 단순한 언어적 유희가 아니기 때문이다. 엄마가 접시에 초승달처럼 시원하게 깎아 놓은 '배 한 조각' 그 배에 예쁜 포크를 찍어 놓은 모습을 관찰하면서 '돛단배'를 연상해 낸 것이다. 어쩌면 기성 시인들도 상상하지 못할 관찰력과 상상력의 발현 아닌가?

두 번째는 남들이 관심을 갖지 않는 사소한 것에도 집중하여 관심을 갖는 것이다. 1930년대 초 미국의 한 보험회사 관리자였던 H. W. 하인리히는 자신의 고객들을 상담하고 그들의 사고를 분석한 결과 '1대 29대 300의 법칙'이 있다는 사실을 발견하게 된다. 즉, 대부분 1번의 대형사고가 발생할 경우 이미 사전에 이와 유사한 29번의 경미한 사고가 있었고, 그 주변에서 300번 이상의 이상 징후가 감지된다는 것이다. 이 법칙을 '하인리히의 법칙(Heinrich's Law)'이라고 한다. 실제로 10년 간 우리나라의 교통사고를 분석해 보니 1회의 사망사고에 35~40회 정도의 중경상 사고가 발생했다고 한다. 뿐만 아니라 수백 건의 위험한 교통법규 위반사례가 적발되었다고 한다. 예를 들면 한 상품에서 치

〈표 14-1〉 관찰 대상과 관찰을 통한 발견

관찰 대상	관찰을 통한 발견
배(pear)	배(ship)
포크(fork)	돛(sail)
포크(fork)가 꽂힌 배(pear)	돛단배(sailing ship)

명적인 결함이 발견되었다면 약 29회의 고객 불만이 접수되었을 것이고, 고객이든 직원이든 300회 이상 그 제품에서 '이상하다?'라는 징후를 느꼈을 것이다. 따라서 사소하다고 여겨지는 징후를 미리 발견해내는 일이 대형 사고를 예방하는 사전작업이 될 수 있다. 사소한 것에 대한 관찰은 사고를 예방하는데 활용될 뿐 아니라, 이를 긍정적으로 활용한다면 남들이 관심을 갖지 못하는 것에 관심을 갖게 됨으로 해서 전혀 새로운 아이디어를 창출해 내기도 한다.

로저 마틴(Roger Martin)은 저서 「디자인 씽킹(The Design of Business)」에서 자폐 스펙트럼 장애(ASD: Autism Spectrum Disorder) 연구의 선두주자 중 한 명인 스티븐 셰러(Stephen Scherer) 박사의 '쓰레기통 모형(Garbage Can Approach)'을 소개하고 있다. 스티븐 셰러 박사는 자폐증 연구처럼 비교적 신생분야의 연구이고, 대부분의 연구들은 아직 검증되지 못한 다양한 분야로 흩어져 있고, 따라서 연구자들은 증상에 영향을 주었을지도 모르는 모든 가능성을 고려해야만 했다. 이는 충분한 근거 없이 배제된 요인이 만의 하나 지금까지의 미스터리를 해결하는 핵심적인 열쇠가 될 수도 있기 때문이다. 이러한 경우, 연구자들의 전형적인 작업 방법은 무질서 속에서 '일정한 패턴'을 찾아내고 그것을 깊이 있게 연구하여 해답을 찾는 것이다. 그런데 셰러 박사의 방법은 달랐다. 스티븐 셰러 박사는 다른 연구자들이 문제의 핵심과 무관한 것이라고 판단해 '배제한 데이터'에서 패턴을 찾고자 했다. 그리고 그 연구결과는 성공적이었다. 한마디로 쓰레기 같은 데이터에서 금을 발견해 낸 것이다. 이 방식이 바로 '쓰레기통 모형'이라 불리는 연구방법이다. 그는 자폐 스펙트럼 장애에 관한 자신의 연구가 돌파구를 찾은 것은 다른 연구자들이 휴지통에 던져 버리는 데이터에 집중한 덕분이라는 것이다. 미스터리를 푸는 해답은 종종 '예외적인 값(outlier)'을 갖는 것으로 보이는 데이터, 즉 기존의 연구자들이 개발한 이론에 잘 들어맞지 않는 데이터에서 찾을 수 있다고 믿었다. 결국 셰러는 20년 연구 끝에 미세한 차이로부터 패턴을 발견할 수 있었고, 사고의 논리적 비약을 통해 경험규칙을 만들어냈다. 자폐아에게 발견되는 복제수변이(Copy Number Variation) 해석이 열쇠였다. 그는 유전자 변형이 자폐아로 하여금 숫자 패턴이나 물체의 배열 같은 외부세계의 특정한 측면을 반복적으로 과잉 분석토록 하는 행위성향을 만들어낼지 모른다고 추론했고 아웃라이어 데이터를 통해 이를 증명했다.

스티븐 셰러는 자신이 말하고자 하는 것을 보여주기 위해서 간단한 산포도 그래프(Scatter Plot)를 그린 다음 대다수의 점들이 모여 있는 주위에 커다란 원을 그렸다. 그리고 그 많은 점들이 모여 있는 원으로부터 가장 멀리 떨어져 있는 몇 몇 점을 가리키며 말했다.

"바로 이 점들이 가장 흥미로운 데이터입니다."
"우리는 이 점들을 연구합니다."

진화과정은 불필요한 부분을 오랫동안 내버려두지 않는다. 따라서 모든 데이터, 심지어 예외적으로 발견되는 현상마저도 고려할 필요가 있다는 것이다. 즉, 셰러가 원했던 것은 신뢰도가 높은 결과, 즉 반복해서 얻을 수 있는 결과가 아니라 '타당한 결과'였던 것이다. 이런 면에서 신뢰성과 타당성의 차이는 혁신을 추구할 때 부딪히는 딜레마의 핵심이다.

창의적인 아이디어의 결과를 증명해 보이라고 재촉하는 것이 얼마나 우매한 행위인가? 창의적인 아이디어를 발상하기 위해 지금까지 많은 사람들이 생각하고 있는 고정관념, 관습, 상식과 공식 등 산포도 그래프에서 점들의 밀도가 높은 곳으로부터 과감하게 벗어날 필요가 있다. 산포도(Scatter Diagram)란 2개 항목 간의 관계를 파악하기 위한 그래프로 이를 통해 2개 변량 사이의 상관관계(양의 상관관계 또는 음의 상관관계)를 파악할 수 있다. 〈그림 14-3〉은 학생들의 키와 체중 간의 상관관계를 파악하기 위한 산포도이다. 일반적으로 양의 상관관계를 나타내는 것을 볼 수 있다. 다소 어려운 이론이기는 하지만 R^2값이 1에 가까울수록 양의 상관관계에 가까운 것인데, 조사결과에서는 0.725로 확인되고 있으니 학생들의 키와 체중 간의 관계는 양의 상관관계에 가깝다고 판단할 수 있다. 중요한 것은 관찰을 통해 '남들이 보지 못한 것'을 발견해 내고, '사소한 것에 관심'을 갖기 위해서는 산포도의 정상적인 흐름에서 벗어나 있는 현상에 관심을 가지고 관찰할 필요가 있다는 것이다. 아래의 별표 마크에 위치한 학생의 현상. 즉, 키는 162cm 이면서 체중

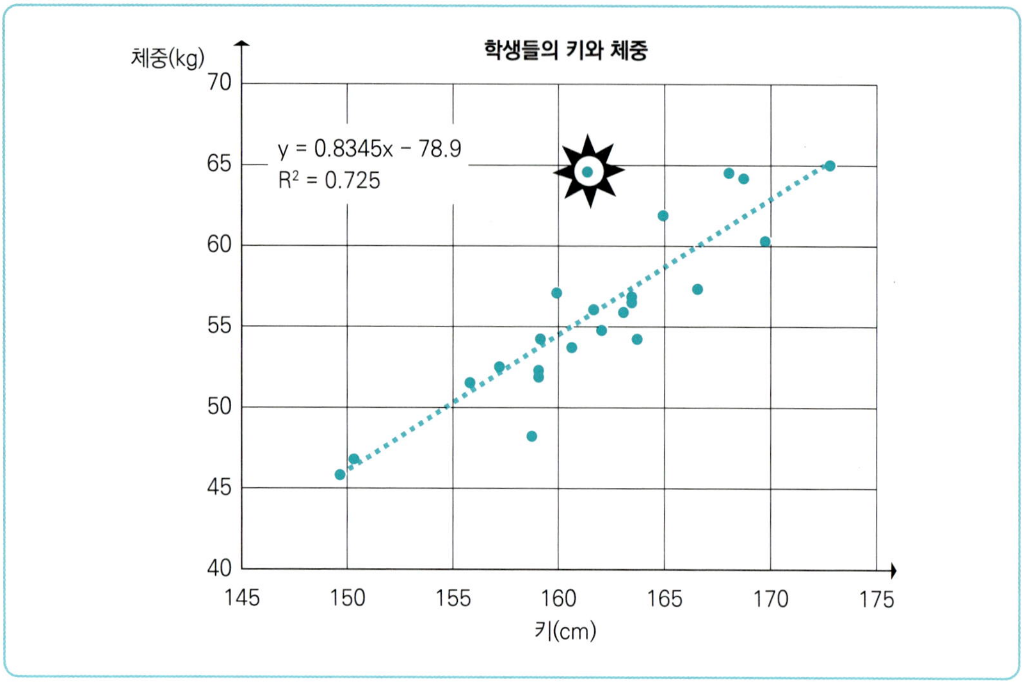

〈그림 14-3〉 산포도 그래프(사례)

은 65kg 정도를 육박하는 현상에 관찰의 초점을 맞추는 것이다 아래의 표는 설명의 명확화를 위해 물리적 기준을 활용하였지만, 이러한 기준들은 다양한 창의적 관점에서도 충분히 흥미로운 발상이 가능하다고 판단된다.

물론 탈관습적, 비상식적 점(Dot)에서 아이디어의 타당성을 이끌어 내는 일이 관습적이고 상식적인 아이디어를 만들어 내는 일보다 어렵고 힘든 일임에는 틀림이 없다. 그러나 이것이 우리가 누누이 강조하는 차별화이고 경쟁력이 아니겠는가?

(3) 당연한 것에 의문 갖기

눈(雪)을 소재로 시(詩)를 한 편 써 보자. 아마도 대부분의 사람들은 도시나 자연에 '내리는 눈'이나 땅에 '쌓인 눈'을 묘사할 것이다. 사람들은 왜 '내리는 눈'과 '쌓인 눈'에만 관심을 가질까? 다른 관찰 방법은 없을까? 그러나 가끔 다른 관찰과 관점을 시도하는 사람은 '하늘에 있는 구름에서 눈이 만들어진다'라는 사실에 주목할 수도 있다. 다른 사람들과는 조금 다른 관점에서 생각의 출발을 이룬 것이다.

"구름을 출발한 눈이 세상을 향해 쏜살같이 내달리기 시작했다."

시인은 이 시구에 대해서 이렇게 질문을 시작했다.

"눈이 구름에서 만들어졌으니 구름은 눈이 태어난 곳이군요!"
"그럼 당신은 어디서 태어났나요?"

시인의 질문에 창작자가 대답했다.

"대구에서 태어났습니다."

시인이 다시 물었다.

"그러면 당신에게 대구는 어떤 의미인가요?"

창작자가 대답했다.

"고향이지요!"

시인이 다시 창작자에게 말했다.

"그러면 구름은 눈이 태어난 '고향'이네요"
"시 안에 구름이라는 단어 대신 '고향'이라는 단어를 시에 넣으면 어떨까요?"

시인의 조언으로 창작자의 처음 시는 이렇게 발전했다.

"고향을 출발한 눈이 세상을 향해 쏜살같이 내달리기 시작했다."

즉, '구름'은 '눈이 만들어진 곳'이니 바로 '눈의 고향'이라는 관찰의 결과를 이끌어 낸 것이다. 관점이 다르면 남다른 관찰이 가능해진다. 창의적인 관찰을 잘 하려면 '왜 이렇게 생겼을까?' 또는 '왜 이런 맛이 날까?'와 같이 모두들 당연하다고 여기는 것에 적극적으로 의문을 가질 필요가 있다. 그래야 다른 관점에서의 관찰이 가능해진다.

컴퓨터를 사용할 때 쓰는 '마우스(Mouse)'의 이름은 왜 '마우스(Mouse)'일까? 생긴 모양이 '쥐'와 비슷해서일까? 개발자가 '미키마우스'를 좋아해서일까? 아니면 '쥐의 움직임'을 보고 영감을 받았거나 '클릭' 소리가 '찍찍'거리는 쥐의 소리와 비슷해서일까?

창의적인 발상을 위해서는 모두가 당연하다고 생각하는 것들도 의문과 궁금증을 가지고 새로운 관점에서 관찰할 필요가 있다.

2) 접목

대부분의 상상은 어느 날 갑자기 떠오르는 바람 같은 것이 아니라 의도적인 노력으로 만들어지는 '접목(Graft)을 위한 의도적 사고'다. 이러한 '접목의 사고'는 상상력을 넓히는 '플러스 접목', 연관 없는 것들의 '기이한 접목', 역발상의 원칙 '모순의 접목' 등으로 구분하여 살펴볼 수 있다.

(1) 상상력을 넓히는 '플러스 접목'

커피의 종류는 매우 많다. 아메리카노, 카푸치노, 카페라떼, 카페모카, 마키야또 등 이렇게 많은 커피의 종류에는 하나의 공통적인 공식이 있다. 그것은 바로 '에스프레소'에 무엇을 '접목'하여 새로운 커피의 모습으로 변신한다는 것이다. 요즘 많이 거론되고 있는 '창조적 융합'의 기본이 바로 전혀 다른 종류의 것을 묶어 새로운 것을 만들어 내는 것이다.

- 에스프레소 + 뜨거운 물 = 아메리카노(Americano)
- 에스프레소 + 우유거품 + 계피가루 = 카푸치노(Cappuccino)
- 에스프레소 + 스팀밀크 = 카페라떼(Cafe Latte)
- 에스프레소 + 스팀밀크 + 초코시럽 = 카페모카(Cafe Mocha)
- 에스프레소 + 스팀밀크 + 우유거품 = 마키야또(Macchiato)
- 에스프레소 + 휘핑크림 = 에스프레소 콘 파나(Espresso Con Panna)

이처럼 자신이 접목의 중심이 되고, 다른 물질들을 의도적으로 끌어들이는 새로운 결과물을 만들어 내는 접목을 '에스프레소 형 접목'이라고 한다.

이러한 '플러스 접목'은 커피 이외에도 일상 속에서 많이 만나고 있다는 사실을 알 수 있다. 우리는 오래 전부터 '소주'와 '맥주'를 섞어서 '소맥'이라는 주종을 즐기고 있다. 우리가 실내에서 편하게 신고 있는 '크록스(Crocs)'라는 브랜드는 '지비츠(Jibbitz)'를 만나 단순히 '편한 브랜드'에서 '개성 있는 브랜드'로 도약하는 발판을 마련한다.

〈그림 14-4〉 크록스와 지비츠의 '플러스 접목' 사례

(2) 연관 없는 것들의 '기이한 접목'

대부분의 접목에는 이유가 있다. 그것은 어느 한 부분에서 목적을 같이하기 때문이다. 따라서 두 개 이상의 대상이 어떤 목적에서 공통점을 가지고 있는가를 살펴보면 그 접목의 이유를 찾을 수 있다. 'PC는 TV다'라는 은유 속에는 왜 PC를 TV라고 하는지에 대한 설명이 들어 있다. TV와 PC가 가지고 있는 가장 기본적인 공통점은 '모니터'라는 속성을 통해 우리에게 메시지를 전달한다는 것이다. 우리는 이것을 논리라고 할 수 있고, 그 논리를 따라 가다 보면 '은유'를 이해하게 된다. 그러나 전혀 연관 없는 것들의 '기이한 접목', 즉 초현실주의 접목은 어떤 목적을 가지고 있는지가 이해되지 않고 설명도 없는 경우가 대부분이다. 그리고 그 접목의 대상이 동종이든 이종이든 가리지 않는다. 사실은 이 부분이 창의적 관찰과 창의적 키워드를 도출하는 '남다른 방법'이라고 볼 수 있다. 창의성은 '모두가 보는 것들 속에서 아무도 보지 못한 것을 발견하는 작업'이다. 이러한 측면에서 보면 '기이한 접목'을 창의성에 대한 남다른 안목을 키우는 경쟁력 있는 무기라고 할 수 있다.

(3) 역발상의 원칙 '모순의 접목'

말과 글에는 나름의 정해진 '언어의 질서'가 있다. 우리는 그것을 '문법'이라고 한다. 따라서 언어가 혼란 없이 통용되려면 그 개념이나 순서를 정해놓고 이를 지키려고 노력해야 한다. 그런데 문학에서는 이러한 문법뿐만 아니라 내용에 있어서도 일부러 비정상적인 단어의 접목으로 전달하고자 하는 의미를 강화하는 경우가 있다. '역설'이 그것이다.

- 필요악
- 소리 없는 아우성

- 사랑하기 때문에 헤어져야 한다

그런데 흥미로운 것은 이러한 비정상적인 접목의 상상이 새로움을 창조하는 초행길이 된다는 사실이다. 비정상과 비상식이 고정관념을 깨는 역발상의 초석이 되기 때문이다. 그렇다면 무조건 모든 현상을 반대로 뒤집으면 된다는 것인가? 그렇지 않다. 역설적 상상에는 새로움을 추구하는 논리와 타당성이 있어야 한다. 그리고 '모순의 접목'을 이용한 역설이 위대한 창조로 이어질 수 있는 이유는 누구도 생각하지 못한 상상을 할 수 있다는 데 있다.

- '자기 전에 씹는 껌' 롯데 자일리톨
  - 모순: '껌은 치아 건강에 좋지 않다'에서 '자기 전에 씹는 껌'으로
  - 논리: 충치 예방에 탁월한 '후노란(해조 추출물)' 성분 함유

역발상은 창조를 낳는다. 역발상은 기존 언어질서를 바꾸는 '역설'이라는 수사법과 접목 방법이 같다. 이는 상상법이 같음을 의미한다. '모순의 접목'을 알면 역발상 아이디어는 쉽게 실행할 수 있다.

3) 단순화

시 창작에서 이야기하는 단순화(Simplification)는 크게 '제거의 단순화'와 '통합의 단순화'로 구분된다. 그리고 이러한 '단순화 생각법'은 광고 아이디어 발상에서도 빅 아이디어를 창출하는 가이드라인이 되곤 한다.

"Simple is Best!"

소설을 쓰는 작가가 들으면 서운하겠지만 개인적으로는 소설을 쓰는 작업보다 시를 쓰는 작업이 더욱 힘들다고 생각한다. 광고 카피라이팅에서도 바디카피 작업에 20% 정도의 노력을 할애한다면, 헤드라인 작업에는 80% 정도의 시간과 노력을 할애해야 한다. 이는 대다수의 소비자가 광고를 접하면서 모든 카피를 꼼꼼하게 읽어줄 여유가 없다는 것을 의미한다. 광고 캠페인 전체에서 전달하고자 하는 메시지를 헤드라인이나 키워드에 단순화하여 표현해야 한다.

생각의 가지가 많아지면 본질을 볼 수 없다. 무능한 광고주는 주어진 시간과 공간에 하고 싶은 이야기를 빽빽하게 넣어주기를 바라고, 유능한 광고주는 시각과 청각에 여백을 활용하는 묘미를 안다. 광고가 나가는 15초 동안 내내 떠들어 댄다고 해서 시청자가 그 메시지를 다 청취하고 기억해주리라고 생각하는 것은 참으로 순진한 바람이다. 그 많은 이야기를 제거하거나 통합하여 '한 마디'의 글이나 말로 표현할 수 있다면 그것이 가장 힘 있는 메시지가 될 것이다. 그래서 우리는 '한 목소리를 내는 것'이 중요하다. 대부분의 메시지는 단순할수록 단단해지고 메시지의 본질을 전달하는데 효율적이다.

4) 직유와 은유

직유와 은유는 이미 제1부의 3장 '슬로건의 구분'에서 자세하게 다룬바 있다. 때문에, 본장에서는 시적 발상에서 활용되는 직유와 은유에 관한 내용으로 소개하고자 한다.

시에서 '직유(Simile)'는 대게 두 가지 방법으로 유사점을 찾는다. 첫째는 'a'라는 대상의 특징을 'b'로 옮겨 'a'와 'b'를 유사하게 만드는 방법이다. 이러한 방식은 상식적으로도 두 사물 간에 유사점이 쉽게 눈에 보일 때 주로 사용한다.

- 바다(a)처럼 넓은 마음(b)
- 하늘(a)같이 높은 꿈(b)

'바다처럼 넓은 마음'이라고 했을 때, '바다(a)'의 특징을 의도적으로 '넓은 마음(b)'으로 옮겨가게 해서 '배려가 많고 아량이 넓은 사람'을 표현하게 한다.

둘째는 'a'와 'b'에 유사점이 없다고 느껴질 때다. 이럴 때는 강제적인 의도성이 필요한데, 두 사물의 의미를 강제적으로 하나로 묶어주는 방법이다.

- 슬픈 짐승(a)처럼 놓여 있던 피아노(b) 한 대

즉, 일반적으로는 전혀 유사점이 없는 '슬픈 짐승(a)'와 '피아노(b)'를 강제적 직유로 묶어 '슬픈 피아노(c)'라는 새로운 인식을 유도하는 것이다. 이러한 방법을 '직유 상상법'이라고 한다.

- 슬픈 짐승(a) + 피아노(b) = 슬픈 피아노(c)

우리가 시인처럼 직유라는 방법을 아이디어 발상에 접목해보면 스스로 상상력의 한계를 깨고 마음껏 자유롭게 날아다닐 수 있는 시야를 갖게 된다.

이러한 '직유 상상법'은 광고의 헤드라인이나 슬로건에서도 쉽게 찾아볼 수 있다.

- 가족 같은 골프웨어 (임페리얼)
- 오랜 친구처럼 기분 좋은 옷 (메이폴)
- 연인의 손길처럼 피부를 달래주는 (연인과연인)

문학적으로 '은유(Metaphor)'라고 하는 것은 비유법의 하나로, 행동, 개념, 물체 등을 그와 유사한 성질의 다른 말로 대체하는 일을 말한다. 은유는 대상을 간접적이며 암시적으로 나타낼 수 있기 때문에, 상대에게 대상을 낯설게 하고 강렬한 인상으로 전달할 수 있지만, 상투적인 표현을 반복할 경우에는 이 같은 특징이 줄어들 수 있다. 이러한 은유법은 원관념과 보조 관념 사이의 유사성에 기반을 두고, 사물의 상태나 움직임을 암시적으로 나타내는 수사법이다.

> "나 하늘로 돌아가리라
> 새벽빛 와 닿으면 스러지는
> 이슬 더불어 손에 손을 잡고
>
> 나 하늘로 돌아가리라
> 노을빛 함께 단 둘이서
> 기슭에서 놀다가 구름 손짓하면은,
>
> 나 하늘로 돌아가리라
> 아름다운 이 세상 소풍 끝내는 날,
> 가서, 아름다웠다고 말하리라…"

우리가 잘 아는 천상병 시인의 '귀천(歸天)'이라는 시다. '세상'을 '소풍'으로 상상하고 이를 통해 '아름다운 귀천'까지 시적 표현을 발전시킬 수 있었던 것은 '은유 상상법'의 힘이다.

“난

도마뱀같이

너를

지울 수 없었다

넌 태초가 낳은

속세의 장남

우린

이 악물린 인연

야누스의 화신

빨치산 같이 동리로 나리고

겨드랑이 같이 숨었다

난

도마뱀같이

너를

지울 수 없었다”

1990년 「내가 그린 기린 그림」이라는 시집에 실린 ‘그림자(태초의 하루)’라는 제목의 필자의 시다. 이 시의 둘째 연에서도 ‘그림자’를 ‘태초가 낳은 속세의 장남’이라는 은유로 상상하여 시적 아이디어를 확장하였다.

이러한 ‘은유 상상법’은 광고의 헤드라인이나 슬로건에서도 쉽게 찾아볼 수 있다.

- 라면의 캡틴 (캡틴)
- 보험은 사랑입니다 (삼성생명)
- 대구시민의 발 (대구도시철도)

5) 의인화

> "길이 끝난 곳에 이르자 마침내
> 고개를 빳빳이 쳐들고
> 이곳저곳을 두리번거리지만
> 더 이상 붙잡을 끈이 없다는 걸
> 알아차린 그는 이내 시들어간다."

위의 시는 박상천의 시집 「낮술 한 잔을 권하다(2013)」에 실린 '나팔꽃'의 한 부분이다. 아파트 앞마당에 심어진 나팔 꽃. 그 나팔꽃 넝쿨이 잘 뻗어가도록 걸어 둔 줄 하나. 그 줄을 붙잡고 온 몸을 꼬아가며 사랑의 길을 오르는 나팔꽃의 모습을 시인은 애절하게 의인화하여 표현하고 있다. 많은 시 속에서 우리는 사물에 대한 의인화 기법을 종종 보게 된다. 그리고 이런 시의 의인화는 광고에서 창의적인 키워드를 찾거나 아이디어 발상을 하는데도 적용이 가능하고 많은 도움을 준다.

어떤 지인은 가끔 해결하기 힘든 어려운 프로젝트나 문제에 봉착했을 때 끊임없이 그 대상과 대화를 시도한다고 한다. 만약에 본인이 해결해야 할 문제의 제품이 '커피 잔'이라면 식탁에서 '커피 잔'을 손에 들고 마치 친구나 사랑하는 사람을 쓰다듬으면서 이야기하는 것처럼 대화를 나눈다는 것이다.

"너는 왜 여기에 있니?"
"너는 왜 귀가 하나밖에 안 달렸지?"
"너는 좋겠다. 겨울에도 사람들이 두 손으로 항상 따뜻하게 감싸주니까..."
"내가 보기에 너는 참 착한 것 같아!"
"항상 네 몸에 따뜻한 차를 담아 나를 따뜻하게 해 주니까..."
"그런데 혹시 나한테 하고 싶은 말은 없니?"

이상하게 보일 수도 있지만 이렇게 사물과 허물없이 대화를 나누다 보면 그 사물이나 제품이 마치 사람의 인성을 지닌 것처럼 느껴지고, 그 때서야 비로소 재미있고 공감이 가는 아이디어가 나온다는 것이다.

나는 서울과 대구를 오가면서 주차장에 차를 주차하고 올라가다보면 가끔 자동차가 마치 나의 가장 친한 친구인 것 같은 생각이 들곤 한다. 특히, 매우 바쁜 일정을 소화하고 난 후에는 나를 위해 수고해준 애마(愛馬)가 무척이나 고맙고, 폭우가 내리는 길을 헤치고 왔다든가, 추운 겨울 혼자 주차장에 세워 놓고 갈 때면 미안하고 안타까운 마음이 들어 가끔 차의 엉덩이(트렁크)를 손으로 툭툭 치며 "수고했어!" "힘들었지?" "잘자고 내일 아침에 보자!"라고 혼자 말을 해 주곤 한다.

의자에 달린 4개의 기둥을 우리는 왜 '다리'라고 부를까? 주전자에서 물이 나오는 부분을 우리는 왜 '주둥이'라고 할까? 우리는 왜, 비가 내리는 것을 우리는 '하늘이 운다'고 표현하고, 자동차 기름이 다 떨어져 가면 '자동차 밥 좀 주고 가자'라고 말을 할까?

모든 사물을 의인화하여 관찰하고, 생각하고, 대화해 보자! 우리 주위에 보이는 많은 사물들이 친구라고 생각하고 말을 걸어보자. 그 안에 생각을 집어넣고, 인성을 부여해 보자. 지금보다 훨씬 재미있는 발상들이 떠오를 것이다.

6) 의미부여

'의미부여(Connotation)'란 어떤 사물이나 사건에 가치나 의의를 붙여주는 것을 말한다. 세상의 모든 존재는 이미 자신만의 의미를 가지고 있다. 그리고 이미 존재하는 의미에 새로운 의미나 가치를 부여하는 것이 '통찰'이고 '창의성'이다.

'집(House)'은 '사람이나 동물이 들어서 살거나 활동할 수 있도록 지은 건축물'을 의미한다. '오피스텔(Efficiency Apartment)'은 '집'이라는 존재에 '사무실(Office)'의 존재를 더한 것으로 '간단한 주거시설을 갖추어 주거의 기능을 겸한 사무실'을 의미한다.

시 창작에서 일반적으로 활용되는 세 가지 의미부여 생각법을 살펴보면 아래와 같다.

〈표 14-2〉 존재와 의미

존재(Existence)	의미(Meaning)
집 (House)	사람이나 동물이 들어서 살거나 활동할 수 있도록 지은 건축물
오피스텔 (Efficiency Apartment)	간단한 주거시설을 갖추어 주거의 기능을 겸하도록 만들어진 사무실

(1) 호칭 찾기

시에서 활용되는 '호칭 찾기'를 광고 현장에서 적용하여 찾아볼 수 있는 가장 좋은 예가 '게토레이' 브랜드의 키워드와 슬로건의 사례다. 게토레이의 태생은 '이온음료'다. 그런데 여러분들이 다 아는 것처럼 당시 이온음료의 개념은 '포카리스웨트'라는 제품이 국내 최초로 만들어져 엄청난 인기를 끌고 있었다. 그리고 어떤 경쟁 제품도 포카리스웨트가 선점한 '이온음료'의 아성을 뚫지 못했다. 그 와중에 게토레이는 '이온음료'와는 다른 카테고리의 개념을 찾기 시작했다. 그것이 바로 '갈증해소 음료'다. 즉, 제품이 가지고 있는 '성분'의 가치에서 '필요'의 가치로 의미의 중요성을 전환시킨 것이다. 결과는 대성공이었다. 지금까지도 우리는 포카리스웨트는 '평소음료'로 게토레이는 격렬한 운동 후 갈증해소를 위해 마시는 '스포츠음료'로 인식하고 있다.

(2) 치환

치환(Substitution)은 '입장 바꿔 생각하기'다.

1989년 제작된 미국의 코미디 영화 '마이키 이야기(Look Who's Talking)'가 1990년 한국에 처음 개봉되었을 때 그야말로 신선한 충격이었다. 그 때까지 대부분의 영화는 아이가 등장하더라도 어른의 생각이나 시야에서 스토리가 진행되곤 했는데 이 영화는 아예 카메라 앵글이 갓난아기의 시각(Eye Level)에서 시작되고, 아직 말도 못하는 아이의 생각이 내레이션으로 등장하면서 재미있는 스토리를 이끌어 간다. 내 기억으로는 그 인기를 등에 업고 당시 많은 광고들이 '마이키 이야기'를 패러디하여 만들어지곤 했다. 1995년에 제작되어 1996년 1월에 한국에 개봉한 '꼬마돼지 베이브(Babe)'도 마찬가지다. 농장 주인(하겟)이 마을 축제에서 경품으로 받아 온 '꼬마 돼지(베이브)'는 주인의 농장에서 양치는 방법을 배우고, 그 후로 양치기 개 경진대회에서 우승을 한다. 얼마나 황당한 이야기인가? 그러나 이 영화 역시 당대 공전의 히트를 친다.

치환은 광고 아이디어 발상이나 커뮤니케이션에서도 가장 기본적인 사고법으로 활용된다. 즉, 제품을 만들거나 광고를 만드는 사람의 입장이 아닌, 제품을 구입하여 사용하는 소비자의 입장에서 카피를 쓰고, 모델을 선정하고, 매체를 사용하라는 이론을 대학에서 수도 없이 들었음에도 불구하고 현업에 들어서면 가장 실천하기 어려운 것이 바로 객관적 시각이고, 고객중심 마인드다. 시 쓰기에서 '치환'은 광고에서 다름 아닌 '고객중심'의 마인드와 관점이다.

(3) 재해석

시나 광고에서의 '재해석(Reevaluation)'은 단어나 문장의 원래 기능이나 의미는 존재하면서 또 다른 의미가 플러스되는 것을 의미한다.

- 진심이 짓는다
- 합격사과
- 나이는 숫자에 불과합니다
- 양말도 옷이다
- 침대는 가구가 아닙니다. 과학입니다.
- 우유는 사랑입니다

이처럼 '재해석 생각법'은 마치 먹물이 화선지에 번져 나가는 것처럼 의미가 플러스되어 확장해가는 것이다. 확장이라는 키워드에서 볼 수 있듯이 아이디어 발상에서의 '재해석'은 '새로운 의미의 호칭 찾기'나 '치환'보다 상대적으로 넓은 용도를 자랑한다.

02 | 속성 열거법을 활용한 키워드 찾기

'속성 열거법(Attribute Listing Method)'은 1930년대에 미국의 네브래스카 대학교(University of Nebraska)의 로버트 크로포드(Robert L. Crawford)가 개발한 창의력 증진 트레이닝법이다. 속성열거법은 아이데이션을 시작하기 전에 아이디어 발상의 대상이 되는 브랜드나 제품 또는 과제의 성격, 특징, 속성을 구체적으로 적어가면서 아이디어를 도출한다. 이 방법은 모든 문제는 세분할수록 아이디어 도출이 쉬워지고, 모든 아이디어는 그 시점까지 얻어진 아이디어를 어떤 형태로든 수정한 것이라는 전제를 둔다. 즉, 모든 아이디어는 '무(無)에서 창조되는 유(有)'가 아니라, '유(有)에서 만들어지는 새로운 유(有)'라는 관점에서 시작한다.

이러한 속성 열거법은 개인은 물론 그룹발상에도 적용이 가능하며, 광고나 디자인에 대한 깊은 이해와 문제의 세분화된 접근을 통한 새로운 속성을 발견하기 위해 많이 활용된다.

1) 속성의 종류

'속성 열거법'은 이름처럼 대상의 디자인이나 특장점 등의 속성을 폭넓고 체계적으로 열거하여 리스트를 만드는 작업에서 시작한다. 속성열거법에서 작성하는 리스트의 종류는 다음과 같다.

(1) 상세 리스트

'상세 리스트'는 과제의 목표를 자세하게 분석한 리스트로 향후 아이디어나 키워드를 발견하는 기초적인 재료가 된다.

(2) 직접속성 리스트

'직접속성 리스트'는 대상 제품의 소재, 형태, 사양, 부분, 기능 등 직접적인 디자인 요소를 살펴보고 나열하는 것이다. 조형이나 디자인 분야에서는 형태, 색채, 재료, 빛 등으로 이루어지는 조형요소나 조화, 대비 등과 같은 조형질서의 측면을 주목하여 살펴본다(카자오 하즈히로, Thinking Method on Architecture).

(3) 간접속성 리스트

'간접 속성 리스트'는 대상의 역사, 의미, 상징, 이미지, 브랜드 효과 등에 관한 간접적인 속성들을 열거하는 것이다. 직접속성을 '선천적 속성'이라고 한다면 간접속성은 '후천적 속성'이라고 볼 수 있다.

2) 속성 열거법 진행 단계

(1) 발상의 주제 기술

속성 열거법의 주제는 명확하게 선정하는 것이 효과적이다. 예를 들면 '자동차'라고 막연하고 폭넓은 주제의 기술보다는 '젊은 세대들이 선호하는 스포츠카' 라든가, '자녀를 둔 신혼부부를 위한 패밀리카' 등으로 구체적인 표현으로 기술하는 것이 효과적이다.

(2) 속성별 항목의 나열

속성열거를 위한 명확한 주제가 정해졌다면, 이제 속성별 항목을 자세하게 나열할 차례다. 항목은 다양하고 폭넓게 뽑을수록 다양하고 새로운 키워드나 아이디어가 도출될 가능성이 높은 것은 당연하다.

(3) 속성별 아이디어 도출

과제 해결을 위한 명확한 주제가 설정되고, 검토할 다양한 속성들의 리스트가 준비되었다면 이제는 나열된 각 항목의 속성들을 꼼꼼히 살펴보면서 '속성별 개선 아이디어'를 도출하는 단계에 접어든다. 개인 발상은 물론이고 브레인스토밍 등 그룹 발상 작업에서 속성 열거법을 사용한다면 더욱 활발한 속성의 확장이 가능하다. 만약 특정 항목에서 아이데이션이 막혀 활발하게 진행되지 않는다면 일단 빈칸으로 두고 다음 항목의 아이데이션을 우선 진행하는 요령도 필요하다.

(4) 아디이어를 평가하고 종합하기

아이디어의 평가 단계에서 가장 중요하게 생각해야 하는 것은 팀 내에서 도출한 아이디어가 실용적이고 현실 가능한 것인가를 검토하는 일이다. 아무리 매력적이고 독특한 아이디어라고 하더라도 필요성이 없거나 현장에서 적용될 가능성이 없다면 그야말로 무용지물이다. 따라서 비현실적인 아이디어는 우선 제거하는 것이 효율적이다. 그리고 살아남은 아이디어들은 단독으로 활용 가능한 것들도 있고, 다른 아이디어들과 결합하여 또 다른 새로운 아이디어로 발전되기도 한다. 마지막 단계에서는 선정된 아이디어들을 정보검색 서비스(KIPRIS)를 활용하여 이미 존재하는 발명이나 특허 제품은 아닌지 점검할 필요가 있다. 속성 열거법 활용의 목적이 광고나 슬로건의 키워드 도출이라면 광고나 슬로건 창작의 목적에 부합하는지를 아이디어 평가의 최우선에 두어야 할 것이다.

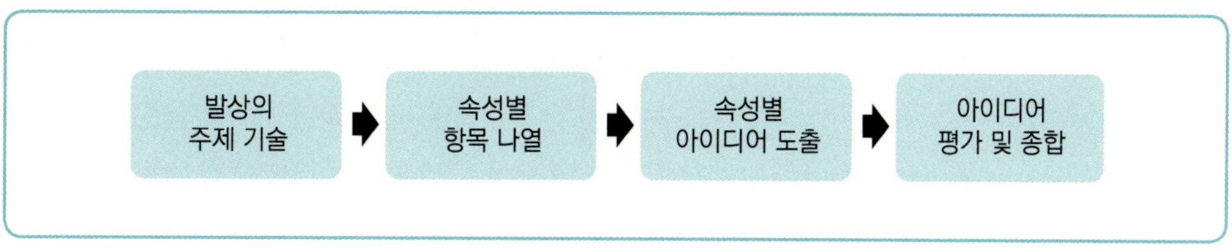

〈그림 14-5〉 속성 열거법 진행 4단계

3) 속성 열거법의 장단점

속성 열거법은 처음부터 대상의 속성을 꼼꼼히 살펴보고 나열하면서 아이디어 발상을 시작하기 때문에 대상의 디자인이나 제품의 특성을 초기에 잘 파악할 수 있다는 장점이 있다. 또한 여기에서 나온 결과를 바탕으로 '매트릭스법'이나 '형태분석법' 등과 조합하여 새로운 발상의 재료로 활용할 수도 있다. 특히, 아이디어가 막히거나 한쪽으로 치우칠 때 속성열거법을 활용하면 브랜드나 제품이 지니고 있는 전반적인 부분에서의 검토와 파악이 가능하다. 반대의 관점에서 보면 처음부터 브랜드나 제품의 객관적인 속성에서 발상을 시작하기 때문에 그 속성들이 직접적인 속성이든 간접적인 속성이든 속성 리스트를 뽑아내는 발상의 폭과 관점에 따라 도출되는 키워드나 아이디어의 수준이 천차만별일 가능성을 염두에 두어야 한다.

- 장점: 대상의 특징을 초기에 넓고 깊게 파악할 수 있다.
- 단점: 발상의 폭과 관점에 따라 결과물의 수준의 차이가 크다.

4) 기타

속성 열거법과 비슷한 발상법으로는 디자인 작업에서 많이 활용하는 '사물 분석법(Artifact Analysis)'이 있다. 즉, 사물의 재료, 미학, 상호작용의 특성을 체계적으로 조사하여 사물이 가진 물리적, 사회적, 문학적 맥락을 이해하는 방법이다. 사물 분석은 '사물 자체'에 중점을 두고, 사물이 사람, 문학, 시간, 장소 등과 관련하여 의미하는 바가 무엇인지에 지속적인 의문을 갖는 것이다. 크리에이터는 사물의 본질을 이해하고 사물의 재료, 미학, 상호작용의 특성을 통해 그 사물이 의미하는 바를 이해하는 데 목적을 둔다. 이때, 상호작용은 서로 연관되는 모든 측면을 연결시켜 바라볼 필요는 없다. 연구의 주제에 따라 필요로 하는 특정 측면을 중점적으로 연결시켜 살펴보는 것이 효율적이다.

〈표 14-3〉 속성 분석을 통한 아이디어 개발(개선)

제품 또는 주제 : 선풍기

속성	항목	개선 아이디어
명사적 속성	날개	날개의 개수를 늘린다. 날개의 소재를 바꾼다. 날개를 없애서 위험성을 줄인다.
	유선	선을 없애서 설치와 이동을 자유롭게 한다. 선의 길이를 늘인다(줄인다). 선을 벽에 부착한다.
	바람	바람의 온도를 조절한다. 바람에 컬러를 적용한다.
	먼지	자동 먼지 털이 기능을 추가한다. 먼지가 쌓이지 않는 소재를 활용한다. 주1회 청소를 한다.
	철재	플라스틱 소재를 사용한다. 고무 소재를 사용한다.
형용사적 속성	둥글다	사각형으로 만든다. 오각형으로 만든다. 육각형으로 만들어 해병대에 판매한다.
	칙칙하다	날개를 화려한 컬러로 만든다. 4개의 날개를 각각 다른 컬러로 만든다. 날개에 화려한 디자인을 적용한다.
	벽에 붙어 있다	천정에 매단다. 벽에서 4면을 이동하게 만든다. 천정에서 ∞ 형태로 이동하게 만든다.
동사적 속성	회전 한다	180도로 회전하게 한다. 360도로 회전하게 한다.
	바람이 분다	바람을 더 강하게 불게 만든다. 바람이 나오지 않게 만든다.
	소리가 난다	소리를 줄인다. 소리를 없앤다. 소리를 더 시끄럽게 한다.

03 | 마인드맵을 활용한 키워드 찾기

마인드맵(Mind Map)은 영국의 언론인 겸 심리학자 토니 부잔(Tony Buzan)이 「양쪽 뇌 사용하기(Use Both Sides of Your Brain)」라는 책에서 제안한 프로젝트 관리법이다.

생각의 중심에 핵심주제를 두고 그 주제로부터 꼬리에 꼬리를 물고 단어, 그림, 기호 등 다양한 생각의 요소들을 연결하여 아이디어를 확장해 나가는 방법이다. 대뇌좌우반구의 기능적 분화(논리와 분석적 역할을 담당하는 좌뇌와 공간과 직관적 기능을 담당하는 우뇌) 역할에 대한 연구가 활발하게 진행되는 1970년대 시점에 마인드맵을 통해 그림을 그리며 문제를 분석해 가는 것이 양쪽의 뇌를 함께 사용하는 효과적인 방법이라는 토니 부잔의 설득은 당대의 관심을 받기에 충분했다.

마인드맵은 생각이나 아이디어를 정리하는 데 매우 쉽고 유용해서 이미 오래전부터 많이 사용되어 왔다. 다윈도 진화론에 대한 자신의 생각을 도식화하는 방법으로 줄기에서 가지가 뻗어 나가는 도식을 그렸고, 다빈치도 자신의 생각을 정리하기 위해 마인드맵을 활용하였다.

1) 마인드맵의 활용

마인드맵은 다양하고 창의적인 아이디어를 확장해 나가는 작업에 유용하다. 또한, 불확실한 요소가 많은 주제나 문제를 다룰 때 해당 영역을 보다 쉽게 이해하기 위해 도출한 키워드를 시각적으로 정리하는 데 유용하다. 마인드맵을 통해 자신이 생각하는 내용을 비선형적이고 시각적으로 표현하게 된다. 이러한 마인드맵은 개인 창의성은 물론 그룹 창의성의 도구로 활용도 가능하다.

마인드맵은 자유연상의 가장 기본적인 방법이기 때문에 광고와 같은 창의적인 작업에서 뿐 아니라, 네이밍 작업을 한다던가, 시나 그림을 그리는 작업에서도 충분히 활용이 가능하다. 아무리 아이디어가 많고 창의성이 뛰어난 사람이라고 하더라도 많은 양의 아이디어를 그냥 머릿속에 보관하거나 머릿속에서 스스로 기억하고 연상하여 발전시켜 나가는 일은 힘들뿐 아니라 비효율적이다. 따라서 마인드맵은 본인의 아이디어를 구체적으로 시각화하여 보다 쉽고 효율적으로 발전시켜 나가는데 기대 이상의 역할을 할 것이다.

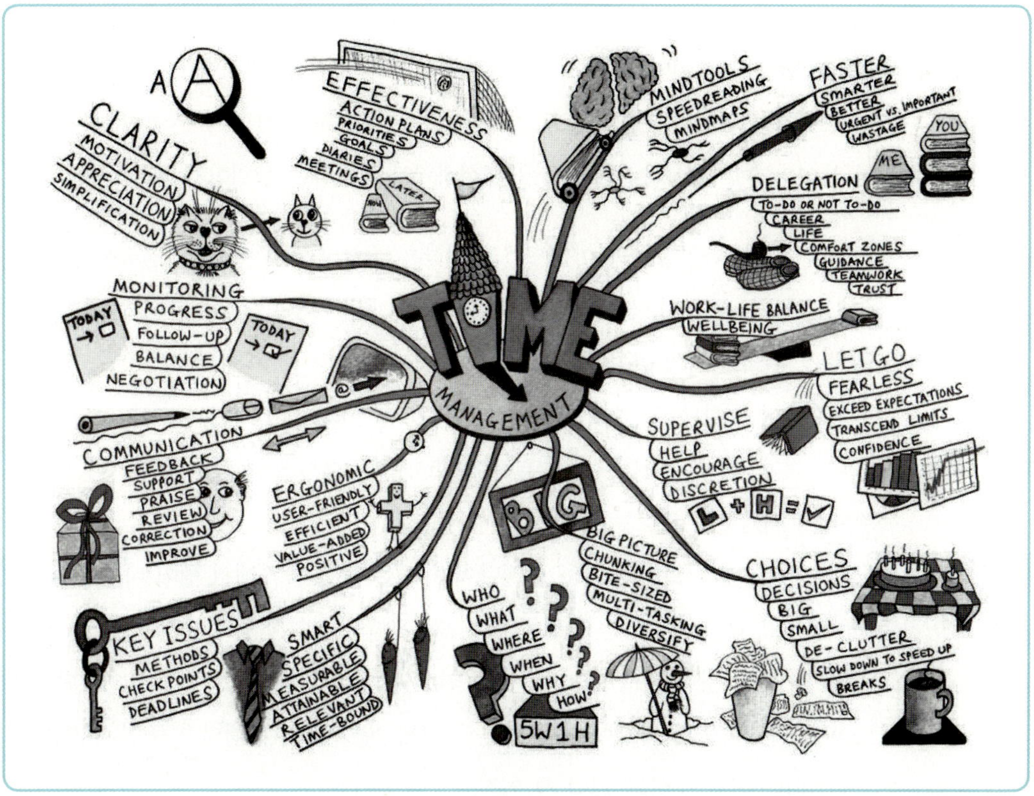

〈그림 14-6〉 마인드맵 사례

출처: 나무위키

마인드맵은 어떤 문제나 정보들의 관계가 불명확한 경우에 콘셉트나 아이디어의 핵심을 찾고, 이를 단계적으로 발전시켜 나가는 데 도움을 주는 시각적 발상법이다. 이 방법은 머릿속에 있는 생각을 키워드를 통해 밖으로 이끌어 내고, 그 생각에 대해 통합, 해석, 전달, 기억, 재생 등을 할 수 있도록 하는 비선형적인 발상 방법이다.

2) 마인드맵 진행 단계

마인드맵의 시작은 핵심주제 또는 키워드를 정하는 데서 시작한다. 따라서 핵심주제나 키워드의 선택은 매우 중요하다. 이는 나무의 뿌리와 같아서 핵심주제나 키워드가 잘못 설정되면 그 후로 이어지는 가지와 열매들이 제대로 된 방향으로 진행되기가 힘들다.

핵심주제나 키워드가 정해지면 이를 중심으로 방사형으로 다양한 생각과 연상을 줄기처럼 이어나가며 아이디어를 확장한다. 그 줄기는 단어로 구성되어도 좋고, 그림이나 사진, 문장, 단순한 색이나 도형이어도 상관없다. 낙서처럼 그려도 좋고, 본인이 생각하는 키워드에 색연필이나 사인펜으로 색칠을 하여 강조하는 것도 좋은 방법이다. 모두 자신의 아이디어에 대한 자신의 생각을 표현하거나 강조하는 행위이기 때문이다.

- 1단계 – **중심 주제의 선택**: 마인드맵의 시작은 중심 주제가 될 만한 중요한 질문 하나를 선택하는 일이다. 선택한 주제를 맵(Map)의 한 가운데 강조하여 그려 넣는다.
- 2단계 – **주요 줄기의 설정**: 지도의 중심(주제)으로부터 몇 개의 굵은 줄기를 그리고 여기에 중심 주제를 해결하기 위한 단어(명사, 동사 또는 명사와 동사의 조합)를 적용하여 적어 넣는다. 이를 '1차 연결단어'라고 한다. 줄기 또는 단어의 굵기나 중심으로부터의 거리로 중요도를 구분한다.
- 3단계 – **세부 줄기의 도출**: 1차 연결단어가 적힌 '주요 줄기'에서 뻗어 나는 '세부 줄기'를 그리고 그에 해당하는 세밀한 2차 연결단어의 개념들을 적어 넣는다. 물론, 다양한 단어의 연상이 가능하고 첫 세부 연상 단어에서 파생되는 '2-1차 연결단어'와 '2-2차 연결단어'들의 파생이 가능하다. 이렇게 3단계까지 진행되면 중심 주제를 해결하기 위한 어느 정도의 '개념 간 연결고리'가 완성된다.
- 4단계 – **마인드맵 리뷰**: 모든 종류의 연결가지들이 풍성하게 그려질 때까지 마인드맵 그리기를 반복하고 새로운 정보나 생각을 지속적으로 추가한다. 최종 완성 단계에 이르기 전에 세부 줄기의 내용들은 주요 줄기의 내용을 잘 해결하는 요소들로 구성되어 있는지, 그리고 주요 줄기의 요소들은 중심 주제를 해결하는데 부족함은 없는지 등에 대한 점검과 리뷰를 진행한다.

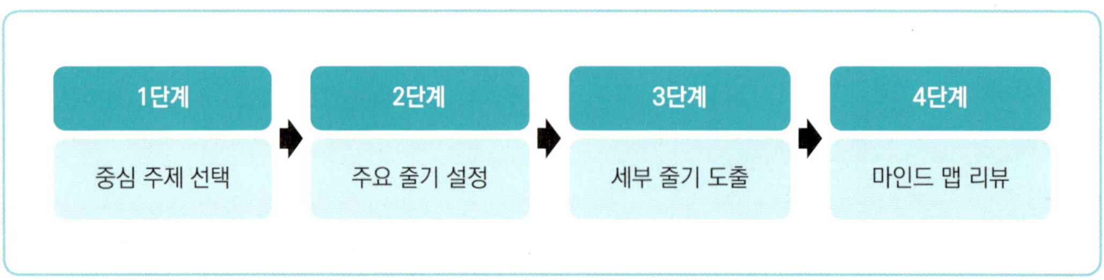

〈그림 14-7〉 마인드맵 진행 4단계

머릿속에 존재하는 복잡한 문제들을 하나씩 꺼내어 일목요연하고 간단한 패턴으로 정리한다는 것은 쉬운 일이 아니다. 마인드맵은 복잡한 문제의 실타래를 키워드나 그림을 활용한 지도로 완성해나가면서 의미 있는 주제와 패턴으로 시각화되고, 그 과정에서 체계적인 대안과 아이디어들을 도출해 낼 수 있는 기회를 얻는다.

3) 장단점

마인드맵의 가장 큰 장점은 창작자의 머릿속에 존재하는 생각을 시각적인 도구로 옮겨 놓았다는 것이다. 이는 시간이 흘러도 그 아이디어의 확장이 지속성을 가질 수 있으며, 그룹이나 집단 발상 작업을 진행하면서도 다른 사람의 아이디어 가지에서 자신의 아이디어로 발전이 용이하다는 장점이 있다. 또한 아이디어의 진행과 확장의 과정을 한눈으로 볼 수 있기 때문에 열 장, 백 장의 전략과정을 한 장에 정리하여 볼 수도 있다.

반면, 마인드맵의 단점은 단순한 확장에는 역할을 하지만 하나의 주제에 초점을 맞추어 깊이를 더해가는 접근에는 부적합하다. 즉, 마인드맵을 통해 나온 수많은 아이디어 가운데 가장 중요하거나 유용한 아이디어를 고르는 일은 별도의 작업으로 진행되어야 한다. 또한 초반에 마인드맵을 만드는 방법에서도 언급했듯이 핵심이 되는 주제나 키워드를 정하는 일이 무엇보다 중요하기 때문에 자칫 키워드 선택이 잘못되면 많은 시간과 과정을 들여 진행한 마인드맵이 무용지물이 될 가능성도 있다.

- 장점: 키워드를 시각적으로 정리되어 지속성과 확장성이 뛰어나다.
- 단점: 하나의 주제를 깊이 있게 발전시키는 데는 부적합하다.

이러한 마인드맵은 자신의 생각을 컴퓨터에 글로 옮겨 놓거나 노트에 그냥 적어 놓은 일과 무엇이 다를까? 가장 중요한 차이점은 상호 아이디어 간의 관계성이다. 다시 말하지만, 마인드맵은 단순한 아이디어의 리스트가 아니라 아이디어의 전반을 한눈에 볼 수 있는 개념도라고 할 수 있다.

04 | 스투파를 활용한 키워드 찾기

1) 개요

스투파(Stupa)법은 △(삼각형)과 ○(원형)을 이용하여 기존의 사고방식들을 정리한 후, □(사각형)에 적용시키면서 새로운 키워드를 찾아가는 작업이다. △○□를 세로로 쌓은 모양이 불교의 공양탑(스투파)을 닮았다고 해서 '스투파법'이라는 이름이 붙여졌다.

스투파법은 새로운 개념 모색을 순서화하는 발상법으로 개인 또는 2~4명 정도의 소수 그룹의 발상법으로 활용된다. 스투파법은 이미 익숙해진 주제나 콘셉트를 좀 더 다른 관점에서 바라볼 필요가 있을 때 권장하는 발상법이다. 고정관념에서 탈피한 새로운 관점이나 아이디어가 필요한 경우, 또는 더 이상 아이데이션의 진전이 없어 난처한 상황에서 스투파법은 새로운 돌파구를 제공한다. 따라서 스투파법은 본격적인 아이디어 발상법 이라기보다는 아이데이션과 아이데이션 사이, 또는 브레인스토밍과 브레인스토밍 사이에 30분 정도 할애하여 활용하면 좋은 성과를 얻을 수 있다.

2) 스투파법 진행 단계

스투파법의 발상 단계는 △○□에 대응되는 3단계로 진행된다.

- 1단계: △의 중심부에 본래의 콘셉트를 적고 그 개념을 형성하는 '3개의 축(키워드)'을 각각의 꼭짓점에 적는다.
- 2단계: 1단계에서 △(삼각형)의 꼭짓점에 적은 3개의 키워드를 각 ○(원형) 안에 적고, ○(원형)이 서로 겹치는 부분에 각 3개의 키워드를 적어 넣는다.
- 3단계: 2단계에서 얻어진 3개의 단어와 그 단어들의 공통적인 속성에서 얻어진 개의 단어를 추가한 총 4개의 단어를 □(사각형)의 각 꼭짓점에 기입하여 통합한 후, 1단계에서 제시한 '기존의 개념'으로부터 '새로운 개념'을 도출하여 적는다.

책에서는 변화하고 있는 '광고(Advertising)'의 개념을 주제 사례로 스투파법을 단계별로 적용해 보았다. 즉, 1단계에서는 광고를 구성하는 3개의 키워드로 기업, 고객, 매체를 선정하여 적었고, 2단계에서는 기업과 고객 사이에 '수요와 공급', 기업과 매체 사이에 '시

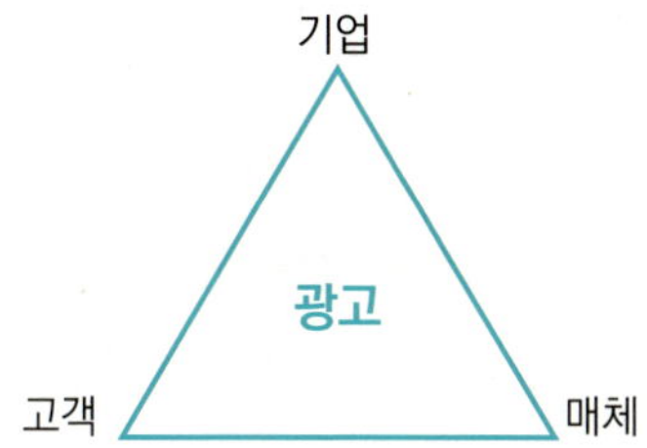

〈그림 14-8〉 스투파법 1단계(개념 조작도)

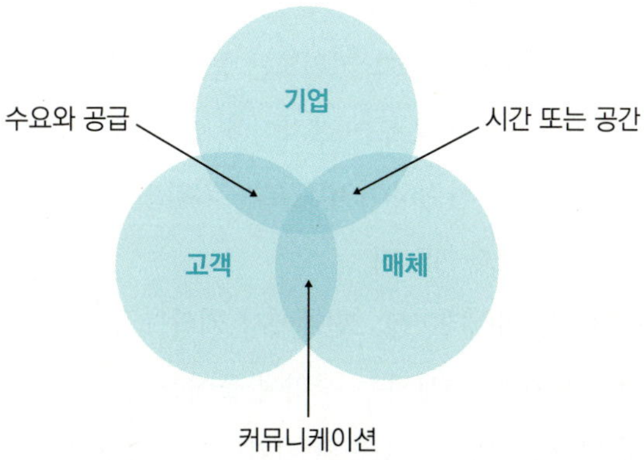

〈그림 14-9〉 스투파법 2단계(개념 조작도)

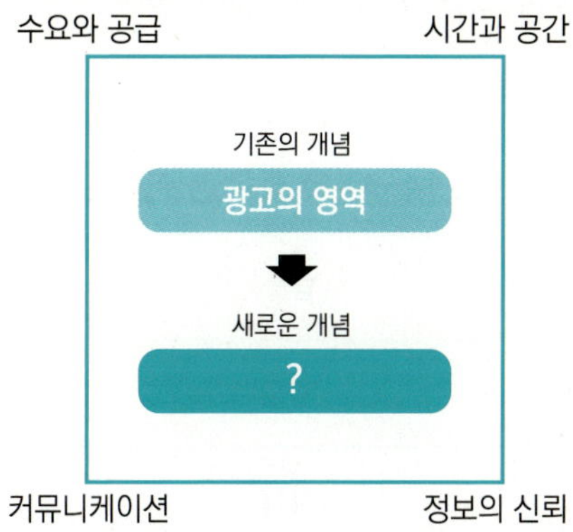

〈그림 14-10〉 스투파법 3단계(개념 조작도)

간 또는 공간', 그리고 고객과 매체 사이에 '커뮤니케이션' 이라는 키워드를 적었다. 마지막 3단계에서는 2단계에서 도출한 수요와 공급, 시간과 공간, 커뮤니케이션 외에 '정보의 신뢰'라는 새로운 키워드를 도출하였다. 이를 기반으로 기존의 '광고(Advertising)'라는 개념이 어떤 새로운 개념으로 탄생하는지를 살펴보았다.

수투파법의 진행방법을 구체적으로 설명하면 아래와 같다.

- 1단계 — 과제의 설정: 스투파법의 첫 단계는 해결하고자 하는 과제를 선정하는 일이다. 즉, 공모전의 주제나, 해결해야 하는 프로젝트의 과제, 아이데이션이나 브레인스토밍의 주제 등을 가능하면 '명학하고 짧은 키워드'로 설정하는 것이 좋다.
- 2단계 — 관련 키워드 열거: 주제가 설정되면 그 주제와 관련하는 키워드를 열거하여 적어 넣는 작업을 진행한다. 그 키워드는 눈에 보이는 직접적인 사실이나 현상에서 나와도 좋고, 머릿속에 떠오르는 생각이나 이미지를 표현하는 단어여도 무방하다. 예를 들어서, 대학교와 관련하여 떠오르는 키워드를 작성하기로 한다면 〈표 14-4〉와 같은 키워드들이 떠오를 것이다.
- 3단계 — 단어연상 아이데이션: 2단계에서 키워드 열거를 완료한 후 스투파(△O □)법에 입각하여 단어를 연상하는 작업에 들어간다. 우선, 가제의 테마를 △(삼각형)의 중심에 적어 넣고 2단계에서 도출된 키워드 가운데 3개를 골라 각 꼭짓점에 적는다. 다음으로 3개의 O(원형)을 그리고, 각 O(원형) 안에 △(삼각형)의 꼭짓점에 적어 놓았던 키워드 3개를 적어 넣은 후 각 인접한 2개의 원이 겹치는 공간에 두 키워드에서 떠오르는 연상단어들을 적는 것이다. 교집합 부분의 연상단어는 한 개의 단어가 아니라 여러 개의 키워드를 적어 넣는 것이 좋다. 이는 향후 새로운 아이디어를 고르

〈표 14-4〉 주제 관련 키워드

캠퍼스	팀플	축제
알바	커플	동아리
장학금	학식	수강신청
공모전	낭만	취업

기 위한 선택의 범위를 넓혀주는 역할을 한다.

다음으로 3개의 ○(원형)이 겹치는 부분에 적어 넣은 키워드에서 하나씩 골라 □(사각형)의 꼭짓점 3곳에 적어 넣고, 나머지 한 꼭짓점에는 이와 연관하여 새로운 연상을 줄 수 있는 단어를 자유롭게 발상하여 적어 넣는다. 새로운 키워드를 찾는 방법으로는 과제 공모전의 요강 내용이나, 프로젝트 오리엔테이션 기획서 등에서 중요하게 언급되는 단어를 살펴보는 방법이 도움이 될 것이다.

□(사각형)의 4개 꼭짓점에 키워드를 적고 나면 그 안에 '기존의 개념'과 '새로운 개념'을 위 아래로 적고, 이 둘을 위에서 아래로 화살표로 연결한다. 이 두 개념은 하나의 단어, 단어의 조합 또는 간단한 문장, 이미지나 스케치로도 표현 가능하다.

- 4단계 – 구체적인 스케치: 4단계는 스투파법의 마무리 단계로, 3단계에서 얻어진 새로운 개념이나 스케치를 바탕으로 프로젝트를 해결하기 위한 아이디어로 기획서의 큰 틀을 잡거나 스케치를 전개시키는 과정이다. 광고나 홍보 캠페인을 구성하는 프로젝트라면 기획서의 핵심 콘셉트나 전략의 핵심을 결정하여 전개시키는 단계이고, 건축과 관련한 프로젝트라면 새로운 개념에서 그려진 러프한 스케치를 바탕으로 건축하고자 하는 주제 형식의 구체적인 개념도를 그리는 과정이다. 음악이나 미술과 관련한 프로젝트라면 표현하고자 하는 핵심을 핵심 구절이나 키 비주얼 등으로 표현한다.

스투파법을 활용한 아이디어 발상은 임의의 키워드로부터 다른 키워드를 이끌어 내는 발상으로 문제해결의 초기 단계의 시야를 넓힐 수 있다는 장점을 가지고 있다. 또한, 스투파법은 앞서 개요에서 언급한 대로 이미 익숙해진 주제나 콘셉트를 좀 더 다른 관점에서 바라볼 필요가 있을 때 또는 더 이상 아이데이션의 진전이 없어 난처한 상황에서 새로운 관점을 제공하는 돌파구를 제공한다.

슬로건 스토리 14

서울브랜드

I·SEOUL·U

너와 나의 서울

"I·SEOUL·U"

서울 도시브랜드 I·SEOUL·U의 탄생

하나의 도시는 시민과 역사와 세계가 역동적으로 만나 다채로운 개성을 지니게 된다. 도시는 하나의 특정한 개성으로 표현되는 것이 아니라, 다양한 역사, 문화, 미래에 대한 상상력이 넉넉하게 담겨 매우 다채로운 모습으로 표현된다. 따라서 도시브랜드는 약속을 넘어 철학이다. 도시브랜드는 그것이 전달하는 메시지를 넘어 스스로 미디어이자 플랫폼으로 진화하고 있다. 도시 브랜드는 결과 뿐 아니라 과정도 매우 중요하다. '시민들이 재미있게 뛰어 놀 수 있는 놀이터이자 시민들이 참여하여 만들어 내는 지혜와 경험의 합' 이것이 서울이 생각하는 도시브랜드의 정의이다.

서울브랜드 'I·SEOUL·U'는 2015년 시민주도형으로 탄생하였다. 개발과정에서부터 시민의 공감과 자긍심으로 만들어진 그야말로 명실상부한 서울시민의 브랜드인 것이다. 서울시는 서울브랜드 탄생을 위해 시민들의 참신한 아이디어와 다양한 생각들을 1년간에 걸쳐 여러 경로로 취합하였다. 벽보를 통한 '아이디어 월 & 오픈 캔버스', 토크 콘서트인 '우리의 서울 이야기'와 '시민회의'를 통해 서울의 정체성에 대한 의견들을 시민과 나누면서 서울을 대표할 수 있는 키워드를 찾기 시작했다. 이후 공모전 참여와 심사과정까지 서울브랜드 개발의 중심이자 주체는 '시민'이었다.

나와 당신이 이어지며, 함께 공존하는 서울

서울브랜드의 정체성은 '공존'과 '열정'과 '여유'라는 키워드로 요약할 수 있다. 서울브랜드의 정체성은 서울브랜드가 지향하는 가치이고, 서울브랜드 커뮤니케이션의 토대와 방향성이 되는 본질이자 목표다. '공존'의 도시철학, '열정'의 도시개성, '여유'의 도시미래의 가치를 지향하는 도시. 즉, '서로 공존하며 여유 있는 삶을 추구하는 열정도시' 이것이 서울브랜드의 개념이다.

서울시민의 생활 속에서 공존, 열정, 여유로 확산

서울브랜드의 기본적인 가치는 폐쇄성이 아닌 열

I·SEOUL·U

나·서울·너

SEOUL

공존의 서울

서로의 다름을 이해하고
다양성 속에서 새로움을 만든다

열정의 서울

앞서가는 트렌드와 지치지 않는
열정으로 새로운 가능성을 만든다.

여유의 서울

가득참의 여유와 비움의 여유를
가지고 따뜻한 서울을 만든다.

림과 공유의 가치에 있다고 볼 수 있다. 단순히 공적이고 사무적인 브랜드나 슬로건이 아니라, 시민과 인류의 생활 속에서 같이 숨쉬고, 생활하고, 성장해 나가는 브랜드를 만들어 가는 것이다. 서울브랜드를 지속적으로 확장하고 확산하기 위해 세 가지 디자인 원칙을 설정하고 실천하고 있다. 첫 번째는 다양한 사람들을 '배려하는 디자인'이다. 다양한 사회계층의 목소리를 전달할 수 있는 커뮤니케이션 도구로서 널리 사용되는 도시브랜드를 추구한다. 두 번째는 다양한 사람들에게 '열려있는 디자인'이다. 배타적인 사용이 아닌 다양한 사람, 다양한 브랜드, 다양한 기관이 함께 사용하고 함께 만들어가는 도시브랜드를 추구한다. 세 번째는 전에 없던 '새로운 디자인'을 원칙으로 지속적으로 진화해 나가고 있다.

자료제공: 서울브랜드위원회

사람과 사람 사이에 서울이 있습니다.

나와 당신, 시민과 시민, 시민과 세계인…
모든 관계의 중심에 서울이 있습니다.
다양한 세계와 국적, 산과 강, 고궁과 마천루 등 이질적인 모든 것이 조화롭게
공존하는 도시 '서울'입니다.

열정과 여유, 두 점의 중신은 서울입니다.

나(I)의 옆에 열정을 상징하는 붉은 점이 있습니다.
당신(U)옆에 여유를 상징하는 푸른 점이 있습니다.
나의 뜨거운 열정에서 당신의 차분한 여유까지 모든 것이 조화롭게 공존하며
어울리는 중심에 '서울'이 있습니다.

한글 '이응'과 영문 'O'가 공존합니다.

'SEOUL'의 영문 'O'을 '서울'의 '이응'으로 대체하여 대한민국의 자부심을
담으면서, 서울과 세계의 공존을 표현했습니다. '이응'은 한국의 전통문양 중
하나인 문고리 모양이기도 하여, 나와 당신이 서울의 문을 두드려 열고,
함께 들어가자는 의미도 내포되어 있습니다.

4부 세계의 명작 슬로건

15장 기업·공공·단체 슬로건

01 | 기업, 그룹

- 100년의 資材를 100년의 石材로 (일신석재)
- 20년 전통의 학습지 전문회사 (아이템플)
- 21세기 미래문화에 도전한다 (효성)
- 21세기 신생활 공간 창조 (화성)
- 21세기 전자산업을 주도하는 (해태전자)
- 21세기 첨단 석유화학을 선도하는 (한양화학)
- 21세기 초우량 자동차 선도기업 (기아써비스)
- 21세기 초우량 자동차그룹 (기아그룹)
- 21세기 최첨단 전자산업에 도전하는 (롯데전자)
- 21세기를 리드해 가는 문화예술의 보호자 (메세나)
- 21세기를 이끄는 (쌍용정보통신)
- 21세기와 커뮤니케이션한다 (데이콤)
- 2대의 전통을 자랑하는 (고려가방)

- 2세 건강에 보람을 거는 (매일유업)
- 46년 전통의 염모제 대표기업 (SEWHA P&C)
- 93년은 쌍용 이노베이션의 원년 (쌍용자동차)
- A MORE BEAUTIFUL WORLD (AMORE PACIFIC)
- Because of You (HYUNDAE)
- BEST HOME, BEST LIFE (한양)
- beyond the best (금호석유화학)
- Blue drive (HYUNDAI)
- Bright Idea (IKEA)
- Change your life (Milan)
- come ride with us (HONDA)
- CONNECTING PEOPLE (NOKIA)
- Creative Design Studio (9px)
- DEDICATED TO PERFECTION (SEICO)
- Dreams are the same (한화)
- driving science (HYUNDAI MOBIS)
- Enjoy the quality (남양유업)
- everybody On (hp)
- Excellence in Flight (KOREAN AIR)
- FASHION CREATOR (동일레나운)
- Feel The Master's Touch (한전KPS)
- Feel The Rhythm of KOREA (한국관광공사)
- For all our tomorrow (British Petroleum)
- For You Clean Life (대림통상)
- Ford Extended Service Plan (Ford)
- Fresh Energy (Osan)
- Future Value, Ask KSA (Korea Standard Association)
- Global Bio-Leader (셀바이오텍)
- Global Leader in Nutrigenomics (MetaFormula)
- Go Further (Ford)
- Have a good time (KTF)
- HIGH DEFINITION HEARING (WIDEX)
- HMC 순정부품 제조업체 (경창와이퍼시스템)
- How to live SMART (삼성전자)
- I am your Energy (GS칼텍스)
- I Love What You Do For Me (TOYATA)
- IBM은 다릅니다 (IBM)
- ideas for life (Panasonic)
- Image & Information (FUJIFILM)
- In The Near Future (현대정유)
- In Touch With Tomorrow (TOSHIBA)
- Innovator in Electronics (muRata)
- Inspire the Next (HITACHI)
- It's Sony (SONY)
- just slightly ahead of our time (Panasonic)
- Korea Tomorrow & Global (KT&G)
- Life Food, Domino's (도미노피자)
- Live your life (PRUGIO)
- made in USA를 우리 손으로 (한세실업)
- make believe (SONY)
- MIS프로그램의 모든 것 (통합전산시스템)
- NOT JUST DATA, REALITY (IBM)
- Nourish Your Mind (BUGGER KING)
- OA시스템 전문회사 (신도리코)
- OA전문회사 (메리트)
- PC의 새로운 환경 (두인전자)
- play it 상상 (KT&G)

- Quality is Job 1. It's Working (Ford)
- Reaching Out to Youth (DAEWOO)
- SK SUPEX (선경그룹)
- SK가 만드는 생활의 매직 (SK매직)
- Smart, Very Smart (MAGNAVOX)
- Solution for small planet (IBM)
- something special in the air (American Airline)
- Sportswear Company (columbia)
- Stay Ahead (삼성자산운용)
- The art of travel (LOUIS VUITTON)
- The art of writing (MONT BLANC)
- The core of henna (RICHENNA)
- The Driver to Surprise (KIA)
- The First Partner (LG이노텍)
- The First Watch Worn On The Moon (OMEGA)
- The future is making sense (LG Electronics)
- The Global Player (롯데케미칼)
- The One And Only (SONY)
- The Original German (Volkswagen)
- The Power of Dreams (HONDA)
- The power to do more (DELL)
- The Real (하림)
- The Reliable Airline (KLM)
- The right coice (AT&T)
- The Right Equipment Makes The Difference (Wilson)
- The Symbol of Partnership (Chevron)
- The Way Ahead (Panasonic)
- The whitest and healthiest choice (PHILLIPS)
- Think NEXT (삼성화재)
- Top Quality 어학 전문출판 (다락원)
- turn to the experts (Carrier)
- WE DO IT ALL FOR YOU (McDonald)
- We'll Open Your Eyes (RCA)
- WE'RE IN THE RESULTS BUSINESS (IBM)
- WHERE DO YOU WANT TO GO TODAY (MICROSOFT)
- Where Reality Exceeds Expectation (HYUNDAI)
- Wir bringen Sie weiter (Herts)
- YOU KNOW WHERE TO COME (COMET)
- Your Dream & Future (stx)
- 家具藝術의 名家 (로얄공예가구)
- 가능성을 만나다 (SK텔레콤)
- 가방 전문제조 메이커 (남도가방)
- 가스기구의 名家 (린나이코리아)
- 가스설비 전문업체 (원일종합설비)
- 가스설비 전문업체 (한일건영)
- 가스설비 전문업체 (효일가스설비)
- 가장 큰 녹즙 전문회사 (풍전농산)
- 가족 건강도 한 차원 높이세요 (남양유업)
- 감각창조, 시대효현 (일화모직)
- 같이의 가치 (NH농협)
- 개인용 사무기기 전문회사 (배가)
- 건강기능식품의 기준이 되다 (메타포뮬러)
- 건강 드라이브의 기수 (승경실업)
- 건강과 풍요를 온 국민과 함께 (산용산업)
- 건강과 행복이 있는 기업 (천호식품)
- 건강낙원을 추구하는 기업 (현창제약)

- 건강문화를 선도하는 기업 (한웅)
- 건강사회를 추구하는 기업 (미성산소)
- 건강사회를 추구하는 기업 (한국쉐마)
- 건강사회의 등불 (태웅식품)
- 건강에 품격을 더하다 (두드림)
- 건강으로 보답하는 기업 (크로바상사)
- 건강은 돈으로도 살 수 없습니다 (일양약품)
- 건강을 가꾸는 미소를 지키는 (진로제약)
- 건강을 생각하는 기업 (레벤)
- 건강을 지키는 기업 (미륭)
- 건강을 지키는 (동아제약)
- 건강의 시작은 自然입니다 (호산실업)
- 건강의 횃불 (삼일제약)
- 건강한 94년을 선도하는 기업 (국제아스트라)
- 건강한 삶과 진리를 추구하는 기업 (옥산리빙라이프)
- 건강한 생활, 밝은 미래 (건민식품)
- 건강한 오늘, 행복한 내일 (국제아스트라)
- 건전 레저문화를 창조하는 (롯데월드)
- 결혼 정보회사 (에코러스)
- 경동의 기술은 항상 한 발 앞서갑니다 (경동보일러)
- 경제성과 안전을 추구하는 기업 (한국베랄)
- 고감도 텐트 하우스의 개척자 (주원엔지니어링)
- 고객에게 신뢰를 주는 기업 (소프트라인)
- 고객을 위한 가치창조 (럭키금성)
- 고객을 위한 발 빠른 아이디어 (LIFE PLUS)
- 고객중심, 고객만족, 고객사랑 (고려CK)
- 고급라이타 전문제조 (용현엔지니어링)
- 고분자 신소재 전문 (버사틸인터내셔널)
- 固有 茶의 名家 (삼화식품)
- 고품위 가전시대를 열어가는 (동양매직)
- 고품질 AV 전문 메이커 (아남전자)
- 공간유토피아 (제림주택)
- 공기를 소중히 여기는 기업 (한우전자)
- 공상과학회사 (IHI)
- 공장 자동화의 만족스런 파트너 (Automics)
- 과거의 문화와 미래의 꿈을 전달하는 기업 (안건사)
- 과실주의 명문 (해태산업)
- 광고 · 판촉 · 사은품 전문 메이커 (번창)
- 광고 전문 브랜드 그룹 (애드맥스)
- 광고부채 전문제작 (기프컴)
- 교육과 인재를 소중히 여기는 기업 (SCHOLAR)
- 교육제일주의 (모아시스템)
- 국내유일의 진주전문업체 (해덕진주)
- 국내최초 CTS 매장 개발회사 (미래기획)
- 국민건강과 농가 소득증대에 이바지하는 기업 (동도정공)
- 국민건강 발전소 (씨스팡)
- 국민건강을 우선하는 기업 (인경전자)
- 국민건강을 위하는 기업 (삼호물산)
- 국민과 더불어 번영하는 기업, 국민의 사랑받는 기업 (롯데캐논)
- 국민을 먼저 생각합니다 (KB금융그룹)
- 국제전화는 002로 시작하세요 (데이콤)
- 귀족의 품위 (다우닝산업)
- 글로벌 안과 전문기업 (알콘)
- 글로벌 홈 헬스케어 전문기업 (CERAGEM)
- 금단추의 집 (런던필양복점)
- 금형 설계 제작 (영보공업사)
- 기계성능의 완벽을 추구하는 (금성공업)

- 기계의 수명과 성능을 보장하는 (한국원오일상사)
- 기념타올 선물용 기획제작 주문배수 (남광상사)
- 기념품 전문업체 (大建)
- 기념품 전문제작 (아트종합기획)
- 기록미디어의 선두주자 (SKC)
- 기본에 충실한 鑑別, 흔들리지 않는 鑑定 (한미보석감정원)
- 기본을 생각합니다. 미래를 생각합니다 (LG텔레콤)
- 기쁨과 꿈을 주는 (중앙그룹)
- 기술 신용 안전 본위의 기업 (삼본)
- 기술, 성능, 경제성을 최우선으로 하는 기업 (대흥보빈)
- 기술과 전통의 상징 (코발트전기)
- 기술과 정성으로 앞서가는 (계양전동공구)
- 기술과 정성의 (제일의족보조기상사)
- 기술로 가꾸는 주방의 행복 (세광알미늄)
- 기술로 세계를 선도하는 (롯데)
- 기술로부터 이익 창조 (슐츠코리아)
- 기술에서 앞서가는 전자수첩 전문회사 (리버티시스템)
- 기술은 소중합니다. 더 소중한 것은 인간을 위한 기술입니다 (유니콘컴퓨터)
- 기술의 기아 안전의 기아 (기아)
- 기술의 상징 (금성)
- 기술의 현대 품질의 현대 (현대)
- 기업 교육교재 전문출판 (현대미디어)
- 긴 역사, 오랜 전통 (삼보건조기계공업)
- 깔끔하고 청결하게 (옥시)
- 깨끗하고 건강한 사회, 해태제과가 만들어 갑니다 (해태제과)
- 깨끗한 마음 깨끗한 생활 (유한킴벌리)
- 깨끗한 생활 (제일제당)
- 깨끗한 화장품 (에바스장)
- 깨끗함을 지켜가는 기업 (더 화이트)
- 꿈, 사랑, 감동의 색동날개 (아시아나항공)
- 꿈, 사랑, 아름다운 생활을 위하여 (바른손)
- 꿈과 사랑의 과자 (청우식품)
- 꿈을 과학으로 생활을 예술로 (쥬리아화장품)
- 꿈을 만드는 공장 (금호석유화학)
- 꿈을 함께, 미래로 함께 (세정그룹)
- 꿈을 현실로 (시티프랜)
- 꿈의 실현 인간성의 실현 (한국교육자문)
- 나의 신앙은 크리에이티브, 그리고 퀄리티 (일러스트뱅크)
- 나이트웨어 전문회사 (거상어패럴)
- 남양유업의 유제품 테크놀러지-세계 최고 품질을 지향합니다 (남양유업)
- 내 부모 내 형제처럼 (보람상조그룹)
- 내일을 위하여 최선을 다하는 기업 (유니슨산업)
- 내일을 위해 오늘을 투자하는 기업 (썬비라)
- 내일을 준비하는 기업 (콤텍시스템)
- 내일을 지키는 힘 (삼성생명)
- 내일을 키우는 에너지 (hanwha)
- 내일의 꿈, 오늘의 멋 (쥬리아화장품)
- 내일의 패션을 창조하는 (태평양패션)
- 냄새 잡는 전문 기업 (센텍)
- 냉·온수기 전문 생산업체 (현경)
- 냉동식품 전문회사 (도투락유통)
- 넥타이의 名家 (지엠인터내쇼날)
- 노래와 영상의 미래를 열어가는 (영풍전자)
- 녹색행복 (덕산가족)

- 녹즙기수출 전문회사 (그린파워)
- 농민의 꿈을 소중히 키우는 (경북능금농협)
- 농촌을 풍요롭게 (국제종합기계)
- 눈높이 사랑, 눈높이 교육 (대교)
- 다음 세대의 번영을 생각하는 (포항제철)
- 다음 세대의 행복, 다음 세대의 번영 (포항제철)
- 다이아몬드는 삼신입니다 (삼신)
- 다정한 이웃의 건강을 생각하는 (서울인삼제품)
- 당신에게 좋은 보험 (삼성화재)
- 당신에게 즐거운 시간 (일본담배산업)
- 당신의 건강을 위하여 (청도제약)
- 당신의 만족이 우리의 일입니다 (한미파슨스)
- 당신의 초시대를 만듭니다 (SK텔레콤)
- 대우가 있습니다 (대우가족)
- 대우와 함께 27년 (세계물산)
- 대한민국 엔터테인먼트의 꿈 (손오공)
- 대한민국 No.1 직영중고차 (K Car)
- 대한민국 이동통신 (KTF)
- 대한민국을 새롭게 하는 힘 (SK Telecom)
- 大型機는 국제유압이 제일 좋습니다 (국제유압)
- 더 나은 미래를 향한 동행 (HYUNDAI MOTOR GROUP)
- 더 빨리, 늘 가까이 (기아써비스)
- 더 아름답게 더 건강하게 (동서알로에)
- 더 좋은 내일을 위해 (OB맥주)
- 도착하는 기분보다 산뜻하게 (케세이패시픽)
- 동아실크의 새얼굴 (대한모방)
- 두뇌가 우리의 자원 (큐닉스컴퓨터)
- 든든한 은행, 든든한 동행 (하나은행)
- 디자인재료 전문 수입상 (서흥교역상사)
- 디지털 아날로그 제조 및 판촉 (신재산업)
- 또 하나의 가족 (삼성)
- 라미넥스 코팅제조 전문업체 (신일라미넥스)
- 라이타 · 볼펜 총대리점 (라볼상사)
- 레이저 빔 프린터 전문회사 (하이퍼테크)
- 레저산업의 명문 (삼진종합물산)
- 레포츠 대중화에 앞장서는 기업 (대선)
- 리딩 투모로우 (현대엘리베이터)
- 마음까지 건강하게 (서울제약)
- 마음까지 채운다 (놀부)
- 마음을 담다 (KT)
- 마포공업이 도우콘디쇼너의 새 장을 열어갑니다 (마포공업사)
- 만족과 이익, 가치와 기쁨을 드리는 (세이브)
- 만화영화 전문제작사 (대영팬더)
- 만화홍보 (현대기획)
- 맛과 멋을 추구하는 기업 (리리제과)
- 맛과 영양의 명문 (삼양식품)
- 맛있는 과자의 상징 (해태제과)
- 맛있는 빵 (샤니)
- 멀티미디어 세계를 여는 (옥소리)
- 메라닌 · 사출 주방용품 종합 메이커 (스태디코리아)
- 메카트로닉스 선도기업 (현대정공)
- 모든 편리함을 창조하는 (아스키컴퓨터)
- 목조주택의 선두기업 (한미그린하우징)
- 무공해 난방시스템으로 21세기를 여는 (성광기연)
- 무공해식품을 추구하는 (시골식품)
- 무한의지와 도전의식으로 미래를 창조하는 기업 (대우금속)

- 무한책임주의-서비스/품질/환경 (태평양아모레)
- 문구 종합 메이커 (모나미)
- 문구종합 메이커 (매표화학)
- 문화생활을 창조하는 (에어로케미)
- 물에 관한 전문회사 (송설기업)
- 물의 과학을 창조하는 기업 (보인라이프)
- 물의 근원을 아는 기업 (東安玉泉)
- 미래를 약속하는 기업 (全紡)
- 미래를 여는 능동의 역사 (일진전자)
- 미래를 여는 (瑞全)
- 미래를 준비하는 기업 (오리온전자)
- 미래사회에 투자하는 (코오롱)
- 미래에 도전하는 기업 (동양정밀)
- 미래의 OA를 현실로 (신도리코)
- 미래의 건강을 창조하는 (효성농수산)
- 미래의 무선통신기술을 창조하는 (국제전자)
- 미래의 식품을 개발하는 (삼양식품)
- 미래의 창 (두일전자)
- 미래의 환경을 추구하는 (유진)
- 미래지향적인 전시회만을 추구하는 KOEX (한국종합전시장)
- 미래형 언더웨어 전문업체 (브리스)
- 미술재료 전문 메이커 (알파색채)
- 민족의 슬기와 긍지로 인류의 건강을 위하여 (신풍제약)
- 믿는 제품 믿는 회사 (삼신)
- 믿을 수 있는 메이커 (한독약품)
- 믿을 수 있는 식품 (농심)
- 믿을 수 있는 (오토만)
- 믿음과 사랑을 키워가는 (해태)
- 믿음으로 봉사하는 기업 (포그린)
- 믿음을 이어주는 기업 (포스코건설)
- 바로기술 바로첨단 (바로컴퓨터)
- 바른 글 깨끗한 글씨 (마이크로)
- 바이오문화를 선도하는 기업 (창광)
- 반도체와 칼라 TV의 선구자 (아남)
- 방석의자 전문 메이커 (삼중양행)
- 방음 방청 전문업체 (完珍社)
- 백년믿음을 추구하는 (쌍용)
- 번영의 21세기 효성이 펼쳐집니다 (효성그룹)
- 범양과의 만남의 당신의 만족 (범양냉방공업)
- 법률문화의 대중화, 선진 경영기법의 보편화 (한국경영법무연구소)
- 보다 나은 생활을 위한 보다 나은 제품 (한국듀폰)
- 보다 많은 사람의 건강 (산용산업)
- 보람의 일터 (제2이동통신)
- 보람의 일터 (코오롱)
- 보인라이프는 아름답고 건강한 생활을 만듭니다 (보인라이프)
- 복지예술을 창조하는 (우성모직)
- 브랜드 가치를 아는 회사 (DAEHAN)
- 빛과 소리로 미래를 여는 (인켈)
- 빵과자류 포장 전문업체 (희원사)
- 사람과 기술을 소중히 하는 철강회사 (동부제강)
- 사람을 먼저 생각하는 기업 (선우금속)
- 사랑과 신뢰의 기업 (미원)
- 사랑과 신뢰의 기업 (한국안전시스템)
- 사랑과 자유와 풍요로운 삶을 추구하는 (롯데)
- 사랑을 투자하는 기업 (코오롱)
- 사무용 가구의 선두주자 (동양강철)

- 사출기념품제작 (大進)
- 사회와 함께 (일본IBM)
- 사회적 책임을 다하는 기업 (한라그룹)
- 산림의 미래가치 창조 (산림조합)
- 산업 전기 · 전자분야 세계 초일류 기업 (금성산전)
- 살림의 길잡이 (대한전선)
- 살아있는 사무실 (퍼시스)
- 삼보컴퓨터 전문 대리점 (에렉스)
- 삼보컴퓨터의 역사가 한국컴퓨터의 역사입니다 (삼보컴퓨터)
- 상상예찬 (KT&G)
- 상쾌한 생활환경을 창조하는 (코끼리화학)
- 새 난방문화를 이끄는 (진성온돌판넬)
- 새기술, 새문화, 새생활 (큐닉스데이타시스템)
- 새로 뛰는 50년 (한국산업은행)
- 새로운 광고문화를 창조하는 (창환광고)
- 새로운 생활문화를 창조하는 (대한펄프)
- 새로운 세상을 만듭니다 (남양건설)
- 새로운 양념문화를 창조하는 기업 (동일산업)
- 새로운 우레탄문화를 창조하는 (한양비스프우레탄)
- 새로운 유리문화를 창조하는 (한국유리)
- 새로운 정보창조 (정보소프트)
- 새로운 주거환경을 창조하는 (널분울알루미늄)
- 새로운 주거환경을 창출하는 기업 (기붕물산)
- 새로운 주거환경의 미를 추구하는 (극동요업)
- 새로움과 믿음 (micronex inc)
- 새롬의 기술력은 세계를 연결합니다 (새롬기술)
- 새롭게 도약하는 (논노)
- 새시대를 비추는 (신광기업)
- 색종이 제조 전문업체 (스탠다드색채)
- 샌드페파의 하이테크 (쎄이브)
- 생각의 힘을 믿습니다 (LG)
- 생각이 젊은 기업 (크리오)
- 生命, 保健을 使命으로 하는 (한국센트랄제약)
- 생명공학에서도 앞서가는 (태평양화학)
- 생명과학의 기술 (한미약품)
- 생명에 대한 책임을 다하는 기업 (일양약품)
- 생명을 위한 의약 (영진약품)
- 생물공학으로 건강생활을 창조하는 (유공바이오텍)
- 생활 사이언스 기업 (제일합성)
- 생활 속에 美를 심는 (오스카화장품)
- 생활 속의 컴퓨터문화 창조 (아프로만 소프트 밸리)
- 생활공간의 멋진 조화 (평화금속)
- 생활용품의 패션화를 추구하는 (韓國佳進産業)
- 생활을 아름답게, 미래를 풍요롭게 (방림)
- 생활을 아름답게, 생활을 깨끗하게 (오라이트)
- 생활을 중시하는 (라이온)
- 생활을 편리하게 (오트론)
- 생활의 기쁨을 더하는 원명가족 (원명상사)
- 생활의 즐거움을 주는 가전 종합 메이커 (한미)
- 생활창작 (일룸)
- 선경인은 수펙스를 추구합니다 (선경그룹)
- 선물 같은 사람에게 선물하세요 (LOTTE)
- 설계에서 시공까지 (삼성엔지니어링)
- 세계 50여개국에 수출하는 (한국도자기)
- 세계 80여개국에 수출하는 (GMP)
- 세계 속에 한국을 펼쳐가는 (삼성전관)
- 세계 속에 한국을 펼쳐가는 (삼성항공)

- 세계 속의 한국의 자랑 (에이스침대)
- 세계 일류기업을 지향하는 (세일)
- 세계 제1을 목표로 (화승)
- 세계 제일의 종합 악기회사로 성장하는 (삼익악기)
- 세계 첨단기업에 도전하는 기업 (한국통산)
- 세계 최대의 주방기기 메이커 (남일금속)
- 세계, 기술, 미래의 기업 (인켈)
- 세계가 인정하는 기술, 세계가 인정하는 품질 (삼성)
- 세계경영 (대우)
- 세계로 달린다 (대우자동차)
- 세계를 가깝게, 미래를 가깝게 (데이콤)
- 세계를 만나는 또 하나의 세계 (KINTEX)
- 세계시장을 무대로 (대흥정밀상사)
- 세계와 함께하는 인류 밧데리의 명문 (한국델코전지)
- 세계음질 세계기술 (한국샤프)
- 세계인의 상표 (샤프전자)
- 세계적 화학회사 (럭키)
- 세라믹 주방기구의 효시자 (한동)
- 세상을 넓게 하는 기업 (한국 SPACE WALL)
- 세상을 바꾸는 힘 (대우건설)
- 세상의 모든 가치의 시작 (LH)
- 세상의 장벽을 허물어가는 종합 정보통신 전문회사 (현대전자)
- 세아그룹 (세아기계)
- 센서와 컴퓨터의 조화 (카스)
- 소각로 전문 제조 판매 (화신환경산업)
- 소리없이 세상을 움직입니다 (POSCO)
- 소리에 노래를 전해드리는 (개성)
- 소비자를 생각하고 제품의 품질을 생각하는 기업 (부라더)
- 소비자를 위한 기업 (삼성교재사)
- 소비자문화를 창조하는 기업 (에이스뱅크)
- 소비자의 신뢰를 바탕으로 성장하는 기업 (SACOS)
- 소재의 럭키금성 (럭키금성)
- 소파 전문 메이커 (토탈가구)
- 소프트웨어 산업의 선구자 (소프트라인)
- 소프트웨어 새문화 창조 (큐닉스데이타시스템)
- 소프트웨어 한글화 전문회사 (유니테크)
- 손끝에는 정성을, 가슴에는 정열을 (라전모방)
- 손수건 패션을 리드하는 (서도)
- 수산식품의 선구자 (오양수산)
- 수산식품의 원조 (오양수산)
- 수입완제품 offer sale (相河電子)
- 수첩, 다이어리, 고급문구 전문 메이커 (양지상사)
- 수출도 하는 (세기보청기)
- 수출의 든든한 동반자 (한국수출보험공사)
- 수출판촉물 제조 (진광산업)
- 수출한국의 대동맥 (한진해운)
- 순간의 선택이 10년을 좌우합니다 (금성)
- 순수 국민의 기업 (데이콤)
- 숨쉬는 고무장갑 (보성라텍스)
- 숨쉬는 물시대 선언 (동아프라자)
- 슈퍼배풍기 전문업체 (신화알펙스)
- 스포츠부틱 (GM스포츠)
- 시간을 소중히 전달하는 기업 (샬롬시계)
- 시계예술을 추구하는 (시닉스예술)
- 시상품 및 선물세트 전문취급업체 (지엠통상)
- 식품기계 및 식품첨가물 수입 전문업체 (大亞商交)
- 新 문류문화를 창조하는 (신흥기계)

- 新 부동산 문화 창조 (TOREX)
- 新 패션서비스 (에스에스패션)
- 신개발품 · 사출형성 · 각종 판촉물 전문업체 (월드훼밀리상사)
- 신뢰받는 기술 (효성중공업)
- 신뢰받는 첨단기술 (현대전자)
- 신뢰받는 컴퓨터 전문회사 (갑일전자)
- 신뢰와 기술의 (삼성시계)
- 신뢰와 정직의 기업 (세한벤더)
- 신뢰의 기업 (세기보청기)
- 신뢰의 기업 (우성)
- 신뢰의 상표 (금성)
- 신뢰의 휴대폰 전문 납품업체 (서울통산)
- 신뢰할 수 있는 기업 (태광산업)
- 신물질, 신소재, 신자원을 창조하는 (럭키)
- 신비의 빛 돌침대 (골드스톤)
- 신비의 조명 Lightopia (국제조명)
- 신선한 영양, 자신있는 제품 (호남유업)
- 신선한 우유를 가장 신속하게 (부산우유)
- 신선한 우유를 더욱 신선하게 (부산우유)
- 신선함을 매일 (Maeil)
- 新세대 新생활 新금성 (금성)
- 신세대 일등주의 (DABO system)
- 신약을 통한 건강 추구 (동구약품)
- 新오디오시대의 창조 (태광산업)
- 신용과 책임을 다하는 (세기통산)
- 신용과 품질을 생명으로 하는 (효성그룹)
- 신용을 첫째로 하는 기업 (한일유통)
- 신용을 판매하는 기업 (유니온컴퓨터)
- 신의로 이룩한 품질의 제일주의 (아남그룹)
- 新주거문화 창조 (마루방)
- 신호그룹이 만든 컴퓨터 전문회사 (신호테크)
- 新휴먼테크-고객사랑, 제품사랑, 환경사랑 (삼성전관)
- 실크패션의 선두주자 (모르강)
- 쌀사랑, 러브米 (러브米)
- 아기과학을 실현하는 (매일유업)
- 아기를, 고객을, 인간은, 사회를 위한 위민기업 (모닝베베)
- 아남 20년, 신기술 20년 (아남)
- 아동가구 전문점 (DoDo)
- 아동을 먼저 생각합니다 (초록우산어린이재단)
- 아름다운 세계를 꽃 피우는 (피어리스)
- 아름다운 음악을 창조하는 (문화레코드)
- 아름다운 피부, 아름다운 사회 (진양화장품)
- 아름다움과 건강을 추구하는 (신세계상사)
- 아름다움을 위하여 (동산유지)
- 아름다움을 추구하는 다이어트 전문회사 (한국코우쉘)
- 아름다움의 전당 (뷰셀라화장품)
- 악기는 악기 전문회사 제품이 가장 믿을 수 있습니다 (삼익악기)
- 안심, 펼쳐집니다 (동경해상)
- 안전에서 행복을 꾸며드리는 기업 (성림산업)
- 알로에를 사랑하고 연구하는 사람들의 기업 (김정문알로에)
- 알미늄샤시는 알미늄 전문회사 제품이 좋습니다 (서울경금속)
- 앞서가는 선진 (리오유통)
- 앞서가는 점포기계 (大洲企業)
- 앞선 기술, 앞선 품질 (벽산)

- 앞선 기술로 꿈을, 첨단 자동차로 세계를 (기아산업)
- 앞선 기술이 건강을 창조합니다 (유닉스전자)
- 야채를 더 드십시오 (큐피마요네즈)
- 약효로 보답하는 (대웅제약)
- 양조문화의 전통 (백화양조)
- 양주의 명문 (해태산업)
- 어린이 문화를 창조하는 (아가월드)
- 어린이 책 전문출판 (예림당)
- 어린이의 생명과 안전을 추구하는 기업 (아르미)
- 언제나 정성을 다하는 (한국전기통신공사)
- 엄마와 아기의 축복받은 방 (모아방)
- 엄마의 사랑 아빠의 정성 (퍼·베이비)
- 업무 전산화 전문회사 (한국하이네트)
- 업무용 소프트웨어의 명가 (한국하이네트)
- 여성을 위한 기업 (美田상사)
- 여성의 미를 창조하는 (초이스통상)
- 연구하는 기업 (일진전자)
- 연구하는 기업 (태우종합산업)
- 연탄에서 해방선언 (마이콤·썬)
- 열효율이 높은 제품을 선택합시다 (경동보일러)
- 영상, 음향, 메모리의 종합 메이커 (SKC)
- 영상산업의 선두주자 (보문전자)
- 영어교육 명문학교 (윤선생영어교실)
- 예복수출 23년의 빛나는 전통 (한국복장)
- 예쁘고 튼튼한 제품을 만드는 (경인상사)
- 옛날 그 정성, 그 맛 (남부식품)
- 오늘의 건강, 밝은 미래 (순천당제약)
- 오랜 전통 앞선 기술, 주방기기 명문 (한일스텐레스)
- 오직, 당뇨인을 위한 전문회사 (국제의료기)
- 오피스 생산성 향상에 기여하는 (서린오피스산업)
- 온 가족이 함께 즐길 수 있는 (서울교육문화회관)
- 옵티네오 특수안경 제조 (새롬광학)
- 우리 강산 푸르게 (강선미디어)
- 우리강산 푸르게 푸르게 (유한킴벌리)
- 우리 것을 소중히 여기는 마음자세 (초원식품)
- 우리기술, 우리두뇌 에너지테크 (억조)
- 우리나라 우유 60년, 서울우유 60년 (서울우유)
- 우리나라의 냉동건조산업을 선도해온 (범양냉동공업)
- 우리의 기술로 세계로 (보고정밀)
- 우리의 날개 (대한항공)
- 우리의 농산물로 우리의 먹거리를 (보리)
- 우리의 대표 브랜드 (삼성)
- 우리의 새로운 미래를 준비하는 (포항제철)
- 우리의 안전을 생각합니다 (금호타이어)
- 우리의 차, 세계의 차 (현대자동차)
- 우리의 現代 세계의 現代 (현대)
- 우리의 환경 우리의 기술로 지킨다 (현대엔지니어링)
- 우리집 장독대 (오복식품)
- 우유는 매일우유가 신선합니다 (매일유업)
- 우유와 함께 56년, 소비자를 위한 56년 (서울우유)
- 운반 자동화기계 전문업체 (大建産機)
- 원자력 에너지 자립의 기수 (한국핵연료)
- 웰빙가전의 名家 (Panasonic)
- 유아교육만을 생각하는 (대한교육정보)
- 유전공학을 선도하는 (럭키)
- 유통자동화시대를 선도하는 (삼테크)
- 윤활유 전문회사 (이수화학)
- 으뜸을 위한 정상의 제품 (대웅물산)

- 음성 정보산업을 이끌어가는 (보이스시스템)
- 음성처리의 선두주자 (오성정보통신)
- 음향 영상기기 전문업체 (금강전자)
- 의식개혁, 행동혁신 전문기관 (한국맨테크연구소)
- 의자, 식탁의 명가 (만대)
- 이동전화 011 · 삐삐 012 (한국이동통신)
- 이동통신 전문회사 (아폴로전자)
- 이사문화를 선도하는 기업 (고려골든박스)
- 이상과 현실을 이어가는 (기창)
- 이유식 전문 메이커 (남양산업)
- 이지체크로 신용사회를 선도하는 (한국정보통신)
- 이태리 샤티스 기술제휴 (설가구산업)
- 인간과 통신의 만남 (텔슨전자)
- 인간에, 사회에, 지구에 (TOYOTA)
- 인간위주의 경영 (선경휴매니지먼트)
- 인간을 이롭게, 세상을 이롭게 (erom life)
- 인간존중의 정보화사회를 추구하는 (포스데이타)
- 인류를 아름답게 사회를 아름답게 (태평양화학)
- 인류에 봉사하는 (오리리화장품)
- 인류의 건강을 생각하는 기업 (두영)
- 인류의 건강을 생각하는 기업 (한국오리온전자)
- 인류의 건강을 위한 기업 (보령제약)
- 인류의 꿈 (영본시몬스침대)
- 인테리어가구 전문 제조업체 (경훈산업)
- 인테리어의 새로운 미래를 여는 (개나리벽지)
- 일등품질 (남양)
- 일반기능에서도 앞서갑니다 (스탠더드텔레콤)
- 일본의 전화를 싸게 합니다 (일본제2電電)
- 일상을 바꿉니다 (LG U+)
- 자녀의 방 꾸미기 전문회사 (하우스데코)
- 자동 납땜기 및 관련 자동기기 전문 (한국FA산업)
- 자동 제빵 형성기 전문메이커 (경창정밀)
- 자동차 정비비기 종합상사 (신성시스템)
- 자동차용 차광막 생산 개발업체 (천우아이디어)
- 자연과 건강을 이어주는 (코스트리아)
- 자연과 문화를 이어주는 (전주제지)
- 자연과 환경을 생각하는 기업 (노송가구)
- 자연미를 추구하는 (부원화장품)
- 자연벌꿀의 식생활로 국민건강을 선도하는 (한국로얄회사)
- 자연의 맑은 물을 우리들의 후손에게 (동신유암)
- 자연의 빛, 꿈의 영상 (삼성전관)
- 자연의 혜택을 인류에게 (남양알로에)
- 자연이 있습니다 (남양알로에)
- 재능교육은 종합 교육문화기업입니다 (재능교육)
- 전동공구의 절대강자 (BOSCH)
- 전세계 유명주류 전문 취급업체 (로얄인터내셔날)
- 전자 통신기기 전문 메이커 (정풍물산)
- 전자, 통신, 계측기 (대광전자)
- 전자악기도 악기 전문회사 삼익제품이 좋습니다 (삼익악기)
- 전자제품은 삼성이 좋습니다 (삼성전관)
- 전통 100년, 도전 100년 (두산그룹)
- 전통 장류의 미래를 열어가는 (예전식품)
- 젊은 생활의 욕심 (큐원)
- 젊음을 간직하는 기업 (한얼트랜스)
- 정다운 빙그레, 용감한 이글스 (빙그레이글스)
- 精米機 專門生産 (동도정공)
- 정밀기기 개발 전문업체 (정진시스템)

- 정밀기기 개발 전문업체 (하나전자산업)
- 정보문화의 꽃 (한국PC통신)
- 정보통신문화를 창조하는 (제3통신)
- 정보통신문화의 미래를 선도하는 (디지콤)
- 정보통신의 선두주자 (삼보컴퓨터)
- 정보화 사회를 선도하는 (삼성데이타시스템)
- 정상에서 만납시다 (아스날)
- 정상의 골프를 추구하는 (全信産業)
- 정성과 혼을 담는 기업 (한화종합화학)
- 정성어린 봉사와 신뢰의 항공사 (JAS)
- 정성을 다하는 과자 (크라운베이커리)
- 정성을 다하는 기업 (효성실업)
- 정직 · 실천 · 책임 (금진보일러)
- 정직과 신용의 기업 (진미식품)
- 정직한 제품 (대일화학)
- 정직한 컴퓨터 10년 (주연테크)
- 제3세대자판기 선두주자 (기성전자)
- 제과 · 제빵기계 전문생산 메이커 (대영공업사)
- 제과 제빵기계 · 기구 전문 제조원 (한영기업)
- 제과업 성공의 길잡이 (제원인터내쇼날)
- 제과인을 한가족처럼 생각하는 (한영기업)
- 제일 먼저 듣겠습니다 (제일은행)
- 제일의 기술/최고의 품질/최선의 서비스 (동성화학)
- 제품에 정성을 다하는 기업 (뉴엘식품)
- 제품은 튼튼하게, 생활은 편리하게 (대우전자)
- 조상의 지혜를 이어가는 (보생)
- 종합악기 수출입상사 (코스모스악기)
- 종합에너지 · 종합화학의 미래 (유공)
- 좋은 과자를 만드는 (한미제과)
- 좋은 기업 (동부그룹)
- 좋은 사람 좋은 기름 (S-oil)
- 좋은 생활 가꾸어 주는 (상아앤드참)
- 좋은 약 만들기 100년 (동화약품)
- 좋은 영상, 오랜 감동 (MBC프로덕션)
- 좋은 집만을 지어 온 경남기업, 밝은 미래를 추구하는 대우가족 (경남기업)
- 좋은 책 만들기 반세기 (동아출판사)
- 좋은 책에서 멀티미디어까지 (두산동아)
- 좋은 컴퓨터 만들기 10년 (NEWTEC)
- 좋은 환경, 좋은 차 (현대자동차)
- 주방기기 종합메이커 (두레종합가전)
- 주방기물 제조의 선구자 (장안경금속)
- 주방용품, 판촉물, 기업답례품 생산전문 (진성산업)
- 즐거운 생활 속에 해표가 있습니다 (동방유량)
- 즐기세요 생활문화기업 (CJ)
- 知價社會를 先導하는 人材들의 會社 (금성정보통신)
- 지경사는 어린이의 마음과 미래를 생각합니다 (지경사)
- 지역환경에 대한 책임을 수행하는 기업 (만도기계)
- 지점토 전문 생산업체 (화성산업)
- 진리의 샘을 지키는 곳 (애니파)
- 질 좋은 상품을 신용으로 판매하는 (眞인터내셔날)
- 차를 만들기 전에 안전을 만듭니다 (쌍용자동차)
- 참! 좋은 은행 (IBK기업은행)
- 책임을 질 줄 아는 기업 (범양종합상사)
- 천연 세제 시대를 여는 정직한 기업 (화진양행)
- 천연과일주스는 해태가 좋습니다 (해태음료)
- 천연양념 전문회사 (동일산업)
- 첨단 기능과 디자인의 완벽한 조화 (씨멘스)

- 첨단 생명과학을 추구하는 (선경제약)
- 첨단 제지기술에 도전한다 (효성)
- 첨단기술로 세계와 겨룬다 (에디슨)
- 첨단기술로 소비자를 만족시킵니다 (우진전자)
- 첨단기술로 시간미학을 창조하는 (오리엔트)
- 첨단장비의 국산화를 고집하는 회사 (시져산업)
- 청결문화를 창조하는 (청결양행)
- 체중계 전문 제작 메이커 (보성종합계량시스템)
- 초시대, 생활이 되다 (SK telecom)
- 초 프리미엄 가전 (LG SIGNATURE)
- 총합기술로 미래를 연다 (미쓰비시중공업)
- 최고가 아니면 만들지 않습니다 (ACE BED)
- 최고만을 고집하는 (VIP무역상사)
- 최고와 제일은 인켈의 신념입니다 (인켈)
- 최고의 품질과 신속한 A/S를 보장하는 (마포공업사)
- 최고의 품질로 인정받는 (한미타올)
- 최첨단 기술을 창조하는 기업 (럭키금성)
- 최첨단 영상 멀티미디어 기술을 선도하는 (KASAN)
- 충청인의 자부심 (한국베랄)
- 치료약의 선구자 (제일약품)
- 커피문화의 흐름을 바꾼다 (SACOS)
- 컴터만을 생각하는 (MSI)
- 컴퓨터 생활화를 앞당기는 (컴퓨터마인드)
- 컴퓨터기업 (마이크로랜드)
- 컴퓨터는 삼보, 서비스도 삼보 (삼보컴퓨터)
- 컴퓨터를 유익하게 (한국컴퓨터교재연구소)
- 컴퓨터와 커뮤니케이션의 모든 것 (포스데이타)
- 컴퓨터의 고급화·대중화를 앞당겨 실현하는 (東西興産)
- 쾌적하고 생산적인 산업사회 창조 (럭키금성)
- 쾌적한 사무환경을 창조하는 기업 (덕진기연)
- 쿡웨어의 패션시대를 앞당기는 (세신실업)
- 큰 기업, 바른 상조 (물망초)
- 탈취제 전문회사 (박동경)
- 태초의 물을 전하는 기업 (워터스)
- 탱크주의 (대우전자)
- 토탈 뷰티 전문회사 (바라물산)
- 토탈패션의 名家 (금강제화)
- 통신기기 전문회사 (한창)
- 통신보국시대를 준비하는 (포항제철)
- 트로피의 정상 (성우기업)
- 특수강의 미래를 개척하는 (기아특수강)
- 특허에 빛나는 기업 (피엔씨)
- 파스의 명문 (신신제약)
- 판촉물·사은품 제작 (부메랑산업)
- 판촉물 생산 메이커 (새롬아트)
- 판촉물 생산업체 (세명사)
- 판촉물 생산업체 (대광실업)
- 판촉물 전문 생산업체 (중앙산업)
- 판촉물 제조 유통 전문 (기프트하우스)
- 판촉물, 기념품 제조원 (대명기업사)
- 패션 유토피아 (유림)
- 패션그룹 (논노)
- 패션은 구두에서 완성됩니다 (엘칸토)
- 팩시밀리는 삼성이 좋습니다 (삼성전관)
- 페트로피아를 지향하는 (호남정유)
- 편리한 생활문화를 창조하는 (21세기R&M)
- 편안한 침구패션을 추구하는 (앙비에)

- 평생건강을 추구하는 (보원)
- 평생행복 네트워크 (우리금융지주)
- 포항제철과 대림이 함께 만든 (제철세라믹)
- 표현과 연출이 숨쉬는 곳 (에스에스패션)
- 푸른 건강 (대두그린)
- 푸른 산 맑은 물 건강한 우리생활 (모나리자)
- 품질 좋은 하드웨어에서 쓰임 좋은 소프트웨어까지 (제우정보산업)
- 품질과 약효와 신용 (동아제약)
- 품질로 신뢰를 추구하는 기업 (동양강철)
- 품질로 앞서가는 (현대화장품)
- 품질에서 앞서가는 (경인에너지)
- 품질에서 앞서가는 (오뚜기식품)
- 품질에서 앞서는 (한국화장품)
- 품질제일을 추구하는 (가양)
- 풍요로운 생활을 창조하는 (럭키)
- 풍요로운 식생활을 창조하는 (펭귄)
- 프라스틱 판촉물 기획상품 전문생산 (새론양행)
- 프리젠테이션 문화를 선도하는 회사 (샤프멀티미디어)
- 플라스틱 사출전문 (대진화학)
- 플라스틱 판촉물 생산업체 (동경화학공업사)
- 피부생수를 개발한 (아주생약)
- 필기구는 마이크로가 좋습니다 (마이크로)
- 필요할 때 언제나 당신 곁에 (MG새마을금고)
- 필터 전문가 (새한)
- 하나 하나에 정성을 (일진코프레이션)
- 하늘 가득히 사랑을 (대한항공)
- 학생복지의 명문 (에리트)
- 한 길, 한 뜻으로 사무기기 20년 (라이카)
- 한 분 한 분에게 정성을 (아시아나항공)
- 한국 브라운관의 역사가 오리온전기의 역사입니다 (오리온전기)
- 한국 정상에서 세계 정상으로 (웅진코웨이개발)
- 한국의 힘 (유공)
- 한국전력공사 심야전력 협약업체 (한국PCM)
- 漢方原料 醫藥品 專門 메이커 (풍산제약)
- 한방의약을 세계로 수출하는 (대도제약)
- 한일전기그룹 (한백신약)
- 함께 가요, 더 나은 미래 (LH)
- 함께 만드는 더 똑똑한 세상 (IBM)
- 함께 사는 사회를 추구하는 (삼성)
- 함께 지킨 환경, 함께 웃는 사회 (아시아자동차)
- 함께하는 즐거움 (크라운맥주)
- 함께 한 50년, 함께 할 50년 (오뚜기카레)
- 항상 연구 · 개발하는 기업 (大熱보일러)
- 항상 정성을 다하는 기업 (강원합성)
- 항상 함께합니다 (한국IBM)
- 해외여행 자유화의 디딤돌 (국제FERRY)
- 행복을 사랑하는 (조은사)
- 행복의 방법을 말합니다 (SK)
- 행복이 가득한 가정 (우림레져)
- 행복중심케어 (라이나생명)
- 현대상선의 새 이름 (HMM)
- 홈시어터 테크놀로지 (아남전자)
- 화학공업을 선도하는 (럭키)
- 화학첨가제를 일절 사용하지 않는 믿을 수 있는 고급식품 (파스퇴르유업)
- 환경 선진국, 코리아를 이룩하겠습니다 (UNICHEM)
- 환경과 국민건강 문제에 항상 봉사하는 기업 (원교역)

- 환경을 소중히 생각하는 기업 (무궁화유지)
- 회계 프로그램 만들기 11년 (키컴)
- 회계, 경영업무 전산화를 선도하는 기업 (더존소프컴)
- 휴먼 르네상스 경영을 추구합니다 (태평양)
- 휴먼테크의 목표는 인간행복입니 다 (삼성전관)
- 휴식가전도 역시 (CERAGEM)
- 힘있는 소비자 대표 (전자랜드21)
- 힘차게, 빠르게, 안전하게 (대우자동차)

02 | 공공, 단체, 지방자치단체

- all ways (인천)
- Be Berlin (베를린)
- Blue City (거제)
- City Designer (경기도시공사)
- City of Education (오산)
- Colorful DAEGU (대구광역시)
- Daejeon is U (대전광역시)
- Digital GURO (구로구)
- DISCOVER (로스엔젤레스)
- Do Dream (동두천시)
- Dynamic Busan (부산광역시)
- Fly Incheon (인천광역시)
- Global Inspiration (경기도)
- Good (청주)
- Healthy (원주)
- Hi Seoul (서울특별시)
- I AM (과천)
- I amsterdam (암스테르담)
- I love New York (뉴욕)
- INSPIRING CAPITAL (에든버러)
- It's Daejeon (대전광역시)
- I·SEOUL·U (서울)
- Lively Gangwon (강원도)
- ME. ME. WE. GANGNAM (강남구)
- Only Jeju (제주)
- Open For You (코펜하겐)
- powerful (포항)
- THE MILE HIGH CITY (덴버)
- The Rising City (울산)
- Ulsan for you (울산)
- YES! TOKYO (도쿄)
- Yes (구미)
- Your Singapore (싱가포르)
- 감사하는 대한민국, KOICA가 함께합니다 (KOICA)
- 광주, 대한민국의 미래로! (광주광역시)
- 교육문화도시 (동두천시)
- 구민이 꿈꾸는 가치, 함께 만드는 광진 (광진구)
- 구민이 주인이 되는 희망강북 (강북구)
- 그린스마트도시 (부산광역시)
- 기술로 앞서가는 (한국위성통신공사)
- 길이 열리는 화성시 (화성시)
- 꿈꾸는 행복도시 (연천군)

- 내일을 여는 은평구 (은평구)
- 너와 나의 서울 (서울특별시)
- 녹차수도 (보성)
- 당신을 위해 더 좋은 미래를 생각합니다 (인천도시공사)
- 대전이 바로 당신입니다 (대전광역시)
- 대한민국의 심장, 경제수도 인천 (인천시)
- 더불어 사는 복지도시, 지역개발의 핵심도시 (동두천시)
- 더불어 으뜸 (관악구)
- 더불어 행복한 강동 (강동구)
- 동네방네 행복도시 (금천구)
- 따뜻함을 나눕니다. 깨끗함을 나눕니다 (한국지역난방공사)
- 맑고 풍요로운 새 광주 (광주시)
- 미래도시 (용산구)
- 미래를 향한 국민의 기업 (한국담배인삼공사)
- 민간주도의 세계적 산업교육기관 (한국능률협회)
- 민간주도의 세계적 인재 종합 코디네이터 (한국능률협회맨파워)
- 민간주도의 세계적 컨설팅기관 (한국능률협회컨설팅)
- 밝은 내일을 건설하는 (대한주택공사)
- 밝은 미래를 열어가는 (한국전력공사)
- 부산 먼저 미래로 (부산광역시)
- 빛나는 땅 (창원)
- 사람을 향한 도시 (도봉구)
- 사람이 반갑습니다. 휴먼시티 수원 (수원시)
- 사람중심 명품도시 (종로구)
- 사랑海요 (영덕)
- 살고 싶은 도시 함께 만드는 인천 (인천광역시)
- 생명의 땅 (전남)
- 서울을 이끄는 송파구 (송파구)
- 서울의 문 (동대문구)
- 서울의 중심 (중구)
- 서해안시대 U Creative City (화성시)
- 성북의 미래, 현장에서 답을 찾다 (성북구)
- 세계 속의 경기도 (경기도)
- 소득2배, 행복2배, 하나된 강원도 (강원도)
- 소통, 공감, 참여 다 함께 행복한 양천 (양천구)
- 소통과 혁심으로 더 크고 행복한 마포 (마포구)
- 솔향강릉 (강릉시)
- 스마트 포용도시 (성동구)
- 시민과 함께 다시 뛰는 울산 (울산광역시)
- 시민이 행복한 복지 안산 (안산시)
- 시민이 행복한 안성맞춤도시 (안성시)
- 시민주권 특별자치시 (세종특별자치시)
- 신나는 변화, 푸른 서초 (서초구)
- 아름다운 변화 (양주시)
- 아름다운 변화, 열린 구정, 행복한 서대문구 (서대문구)
- 아리아리! (정선)
- 여러분의 꿈을 현실로 만들어 갑니다 (인천도시공사)
- 우리와 함께, 우리 경제와 함께 (한국담배인삼공사)
- 으뜸 연천, 명품 연천 (연천군)
- 젊음과 낭만, 환상과 열정이 있습니다 (경기관광공사)
- 조화로운 성장, 삶이 아름다운 강서 (강서구)
- 지금보다 미래가 더 큰 경기 경기도시공사가 만들어 갑니다 (경기도시공사)
- 청춘 (양구)
- 친환경 초록평화의 도시 (고양시)

- 쾌한도시 남양주 (남양주시)
- 탁 트인 영등포 (영등포구)
- 평화의 시작, 미래의 중심 (고양시)
- 하남의 미래는 우리 모두의 비전입니다 (하남시)
- 하늘, 땅, 바다 3색의 상상랜드 경기도 (경기관광공사)
- 함께 만드는 서울, 함께 누리는 서울 (서울시)
- 함께하는 행복한 용인 (용인시)
- 해뜨는 (서산)
- 행복충만 (충청남도)
- 행복한 미래 새로운 중랑 (중랑구)
- 행복한 변화 사람 사는 동작 (동작구)
- 행정수도 (세종특별자치시)
- 헌혈, 사랑의 실천입니다 (대한적십자사)
- 화합과 도약, 행복한 정선 (정선군)
- 희망도시, 의정부의 가치를 높이겠습니다 (의정부시)
- 희망찬 미래도시, 생동하는 푸른 의왕 (의왕시)
- 힐링 노원 (노원구)

16장 브랜드·제품 슬로건

01 | 의약, 위생, 의료기기, 건강용품, 건강식품

- 10억 항균이 살아 있는 (비오플, 한국화장품)
- 12시간 지속형 진해 거담제 (카벤, 종근당)
- 12시간 지속형 향기 좋은 전자모기향 (베이프매트 훈증기, 柳柳후마킬라)
- 1포하라. 일상을 지키는 힘 (정관장)
- 48년 최씨고집 (우황청심원, 광동제약)
- 4가지 복합 성분약 성인병 치료 예방약 (포리감마론, 제일약품)
- 60일 액체 전자모기향 (베이프60리퀴드, 柳柳후마킬라)
- 7~8분이면 염색되는 (세븐에이트, 동성제약)
- 8억을 지켜주는 3분 습관 (이플래시)
- A better buy at (Boots)
- DHA가 머리를 좋게 한다 (엘리트, 대동약품)
- Don't Laugh, It Works (Breathe Right)

- I feel (Alive)
- Mother's Care (마데카솔케어)
- Stops Static Before Static Stops You (Bounce)
- Tooth Whitening Gel (b WHITE, 슈넬생명과학)
- 가글형 입병 치료제 (아프니벤큐 액)
- 가벼운 상처 종기에도 (박트로만, 한올제약)
- 간·폐 디스토마 치료제 (디스토시드, 신풍제약)
- 간기능 장애에 의한 육체피로·전신권태 (우루사, 대웅제약)
- 간장에서 신장까지 (셀프스틱, 청도제약)
- 간장영양제 (맥스톤, 국제약품)
- 간편한 非홀몬 피임약 (노원, 한미약품)
- 갈근탕 배합 종합 감기약 (비바콜, 신성제약)
- 갱년기 여성을 빛나게 하는 (수오란, 효성)
- 거북한 속을 시원하게 풀아주는 (생위천, 유한양행)
- 건강하게 키워요 (키요, 일동 후디스)
- 건강한 입술 그대로 (캠퍼스립, 상아제약)
- 건강한 잇몸으로 꼭꼭 씹는 행복 (인사돌 플러스)
- 건선, 습진, 피부염에 (더모베이트·연고, 한국그락소)
- 건성피부, 거친피부 보습제 (오일라품, 현대약품)
- 겔타입의 휴대용 위장약 (겔포스, 보령제약)
- 경직된 근육 완화에 (빠삐자기방, 대일화학)
- 고농도 농축 순수 비타민 (노나비타, 종근당)
- 고단위 천연 토코페롤제제 (하노백, 동아제약)
- 고뿔에는 (고프레)
- 고혈압, 동맥경화, 혈전용해 (용심, 대도제약)
- 과민성 대장증상에 (듀스파타린·정, 중외제약)
- 과민성에 의한 잦은 설사·변비에 (듀스파타린, 중외제약)
- 관절엔 (류마스탑)
- 관절염 치료의 신기원을 연 (트라스트, 선경제약)
- 관절염, 루마티스 치료에 (싸이피놀, 하원제약)
- 관절이 행복한 나라 (케토톱, 태평양제약)
- 광범위 살균성 항생제 (곰실린, 대웅제약)
- 국내최초 동결건조 로얄제리 제제 (로제톤, 삼진제약)
- 근육 속 염증엔 새로 나온 (케토톱 핫)
- 근육통·타박상에 15분 효과 (대일파스, 대일화학)
- 급성간염, 만성간염에 (리박스, 동일신약)
- 기분까지 UP해주는 필러 (아띠에르)
- 기억력 감퇴·건망증에 (광동장원, 광동제약)
- 깨끗한 여자를 위한 깨끗한 생리대 (드라이)
- 깨끗한 첫 느낌 그대로 (위스퍼, P&G)
- 꼭꼭 씹는 행복 (인사돌 플러스)
- 나를 위한 요즘 진통제 (그날엔)
- 나의 일상을 지키는 힘 (머시론)
- 난치성 무좀·음부백선에 (조단, 일동제약)
- 내가 원하는 피임약 (다온, 일동제약)
- 냉대하·질염치료제 (알보칠좌제, 태평양제약)
- 녹용의 원칙을 세우다 (천록, 정관장)
- 누구나 건강할 자격 (자연의 품격)
- 누구나 나만의 피로가 있다 (박카스)
- 눈 건강 프로젝트 (아이클리어)
- 다이어트엔 (지알앤)
- 담들고 결리는 데 시원한 (네오파스, 대일화학)
- 당신 스스로 하는 임신 진단 (유테스트, 한독약품)
- 大熊소화제 (베아제, 대웅제약)
- 대한민국 안심 보호막 (홈키파)
- 대한민국 잇몸약 (인사돌, 동국제약)
- 대한민국 피로회복제 (박카스)

- 독일에서 온 종합상처치료제 (티로서겔)
- 두통 · 치통 · 생리통엔 (게보린, 삼진제약)
- 두통, 치통, 생리통에 (펜잘, 종근당)
- 두피건강, 생활건강 (더모베이트 · 액, 한국그락소)
- 땡큐, 훼라민 큐 (훼라민 큐)
- 렌즈 세척과 단백질 제거를 동시에 (SPC액, 중외제약)
- 로얄제리 비타민 C&E (판판씨, 유유산업)
- 류마치스, 관절염에 (나이후랑, 동아제약)
- 마시는 간장약 (생력, 종근당)
- 마시자! 건강을 위하여 (헤포스, 조아제약)
- 마이패스 (정관장 아이패스)
- 말초혈액순환 개선에 (헬파, 일동제약)
- 맞다, 게보린! (게보린, 삼진제약)
- 매일 레모나 (레모나)
- 매일매일 (구전녹용)
- 매트매트 (홈매트)
- 먹는 콜라겐 1등 (에버콜라겐)
- 먹는 피부 영양제 (스칸나캅셀, 아주약품)
- 명심을 기억하십시오 (명심)
- 모발~OK! (THE난다毛)
- 모진 습진, 알러지성 피부염에 (데리카크림, 동아제약)
- 몸살감기에 (콜링, 대웅제약)
- 몸에 뿌리는 모기 쫓는 약 (리페란, 신신제약)
- 무릎엔 틀림없다! (트라스트, SK케미칼)
- 무좀에는 무좀약 (트랑보겐, 한국쉐링)
- 민감한 피부, 연약한 피부에 (더마톱, 한독약품)
- 바르는 아기 피부 보호막 형성제 (말리스킨)
- 바르는 여성 호르몬제 (샤랑드, 대림제약)
- 바르면서 마시지하세요 (케노펠겔)
- 발 뒤꿈치 각화형 무좀엔 (터비뉴겔)
- 밤에 먹는 두통약 (타이레놀, 한국얀센)
- 배 아플 땐 (부스코판, 한국베링거인겔하임)
- 벌레 물려 가려운 데 (대일물파스, 대일화학)
- 벼잎집무늬마름병약 (안빌, 한국삼공)
- 보랏빛 식물성분의 안약 (카밀레, 국제약품)
- 보호대는 닥터메드 (닥터메드)
- 복합 어린이 영양제 (노마골드, 삼화약품)
- 부드럽고 질긴 화장지 (라라, 대한펄프)
- 부드럽고 효과적인 변비약 (둘코락스S)
- 불소함유 어린이 종합 영양제 (비막톤F, 종근당)
- 붙이는 진통 소염제 (큐파스, 제일약품)
- 비듬예방 및 치료에 (쎌손, 태평양제약)
- 비타민B의 더블임팩트 (임팩타민)
- 비타민이 들어 있는 無카페인 두통약 (비타펜, 태평양제약)
- 빈 속에도 마음 편히 (타이레놀, 한국얀센)
- 빠르게 느껴지는 효과 (개비스콘)
- 빠르고 믿을 수 있는 두통약 (타이레놀, 한국얀센)
- 빠르고 믿을 수 있는 (부스코판A)
- 빠른 치질 약 (치이타, 한국쉐링)
- 뿌리 뽑는 무좀약 (라미실, 노바티스)
- 사랑받는 피임약 (노원, 한미약품)
- 산뜻한 두통약 (바이아스핀, 한국바이엘약품)
- 산뜻한 진통제 (암씨롱, 동아제약)
- 살아 있는 유산균 영양제 (비오비타, 일동제약)
- 상처 나면 젤 먼저 (레피젤)
- 상처엔 후~ (후시딘)
- 새로 나온 무좀 전문 치료제 (무라노, 태극약품)

- 새로운 소아용 해열제 (페디아펜, 태평양제약)
- 새로운 차원의 바르는 모기약 (모스키토, 녹십자)
- 새살이 솔~솔~ (복합마데카솔)
- 새치머리전용 염착제 (텃치네스, 동성제약)
- 생생한 머리카락 (그로비스, 경인제약)
- 생약성분의 잇몸질환 치료 용약 (인사돌, 동국제약)
- 생약이 보강된 기침감기약 (아스마에취, 일양약품)
- 생체철 성분의 빈혈치료제 (젠타론, 안국약품)
- 생활의 판을 바꾸자 (판코아, 조아제약)
- 성인병 예방, 갱년기 장애 개선 (셀라콤, 종근당)
- 성인용 안심 위생팬티 (디펜드, 유한킴벌리)
- 세계인의 입술 보호제 (챕스틱, 국제약품)
- 세계인의 효과적인 변비컨트롤 (둘코락스)
- 세계적인 두피모발전문 관리센터 (스벤슨)
- 세계적인 염색 전문가 (로레알)
- 세균까지 잡아먹는 공기 청정제 (오조넥스, 상아앤드참)
- 센스 있는 여성을 위한 (라라센스, 대한펄프)
- 셀레늄 · 아연 함유 종합 영양제 (셀라콤, 종근당)
- 소화, 이담, 가스제거제 (아진탈포르테, 일양약품)
- 소화효소가 보강된 2단계 빠른 소화제 (닥터 베아제)
- 속 시원한 생약 소화제 (속청, 종근당)
- 속 쓰림엔 yes (겔포스 엠, 보령제약)
- 속효성 진통 해열제 (펜탁린, 동신제약)
- 손발저림 개선제 (비타메진, 한일약품)
- 손발톱 무좀에 바로바로 (로푸록스, 한독)
- 수족저림, 어깨결림, 신경통에 (비타메진, 한일약품)
- 순수 여드름 치료제 (유디나크림, 한일약품)
- 순환기 질환의 예방에는 셀레늄이 함유된 (세이롬, 삼천당제약)
- 술에 타서 마시는 (신기한이슬, 한일약품)
- 술자리엔 언제나 (신기한이슬, 한일약품)
- 숨쉬는 생리대 (Air QUEEN)
- 스틱형의 세립형 위장약 (애시드린, 일양약품)
- 시력장애 원인 치료제 (메모비스, 영일약품)
- 시린 이를 위한 치약 (센소다인, 존슨&존슨)
- 시원한 소변, 시원한 인생 (카리토, LG생명과학)
- 시작은 피로회복부터 (박카스)
- 신경통, 근육통, 류마티스에 (대일시프, 대일화학)
- 신속하고 정확한 혈당 측정기 (야큐트렌드, 녹십자베링거만하임)
- 신용의 상징 (버들표, 유한양행)
- 쌉쌀한 맛, 생약 소화제 (생단액, 일양약품)
- 쌍둥이 할 때 쌍, 감기 할 때 감 (쌍감탕)
- 씹어 먹는 천연 칼슘 영양제 (칼로스, 경남제약)
- 씹어 먹는 충치 예방약 (플루덴, 동신제약)
- 아, 날씬해지고 싶어! (화이버트 · 정, 럭키)
- 아폴로눈병 예방 치료에 (인터페롤안약, 녹십자)
- 아픈 입엔 (아프니벤큐 액)
- 안전하고 강력한 전자모기향 (매트킬라, 대웅제약)
- 알 만한 사람은 다 안다구요 (알마겔, 유한양행)
- 알찬 처방, 바른 선택 (비나폴로F, 유유산업)
- 앞서가는 여성의 앞서가는 패드 (미라젤, 쌍용제지)
- 액체 · 매트겸용 전자 모기향 (그린콤비, 녹십자)
- 약산성 포도주색 (지노베타딘, 현대약품)
- 어깨결림, 신경통, 요통에 (빠삐자기방, 대일화학)
- 어르신을 위한 즐거운 임플란트 (락플란트치과의원)
- 어린이 방에도 안전한 (대웅매트킬라, 대웅제약)
- 어린이 해열제 (아이잔, 종근당)

- 엄격한 의약품 규격으로 만든 (오스칼500D, 한독약품)
- 엄마사랑, 아기사랑 (라라마미, 대한펄프)
- 여드름 치료에는 (옥시, 한국썰시바가이기)
- 여드름 치료에 (퓨이쿠린크림, 동일제약)
- 여성 생리대 교환시 (지나크린, 남강제약)
- 여성건강을 위한 새로운 피임약 (마이보라, 한국쉐링)
- 여성용 살균 세정제 (비덱스, 삼진제약)
- 여자만의 피임 愛티켓 (마이보라, 한국쉐링)
- 영양성소화, 정장생균제 (비스루트S, 순천당제약)
- 옆으로 새지 않아 안심-쾌적 (울트라화인, 쌍용제지)
- 오래가는 관절염 치료엔 (오스테민, 삼진제약)
- 오랜 시간 강력하게 (롱매트킬라, 대웅제약)
- 오렌지 색 2단계 소화제 (베아제, 보령제약)
- 오스테민은 건강식품이 아니라 의약품입니다 (오스테민, 삼진제약)
- 온 가족 종합 영양제 (게므론, 대웅제약)
- 우리 가족 함께 (누가의료기)
- 우리아이 키 성장 (아이클타임)
- 운동 전후, 근육통, 타박상에 (대일스프레이파스, 대일화학)
- 운종전후 근육통에 (멘소래담로숀, 영진약품)
- 원하지 않을 땐 (노원, 한미약품)
- 위 건강엔 (매틱스)
- 위·십이지장 궤양 치료에 (데놀, 녹십자)
- 위산과다, 위통, 소화불량에 (노루모, 일양약품)
- 유·소아 및 여성을 위한 (유모베이트, 한국그락소)
- 유방·유선 발육 촉진제 (바스톤, 삼익제약)
- 유아용 정장 영양제 (누크베비, 보령제약)
- 유쾌 상쾌 통쾌 (메이킨Q)
- 유행성 출혈열 예방백신 (한타박스, 녹십자)
- 육체피로 간장보호에 (우루사, 대웅제약)
- 육체피로, 눈의 피로 (삐콤씨, 유한양행)
- 음주전후, 피로회복에 (황보원, 경인제약)
- 이 튼튼 뼈 튼튼 (칼톤)
- 이가 탄탄 (이가탄)
- 인삼함유 생약 소화제 (온보원, 한국파마)
- 임신진단카드 (O·S카드, 삼천당제약)
- 입술 트러블 전용크림 (비판톨, 한국로슈)
- 자기 전 한 번, 개운한 하루 (비코싸이드·정, 코오롱제약)
- 자랑스러운 우리의 상표, 우리의 자부심 (대일밴드, 대일화학)
- 자양강장제 (박카스에프, 동아제약)
- 자연의 순수함을 생활 속으로 (신호티슈)
- 자일리톨이 들어 있는 (자일덴트치약)
- 작은 상처라면 우리의 상표 (대일밴드, 대일화학)
- 작지만 위대한 한 알 (액티넘)
- 잘 풀리지 않는 피로에 (인코라민, 종근당)
- 장티푸스 예방백신 (타이핌, 제일제당)
- 졸음 없는 코감기약 (지미코 (대웅제약)
- 주머니 속의 액체 위장약 (겔포스, 보령제약)
- 중·장년기 한방 補精劑 (黑精丸)
- 중·장년을 위한 소화제 (산그린, 한일약품)
- 지친 몸, 지친 간장에 (우루사, 대웅제약)
- 진짜 피로회복제는 약국에 있습니다 (박카스, 동아제약)
- 진통·해열제 (진알지, 진로제약)
- 착한 드링크 (비타500, 광동제약)
- 천연 토코페롤 1000단위 (토롤천, 대웅제약)
- 천연형 비타민E·비타민 C 제제 (센씨, 한일약품)
- 청결생활용품브랜드 (휘아)

- 최신형 임신진단시약 (클리어블루, 동아제약)
- 축농증, 비염, 코막힘에 (스카이나)
- 충혈된 눈에 (싼클, 한일약품)
- 치료하는 간장약 (리바카, 유한양행)
- 치아 미백제 (나츄랄화이트, 제일제당)
- 치질엔 (치센)
- 치질 치료제 (프록토세딜, 한독약품)
- 칙-뿌리는 무좀약 (토오졸, 신신제약)
- 카페인이 없는 편안한 진통제 (타이레놀, 한국얀센)
- 케토톱으로 캐내십시오 (케토톱)
- 캡슐형의 진통제 (세다핀A, 동아제약)
- 코, 목, 코 아플 땐 (코모코한의원)
- 콧물, 코감기엔 (액티피드, 삼일제약)
- 콧속에 직접 사용하는 코막힘 비염 치료제 (오트리빈, 한국썰시바가이기)
- 크는 아이들 영양 보급에 (클레오·산, 제일약품)
- 키도 크고·몸도 튼튼 (레모나키튼, 경남제약)
- 탈모방지 및 발모 촉진제 (볼두민, 중외제약)
- 탈색이 잘 안 되는 헤어칼라 (몬시크, 동성제약)
- 파리여성의 에티켓 (바나아, 태평양프랑세아)
- 폼나는 새치염색 (비겐크림폼, 동아제약)
- 푸른 은행잎으로 만든 혈액순환 개선제 (기넥신F, 선경제약)
- 피로도 바로, 활력도 바로 (바로코민, 신풍제약)
- 피로한 눈에 (핀클, 한일약품)
- 피로회복 눈의 피로, 신경통에 (삐콤씨, 유한양행)
- 피로회복, 사랑회복 (비나폴로F, 유유산업)
- 피로회복엔 (아로나민골드, 일동제약)
- 피를 맑게 여성을 건강하게 (페미톤, 삼일제약)
- 피를 잘 돌게 하는 (써큐란)
- 피부 깊숙이 숨어있는 무좀까지 (식카린에스, 한일약품)
- 피부개선을 위한 약용성분 영양크림 (스코라겐크림, 태평양제약)
- 피부미용을 위한 순수티슈 (새피앙, 신호티슈)
- 피부병 치료에 (쎄레스톤지크림, 유한양행)
- 핑크빛 임신진단약 (푸레딕타, 양지약품)
- 하루 두 알, 남성건강기능식품 (메가더)
- 하루 한 장 몸에 붙이는 금연약 (엑소더스, 근화제약)
- 하얀 계절, 하얀 솔박타 (솔박타, 보령제약)
- 한국인의 두통약 (게보린, 삼진제약)
- 한번에, 한알로, 한꺼번에 (젤콤, 종근당)
- 헤어의 블랙 히어로 (리즈케이 R:BLACK)
- 현대인의 눈 건강 약 (토비콤에스, 안국약품)
- 혈액순환 개선제 (써큐란, 동아제약)
- 화상을 입었을 때 (일바돈, 일동제약)
- 화장할 때는 언제나 함께 (씨씨·정, 한국스터링제약)
- 효과 빠른 기침 감기약 (지미콜, 대웅제약)
- 효과 빠른 위장약 (미란타, 대웅제약)
- 효과 좋은 종합 간장약 (프로헤파롬·골드, 한일약품)
- 흉터전문 (더마틱스울트라)
- 힘이 담긴 녹색 캅셀 (나이후랑, 동아제약)

02 | 화장, 세제, 향수, 욕실용품

- 12시간 지속형 폴리트랩 화장품 (베아뜨, 한국화장품)
- 30대 여성피부를 위한 새로운 출발 (뜨레아, 럭키드봉)
- Be the first (FILA)
- DEEP CHANGE (Summa)
- Disposable color contacts (Fresh Look)
- For Beautiful Human Life (Kanedo)
- Man is not so simple, after all (Claiborne)
- Quality that lasts and lasts (Le Sancy BATH SOAP)
- signature style bigins with (JOHN FRIEDA)
- The clean cleam (IVORY)
- The History of (후)
- The new perfume from (NINA RICCI)
- THE POWER BEHIND BEAUTIFUL HAIR (REDKEN)
- Time to Skin (NEURADERM)
- X세대남성 화장품 (아모레 트윈엑스, 태평양)
- 감성세대 메이크업 (지지 아띠랑스, 태평양화학)
- 건강생활 전문브랜드 (TS)
- 건강한 피부자신감 (HIREPA)
- 고급 섬유유연제 (옥시린스5, 옥시)
- 고급 화장실용 화장지 (크리넥스바스룸티슈, 유한킴벌리)
- 고급섬유를 위한 고급세제 (울라이트, 일동제약)
- 고기능성 무자극 천연 한방 화장품 (옥향)
- 고순도 스쿠알란 화장품 (스쿠아젠, 라피네)
- 고품격 고기능 스킨케어 메이크업 (아모레 프리메라, 태평양화학)
- 과학을 통한 헤어케어의 모든 것 (레드켄, 피어리스)
- 귀족의 멋과 향취 (체스, 한국화장품)
- 그 깊은 사나이의 세계 (쾌남루트, 한국화장품)
- 깨끗한 물, 깨끗한 세제 (수퍼그린, 럭키)
- 깨끗한 여자의 선택 (미라젤화인, 쌍용제지)
- 깨끗한 피부의 재창조 (미아사샤, 예음)
- 깨끗함의 기준을 한 단계 더 (쾌백, 태평양)
- 난, TS다 (TS)
- 남자를 아니까 (우르오스)
- 다양한 색상 (로망스, 오스카화장품)
- 도시여자의 피부를 위한 (아르보아, 피어리스)
- 무알콜, 무색소, 무향료 (미즈민, 한불화장품)
- 민감성피부 전문화장품 (純晶, 태평양화학)
- 바르는 피부방어막 형성제 (말라스킨, 일양약품)
- 바르는 피부보약 (비취가인, 코리아나)
- 보습의 오리진을 다시 쓰다 (뉴 오리진 디어리스트)
- 불란서 피부과학과 칼라예술의 자존심 (리리코스 콤펙트, 리리코스코리아)
- 비듬 콘트롤, 기분 콘트롤 (쓰리예스콘트롤, 제일제당)
- 비즈니스맨을 위한 약산성 화장품 (타게트, 쥬리아)
- 사랑의 고뇌로 세계를 하나로 (르세르)
- 살아 있는 젊은 피부 (바이오리뉴얼, 피어리스)
- 새로운 피부타입 전문화장품 (레스폰, 라미화장품)
- 샘플만 써 봐도 아는 화장품 (참존)
- 생약성분의 한방 화장품 (雪花, 태평양화학)
- 세 가지 기능, 세 가지 만족 샴푸 (쓰리예스, 제일제당)

- 세균 없어 더 개운한 양치질 (도, 피존)
- 센스있는 여성의 패션메이컵 (미네르바센스, 럭키)
- 소리가 느껴지는 블루화장품 (템테이션, 한국화장품)
- 순결한 머릿결을 위한 (리브겐, 한진화학)
- 순식물성 유아용 웨트티슈 (베이비뷰티, 유남생약)
- 숨쉬는 피부에 순하고 똑똑하게 (지지, 태평양화학)
- 新성분 MES세제 (쾌백, 태평양)
- 신성분, 신감각 남성화장품 (캐릭터, 럭키드봉)
- 新자연성 화장품 (아미드팜, 피어리스)
- 실크처럼 부드러운 (크리넥스 실크소프트)
- 씹어 먹는 데일리 장케어 (둘코화이버)
- 아내가 선택한 남성 화장품 (율리시즈, 드봉)
- 아름다운 변화 (이자녹스)
- 아름다움은 자란다 (설화수)
- 아름다움이 시작되는 크린싱 (포인트, 애경)
- 알뜰살뜰 엠보싱 화장지 (에코, 쌍용제지)
- 앞서가는 미용실에만 판매하는 (꾸오레화장품)
- 야채 · 과일 전문세제 (안심이, 보령장업)
- 어제보다 아름답다 (Retem)
- 여성이 선택한 남성화장품 (미스쾌남 · 진, 태평양화학)
- 여인은 아름다운 자연 (옥수알로에, 옥수화장품)
- 여자를 편하게 해줍니다 (크리넥스키친타올, 유한킴벌리)
- 여자의 예술 (르비앙, 한국화장품)
- 연인의 손길처럼 피부를 달래주는 (연인과연인, 에바스)
- 온가족의 샤워 파트너 (새워숍, 보령장업)
- 울, 실크, 마를 위한 특수세제 (울라이트, 일동제약)
- 자극없이 순하게 (세바메드, 유한양행)
- 자연파 연인의 만남 (까르마화장품)
- 저자극성 유아용 세제 (마일드붐, 무궁화)
- 전통적인 남성의 향취 (올드스파이드, 유한양행)
- 정전기가 당신을 멈추게 하기 전에 당신이 먼저 정전기를 몰아내십시오 (바운스)
- 젊은 세대를 위한 젊은 듀에나 (듀에나, 피존)
- 젊음의 생명인자 (라이브좀, 한국화장품)
- 젊음의 피부 에너지 (컨티뉴, 한국화장품)
- 제3의 피부원소 (A3F [on])
- 착붙엘로썬 (이자녹스 UV선프로)
- 태고의 자연토 (네나클레이마스크, 일양약품)
- 파워 엘리트를 위한 남성 화장품 (쾌남미래파, 한국화장품)
- 팩트의 새로운 기준을 세우다 (엘러브 오션웨이브 루미너스 팩트)
- 프랑스 여성들과 함께 쓰는 화장품 (마리코르, 라미화장품)
- 프리미엄 유아 세제의 기준 (레스랩)
- 프리미엄 탈모증상 케어 (Dr. Groot)
- 피부 터닝 포인트엔 (마몽드)
- 피부과학이 낳은 자연성 화장품 (탐스핀, 태평양화학)
- 피부를 위한 모든 것 (NIVEA milk)
- 피부맞춤법 (이니스프리)
- 피부유토피아 (세로피아, 한국화장품)
- 피부의 꿈 (IOPE)
- 한방미인을 추구하는 (한솔화장품)
- 헤어 안티에이징 케어 (엘라스틴 프로폴리테라)
- 화장실 걸레 살균 세척제 (옥시크린싹싹, 옥시)
- 화장을 잘 지우는 포인트 (POINT)
- 향기캡슐 (다우니, P&G)

03 | 식품, 음료, 주류

- 1등 야채 (하루야채)
- 100% HUMAN GRADE (The Real)
- 100% 손으로 만든 (미스터피자)
- 100% 올몰트로 즐겨라 (오비라거)
- 100% 우리 쌀로 바르게 빚은 술 (화랑)
- 100% 현미의 영양 그대로 (신양현미유)
- 100배 농축 알로에 캅셀 (알로틴에이, 남양알로에)
- 135년 스위스 네슬레의 결론 (양팡밀)
- 3달 만에 7kg 이상을 목표로 (누트리쿠키, 누크)
- 3중 차콜필터의 부드러운 맛 (캐빈85마일드, JAPAN TABACCO)
- 6초 뒤에 진짜 매운 (6초치킨)
- A taste for life (REMY MARTIN)
- ALWAYS (Coca Cola)
- Coffee is Gold (맥심 모카골드)
- Don't worry (FiLGOOD)
- everyday fresh (maeil)
- FIRST AGAINST THIRST-7-UP (7-UP COMPANY)
- GREEK COFFEE from (IKARIA)
- It's A Real Mouthful (DRUMSTICK)
- It's Just Perfect (Haagendazs)
- KING OF BEERS (BUDWEISER)
- Made for Woman (Mr. Pizza)
- Make your Wish (MONTBEST)
- MORE OF WHAT ACTIVE DOGS NEED (Purina Hi Pro)
- New Zealand Kiwifruit (Zespri)
- New Zealand's Finest Beal (Steinlager)
- OB가 만든 순수와인 (마주앙, OB맥주)
- OB가 만든 신비의 와인 (마주앙, OB맥주)
- Probably the best beer in the world (Carlsberg)
- Real Taste Real Whisky (ROBBIE DHU)
- Re:fresh. Re:green (칠성사이다)
- SPARK UP! (McCol)
- Style & Taste (baba coffee)
- The Real (하림)
- The Richst Coffee in The World (COLOMBIA COFFEE)
- THE ULTIMATE TRIBUTE (ROYAL SALUTE)
- TIME WELL SPENT (Ballantine's)
- Ultimately, there's Black (Johnnie Walker)
- V라인 얼굴 (옥수수수염차, 광동제약)
- Where's your mustache? (MILK)
- You Are Beautiful (Coca Cola)
- You're come a long way, baby (VERGINIA SLIMS)
- 10가지 과채의 착한 수분 (토레타)
- 가볍게 호로록 (호로요이)
- 가족 영양간식 (건양밀, 남양유업)
- 갈증해소를 위한 음료 (게토레이, 제일제당)
- 위와 장에서 작용하는 2단계 빠른 소화제 (베아제)
- 강하고 진한 맛 (크라운스타우트, 조선맥주)
- 거침없이 터뜨려버려 (스프라이트)
- 건강까지 생각하는 시그니처 커피 (NOBLE)
- 건강 내일을 리드하는 (세모스쿠알렌, 세모)

- 건강사회를 지키는 (야쿠르트, 한국야쿠르트유업)
- 고급 샴페인 (릴리)
- 고급 양주 (올드, 진로위스키)
- 고급 어린이 분유 (로히트, 파스퇴르우유)
- 고소하고 짜지 않은 (토마토김)
- 골든 노하우를 담다 (골든 그래놀라)
- 국내최초 100% 사과과즙 (천연능금쥬스, 경북능금농협)
- 국물이 끝내줘요 (농심생생우동)
- 국산 고급 양주 (씨크리트, OB씨그램)
- 기름 뺀 수타피자 (Mr. Pizza)
- 깊고 부드러운 맛 (마일드맥주, 크라운맥주)
- 깊이를 더하는 시간 (Ballantine's)
- 깔끔한 숙녀들의 깔끔한 맛 (밥알없는정식혜, 비락)
- 깨끗한 맛, 깨끗한 맥주 (크라운수퍼드라이, 조선맥주)
- 깨끗한 소주 (진로에스포)
- 꾸밈없는 맛 (뉴면, 빙그레)
- 날씬한 기분 (미에로화이바, 현대약품)
- 남과 여, 건강과 행복의 샘 (천호, 오토사)
- 남는 게 있는 주스 (과일촌, 해태)
- 내 곁의 디저트카페 (칙촉)
- 내 몸에 가까운 물 (포카리스웨트)
- 너구리 한 마리 몰고 가세요 (너구리)
- 누구든지 즐겨요 (새우깡)
- 눈으로 마시는 맥주 (카프리)
- 늘 푸르게, 늘 신선하게 (그린빌, 두산종합식품)
- 단짠단짠 (첵스파맛, 켈로그)
- 달콤하게 갓 (따옴)
- 당당한 술 (독도)
- 대중양주의 새로운 차원 (제우스, 무학소주)
- 대한민국 1등 두유 (베지밀, 정식품)
- 대한민국 맥주의 기준 (클라우드)
- 대한민국 식빵의 시그니처가 되다 (삼미종 생식빵)
- 더하면 특별하다 (고려인삼)
- 덴마크황실 지정맥주 (칼스버그, 조선맥주)
- 동원이 찾은 또 하나의 맛 (동원냉동면)
- 뒤끝이 깨끗한 (패스포트 그린)
- 듀얼브루 커피 (조지아 크래프트)
- 디럭스 100% 프리미엄 위스키 (베리나인골드)
- 뜨겁게 살자 (하이트진로)
- 라면은 농심이 맛있습니다 (농심라면)
- 라면은 안성탕면이 맛있습니다 (안성탕면, 농심)
- 라면의 캡틴 (캡틴, 빙그레)
- 라면이 아니라 뉴면입니다 (뉴면, 빙그레)
- 라임을 짜서 마시는 규칙이 있는 맥주 (코로나맥주)
- 로얄제리 드링크 (로얄D, 동아제약)
- 리얼 로스팅 (로스터리R)
- 리얼 칩 (에어베이크드)
- 마시는 (고려은단 비타민C)
- 마시는 비피더스 (바이오거트D, 매일유업)
- 마음을 바꾸는 껌 (제로트레스)
- 맑고 깨끗한 (칠성사이다)
- 맑고 신선한 (해표식용유, 동방유량)
- 맛으로 보답하는 (팔도라면, 한국야쿠르트유업)
- 맛은 깊게, 진하게 (네스카페)
- 맛의 신세계 (피코크)
- 맛있게 맵다 (동대문엽기떡볶이)
- 맛있는 제로 칼로리 (나랑드사이다)
- 맛있는 치킨 (60계 치킨)

- 맛있는 한 끼, 건강한 한 끼 (코코랩)
- 맛 좀 아는 우리의 EAT템 (오뚜기컵밥)
- 매일매일 햇반생활 (햇반)
- 맥콜이 찐(眞)이야! (맥콜)
- 먹고 싶은 이유식 (거버)
- 면역엔 (뮤닝)
- 모든 비즈니스에 답하다 (PARKLAND)
- 몰트위스키 19.0% (조우커, 롯데칠성)
- 무균질 고급우유 (남양다우)
- 물만큼은 삼다수로 산다 (제주삼다수)
- 물이 좋아 더 맛있는 맥주 (하이트)
- 민생안심 (신라면, 농심)
- 바쁜 아침 든든하게 (동원참치죽)
- 밥보다 더 맛있는 밥 (햇반)
- 밥보다 맛있는 오트밀 (퀘이커 오트)
- 밥상 위의 국가대표 (한돈)
- 버라이어티 레시피 소스 (라조장)
- 베지밀 반 분유 반 (베지밀)
- 부드러운 유혹-맛의 귀족 (미니도너츠, WORLD SELECT)
- 부드러운 커피 (맥심모카골드, 동서식품)
- 부드러움 속에 카리스마가 있다 (엔초, 빙그레)
- 부드러움의 깊이가 다른 (Scotch Blue)
- 부부건강의 맥을 이어주는 (맥가드, 풀무원식품)
- 불가리아식 유산균 발효유 (불가리스, 남양유업)
- 뼈에 좋은 칼슘, 몸에 좋은 알로에 (칼리하이, 남양알로에)
- 뿌리 깊은 평생 면역 (정관장 홍이장군)
- 사랑의 베스트셀러 (주니퍼, 진로)
- 사랑해요, 밀키스! (밀키스, 롯데칠성)
- 사이다의 세대교체 (매실맛사이다, 해태음료)
- 산뜻한 부드러움 (마일드세븐, JAPAN TABACCO)
- 살아있는 선택된 유산균 (야쿠르트, 한국야쿠르트유업)
- 살아있는 시원한 맛 (천연사이다)
- 살아있는 이 순간 (카스)
- 상쾌한 아침을 위하여 (아스파, 미원)
- 새로운 영양조미료 (다시다, 제일제당)
- 생기발랄 탄산드링크 (오로나민C)
- 생명에너지가 담긴 우리 몸에 좋은 물 (파이워터, 삼왕)
- 생명의 발효유 (매치니코프, 한국야쿠르트)
- 生알로에 건강 미용음료 (알로에마인, 한미약품)
- 생활의 멋과 여유를 더해주는 (설록차, 태평양)
- 성공중년을 위한 음료 (왕삼천, 일양약품)
- 세계 최초의 천연 뇌세포성분 DHA우유 (아인슈타인우유, 남양유업)
- 세계에서 가장 많이 팔린 롤케익 (파리바게뜨 실키롤케익
- 세계의 조미료 (미원)
- 세계인의 요구르트 다농 (다농, 두산종합식품)
- 세계인의 커피 (맥스웰하우스, 동서식품)
- 세계적으로 자랑할 수 있는 고급 어린이 분유 (파스퇴르분유)
- 세계판매 1위 주스브랜드 (미닛메이드)
- 세상 커피를 씹어 먹다 (던킨 커피젤리)
- 세상에서 가장 맛있는 토마토 음료 (토마토농장, 건영식품)
- 세상에서 가장 쿨한 카페 (카누)
- 소주 위에 소주 (김삿갓)
- 소주와 녹차의 산뜻한 만남 (산, 두산)
- 소주의 순수시대 (수퍼골드, 금복주)

- 소주의 원조 (진로)
- 수제로 제대로 알볼로 (피자 알볼로)
- 수퍼에서 따는 신선한 아가용 과일 (아기밀베이비쥬스, 남양산업)
- 숙성소주 (참나무통맑은소주, 진로)
- 숙취해소부터 음주갈증까지 찐하게 풀자 (헛개차)
- 순하고 흡수 빠른 아기전용 이온음료 (이온의샘, 남양산업)
- 순한 이유식 (잼잼, 남양유업)
- 시와 향기의 만남 (에드랑제, 롯데)
- 시원한 매운 맛 (진비빔면)
- 시원함의 끝 (드라이피니시d)
- 식물섬유에 비타민 C까지 (화이바스타, 광동제약)
- 식물성 섬유음료 (미에로화이바, 현대약품)
- 식물성 성장기 분유 (쏘야, 남양유업)
- 신선간편식 (잇츠온)
- 신선하고 맛있는 국산돼지 (한돈)
- 싱그러운 청포도의 맛 (마스카트껌, 롯데제과)
- 쌀사랑, 러브미 (러브米)
- 씹어 먹는 젤리쥬스 (조이젤, 해태음료)
- 알면 알수록, 우리한우 (한우자조금)
- 어린이 치즈 (앙팡, 서울우유)
- 어린이용 칼슘식품 (아이본, 풀무원식품)
- 언제나 세련된 느낌 (캐스터 베벨, JAPAN TABACCO)
- 엄마젖 후의 아기주식 (아기사랑)
- 엔젤링을 즐겨라 (아사이슈퍼드라이)
- 여름 입맛 단칼에 잡았다 (칼빔면)
- 여섯 달을 고집하는 (옹가네여섯달간장, 삼호물산)
- 여유를 담은 한 잔의 부드러움 (호가든)
- 예쁘고 깜찍한 맛과 모양의 초코렛 (쉘부르, 롯데제과)
- 올리고 활동음료 (이오니카, 해태음료)
- 요구르트의 황제 (칸, 서울우유)
- 우리 안의 천사 (엔제리너스커피)
- 우리나라 맥주의 산 역사 (크라운맥주, 조선맥주)
- 우유로 만든 부드럽고 달콤한 영양간식 (대니, 두산종합식품)
- 워라밸을 살리는 빅사이즈 커피 (칸타타 콘트라베이스)
- 원두를 갈아 넣은 (칸타타스틱커피)
- 원두커피의 참맛 (로즈버드, 미원음료)
- 원료에서 배달까지 신선하게 (풀무원녹즙)
- 원초가 좋아 매일매일 건강한 맛 (동원양반김)
- 위스키의 자연주의 (슈퍼니카)
- 유기농작물을 쓴 고품격 이유식 (스텝리전트, 남양유업)
- 유럽 제1의 정통맥주 (칼스버그, 조선맥주)
- 유럽이 지켜 온 맛 (칼스버그)
- 유산균이 살아있는 고급우유 (파스퇴르우유)
- 육류, 생선을 맛있게 요리하는 조미액 (미향, 오뚜기식품)
- 은은하고 신선한 맛과 향 (마음의 休, 태평양)
- 이슬같이 깨끗한 다음날 (참이슬)
- 이제, 목으로 느낀다 (OB ICE)
- 이젠 요구르트가 아니라 이오입니다 (이오, 남양유업)
- 人間科學飮料 (POST WATER)
- 인간을 위한 고품격 우유 (미노스, 서울우유)
- 일등 냉장유통 주스 (아침에주스)
- 입 냄새 싹 (후라보노, 롯데)
- 잊혀져가는 어머니의 손 맛 (보리냉면)
- 자연의 맛 (깸파리소금)
- 작지만 큰 행복 (맥도날드 불고기버거)
- 장기능을 도와주는 (사과요구르트, 파스퇴르유업)

- 장 케어 프로젝트 (MPRO 3)
- 재미로 먹고 맛으로 먹는 (고래밥, 오리온)
- 적게 마시고 부드럽게 즐기고 (보해골드)
- 절대깔끔 (칭따오 라거)
- 절대생생 (칭따오 퓨어 드래프트)
- 젊은 생활의 욕심 (큐원, 삼양사)
- 정관장 여성전문 브랜드 (화애락)
- 정신차렷! (HOT6)
- 정통 아메리칸 도넛 (Krispy Kreme DOUGNUTS)
- 제대로 만든 종합 이유식 (맘마밀, 매일유업)
- 제대로 만든 크래커 (ZEC, 롯데)
- 종가집은 엄격하게 만듭니다 (종가집, 두산종합식품)
- 좋아해, 나도... (신전떡볶이)
- 좋은 것은 변하지 않습니다 (패스포트)
- 좋은 다원 좋은 녹차 (설록차, 태평양)
- 좋은 메밀가루 (맥선)
- 좋은 물 (백산수)
- 좋은 물 살아 있는 맛 (초정리광천수, 일화)
- 쥬스타임의 고단위 알로에 (알로엑스골드, 남양알로에)
- 지중해와도 바꾸지 않겠다 (칼튼힐, 진로)
- 직영목장에서 식탁까지 (신세계한우)
- 짜지 않고 맛 좋은 (리챔)
- 차고 깨끗한 (청하, 백화)
- 참치를 알면, 사조참치 (사조참치)
- 천연매실로 만든 건강음료 (매단, 보해식품)
- 천연의 맛 (알라스카수산물, 미국알라스카수산물협회)
- 첫사랑의 맛 (칼피스)
- 청정라거 (테라)
- 체내 클린음료 (해조미인, 동원산업)
- 체함 배탈 설사엔 (정로환)
- 초콜렛의 순수 이미지 (스위트하트, 해태제과)
- 취향존중 시대의 직장인을 위해 (칸타타 콘트라베이스 TEA)
- 카리브해의 정렬 (아세로라껌, 롯데제과)
- 카리브해의 향취와 낭만이 깃든 (럼·캡틴큐, 롯데칠성)
- 커피는 신선식품이다 (커피베이)
- 콘 속의 두 맛 (메타콘, 빙그레)
- 쾌변 (불가리스, 남양)
- 크리스마스엔 아이스크림 케이크 (베스킨라빈스)
- 크릴이 답이 되다 (동원 크릴오일70)
- 튀기지 않은 감자칩 (예감)
- 특수영양식품 (그린비아, 정식품)
- 특허받은 치킨 (충만치킨)
- 퍼팩트 파워 쉐이크 (칼로바이)
- 푸른 고원의 향기 (블루베리껌, 롯데제과)
- 푹 고아 낸 전통육수 (眞육수, 미원)
- 프랑스 정통의 OVEN FRESH (HEDIARD빵)
- 프리미엄 아이스크림 (그라시아, 빙그레)
- 하이트의 기술로 만든 프리미엄 생맥주 (LIVE生)
- 한국 제1의 먹는 샘물 (가야, 건영식품)
- 한식의 자존심 (비비고 죽)
- 함께하는 즐거움 (크라운맥주, 조선맥주)
- 향수보다 매혹적인 향, 실크보다 부드러운 맛 (임페리얼클래식)
- 형님 먼저 아우 먼저 (농심라면, 농심)
- 홍삼정의 면역력을 그대로 (정관장 에브리타임)
- 흔들어주세요! (써니텐, 해태)
- 힘찬 하루 (헛개차)

04 | 패션, 액세서리

- 100% NOT COTTON (TEKWARE)
- 100수 직물 최고급 신사복지 (텍스피아, 경남모직)
- 10대를 위한 파운데이션 란제리 (틴틴, 비비안)
- 18K 목걸이 그 정상의 아름다움 (리골드)
- 20대의 꿈꾸는 외출을 위하여 (요하넥스, 세미어패럴)
- 30대 여인의 새로운 경험 (아뜨레, 세미어패럴)
- 3중으로 보온되는 내의 (보온매리, 쌍방울)
- 90년대 패션 복지 (카멜텍스, 대한모방)
- A more intelligent approach to building shoes (new balance)
- American Natural Look (유니온베이)
- Big Thinking in Little Size (Weebok)
- Casual Inner Wear (에버틴스, 태평양패션)
- Character Jean (가쉽, 쌍방울)
- Clothes that will make you, not break you (DAFFY'S)
- CreActive Wear (XEXYMIX)
- Creation for a more beautiful world (KENZO)
- Designed to win (VIP DESIGNER)
- Down 중의 귀족 Down (DOWN HOUSE, 영원무역)
- ENJOY, TONIKS (TONIKS)
- European Stylish Outdoor (Lafuma)
- Fantastic Step With (Moon Star)
- Fit your style (renoma)
- For all walks of life (Allen Edmonds)
- For The Neo-Classical Look (index, 동주어패럴)
- GET A WORKOUT WHILE YOU WALK (fitflop)
- GO PLACES, DO THINGS (Hi-TEC)
- Higher education for younger feet (TODDLER UNIVERSITY)
- Hightopia를 꿈꾸는 (유토피아, 케이티상사)
- It's your brand (BIG JOHN)
- Jeans For Aggressive Woman (Sweet Camel)
- JUST DO IT (NIKE)
- LAST JEANS (JAMES DEAN)
- MADE FOR ACC (UNIQLO)
- MEN'S BETTER CLOTHING (HOE GINSBURG)
- Men's Casual Underwear (MARINER, 태평양패션)
- Modern British GolfWear (Heal Creek)
- NEVER STOP EXPLORING (THE NORTH FACE)
- never stop growing (Keds)
- NEWTRO SNEAKERS (TANK2)
- NICE TO Fit YOU (K2 하이킹 타이즈)
- PASSION ID : (PASSARDI)
- Play your own game (TOP FLITE)
- RICH & RELAX (자끄브리뜨, 에스에스패션)
- So Comfortable (JOCKEY)
- The Art of Movement (CABLE&Co)
- THE BEAUTY OF COMPORT (베니티페어)
- The brand that fits (LEE)
- The Feel Good (Keds)
- The Must Played Name in Golf (TOP FLITE)
- THE ONLY ONE ONLY (Wonderbra)
- TRUE STYLE (TRUGEN)
- UNITED COLORS OF BENETTONE (BENETTONE)
- Your best way to nature (KOLON SPORT)

- 가격은 100만원대 품질은 300만원대 (진도모피)
- 가격은 꼬마키! 품질은 엄마손! (아몽)
- 가족같은 골프웨어 (IMPERIAL)
- 가족의 꿈을 하나로 엮는 (쁘띠쁘랑, 거상어패럴)
- 가죽옷만의 자신감 (로즈느와, 라이프무역)
- 가죽패션의 명가 (세뇨리따, 월드패션)
- 가죽패션의 신귀족주의 (샤샤)
- 감성 캐주얼 (지프, 지프캐주얼)
- 강한 개성의 독특한 이미지 연출 (라마투라, GW KOREA)
- 개구쟁이의 맑은 꿈 (차일드림, 백양)
- 고감도 코오디네이트 SHOP (솔, 신세계)
- 고감도 하이캐주얼 (르느와르DONNA, 금강)
- 고객이 먼저 찾는 패션명품 (루비나)
- 고귀한 기품의 귀금속 브랜드 (마시모아, 라망)
- 고급 귀금속 전문 브랜드 (AGNES, M&F)
- 고신축성 복지 (에라스토, 제일합섬)
- 고품격 패션 악세사리 브랜드 (라망)
- 골프의 룰 (에스트라, 에스에스패션)
- 교풍과 전통을 함께 만드는 (스마트, 선경)
- 구김으로부터의 자유 (wrinkle free, 성도)
- 귀하의 자리를 더욱 빛내주는 정식예장 렌탈복 (더포멀, 캠브리지멤버스)
- 그 남자의 낭만을 느낀다 (다니엘 끄레미유, 동아실크)
- 그 여자의 자기발견 (디크라쎄, 서광모드)
- 그녀는 프로다. 프로는 아름답다 (베스띠벨리, 신원)
- 기분 좋은 구두 (귀족, 한국신발공업협동조합)
- 기품있는 여인의 멋 (에르모싸, 세계물산)
- 기품있는 지성미 (트리니트, 신세계)
- 깊고 단아한 여인의 클레식 (크레센도, 에스에스패션)
- 깜찍한 스쿨걸을 위한 (ROEM GIRLS)
- 꼬마숙녀를 위한 (미뉴에트, 성도)
- 꼬마신사 꼬마숙녀 (해피아이)
- 꿈과 사랑이 담긴 유아복 (훼밀리아)
- 꿈을 꾸는 아이들을 위한 아동복 (꼬끼네뜨, 신흥교역)
- 나도 너처럼 멋쟁이 (꼼므뜨와, 삼도물산)
- 나의 감각, 나의 표현 (레자망, 에스에스패션)
- 나의 삶을 디자인한다 (제이빔, 성도)
- 나의 주장, 나의 감각 (에스까드릴, 에스에스패션)
- 남성의 여유 (솔로, 라이프무역)
- 남성정장의 자연풍 (칼립소, 하이파이브)
- 남자가 아름다워 보일 때 (GALAXY, 제일모직)
- 남자의 주말 (위크앤드, 에스에스패션)
- 남자의 클래식 (이브생로랑, 에스에스패션)
- 남자친구와 함께 입는 옷 (티피코시, 반도패션)
- 내가 찾은 자유 (유니온베이, 신성통상)
- 내추럴 베이비 콜렉션 (팝아이, 대경통상)
- 내추럴風의 영파워 (썬리버블루진, 썬리버인터내셔날)
- 네파는 자유다 (네파)
- 넥타이의 새로운 (지엠젠틀맨, 지엠인터내쇼날)
- 뉴 트레디셔널 (MUS)
- 느낌이 좋은 홈패션 (포라이프, 한일합섬)
- 늘 산뜻한 오늘 (포엔모아, 에스에스패션)
- 다리가 길어 보이는 학생복 (아이비클럽, 제일모직)
- 도시감각의 3만원대 패션구두 (브랑누아)
- 도시감각의 타운 캐주얼웨어 (크라우드, 인우상사)
- 도시감성 리조트 캐주얼 (소노지아, 세정)
- 도시꼬마들의 자유연출 (Lusty, 아가방)
- 도시에서 만난 지성 이미지 (아이두, 동성브니엘)
- 도시의 솔리스트 (제스트, 상원어패럴)
- 독일 스포츠미학의 결론 (푸마, 몬테로사인터네셔널)

- 독특한 개성으로 표현되는 옷 (빅벨)
- 따뜻한 겨울을 여는 (에어메리, BYC)
- 라이프 스포츠 캐주얼 (팬텀)
- 러닝슈즈처럼 편안한 드레스슈즈 (비제바노소프트)
- 레저패션의 명문 (슈페리어, 보라매)
- 로데오 진 (랭글러, 에스에스패션)
- 마음에 남은 옷 (아비뇽패션)
- 마음을 이어주는 사람의 언어 (우단모피, 우모)
- 매혹의 패션브라 (오비앙)
- 멋 부리지 않은 듯이 멋이 나는 (캠브리지멤버스)
- 명문교의 정통을 이어가는 학생복 (에이스피리트, 세계물산)
- 모발의 혁명 (밀란)
- 모션수트 (프리모션, 네파)
- 모피에 관한 모든 것 (오영자모피)
- 무스탕은 오직 온리디스입니다 (온리디스, 디스)
- 미래의 엄마가 입는 사랑의 임부복 (쁘래나탈, 몽실)
- 바디패션의 예술품 (오르화)
- 바지 속의 정장 (제임스딘)
- 백만인 중의 한 사람만을 위한 디자인 (카운테스마라, 보라매)
- 변함없는 오랜 정성 (슬레진저, 에스에스패션)
- 불가능을 넘어 (Hi-Mo)
- 불란서풍 캐주얼 (뉴망, 에스에스패션)
- 블란서풍의 세련된 개성미 (이브생로랑, 에스에스패션)
- 비비안은 품질입니다 (비비안)
- 사랑과 행복의 패션침구 (님프만)
- 사랑을 준비하는 한 벌 (포엔모아, 에스에스패션)
- 사치와 품위를 구별할 줄 아는 이태리 명품 브랜드 (시실리안, 유행통신)
- 살아있는 이태리 감각 (꼬르넬리아니, LG패션)
- 삶의 특별한 자리에 (크레센도, 에스에스패션)
- 새로운 장르의 영마인드 패션 (샤데이, 신세계)
- 새로운 패션을 창조하는 심지 (코나퓨즈, 코오롱상사)
- 새로운 표현시도 (장프로필, 두림어패럴)
- 새롭고 강렬한 유혹 (샤빌, 쌍방울)
- 생동하는 캠퍼스 패션 (빠빠로네, 에스에스패션)
- 생동하는 캠퍼스 패션 (챌린저, 에스에스패션)
- 線으로 표현하는 패션의 자유魂 (레노마, 비제바노)
- 線이 매혹적인 구두패션 (비제바노)
- 선이 아름다운 옷 (베스띠벨리, 신원)
- 성공한 남자의 이미지 (YVSSAINTLAURENT)
- 성숙한 여인의 화사한 센스 (베르디체, 에스에스패션)
- 성실, 그것은 최고의 멋 (로얄드레스셔츠, 로얄어패럴)
- 성인용 안심 위생팬티 (디펜드, 유한킴벌리)
- 세계 신사가 원하는 정상의 상표 (내외샤츠)
- 세계 제1을 목표로 (르까프, 화승)
- 세계인의 우리내의 (비와이씨)
- 세계일류를 지향하는 (해피론, 고합상사)
- 세계적인 가방의 대명사 (샘소나이트)
- 세계적인 이태리 패션명품 (파올로구찌, 아가방)
- 소프트 패션거들 (하이뷰, 백양)
- 수예침구류 전문 브랜드 (아방스, 세아방)
- 수제화의 명문 (칠성제화)
- 순수세대의 영미스 캐주얼 (빠빠로네, 에스에스패션)
- 순수세대의 영미스터 캐주얼 (챌린저, 에스에스패션)
- 스위스에서 온 파스텔톤 유아복 유아용품 (베베쥬, 연우IMEX)
- 스타일 프로 (Callaway)

- 스페인산 오리지날 건강팔찌 (라이마)
- 스포츠패션의 정장 (엘레쎄, 한주통상)
- 스포티 캐주얼의 세계적 명품 (라코스떼, 서광모드)
- 新 우리의 옷 (이종익아트)
- 신감성 하이캐주얼 (파브리지오, 대농)
- 실용적인 시티패션 (베스트마인드, 신세계)
- 싱그러운 지성미 (트리니트플러스, 신세계)
- 싼포라이즈 가공한 (에로우셔츠)
- 아가의 꿈 (쏘쏘, 우미)
- 아가의 소중한 꿈 (베베드림, 백양)
- 아동 토탈패션 (한스와그레텔, 삼정훼미리)
- 아디다스가 만든 신사정장 (힐틀, 제우어패럴)
- 아름다운 나의 아미에 (아미에, 백양)
- 아름다운 생활, 아름다운 마음 (바라미, 진흥섬유)
- 아름다운 숙녀화의 발자취 (훼어레디, 비제바노)
- 아름다운 여인 (베아뜨리체, 신주어패럴)
- 아빠와 내가 똑같이 산 바로 그 신 (헉스, 성화)
- 아웃도어 전문기업 (나이스워크)
- 앵글로 아메리칸 캐주얼 (옴파로스, 세계물산)
- 양말도 옷이다 (SOCK STOP, 제미유통)
- 어깨가 편안한 정장 (바쏘, 세계물산)
- 어린이 제일주의 (버크, 그린벨패션)
- 어린이를 위한 어린이의 옷 (버크, 그린벨패션)
- 어린이의 꿈을 위한 아동복 (에뜨리앙, 홍선어패럴)
- 언더웨어의 귀족 (캘빈클라인, 태창)
- 언제나 새로운 스타일 패션진 (써지오바렌테, 삼도물산)
- 엄마가 만들어 아이가 행복해요 (해피랜드)
- 엄마를 위하여, 아가를 위하여 (홈프라자, 수진어패럴)
- 엄마사랑, 아빠사랑 (모닝베베)
- 엘레강스 유로패션 (에스까다)
- 여성용 패션 면내의 (뉴하이나, 백양)
- 여성이 선택한 남성 언더웨어 (질, 쌍방울)
- 여인의 기품을 완성하는 (진도모피, 진도)
- 열 벌보다 귀중한 한 벌 (비접착카디날)
- 영국 상류의 감각 (제인쉴튼, 에스에스패션)
- 영국 정통정신을 이어 온 신사숙녀복의 세계적 이름 (아쿠아스큐텀, 캠브리지맴버스)
- 영국이 낳은 스포츠의 귀족 (슬레진저, 에스에스패션)
- 예쁘게 걸어요 (캐리부룩)
- 예술감각의 패션명품 (삐에르가르뎅)
- 예술과 만나는 패션 핸드백 (그리페, 비제바노)
- 예술처럼 살아가는 그녀의 패션정장 (하이센, 에스더)
- 예술혼의 로멘티스트 (란찌)
- 오늘, 사랑을 느낄 때 (엘크레송, 크레송)
- 오랜 친구처럼 기분 좋은 옷 (메이폴, 나산실업)
- 온 가족의 패션내의 (트라이, 쌍방울)
- 우리 남성패션의 자존심 (지암비코, 지브이)
- 우리의 생각은 항상 앞서간다 (델시, 한국파크)
- 원숙한 여성의 품격 정장 (피코크로얄, 신세계)
- 원적외선 고급 양모침구 (캐쉬피아)
- 유러피안 스타일의 드레시 캐주얼슈즈 (디망쉬, 코오롱상사)
- 유러피안 캐주얼 (루벤스, 내외패션)
- 유러피안 캐주얼웨어 (아벤토, 군자어패럴)
- 유러피안 하이캐주얼 (꼼빠땅, 마담포라)
- 유럽감각의 신귀족주의 캐주얼웨어 (이니지오, 코오롱상사)
- 유럽발 패션 순수주의 (로렐)
- 유럽의 패션 (끄레아또레, 유림)
- 유럽풍 고급 아동복 (마이룩, 태창)

- 유럽풍 네오트레디셔널 (아벤토, 군자어패럴)
- 유럽풍 정통 캐주얼 (기라로쉬 캐주얼, 한주통상)
- 유럽풍 코디네이트 패션 (카운트다운, 에스에스패션)
- 유로피언 부띠끄 (LIFE MODE. 라이프무역)
- 이것이 정통 이태리 신사복 (보스렌자, 사광모드)
- 이너패션의 미학주의 (훼이버, 그라라상사)
- 이미지 자유연출 (코모도, 성도)
- 이제부터 MY SHIRTS (찰스쥬르당, 동양어패럴)
- 이태리 가죽패션의 살아 있는 신화 (안드레아까라노, 금강제화)
- 이태리 감성을 입는다 (RIFLE, 쌍방울)
- 이태리 마르조또사의 기술 (로가디스, 에스에스패션)
- 이태리 신사복 예술의 걸작 (니노세루치, 코오롱상사)
- 이태리 심미주의 캐주얼 (라우라비아조티, 삼도물산)
- 이태리 악세사리 명품 (analdo bassini, M&F)
- 이태리 최고의 고품격 정통 신사복 (카날리, LG패션)
- 이태리 패션명가 (FENDI)
- 이태리풍 코디네이션 아동복 (꼬모디따)
- 이태리풍의 패션 (마담쎈띠레, 유림)
- 이태리풍의 하이캐주얼 (메르꼴레디, 유림)
- 일본진의 名品 (BIG JOHN)
- 임산부용 전문 신발 (마티니트, 아가방)
- 입자 속옷 예스 (Yes)
- 자기 삶의 지휘자 (이솔리스트, 논노)
- 자기감각을 지켜가는 패션정장 (에스까드릴, 에스에스패션)
- 자기분야의 정상을 추구하는 남자들의 정장 (캠브리지멤버스)
- 자라나는 꿈나무를 위한 (금강아동화)
- 자연을 입히세요 (꼼므뜨와, 삼도물산)
- 자연파 캐주얼 (위크앤드, 에스에스패션)
- 자유감성 이태리패션 (페니블랙)
- 자유로운 골퍼의 개성표현 (캐싱, GM스포츠)
- 자유를 사랑하는 젊은 세대의 신사복 (엑스게이트, 캠브리지멤버스)
- 자유세대 감성 캐주얼슈즈 (벵가드, 화인)
- 자유세대를 위한 토탈 캐주얼웨어 (메시아, 한미양행)
- 자유연출 (시스템, 한섬)
- 자유와 개성 (코보, 우미)
- 자유의 감성으로 표현되는 케리어우먼의 자신감 (히세, 에스더)
- 자유주의 남성패션 (에스까드릴, 에스에스패션)
- 자유주의 액센트 진 (옵트, 삼도물산)
- 自由主義 이태리패션 (마렐라, 코리막스)
- 自由主義 이태리패션 (페니블랙, 코리막스)
- 전문 임부복 (마더후드)
- 전통의 순모복지 (그랑프리, 우성모직)
- 젊은 감성을 위한 자유주의 (엘르, 하이크리에이션)
- 젊은 날의 명예 (이랜드)
- 젊은 비즈니스맨의 품격 (바쏘, 세계물산)
- 젊은 여성을 위한 14K 악세사리 (쥬너스)
- 젊은 여성층을 위한 중저가 악세사리 (Amiga, M&F)
- 젊은 정장 (브룩스힐)
- 젊은 지성패션 (행탠, 서광모드)
- 젊은층을 위한 중저가 브랜드 (끄레오, 라망)
- 정상의 가죽패션 (니구, 성지양행)
- 정상의 최고급 순모복지 (리전트, 우성복지)
- 정장의 새로운 멋을 연출하는 (메조리노, 내외패션)
- 정직한 무스탕 (온리디스, 디스)
- 정직한 아이들 (이튼스쿨, 동선물산)

- 정통 신사화 (리갈, 금강)
- 정통 아메리칸 진 캐주얼 (랭글러, 에스에스패션)
- 정통 영국브랜드 (월드폴라, 리틀월드폴로)
- 정통예화 (비제바노웨딩슈즈)
- 정통유럽의 세계적인 아동복 (후케, 선명상사)
- 정통파 골퍼들을 위한 토탈 골프브랜드 (프로메이트, 국제상사)
- 좋은 사람들의 좋은 옷 (언더우드)
- 좋은 상품 좋은 가격 (파크랜드, 태화섬유)
- 좋은 생활, 좋은 느낌, 좋은 친구 (레노마)
- 주목받는 그녀의 패션 초이스 (실버코치, 성원어패럴)
- 중저가시대의 정장 (맨체스트, 신세어패럴)
- 지금은 아름다운 나이 (UVA, 진도)
- 지성골퍼의 필드예술 (레오날드, GM스포츠)
- 지적인 도시여성의 패션 파트너 (까뜨리네뜨, 서광모드)
- 진의 혁명, 유러피안 캐릭터 진 (아우프)
- 집에서 모시메리, 시원하게 삽시다 (모시메리, 백양)
- 첨단패션의 순모복지 (슈퍼스타, 우성복지)
- 첫 눈에 반해버린 프랑스 유아복 (압소바, 삼도물산)
- 최고급 여성 하이패션 언더웨어 (에센스, 태창)
- 최고로 키우세요 (베비라)
- 최고의 아름다움 곁엔 언제나 (리하우스, 동아실크)
- 친구처럼 좋은 옷 (바니조이)
- 침구, 수예패션의 귀족 (로자리아)
- 캐주얼 슈즈의 새로운 표정 (영에이지, 에스콰이아)
- 캐주얼의 클라이막스 (찰스허주니어, 신한인터네셔널)
- 캠브리지맴버스가 만든 새로운 가격대의 신사복 정장 (에딘버러, 캠브리지맴버스)
- 코디네이션 캐주얼 아동복 (그루빅)
- 코디네이션을 위한 패션 진 (베이직진)
- 클래식감각의 정통 골프웨어 (잭니클라우스, 코오롱상사)
- 클레식과 모던의 조화 (피코크, 신세계)
- 토탈헤어솔루션 (하이모)
- 트래디셔널 IVY look (아이비하우스, 신세계)
- 트레디셔날에도 格의 차이가 있다 (오스틴리드, 코오롱상사)
- 파리 오리지날 패션 (피에르가르뎅, 금강)
- 파리 정상급 패션란제리 (아미에 오바드, 백양)
- 파리신사의 드레스셔츠 (까르벵, 내외패션)
- 파리의 고전 (기라로쉬 정장, 한주통상)
- 패셔너블한 남녀 골프웨어 (발렌티노 가라바니, GM스포츠)
- 패션 아동복 (톰키드, 성도)
- 패션 커뮤니케이션 (OLLO)
- 패션감각의 고급 신사화 (갈란테, 비제바노)
- 패션감각의 신사화 (리차드, 금강)
- 패션무한주의 (클라이드)
- 패션순발력 (FREYA)
- 패션으로 만나는 순수 이태리 감각 (EMPORIO ARMANI)
- 패션으로 입는 아동 캐주얼 (왕자아동복, 삼도물산)
- 패션의 마지막 완성 (르느와르 핸드백, 금강)
- 패션의 시작입니다 (빅맨, 태창)
- 패션의 신복고주의 (오프리미츠, 유화)
- 패션의 조용한 혁명 (모리츠)
- 패션이 시작되는 곳 (골덴텍스, 제일모직)
- 패션자유주의 (옴쎄스, 하림어패럴)
- 패션자유지역 (브랑누아)
- 편안하고 따뜻한 (트라이보온메리, 쌍방울)
- 편안하고 섬세한 고전주의 (세루티)

- 편안하고 화려한 칼라표현 (볼페네베, GW KOREA)
- 편안한 패션내의 (트라이, 쌍방울)
- 편안함을 최우선으로 추구하는 비즈니스 슈즈 (이지워크, 영에이지)
- 편하고 활동적인 (베이스캠프, 성도)
- 편한 정장구두 (플렉스갈란테, 비제바노)
- 포스트모더니즘 패션 (페리엘리스, 일경물산)
- 품격을 더해주는 고품질의 귀금속 (Lucci, M&F)
- 품격주의 뉴욕패션 (Golden Arrow)
- 품위와 명예의 골프브랜드 (캐필드, 화승)
- 품질완벽주의 (마모스)
- 프랑스 리버레이스를 사용한 란제리 브랜드 (젤로스, 라망)
- 하드리안 人本主義 (하드리안, 진성물산)
- 하이브리드 워터레깅스 (안다르 에어쿨링)
- 하이패션 숙녀화 (르느와르, 금강)
- 한 땀 한 땀 명품정신이 깃든 (신세계잠옷)
- 한 땀 한 땀 정성을 다하는 (김숙진 우리옷)
- 한 번을 입어도 진도모피입니다 (진도모피)
- 한국의 상표 (프로스펙스, 국제상사)
- 한방 쑥 원적외선 사우나웨어 (헬스파, 행원산업)
- 합리적인 신세대를 위한 중저가 하이캐주얼 (NEWS)
- 행복을 주는 좋은 침구 (해피프랜드)
- 행복한 남자의 옷 (마에스트로, LG상사)
- 헌트 合理主義 (헌트)
- 헌트가 만드는 패션내의 (헌트이너웨어)
- 홈패션을 리드하는 (아델포스)
- 홈패션의 감각시대 (색동홈패션)
- 홈패션의 모든 것 (차밍홈, 삼정물산)
- 화려한 출발, 행복한 미래 (러보오그)
- 환상의 가죽 캐주얼 (솔로도로, 라이프무역)
- 활동파 비즈니스맨을 위한 소프트슈즈 (Mr. SOFT, 미스미스터)
- 히말라얀 오리지널 (블랙야크)

05 | 가구, 주방, 욕실, 인테리어

- 100% 천연양모 원적외선 방사 세라믹스 건강보조침구 (썬비라)
- 124년의 침대역사 (시몬스침대)
- 17세를 위한 감성 (씨티클럽, 라자가구)
- 1년 365일 땅 속 김장김치 맛 (딤채, 위니아)
- 21세기 최고의 녹즙기 (그린피아)
- 2천년대의 새로운 감각 (매리트가구)
- 30년 전통, 그 앞선 기술로 만든 (한일바이오김장독)
- 90년대의 새로운 감각 (매리트가구)
- A mattress like no other (TEMPUR)
- Lifestyle Store (casamia)
- SCANDINAVIAN FURNITURE (비아이피가구, 부일산업)
- Sold Exclusively at Sears Brand Central (KENMORE)
- Thank you, Haatz (Haats)
- The best table ware (골든벨)
- The Fine Art of Furniture (rausch)

- The way water is brought life (DELTA)
- We make bedrooms living rooms (Wamsutta)
- Well made ideas (Wells, KYOWON)
- You've Thought of It All (TEFAL)
- 가구의 명품 (삼익가구)
- 가구의 자연주의 (오크랜드, 코스타가구)
- 가스 오븐 레인지 (매직쉐프, 동양매직)
- 가정에 행복을 주는 (울트라믹서, 두레종합가전)
- 가죽소파의 명가 (라도소파)
- 간편하고 효과적인 정수기 (브리타, 삼익제약)
- 개성공간 창조 (스페이스나인)
- 건강보다 더 좋은 선물은 없습니다 (그린파워녹즙기, 태훈)
- 건강한 수면, 건강한 침대 (대진침대)
- 고감각 패션침대 (비방뜨)
- 고객의 사랑으로 발전하는 (레이디가구)
- 고광택 칼라 콤비네이션 가구 (하이콤비, 바로크가구)
- 기쁨이 넘치는 부엌 (인텔리전트키친 한샘유로)
- 깊고 깊은 잠 (목화스폴침대)
- 깨끗하고 맛있는 물 (옥천, 동안옥천)
- 꿈결같이 아름다운 편안한 침구 (샬롬, 聖三)
- 꿈의 나래를 편다 (그랜드침대)
- 꿈의 요리그릇 (캐릭스)
- 나를 알아주는 (코지마 안마의자)
- 냉전수기 냉정하게 선택하세요 (청호나이스정수기)
- 녹색기술 (리니어DIOS)
- 뉴오피스를 창조하는 (에르고, 서린오피스산업)
- 닦지 말고 씻자 (웅진룰루비데)
- 단순, 견고, 실용성의 상징 (CARL MEDING, 디아망뜨)
- 당신과 좋은 잠 사이 (슬로우, 일룸)
- 만능 녹즙기 (뉴그린파워, 태훈산업)
- 명가의 도자기 (도예방, 우성도예통상)
- 믿을 수 있는 코오롱 정수기 (헬스탑, 코오롱엔지니어링)
- 바로크 시스템 키친 (ISIS, 바로크가구)
- 바로크가 만든 새로운 침대문화 (RINASSENTO)
- 바로크가 펼치는 新주방문화 (ISIS, 바로크가구)
- 발효과학 (딤채)
- 붙박이장 전문가 (바움월)
- 브랜드 파워 1등이 만든 얼음정수기 (코웨이AIS)
- 사랑과 행복을 담은 원목가구 (모자이크)
- 사랑을 위한 작은 선택 (핑크하트)
- 삶의 가치! 가구가 내 생활을 바꾼다 (고양가구박람회 2020)
- 상쾌한 노크 (도비도스)
- 새시대 새가구 (동서가구)
- 생활 속엔 언제나 원목가구 (스피랜드)
- 생활 속의 가구예술 (리바트, 현대종합목재산업)
- 생활 인테리어 가구 (다다도프)
- 생활의 미, 공간의 멋 (우디라이프)
- 생활창작 (일룸)
- 세계 속에 동양을 심는 (동양도자기)
- 세계 속의 한국의 자랑 (에이스침대)
- 세계최초 자동순환 & 3Way 밸브방식 (가정용냉온정수기)
- 세정력이 보이는 비데 (novita)
- 소리 없이 전해지는 작은 정성 (그린파워녹즙기, 태훈)
- 소비자가 원하던 꿈의 가구 (다나머피침대)
- 순수이온 녹즙기 (그린파워녹즙기)
- 순수함이 돋보이는 원목가구 (렘브란트, 동화산업)

- 스웨덴이 만든 최고의 강화마루 (PERGO)
- 시스템가구의 대명사 (SYSTEMA, 디아망뜨)
- 신가치 창조 신생활 가구 (레이디가구)
- 신세대 네오클라식가구 (네오네이, 마로니가구)
- 신세대를 위한 바로크 캠퍼스 (엔젤라, 바로크가구)
- 신소재 시스템키친 (하넥스볼, 한화종합화학)
- 실로 놀라운 대답이 펼쳐집니다 (ANSSiL)
- 실버스톤 가스레인지 (매직탑, 동양매직)
- 썬퍼니처의 명성 그대로 (썬우드가구, 선창산업)
- 안전하고 깨긋한 첨단 전자조리기 (하모니쿠커, 동룡물산)
- 안전하고 깨끗한 첨단 전자조리기 (멜로디쿠커)
- 앉음마부터 좋은 자세로 (molti)
- 앞선 감각으로 새로운 생활을 창조합니다 (바로크)
- 앞선 생각, 앞선 가구 (동서가구)
- 예쁘고 깜찍한 가구 (골드웰, 금정산업)
- 예술가구의 명가 (라도가구)
- 오늘의 밀폐용기 (Glasslock)
- 오목한 우리그릇도 말끔히 (한국형식기세척건조기, 금성)
- 요리의 끝 (스마트 카라)
- 요즘 빨래엔 (한입세제)
- 우등생 가구 (하바드, 삼익가구)
- 웃음이 피어나는 주니어 가구 (하모니, 신성기업)
- 원목 수공예 전문생산 (세원가구)
- 원목 패션가구 (화인하우스)
- 원목가구의 자존심 (에시에원목가구)
- 유로 퍼지 김치 숙성고 (딤채, 위니아)
- 銀처리된 야자껍질 항균활성탄의 깜찍한 정수효과 (로카정수기, 삼성제약공업)
- 이태리 모던 아트가구 (마르카)
- 이태리 정통가구 (샤티스, 월가구산업)
- 이태리 최고의 법랑욕조 (아리스톤, 동서산업)
- 인간공학과 가구미학의 결정 (스위스침대)
- 인테리어의 시작입니다 (did)
- 자기혁신, 기술혁신 (대목가구)
- 자연 그대로의 생활가구 (베네우드)
- 자연 속의 원목가구 (스칸디아, 스칸디아통상)
- 자연스러움이 가득 담긴 원목가구 (DIADE)
- 자연을 담은 웰빙 인테리어 (자연미학, LG홈쇼핑)
- 자연의 감각, 원목의 예술 (리드, 정우산업)
- 자연이 만든 꿈의 생활공간 창조 (아넥스월드)
- 자연이 사는 마루 (구정마루)
- 자연주의 명품 매트리스 (에코나프)
- 자화생성 정화 정수기 (그린파워, 태훈산업)
- 작고 막강한 가스렌지 (빅화이어, 조디악산업)
- 장인의 정신과 혼이 깃든 짜맞춤 가구 (노송가구)
- 저염도 냉장과학 (LG김장독)
- 젊음을 위한 가구 (쥬노브)
- 정수기, 바꿀 땐 제대로 (wells)
- 정수기의 대명사 (청호나이스정수기)
- 정수방식이 깐깐한 (웅진코웨이정수기)
- 정통 독일 도자기 (빌레로이 · 보흐)
- 정통 수공예 가구 (모리스가구)
- 정통 수공예기구 예술을 추구하는 (마리나가구)
- 정통 유러피안 부엌가구 (토탈키친)
- 좋은 원목가구 화인으로 꾸미는 (화인하우스)
- 좋은 침대, 바른 침구 (대진썰타침대)
- 주방속의 예술감각 (키친아트)
- 주방의 귀족 (퀸센스, 세신실업)
- 주방의 꽃 (키친플라워, 남양스텐레스)

- 지압봉 등받이 방석 (오굳, 오라이트)
- 차이를 존중하는 시스템키친 (ISIS, 바로크가구)
- 천단 기술 첨단 디자인 (금성시스템키친)
- 첨단 부엌 가구 (에넥스)
- 최고 경영자를 위하여 (프레지던트클레식, 퍼시스)
- 최고의 생활공간을 창조하는 (궁전침대)
- 친근한 멋, 신선한 느낌 (LEEHAUS, 신일기업)
- 침구 수예패션의 귀족 (로자리아, 삼경제일물산)
- 침대는 과학입니다 (에이스침대)
- 침대용 침구의 모든 것 (대진프로퍼퍼)
- 침대의 마지막 선택 (B&B, 비앤비침대)
- 커피향이 느껴지는 원목가구 (마론핸즈)
- 코웨이, 엄마를 부탁해 (코웨이, 웅진)
- 쿠쿠 인스퓨어 직수정수기 (쿠쿠 인스퓨어)
- 크고, 깊고, 편리한 싱크볼 (하넥스볼, 한화종합화학)
- 탄탄해서 편안한 침대 (황실침대슈퍼플러스)
- 테팔과 함께 최고가 되십시오 (테팔)
- 토탈리빙 패션용품 (투모로우, 신세계)
- 틀림없습니다 (청호나이스)
- 패셔너블의 원목가구 (아트피아)
- 패션 문고리 (지·센트, 항상공업)
- 패션이 숨쉬는 가구 (파란들)
- 편리함의 (웰릭스 음식물처리기)
- 푸른 자연, 푸른 생활 (그린파워녹즙기, 태훈)
- 풍요로운 주방의 파트너 (샤인하트, 현대주방)
- 프랑스의 주방을 지켜 온 명품 (테팔)
- 프리미엄 라텍스 매트리스 (Diarin)
- 하이패션 부엌가구 (차밍퍼니처)
- 한번 더 케어 (루헨스)
- 행복이 시작되는 곳 (마른자리, 지우)
- 환상의 공기방울 스프링 (핀코아침대)
- 휴식가전도 역시 (CERAGEM)

06 | 가전, 전자, 정밀기기, 음향기기

- 1등 바람 1등 에어컨 (LG휘센)
- 24시간 주부를 편안하게 하는 (삼성 하이폰)
- 4계절 에어컨 (삼성하우젠ZERO)
- 4원색 수퍼플랫 브라운관 (금성 아트비전)
- 80% 절전되는 전구 (롱세이브, 필립스)
- AwaKe the Greatness (AKG)
- Beautiful Life, Beautiful Computer (마이지니, IPC)
- Best Quality, Best Price (헬리우스)
- CREATIVE FILTER SYSTEM (COKIN)
- Da bin ich gut beraten (BOSCH)
- Digital Photo Image (EPSON)
- EVERYWHERE YOU WANT (PASECO)
- GO WITH THE (Flow7)
- HARDWEAR FOR FEET (TUFFS)
- How the big shots take snapshots (OLYMPUS)
- IC카드가 창조하는 미래형 전자수첩 (매니저)
- IF YOU WANT GIVE MORE THAN TIME, GIVE (HAMILTON)
- It's different (sky)
- just slightly ahead of our time (Panasonic)

- LDP 컴포넌트의 정상 (르네상스오페라, 삼성전자)
- LG 생활가전의 스마트 기술 (SMART THiNQ)
- Life is Cool (WHISEN)
- Neighbour's envy, owner's pride (ONIDA21)
- No.1 IN U.S.A (TIMEX)
- No.1의 혁신 (LG gram17)
- NOTHING BUT NEW! (i STATION)
- NOVITA는 주부의 '삶의 質'을 생각합니다 (노비타, 삼성전자)
- OFFICIAL TIMEKEEPER (OMEGA)
- PC는 달라도 모니터는 샘트론 (샘트론, 삼성전관)
- Quality Line (UNITEL, 삼성데이타시스템)
- The Automatic Shut-Off Iron (BLACK & DECKER)
- The color connection (캐논)
- The Computer Inside (Intel)
- The creator of digital colour (캐논)
- The Freedom at one (Librex)
- THE SCIENCE OF SOUND. For Music Lovers (Technics)
- THE SIGN OF EXCELLENCE (OMEGA)
- time on skin (LORENZ)
- TV의 기적이 시작된다 (SMART TV, Samsung)
- We do what no other kind of camera can do (Polaroid)
- We take the world greatest pictures (Nikon)
- We'll Open Your Eyes (RCA)
- 가마솥의 구수한 밥맛 (금성 가마솥전기밥솥)
- 가장 간편한 예약녹화 방식 (금성 캡션G코드VTR)
- 가전, 작품이 되다 (LG SIGNATURE)
- 가족을 이어주는 DSLR (캐논650D)
- 건조는 물론 살균, 소독까지 (삼성 살균의류건조기)
- 걸면 걸리는 (걸리버)
- 고감도 무선전화기 (금성 테크폰)
- 고품격 가전 생활용품 (노비타, 삼성전자)
- 공기처럼 가벼운 스마트 (Mi)
- 국내 최초 원바디 세탁건조기 (LG TROMM 워시타워)
- 굿바이 스트레스 (스마트카라)
- 기능은 만능레인지! 사용은 간단레인지! (삼성 전자레인지 간단Q)
- 기술은 뛰어나게, 가격은 실속있게 (금성 뚝배기전자레인지)
- 꼬임은 적어지고 양복까지 깨끗하게 (대우 공기방울 세탁기 Z)
- 나의 청춘, 나의 시계 (마리안느, 동방시계)
- 난방은 물론 건강까지 생각하는 (대우 건강팬히터 쾌적)
- 내쇼날 브라운관의 세계화질 (아남 와이드TV)
- 냉장고보다 더 필요한 냉장고 (LG DIOS 얼음정수기 냉장고)
- 냉정수기 냉정하게 선택하세요 (청호나이스정수기)
- 노트북에서도 대우가 앞서갑니다 (프로라이트, 대우통신)
- 놀라운 5G, 듀얼로 제대로 (LG V50 ThinQ)
- 다른 차원의 커피가 탄생한다 (버츄오)
- 다양한 악기 원음소리 (삼익 디지털 피아노)
- 다이제스트와 G코드가 하나로 (금성 VTR더블)
- 대한민국 노트북의 대명사 (아이넥스, 내외반도체)
- 대한민국 물걸레 청소기 (HUSTORM)
- 둥글이가 싹싹, 온 집안이 반짝 (금성 청소기둥글이)
- 따뜻하게 사람들을 모아주는 (린나이 가스난방기구)
- 리모콘 + 실버스톤코팅 + 3버너1그릴 (금성 가스레인지퀸)

- 많은 사용자들의 이구동성, 성능에서도 아이넥스는 단연 최고입니다 (아이넥스, 내외반도체)
- 말하는 전자 英英韓사전 (잉글리쉬마스터)
- 맑은 소리 고운 소리 36년 (영창피아노)
- 멀티 채널 스테레오 미니 콤포넌트 (코지, 태광에로이카)
- 멀티미디어 시대 대형 모니터도 (SyncMaster, 삼성전자)
- 몰입을 통해 위대함을 일깨우는 '서운드의 힘' (AKG)
- 몰입의 즐거움 (소니WF 1000Xm3)
- 무선전화기 개념을 바꾼다 (태광무선전화기)
- 바로 바로 공기체크 (위니아공기청정기)
- 버튼 하나로 홀에서 주방까지 계산하는 (매직카운터, 삼원전자)
- 복사기가 복덩어리 (신도리코복사기)
- 본격 PC 통신 포스서브 (POS-SERVE, 포스데이타)
- 본격 스포츠워치 (뷰렛, 삼성시계)
- 볼수록 빠져듭니다 (Xcanvas)
- 불꽃 없는 안전 전자조리기 (INDUCTION RANGE, Narumi)
- 불꽃 없어 깨끗하다! 안전하다! (삼성 전자조리기)
- 비벼 빨고 뒤집어 빨고 (손빨레세탁기, 삼성전자)
- 빨래, 널지 말고 트롬 건조하세요 (LG TROMM 건조기)
- 새로운 세상을 만나는 창 (SyncMaster, 삼성전자)
- 색, 다른 시작 (LG VELVET)
- 생활을 제습하다 (위닉스 뽀송)
- 생활을 편리하게 (오트론후리콘)
- 생활의 여유, 함께하는 (필로스, 아남시계)
- 성장기 청소년용 안마의자 (HIGHKEY)
- 세계 신규격 TV (명품+1, 삼성전자)
- 세계 최고의 혈당 및 콜레스트롤 동시 측정 (아쿠트렌드 · 지씨)
- 세계에서 먼저 인정받은 (렉시컴 수퍼2000, 한솔교역)
- 세계인의 오디오 (SHARP)
- 세대에서 세대로 이어져 온 (훼브르바)
- 세상을 바꾸어 갑니다 (씨멘스 트렌스포테이션, 씨멘스)
- 세탁펀치로 엉킴없이 때 잘 빼는 (금성 카오스세탁기 팡팡)
- 소중한 가정을 지켜주는 첨단 파수꾼 (대우 아이큐홈)
- 소프트웨어 새문화 창조 (QDS, 큐빅스데이타)
- 손안의 멀티미디어 (PDA멀티X, LG전자)
- 純音(순음) 오디오 (델타, 아남오디오)
- 스위스 시계철학의 완성 (라드, 한서시계)
- 스위스 전통 고급시계 (로다니아, 로렌스시계공업)
- 스위스 정통 손목시계 (에니카, 아동산업)
- 시간 이상의 것을 원하신다면 (HAMILTON)
- 시계예술을 추구하는 (시닉스시계)
- 시계의 명작 (갤럭시, 오리엔트)
- 신선한 생녹즙과 함께 (마마쥬서기, 마마전기)
- 신세대 예물시계 (라마쥬, 오리엔트)
- 신세대를 위한 베스트 AV (금성 AVEST)
- 신세대를 위한 전문 오디오 (금성 미니스타)
- 신세대를 위한 초미니 HiFi (금성 환타지아 미니스타)
- 쓸고 닦고 물걸레 청소까지 한 번에 (금성 물걸레청소기둥글이)
- 쓸고 닦는 한국형 세탁기 (물걸레청소기, 금성)
- 아이나비가 만든 또 하나의 No. 1 (아이나비 블랙박스)
- 알뜰아빠, 알뜰주부의 명콤비 (마마콤비자, 마마전기)
- 압도적 1위 (LG 올레드 TV)
- 압도적 기술 (휴테크)
- 약탕기의 대명사 (대웅약탕기, 대웅전기산업)
- 언제 어디서나 당신의 벗 (금성 라디오)

- 엉키지 않는 (매직세탁기뉴봉, 동양매직)
- 여성이 행복한 스마트폰 (EVE)
- 영상예술과 하이테크의 만남 (포토피아, 아남산업)
- 영원한 명품 (갤럭시, 오리엔트)
- 오래 써서 롱, 절약해서 세이브 (롱세이브, 필립스)
- 우리 고유의 찌개 맛 (금성 뚝배기전자레인지)
- 우리나라에서 제일 작은 카세트 라디오 (자코, 남화)
- 우리의 첫 가전 (삼성신혼가전)
- 워드프로세서의 베스트셀러 (르모, 대우)
- 워드프로세서의 頂上 (삼성워드)
- 원적외선이 나오는 (삼성 바이오TV)
- 위생건조는 물론 보송보송하게 말려준다 (금성 빨래 건조기)
- 유무선 겸용 자동응답 전화기 (아망떼, 대우통신)
- 유무선 동체선언 (바텔올인원, 나우정밀)
- 유아학습 전용 컴퓨터 (토토콤, 대한교육정보)
- 이동은 자유롭게, 생활은 편리하게 (유공가스캐비넷 히터)
- 이야기가 담긴 시계 (알펙스, 아남시계)
- 인터넷으로 앞서가는 신개념의 통합 소프트웨어 (훈민정음)
- 일등상품, 일등A/S (세기보청기)
- 일반용지 팩스에도 차이가 있습니다 (오피스마스터, 삼성전자)
- 자외선 칫솔 살균기의 혁신 (에센시아)
- 잘 걸리고 잘 들립니다 (금성 핸디폰셀스타)
- 전자사전 개척자 (렉시컴 수퍼2000, 한솔교역)
- 전화, 팩스의 만능 해결사 (수퍼텔레비서, 삼성전자)
- 젊은 야성의 시계 (쟈가포카스)
- 젊음의 레저 스포츠시계 (돌핀, 한독)
- 젊음의 패션시계 (샤갈, 오리엔트)
- 정보시대의 세계적인 파트너 (샘트론, 삼성전관)
- 정수기, 바꿀 땐 제대로 (wells)
- 정통 스위스 스포츠 워치 (태그호이어, 미림상사)
- 정확하고 멋있는 (오리엔트시계)
- 좋은 미니 콤포넌트 오디오 (핌코, 인켈)
- 좋은 시계, 좋은 시간 (대림시계)
- 지성패션 예물시계 (조이너스시계)
- 직수의 케어를 넓히다 (RUHENS)
- 집중력 향상에 도움을 주는 (엠씨스퀘어알파, 대양이 엔씨)
- 찌든 때는 쏙쏙, 옷감은 보들보들 (대우 공기방울세탁기 파워)
- 차원이 다른 (LG 올레드 TV)
- 차원이 다른 무선 청소기 (LG 코드제로 A9)
- 천만인의 컴퓨터 (대우 컴퓨터)
- 첨단 무선호출기 (이지콜)
- 첨단기능과 디자인의 완벽한 조화 (씨멘스)
- 초 프리미엄 가전 (LG SIGNATURE)
- 초소형, 초저가 (대우 유니팩스 띠아모)
- 초저가 핵기능 팩시밀리 (하나1020, 동양전자통신)
- 최고급 신소재로 시간미학을 창조하는 (비제바노시계)
- 칸칸마다 신선하게 김치는 더 맛있게 (삼성 바이오냉장고 칸칸)
- 컬러 프린트용 다기능 팩시밀리 (오피스마스터, 삼성전자)
- 컴퓨터 애호가의 동반자 (드래곤소프트컴퓨터)
- 코어탄력을 세우는 (LG프라엘)
- 통이 돌아 통째로 비벼줍니다 (통돌이, LG전자)
- 통이 두꺼워 밥맛이 좋은 (코끼리표 보온밥솥, 삼성전자)
- 트롬 건조는 사랑입니다 (LG TROMM 건조기)
- 틀림없습니다 (청호나이스)

- 패션시계의 깊음 멋 (샤갈, 오리엔트)
- 프로페셔널 오디오 (롯데매니아)
- 프리미엄 프라이빗 가전 (LG Objet)
- 피아노의 하이파이, 건반 위의 오케스트라 (벨로체, 대우전자)
- 하얗게 하얗게 새하얗게 (대한무지개세탁기)
- 한국 지형에 정확한 골프 레이저 (보이스캐디SL2)
- 한국인의 시계 (동방시계)
- 혁신 미래형 오디오 (마인즈360CDG, 태광산업)
- 혁신은 그런 것이다 (VEGA S5)
- 현이 길어 깊고 부드러운 소리 (독일형삼익피아노)
- 현장을 뛰는 멀티미디어 전략 (센스, 삼성전자)
- 확실한 컴퓨터 (OK컴퓨터)
- 힘 좋은 세탁기 (매직파워세탁기)

07 | 자동차, 오토바이, 자전거, 금고, 기계

- 70%는 바다를 건너갑니다 (스포티지)
- 8일 모심기에 가장 적합한 (국제산파이앙기)
- A Car Ahead (HONDA)
- All my interest (KIA morning)
- Amazing Compact (SELTOS)
- Better, All-Ways (KUMHO TIRE)
- classy utility vehicle (Korando)
- Confidence in Motion (SUBARU)
- Different Premium (SM3)
- Dignity & Intelligence (THE K9)
- Discover the Difference (르노삼성자동차)
- Drive the 1 (Tucson ix)
- driving emotion (한국타이어)
- driving science (HYUNDAI MOBIS)
- Dynamic Sporty Sedan (ACCORD)
- Everyday Casual (LANDROVER)
- EXPERIENCE AMAZING (LEXUS)
- FIND NEW ROADS (Chevrolet)
- Fun to drive (TOYOTA)
- Go Further (Ford)
- It's Always There (AMBASSADOR)
- Leader of Hybrid (PRIUS)
- LIFE TOGETHER (NISSAN)
- LOVE. LIFE. (CHEVROLET)
- Master's Way (THE K9)
- New Performer (SOUL Booster)
- PLAY WITH CIRCLE (K5)
- Premium Movement (REXTON W)
- Sexy & Smart (CRUZE5)
- SPORTS PRIDE (VITRO)
- The best or nothing (Mercedes Benz)
- THE HIGH-END (New Accord)
- The new basics (AVANTE)
- The Original German (Volkswagen)
- The Relentless Pursuit of Perfection (LEXUS)
- TRUE PRESTIGE (EQUUS)

- VIEWtiful (KORANDO)
- We only think cars (SSANGYONG MOTOR)
- What Drives You? (New PEUGEOT 508)
- World-class Premium (New SORENTO R)
- 가족의 사랑이 있는 중형세단 (캐피탈)
- 가치를 아는 사람, 당신은 다릅니다 (SM5)
- 강하고 멋진 차 (에스페로)
- 고감각 파워세단 (세피아)
- 고품격 네오클레식세단 (브로엄)
- 귀한 분을 위한 귀한 차 (재규어)
- 나는 나, 티코를 탄다 (티코)
- 나의 꿈, 나의 차 (프라이드)
- 높은 안전도와 실용성의 조화 (갤로퍼)
- 누가 타도 당당하다 (아토즈)
- 다이나믹한 드라이빙의 즐거움 (혼다)
- 달리는 合理主義 (피아트크로마)
- 당신의 깊이 그것은 렉서스의 힘 (렉서스LS430)
- 대한민국 CEO (CHAIRMAN)
- 더 멋있게, 더 안전하게 (뉴르망)
- 도심 속의 미니 자가용 (파트너, 효성기계공업)
- 리더의 가치 (New Accord)
- 매년 연속 국내 공급률 1위 (국제조파이앙기)
- 명품의 정신, 명차의 감동 (수퍼살롱)
- 모든 세단이 꿈꾸는 세단 (OPIRUS)
- 몸과 마음의 평화 (SM3)
- 무압관수식 급탕 난방 온스기 (싱크로히타, 대훈보일러)
- 無限生活 승용차 (스포티지)
- 미래를 달리는 전기차 (BOLT EV)
- 믿을 수 있는 차 (VOLVO)
- 복사기가 복덩어리 (신도리코복사기)
- 삶이 여유로운 차 (무쏘)
- 새로운 멋 새로운 기쁨 (베스타)
- 새로운 세대, 새로운 차 (티코)
- 생각만 해도 (SM3)
- 생명을 소중히 하는 차 (VOLVO)
- 생활 속의 멋과 여유 (르망)
- 생활 속의 좋은 차 (르망)
- 세계 최고의 명성 (국제존디어트랙터)
- 세계가 함께 타는 (프라이드)
- 세계에서 가장 안전한 차 (VOLVO)
- 세계인의 비즈니스카 (베스타)
- 세계정상급 화물트럭 (라이노)
- 세상을 달리는 나만의 방식 (The New TRAX)
- 세상이 부드러운 이유 (EF소나타)
- 수확기의 왕자 (국제콤바인)
- 쉿! (레간자)
- 승용차 감각의 트럭 (1톤와이드봉고)
- 승용차에 도전한다 (바네트)
- 시간, 공간, 효율 극대화를 추구하는 (KMC모노트랙, 한국종합기계)
- 神들의 산책 (RODIUS)
- 신세대 충격흡수 자전거 (파워펌프, 스마트자전거)
- 신속하고 정확한 혈당 측정기 (야큐트렌드, 녹십자베링거만하임)
- 神話의 승용차 (롤스로이스)
- 안전과 야성의 자부심 (갤로퍼)
- 안전한 차, 아름다운 차 (지바트, 파커스)
- 야구처럼 (기아자동차)
- 역사와 전통을 자랑하는 (사자표 중앙금고)
- 완벽을 향한 끊임없는 추구 (렉서스)

- 우리 시대 최고의 승용차 (BMW)
- 유러피안 프레스티지 카 (포텐샤)
- 이제는 新중형세단의 시대 (에스페로)
- 잊을 수 없는 감동 (Mercedes Benz)
- 자동차 생활이 바뀝니다 (드림넷, 대우자동차)
- 자연주의 본격 RV (Korando)
- 전세계 렌터카의 시작 (원카)
- 절약시대의 미니 커피머신 (유니마트, 유니코산업)
- 정통 가스보일러 (대성쎌틱)
- 정통의 승용차 (재규어)
- 좋은 사람이 있으니까 볼보가 있다 (VOLVO)
- 중형트럭의 대명사 (2.5톤점보타이탄)
- 질주본능 (라노스)
- 차를 아는 사람들의 선택 (스바루)
- 최고가 최고를 낳습니다 (누비라)
- 최고의 순간은 당신으로부터 (Ford Explorer)
- 특수금고 취급하는 (대웅금고)
- 파워로 안락함으로 선택하는 (트레이드)
- 편리한 생활 따뜻한 우리집 (경동보일러)
- 프로페셔날 수퍼세단 (콩코드)
- 하이크래식의 자부심 (프린스)
- 한 톨의 낱알도 소홀함이 없이 (국제바인더예취기)
- 현대생활을 리드하는 차 (포니)
- 혼라이프 SUV (VENUE)
- 힘과 성능에서 앞선 (국제트랙터)
- 힘차게, 빠르게, 안전하게 (엘프II)

08 | 공산품, 화학약품

- 20년, 500만개의 실적이 효능을 확인하는 (바이오 보원벨트)
- 47년 전통과 앞선 기술의 결정 (노루표페인트)
- 80% 절전되는 전구 (롱세이브, 필립스)
- AI 로봇으로 일터를 돕는 (DIGICO KT)
- At your side (brother)
- Better All-Ways (KUMHO TIRE)
- BIO 세라믹 고무장갑 (쎄라손, 보성라텍스)
- cars love (S-oil)
- Fresh look (CC랜즈)
- Healthy House (LG모젤벽지)
- We made ot first. We make it last (SKILSAW)
- Welcome Home, It's Digital (GATEMAN)
- 강력 습기제거제 (Mr.코끼리, 코끼리화학)
- 강력 습기제저제 (물먹는 하마, 옥시)
- 고급차를 위한 타이어 (세렉스, 금호타이어)
- 공간을 새롭게 연출하는 (FAMILY DOOR, 삼익목재)
- 구두솔이 달려 있는 핸드백 속의 구두약 (레이디, 말표산업)
- 깨끗하고 선명한 첨단 광고용 신소재 (골든플렉스, 한양화학)
- 깨끗한 우리집 고무장갑 (마미손)
- 깨끗한 즐거움 (크린랩)
- 남극 하늘의 진주빛 펄 칼라 (클래식, 진양)

- 남자는 최고를 원한다 (질레트센서)
- 내 차를 바꾸는 오일 (에쓰오일7)
- 내손 같이 부드러운 가정용 고급장갑 (핸디, 옥시)
- 냄새없는 의류용 고급 방충제 (풀사리, 한농)
- 냉장고 전문 강력 탈취재 (냄새먹는 하마, 옥시)
- 누구나 쉽게, 어디서나 편리하게 (레미탈, 한일시멘트공업)
- 단열과 방음이 뛰어난 프라스틱 창호 (골든홈샤시, 한양화학)
- 달리는 첨단 기술 (금호타이어)
- 대한민국 1등 요소수 (유록스)
- 대한민국 습기 제거제 (물먹는하마, 옥시)
- 마음까지 닦아주는 부드러움 (크리넥스)
- 맑고 건강한 환경을 창조하는 (산도깨비, 대왕실업)
- 멋과 품위로 선택하는 (한국타이어)
- 모방할 수 없는 세계 첨단 전지전자 순간온수기 (에너지테크, 억조)
- 문화생활을 창조하는 (에어로, 에어로케미)
- 물만 부어 사용하는 드라이몰탈의 대명사 (레미탈, 한일시멘트공업)
- 미래를 달린다 (우성타이어)
- 바닥장식재의 보석 (에머랄드, 한양화학)
- 바닥장식재의 여왕 (에머랄드, 한양화학)
- 밝은 빛, 부드러운 빛 (소프톤, 필립스)
- 범죄예방! 0.1초 만의 해결책 (스크리머, 와이즈시스템)
- 베란다를 산뜻하게 바꾸어 드립니다 (동진알루미늄, 동진금속)
- 본격 타이어 펑크 방지제 (매직실, 용진매진)
- 사서 바로 쓰고, 충전해서 또 쓰는 건전지 (알카바, 영풍)
- 삼파장 형광 램프 (장미전구, 신광기업)
- 새로운 시스템 욕실 (앙상블, 한양화학)
- 생명이 숨쉬는 마감재 (ALPHA bioceramic)
- 생생한 칼라는 역시 (후지필름)
- 생활공간을 위한 패션플로아 (루미너스, 진양)
- 생활 연구소 (크린랩)
- 생활의 편리함을 드리는 (대일홈테이프세트)
- 세계와 경쟁하는 우리의 타이어 (한국타이어)
- 세계인의 생활 속에 신뢰를 심어요 (swallow, 흥아타이어)
- 센스있고 지혜로운 주부의 선택 (쏠라륨, 진양)
- 소리 지우는 방음 바닥재 (소리지움, 한화종합화학)
- 신개념 겨울 타이어 (아이젠, 금호타이어)
- 新주거문화 창조 (하마로이드, 옥시)
- 알루미늄 부식방지를 위한 최고급 부동액 (패놀, 금호타이어)
- 어린 모 중기 제초제 (마루리, 한농)
- 어린이용 안전시트 (아가야, 삼송)
- 언제 어디서나 다목적 텐트 (에니텐, 동양금속)
- 언제 어디서나 (화운틴, 화운틴캐미칼)
- 엔지내부코팅제 (즐립50, 상아앤드참)
- 오래가는 건전지 (듀라셀)
- 온돌 마루판 (하투드, 성창기업)
- 옷장용 방충제 (뉴나코끼리, 코끼리화학)
- 우리집 멋쟁이 (럭키디자인시트, 럭키)
- 원적외선 바이오 침구 (파빅스 이불, 선우)
- 원적외선 음이온 건강침구 (파빅스 드리미랜드, 선우)
- 원적외선이 나오는 (보성벽지)
- 유럽풍 낭만칼라 (아그파, 제일합섬)
- 유해전자파 중화장치 (뉴트랄, 벽산뉴트랄)
- 음이온 풍수벽지 (이온의집)
- 인간을 위한 바닥재 (LG베스트빌)

- 인간을 위한 휴먼 타이어 (미쉐린)
- 인조잔디로 만든 자동차매트 (핸디매트, 코오롱)
- 인체에 무해한 LLP-PE랩 (바이스탈랩, 새론)
- 적은 연료비, 거뜬한 파워 (가스부스터, 일동제약)
- 전자제어 코골이 방지베게 (스탑콜, 중외제약)
- 전통 한지장판의 부드러운 느낌 (고정장판, 진양)
- 젊음이 찾는 칼라 (코니카필름, 우성필름)
- 접착테이프의 대명사 (대일테이프)
- 좋은 집 좋은 문 (FAMILY DOOR, 삼익목재)
- 주머니 속의 손난로 (열내는 하마, 옥시)
- 집에서. 누워서. 매일 (CERAGEM)
- 쪼그리고 일할 땐 (쪼그리)
- 창의와 혁신 (3M)
- 처음 느낌처럼 (LOCK & LOCK)
- 청결한 화장실 문화를 열어가는 (자동비데 친절샤워, 세일로)
- 친환경 위생 바닥재 (LG깔끄미 나노그린)
- 카페트로 만든 자동차 매트 (레이나, 코오롱)
- 칼슘으로 만든 탱크 같은 밧데리 (델코, 한국델코전지)
- 쾌적한 생활, 산뜻한 실내 (더스콘, 유니팩코리아)
- 특수코팅처리바닥재 (UV륨, 한양화학)
- 패션 브라인드 (쎈플렉스, 국제종합기기)
- 한국형 바퀴킬러 (바킬라, 동성제약)
- 흐르거나 튀지 않는 수성 페인트 (누구나, 고려화학)
- 힘 좋고 오래 가는 (로케트밧데리, 세방전지)

09 | 스포츠, 여행, 레저, 취미, 오락

- 1 ball in golf (Titleist)
- 90년대의 힘찬 날개 (JAL)
- Asia's first airline (Philippine Airline)
- Beyond Ordinary (Haevichi hotel & resort Jeju)
- Born in the water (SPEEDO)
- courage for your head (BELL)
- Excellence in Flight (KOREAN AIR)
- feel the CLIMAX (오션월드)
- For Your Travel Life (JTB)
- go abroad (AIR BUSAN)
- HEAD SPEED 理論 (PRGR)
- MADE TO WIN (Wilson)
- NO one takes cargo more seriously (JAL CARGO)
- Quality in Life (GREGORY)
- The Ancient Birthplace Of Goodtimes (IRELAND)
- The world favourite airline (BRITISH AIRWAYS)
- true way (티웨이)
- UNITED SPORTS CLUB (XAX)
- US AIR begins with you (US AIR)
- We Love To Fly And It Shows (DELTA AIR LINE)
- Wherever there is snow (SALOMON)
- Winners (Volvik)
- You've always belonged here (Kiawah Island)

- 가능성 있는 한 방 (스포츠토토)
- 감동이 살아 있는 곳 (오라CC)
- 강산이 변하는 데 10년, 여자가 변하는 데 2개월 (썬타나, 동서교역)
- 거품없는 여행 (노랑풍선)
- 건강 365일을 풍요롭게 가꿔가는 (골드실버타운, 에레쯔헬스케어)
- 건강한 삶을 추구하는 (훼밀리골프)
- 건강한 여행 (여행콩)
- 경주에는 힐튼이 있습니다 (경주힐튼호텔)
- 골프가 좋은 사람들 (Promate)
- 기가 막히게 잘 맞는 골프클럽 (GIGA)
- 꿈, 사랑, 감동의 색동날개 (아시아나항공)
- 꿈의 동산 (드림랜드)
- 날씬한 몸매 균형 있는 몸매 (인치바이인치)
- 날씬한 몸매, 건강한 미소 (마이너스, 포앤포코퍼레이션)
- 날씬한 몸매, 균형 있는 몸매 (TBC, Total Beauty Center)
- 날씬한 몸매를 위한 모든 것 (아프로)
- 남국의 매력 (오끼나와, 동우여행사)
- 넘치는 즐거움 감동으로 남습니다 (Singapore)
- 네이버의 야구 시뮬레이션 게임 (야구9단)
- 녹색 철도서비스 선도기업 (코레일관광개발)
- 누리는 기쁨, 누리는 즐거움 (누리여행사)
- 뉴욕헬스&라켓의 12번째 클럽 (오션헬스&라켓클럽)
- 다 이겼어 (다이너스)
- 대명 리조트 여행 브랜드 (대명투어몰)
- 대한민국 골프채널 (J Golf)
- 더 빠르고 더 안전한 (한진해운)
- 도착하는 기분 보다 산뜻하게 (CATHAY PACIFIC)
- 따뜻한 미소가 있는 곳 (EVA AIR)
- 로케트그룹 계열회사 (동우여행사)
- 롯데그룹여행사 (롯데제이티비)
- 마음에 꼭 맞는 호텔 찾기 (호텔스닷컴)
- 말레이지아 전문 여행사 (애플항공여행사)
- 모험과 신비의 나라 (롯데월드어드벤쳐)
- 몸과 마음이 좋아지는 곳 (단학선원)
- 몸매가 아름다운 당신, 그 비밀은 (바디디자인)
- 무한에 도전하는 (쟈칼, 대준)
- 민속문화역사의 한마당 (롯데월드민속관)
- 바디라인에 만족을 드리는 (여성건강美타운)
- 붉은 태양, 파란 그늘 (썬캐노피, 한국타포린)
- 사계절 종합 관광 온천 휴양지 (와이키키 수안보관광호텔)
- 산과 바다가 있는 세계적 레져타운 (알프스리조트)
- 산과 바다가 있는 휴식처 (알프스리조트)
- 상위 1%를 위한 장타 드라이버 (BIG BaNG)
- 생활 속의 낙원을 가꾸는 (온양관광호텔)
- 생활은 스포츠처럼, 삶은 레저처럼 (대선)
- 서울에서 유일한 건강관리 스포츠호텔 (호텔빅토리아)
- 설레임으로 만나본 또 다른 나의 모습 (바디컴플라자)
- 세계 어디서나 친근한 이름 (한진해운)
- 세상에 녹색을 더하다 (HI PASS)
- 스마트 카 라이프 (SK렌터카)
- 스포츠 전문매장 (라피도)
- 신뢰받는 항공사 (KLM)
- 신뢰와 정성을 다하는 (대도관광)
- 신선한 공기, 신나는 하루 (서울랜드)
- 新휴양문화, 新무주가족 (무주리조트)
- 실내조깅과 워킹의 명품 (조우커스, 미룡)

- 싱가폴은 잊어도 싱가폴 에어라인은 잊지 못할 것입니다 (싱가폴항공)
- 아름다운 몸매는 가꾸어지는 것 (뷰티텍코리아)
- 아름다운 추억, 행복 메이커 (금호리조트)
- 아름다움을 위한 과학 (썬타나, 동서교역)
- 안전·간편한 캠핑버너 (시나브로, 신아공업)
- 업계유일 KOSPI 상장 대한민국대표종합여행기업 (롯데관광)
- 여성미용의 모든 것 (베라뷰티타운)
- 여성을 아름답게 (필랜드코리아)
- 여행을 디자인하다 (TOUR2000)
- 여행이 시작되는 곳 (온누리여행사)
- 여행이 시작되는 곳 (온누리투어)
- 외국인 유치 및 외화획득 실적 1위 (롯데관광)
- 우리의 날개 (대한항공)
- 이 흐름에 함께하세요 (테일러메이드)
- 인류를 건강하게, 생활을 아름답게 (투원스스포츠)
- 인생역전 (로또)
- 일등 국민을 위한 일등 공원 (서울랜드)
- 일등만을 고집하는 (챔프레포츠)
- 일본 제1의 항공사 (ANA)
- 일본의 벽을 넘다 (다이너스5)
- 일상의 이동을 새로 그리다 (Green Car)
- 자연을 낚는 짜릿한 손맛 (반도 릴낚시대)
- 자연을 사랑하는 모임 (현대레포츠)
- 자연의 감동 그리고 낭만 (반도 캠핑용품)
- 자연의 소중함을 그대로 (두양힐스컨트리클럽)
- 재미를 아는 낚시인의 선택 (실스타)
- 전문가가 만드는 경제적인 여행 (KRT)
- 전문가가 만들어 거품 빠지고 더욱 믿음이 가는 평생의 여행 파트너 (여행의달인)
- 전세계 렌터카의 시작 (원카)
- 젊음, 그 이름으로 도전한다 (르까프, 화승)
- 젊음은 늘 떠나고 싶다 (세계로여행)
- 정다운 빙그레, 용감한 이글스 (빙그레 이글스)
- 정도로 가는 드라이버 (카무이투어 400)
- 정성을 다하는 여행의 명문 (한진관광)
- 종합레포츠의 선구자 (한진레포츠)
- 주말을 새롭게, 생활을 즐겁게 (엘엘클럽)
- 즐거운 여행, 보람찬 인생 (아주관광)
- 천연온천과 휴식의 전당 (수안보파크호텔)
- 첨단시대 첨단여행/대한민국 1등 여행기업 (온라인투어)
- 카셰어링 (Green Car)
- 태고의 신비-발리섬 (동우여행사)
- 패키지 여행은 (자유투어)
- 편안한 운동 2개월로 날씬한 몸매를 (썬타나)
- 프로의 기준으로 선택되는 (파맥스, 흥아타이어)
- 한국 지형에 정확한 골프 레이저 (보이스캐디SL2)
- 한국의 상표 (프로스펙스, 국제상사)
- 해양의 신비를 가득 담은 (로얄마린파크)
- 해외여행의 믿음직한 길잡이 (씨에프랑스)
- 행복의 시작 (해피투어)
- 헬스기구의 귀족 (世元헬스)
- 호텔? 트리바고 (trivago)
- 환상의 파라다이스 (하와이, 동우여행사)
- 휴식이 있는 품격여행 (KAL PARK)

10 | 언론, 출판, 교육, 문화, 학원

- 1:1 하이테크 밀착 케어 (Yanadoo 4C system)
- 100만 대학인의 범대학 신문 (한국대학신보사)
- 10배 화면, 10배의 감동 (63아이맥스영화관)
- 21세기 여성대백과 (라벨르)
- 21세기를 향한 새로운 시대를 창조하는 시사 종합지 (시사政經)
- 2천년대 선진 섬유산업의 뉴비전을 제시하는 섬유 종합전문지 (텍스타일타임즈)
- 30년 전통 (시대F.D.A)
- Americas Campaign Headquarters (CNN)
- Cable & More (C&M강남케이블TV)
- CD클래식 명곡선집 (마에스타, 삼성출판사)
- EUROPE SPEAKS UP (euro NEWS)
- Funky Music Station (FM802)
- NATE 시대! 영어 정복자 (i winner)
- NO.1 초등자존감 (아이스크림 홈런)
- PC사용자를 위한 종합 활용지 (PC Line)
- PLAY ENGLISH (TOSS ENGLISH)
- READ WHAT LIKE (The New York Times)
- Visual Science Magazine (Quark)
- WHEN YOU READ IT YOU'LL SEE (THE NEW YORKER)
- 가장 권위있는 섬유·의류 패션 종합지 (섬유저널)
- 감성세대를 위한 초감도 패션매거진 (엘르)
- 강남유일의 70mm 대형극장 (씨네하우스)
- 개성파 미혼여성, 여대생의 잡지 (여성자신)
- 건강한 삶, 밝은 세상 (시사춘추)
- 경쟁상대가 없는 미혼 여성지의 정상 (영레이디)
- 계몽사 여성백과 (홈토피아)
- 골프가 쉬워지는 잡지 (골프매거진)
- 공부가 건강해진다 (눈높이러닝센터)
- 광고·마케팅·커뮤니케이션 전문지 (에드저널)
- 광고는 진실·창의·과학이어야 합니다 (한국광고학회)
- 교사와 엄마가 함께 보는 유아교육 전문지 (유아정보)
- 교육 R&D에 앞서가는 (키출판사)
- 국교영어에서 대입영어까지 (현대영어사)
- 국내정상의 종합경제 주간지 (주간매경)
- 국제화시대의 종합 대형서점 (서울문고)
- 글로벌 No.1 직업체험 테마파크 (키자니아)
- 기쁨주고 사랑 받는 (서울방송)
- 김영희의 자기가 쓴 자기 이야기 (아이를 잘 만드는 여자)
- 꿈과 슬기를 키워주는 어린이잡지 (새소년)
- 꿈이 있는 곳 (도서출판 장원)
- 놀면서 배우는 아스트라 영어교실 (티칭에이드)
- 농어민이 읽고 도시민이 찾는 (월간마을)
- 높은 합격률, 높은 취업률의 책임교육 (한국정보처리학원)
- 느낌학습, 느낌교육 (두리두리)
- 다른 선택, 다른 감동 (CATCH ONE)
- 대한민국 대표 영어교육 (지앤비어학원)
- 듣고 말하는 영어를 배우는 영어 월간지 (ACTIVE ENGLISH)
- 디자인 전문학원 (DESIGN아트캠퍼스)
- 디자인교육의 1번지 (제일디자인센타)
- 또 하나의 삶을 여는 여성지 (오픈)
- 마음을 묶어주는 쌍둥이 책 (서로 사랑하기 위하여)

- 미혼 시절에 읽고, 결혼해서도 읽게 되는 톱 매거진 (레이디경향)
- 매일매일 조금씩 재미있게 (OPEN SESAME)
- 머리에 그리는 학습 (On&Off독서·논술, 홍선생교육)
- 멋과 사랑, 젊은 여성을 위한 톱 매거진 (레이디경향)
- 몸과 마음이 좋아지는 곳 (단학선원)
- 미래를 향한 꿈을 키우는 잡지 (학생과학)
- 미술전문교사가 집으로 방문 (홍선생미술, 홍선생교육)
- 밝은 미래를 지향하는 (벼룩시장)
- 방문학자를 위한 정보 네트워크 (KVSA: Korean Visiting Scholar Association)
- 백년교육을 생각하는 (교수문화)
- 비디오 1번지 (삼부프로덕숀)
- 비디오 특급 (정우시네마)
- 비디오시리즈 名門 (서진통상)
- 뿌리 깊은 나무 사람들이 아니면 아무도 못 만들 잡지 (샘이 깊은 물)
- 사고력 향상 프로그램 (뉴턴)
- 사랑과 꿈과 행복의 메신저 (마쉐리, 현대출판사)
- 사랑과 믿음의 연기 연수기관 (김성원연극연기학원)
- 사랑받는 아내, 성공하는 남편 (여원)
- 사랑의 마음을 담아주는 (국민문고)
- 사실대로 전하고 솔직히 충고하는 신세대 음악언론 (음악저널)
- 산수를 재미있게 수학을 자신있게 (공문수학)
- 새 감각 생활정보지 (여성동아)
- 새로운 세대를 위한 새로운 게임잡지 (게임뉴스)
- 새로운 학습방법, 새로운 국어공부 (완전국어)
- 생활 속의 레저클럽 (월간레저피플)
- 생활문화 정보지 (시티라이프)
- 생활은 스포츠처럼, 삶은 레저처럼 (대선)
- 생활을 창조하는 아티스트들의 잡지 (ART&CRAFTS)
- 생활의 맛 (서울교차로)
- 서한샘 선생님이 강의한 국어전문 학습지 (한샘국어 독서특강)
- 설레임이 쏟아진다 (MBC Drama)
- 성공과 행복을 추구하는 사나이의 야망 (직장인)
- 성공할 수 밖에 없는 (English Bus)
- 세계 26개국 어린이와 함께하는 (구몬수학)
- 세계의 어린이와 함께하는 (구몬수학)
- 센스있는 여성, 젊게 사는 주부 (우먼센스)
- 소중한 기술인을 양성하는 (동일자동차정비기술학원)
- 손 안의 원어민 선생님 (재능스스로팬)
- 쉽게 배우고 오래오래 기억되는 (재능한자)
- 쉽게 배우고 정확히 끝내는 (필수한자3000)
- 시대를 앞서 달리는 자동차 종합지 (오토)
- 시대를 앞서가는 크리에이터들의 정보지 (DESIGN)
- 시사영어교실의 새 이름 (내친구)
- 시험을 잘 치르게 하는, 그 (아이템플)
- 신세대 가정교사 (PASSGATE, 삼성전자)
- 신세대 감각파 여성을 위한 결혼 정보 전문지 (마이 웨딩)
- 신세대 신부를 위한여성 생활지 (행복만들기)
- 실력 비상 (비상에듀)
- 실용과 재미를 함께 주는 본격 여성 생활지 (리빙센스)
- 아름다운 얼굴, 날씬한 몸매, 세련된 패션 (차밍우먼)
- 아름다운 여성, 행복한 사회 (미용생활)
- 아이의 생각이 크는 숲 (아이큰숲)
- 야, 너두 영어할 수 있어 (야나두)
- 어린이 독서교육의 길잡이 (한우리독서신문사)
- 어린이 직업체험 테마파크 (키자니아)

- 언제나 상상한 4계절의 잡지 (스포츠레저)
- 엄마사랑 그대로, 자연과 생활을 가르치는 (말하는 그림책 예예)
- 에드이엠이 만드는 (마당넓은집)
- 여성 생활문화지 (행복이가득한집)
- 열독률1위! 감각파 여성의 생활정보지 (레이디경향)
- 열린 학습, 참 교육 (진화교연)
- 영어교육 명문학교 (윤선생영어교실)
- 영어를 익히는 새로운 방법 (Toss Way 3.0, TOSS ENGLISH)
- 영화가 1번지 (단성사)
- 오감자극 (재미있는 미술세계)
- 오늘의 경제정보 오늘 한 눈에 (내외경제신문)
- 오리선생 한호림의 주니어를 위한 (꼬리에 꼬리를 무는 영어)
- 올려주는 학습지 (에이플러스)
- 우리는 젊다, 가슴은 뜨겁다, 미래는 아름답다 (하이틴)
- 우아한 여성 행복한 아내 지혜로운 주부 (퀸)
- 우아한 여성, 품위있는 생활을 위한 가정문화잡지 (세계여성)
- 우정, 승리, 용기, 꿈을 키워주는 잡지 (소년중앙)
- 울타리 없는 학교 (윤선생영어교실)
- 유아에서 고교까지 (빨간펜)
- 衣生活의 길잡이, 섬유업계 종합 전문지 (월간섬유)
- 일간 부동산 종합 정보 미디어 (익스프레스)
- 日本語 어학당 (시사일본어학원)
- 일본에서 일본인이 만든 일본어 학습지 (일본어저널)
- 입시에서 승리하는 중·고등학생용 학습지 (종로학원)
- 입시의 진정한 안내자 (명일엘리트학원)
- 자격고시의 명문 (한국고시원)
- 자격증 시대를 선도하는 (한국라이센스뱅크)
- 재미있는 비디오시리즈의 대명사 (시네콤)
- 재미있는 영화, 재미있는 세상 (마스타클럽)
- 재수없는 인터넷 수능학습 (이통대가, 아이넷스쿨)
- 재수없이 대학가자 (이통대가, 아이넷스쿨)
- 전국 자동차 경정비업 연합회지 (자동차경정비)
- 전통 1위의 베스트셀러 (주부생활)
- 젊게 사는 도시여성 (세계여성)
- 젊게 사는 주부잡지 (우먼센스)
- 젊은 시대, 젊은 작가, 젊은 문예지 (소설문학)
- 젊은 잡지, 가족 잡지 (TV가이드)
- 정보처리 전문교육기관 (동보전산학원)
- 정보통신문화를 창조하는 (제3통신)
- 정확한 우리글 보급에 앞장서는 (동아새국어사전)
- 종로 2가 YMCA 건너편 (코아아트홀)
- 좋은 아침, 좋은 신문 (조선일보)
- 좋은 영상, 행복한 시간 (서울음반비디오)
- 좋은 책 좋은 독자를 만드는 (신원문화사)
- 주간 종합정보신문 (서울교차로)
- 주는 기쁨 선택하는 즐거움 (도서상품권, 한국도서보급)
- 주니어 입체 어학원 (오성식ELK영어왕국)
- 즐거운 오늘을 여는 신문 (스포츠조선)
- 즐겁게 시작하고 기쁨으로 완성하는 (재능산수)
- 지성을 쇼핑하는 곳 (을지서적)
- 지성인의 종합교양지 (신동아)
- 지역주민들과 함께 만드는 지방 정론지 (서울일번지)
- 지적인 미혼여성을 위한 종합지 (마드모아젤)
- 지하철 4호선 혜화역 (동숭아트센터)
- 참 교육, 참 비디오 (현대교연)
- 책 천권을 소화하는 독서생활 프로그램 (북노리)

- 책, 나무, 책, 사회 (營林카디널)
- 책방에 들르는 즐거움을 위하여 (교보문고)
- 책으로 만나는 창의력 세상 (와이즈만BOOKS)
- 책은 위대하다 (소나무)
- 첨단 컴퓨터서적 전문출판 (크라운출판사)
- 청담이 만든 스마트 러닝 (표현어학원)
- 최고를 위한 최상의 교육 (이화디자인아카데미)
- 출판문화의 새 지평을 열어가는 (국민서관)
- 커피+음료+복권까지 (삼성멀티자동판매기)
- 컴퓨터 우등생 (계몽스포츠회원)
- 테니스인이 만든 테니스클리닉 전문지 (테니스코리아)
- 판매기법과 수퍼마켓 경영지식 및 정보제공 전문지 (체인스토어, 한국수퍼체인연합회)
- 팝송과 함께 영어를 (굿모닝팝스)
- 편안한 임신, 쾌적한 출산, 즐거운 육아, 신나는 인생, 행복한 가정 (젊은엄마)
- 평생교육의 이념을 추구하는 (대명평생교육원)
- 품위있는 가정의 교양 예술지 (객석)
- 하늘 아래 아름다운 사람들 (현대드라마연기학원)
- 하루에 한 시간 (홈스터디)
- 학습의 길잡이, 학생의 동반자 (교학사)
- 학습지의 세대교체 (스타디자인)
- 한 마디로 교육환경과 레벨이 다른 곳 (아트센타 인스티튜트)
- 한글과 컴퓨터가 만든 새로운 컴퓨터교육 (한컴CQ 교실)
- 합격불변의 법칙 (메가스터디)
- 해외여행의 길잡이 (동아월드투어가이드)
- 행동파 젊은 여성을 위한 하이센스 감각의 톱 매거진 (영레이디)
- 행복을 준비하는 혼수정보지 (신혼연출)
- 행복한 결혼인생의 완성 (신부)
- 행복한 공부방 (메가스터디)
- 행복한 삶을 추구하는 건강 정보지 (알로에가족)
- 환경분야 전문교육 (한국환경교육원)
- 회화에서 토론까지 되는 진짜영어 (리얼영어)

11 | 완구, 유아용품

- toys that last (little tikes)
- 고운 마음 푸른 꿈 (에버그린노트, 모나미)
- 공문수학이 만든 참다운 교육완구 (플라트, 대교)
- 꿈을 심어주는 완구 (little tikes)
- 느끼는 놀이기구 (토이뱅크, 명진물산)
- 다이아몬드는 깨끗하게 표현합니다 (다이아몬드, 보성화학)
- 독일에서 온 안전한 물티슈 (포이달베이비물티슈)
- 베비라 아기침대 (미농, 베비라)
- 세계 엄마 아이들의 사랑을 받아 온 아기용품 (보령누크)
- 세계적인 유아용품 (evenflo)
- 세계적인 중저가 장난감 (블루박스)
- 센스있는 엄마가 선택하는 (레인보우)
- 신세대 팬시의 모든 것 (CREART)
- 아기 사랑은 커지고, 엄마 수고는 덜어지고 (플레이텍스, 동창무역)

- 아기의 모든 것 (누크, 보령장업)
- 아름다운 생활을 함께 만드는 (종이나라, 한국색채)
- 우리의 꿈 우리의 친구 (에버그린노트, 모나미)
- 전동기 작동실험, 실습교재/교구 (캡셀라과학, 계몽사)
- 젊음의 새로운 샤프 (에스페로, 동아연필)
- 젖병, 젖꼭지 (맘마, 매일유업)
- 활동주의 젖병 (엔젤젖병2000, 해진산업사)

12 | 건설, 부동산

- Best Home For Best People (동신주택)
- First Class만을 위한 신개념 별장 (청평호반리조트)
- Hello!-푸르지오 (대우건설)
- Live your life (PRUGIO)
- No.1이 짓는 No.1 아파트 (현진)
- Real Well-Being Resort (Spa Castle)
- 가장 좋은 집 가장 편한 집 (청구)
- 걸작 건축물을 만들어갑니다 (럭키개발)
- 고객감동형 시스템 아파트 (동양아파트)
- 고향처럼 포근한 집 (한성기린건설)
- 공간을 아름답게 생활을 편리하게 (공간주택)
- 광주 쇼핑 레져의 명소 (무등프라자)
- 기쁨주고 사랑받는 (태성주택)
- 꿈과 사랑을 드리는 (에덴주택)
- 꿈을 드립니다. 행복을 드립니다 (명지건설)
- 꿈이 있는 공간, 아름다운 미래창조 (LG하우징프라자)
- 녹지가 자산이다 (현대지식산업센터 Publik 가산)
- 누가 살아도 잘 어울리는 집 (창신주택)
- 다시. 모든 것을. 새롭게 (PRUGIO)
- 당신이 사는 곳이 당신이 누구인지 말해줍니다 (롯데캐슬)
- 대한민국 대표 명품 아파트 (에버빌)
- 만족을 더해주는 (두성주택)
- 명문학군 프리미엄 1번지 (일산자이)
- 모든 이에게 아늑한 집을 (대양주택)
- 미래 주거문화의 신화를 창조하는 (신화주택)
- 미래를 생각하는 우미의 정신 (우미주택건설)
- 미래를 위하여 최고를 위하여 (유창건설)
- 믿음과 정성의 상징 (라이프주택)
- 밝은 내일을 건설하는 (대한주택공사)
- 사람을 중앙에 (중앙하이츠)
- 사랑으로 사는 집 (우방주택)
- 사랑을 짓습니다. 행복을 짓습니다 (대동주택)
- 사랑이 담긴 곳, 꿈이 있는 곳 (럭키아파트)
- 사회적 책임을 다하는 기업 (대승건설)
- 살아갈수록 믿음이 가는 (두산아파트)
- 상쾌한 집, 상쾌한 생활 (삼산주택)
- 새 날, 안정을 추구하는 (한신생명)
- 새 생활 새 공간을 창조하는 (공간주택)
- 새로운 주거문화를 창조하는 (한도주택)
- 선이 아름다운 아파트 (동부센트레빌)
- 성실과 신용의 (보성주택)
- 신뢰로 꽃피는 공간 (거산건설)
- 신뢰의 기업 (우방건설)

- 신용과 정성이 깃든 집 (중흥파그맨션)
- 실용공간으로 설계한다 (진로아파트)
- 아름다운 꿈을 현실로 (우림건설)
- 아름다운 도시공간을 창조하는 (중앙주택)
- 아름다운 환상의 도시공간을 창조하는 (중앙주택)
- 아파트의 명문 (우성아파트)
- 안락하고 튼튼한 (우방주택)
- 으뜸주택 으뜸가족 (선경아파트)
- 입주자의 마음으로 짓습니다 (귀빈타운)
- 자연과 인간의 조화-휴먼 아파트 (강창삼신타운)
- 전통과 신뢰를 다지는 (한신공영)
- 정성과 신뢰로 (한도주택)
- 정성을 다하는 기업 (한도주택)
- 정직, 믿음, 사랑 (한서주택)
- 조립식건물 전문 시공업체 (성경기업)
- 주택건설의 대들보 (뉴서울주택)
- 주택문화 창달의 기수 (모아건설)
- 주택문화의 기수 (대한주택건설)
- 주택문화의 새로운 전통 (영호개발)
- 주택문화의 새로운 창조자 (신천건설)
- 진심이 짓는다 (e편한세상)
- 집다운 집을 찾는 까다로운 분을 위한 주택 (타운하우스 신라)
- 차세대 주택의 선두주자 (한길그린하우스)
- 쾌적공간으로 시공한다. 개성공간으로 창조한다 (진로아파트)
- 푸른생활 (신도림대림아파트)
- 풍요로운 삶을 추구하는 (롯데건설)
- 풍요로운 생활, 행복한 미래를 창조하는 (유창건설)
- 하이테크, 하이센스 (공간주택)
- 해외 고급건축 시공실적 1위기업 (쌍용건설)
- 해운대의 중심 (벽산아파트)
- 행복은 캐슬로부터 (롯데캐슬)
- 환경은 녹색풍, 생활은 미래풍 (귀빈타운)

13 | 금융

- A concern for your future (Kemper FINANCIAL)
- A New Approach to Business (Continental Bank)
- able (현대증권)
- CMA를 아는 사람들의 CMA (THE CMA plus, 메리츠증권)
- Digital Global Banking Group (DGB금융그룹)
- Let's DIVE (현대카드 DIVE)
- Love your life, Love your dream (대한생명)
- MORE THAN JUST A BANKING BANK (BBL)
- Pioneer Bank (KDB산업은행)
- PIONEER beyond Best (KDB금융그룹)
- Rebalance your life (AIA생명)
- SMART BANK (KEB외환은행)
- Standard Chartered (SC제일은행)
- Stay Ahead (삼성자산운용)
- The Key Swiss Bank (Swiss Bank corporation)
- think NEXT (삼성화재)

- TRUE POINT CARD (VEEX, LOTTE CARD)
- Version up 4 you (숫자카드 V4, 삼성카드)
- We Believe (우리은행)
- Where Success in Understood (La Salle Banks)
- 가깝고 친절한 (중소기업은행)
- 가족사랑 이웃사랑 (삼성생명)
- 같이의 가치 (NH농협)
- 건강과 행복을 드리는 (경로우대정기예금, 국민은행)
- 고객과의 약속을 소중히 하는 (동부화재)
- 고객을 위한 발빠른 아이디어 (LIFE PLUS)
- 고객의 기쁨 우리의 보람 (외환은행)
- 고객이익 우선의 (동방증권)
- 교보AXA손해보험의 새 이름 (AXA다이렉트)
- 국내최초 보험금 현장지급 서비스 (캐쉬익스프레스, 한국화재해상보험)
- 국민 생활의 힘 (KB국민카드)
- 국민을 먼저 생각합니다 (KB금융그룹)
- 국민을 지키는 사람, 국민을 지키는 보험 (국민은행)
- 국제카드 수수료 없는 대한민국 카드 (비씨글로벌카드)
- 금리자유화시대의 신상품 (財테크통장, 장기신용은행)
- 금융 1번지 (서울투자금융)
- 꿈을 키우는 금융능력 (ING생명)
- 꿈이 있는 신용사회 (비씨카드)
- 나를 알아주는 착한 금융 (우체국예금)
- 나를 위한 세계적인 은행 (HSBC)
- 내 돈 관리의 끝판왕 (SHINHAN SOL)
- 내 부모 내 형재처럼 정성을 다하는 (보람상조)
- 내 집 같이 가족같이 (외환은행)
- 노후 연금과 다양한 보장 (동방연금보험, 동방생명)
- 노후설계, 10년 후부터 확 차이 납니다 (아빠사랑연금보험, 태평양생명)
- 농업인이 행복한 국민의 농협 (NH농협)
- 높은 수익률과 다양한 연금 (노후설계연금보험, 동방생명)
- 누구나 카드를 가진 시대에 아무나 가질 수 없는 카드 (다이너스카드, 다이너스클럽코리아)
- 누리세요! 쇼핑특권 (OK캐쉬백쿠폰)
- 늘 고객과 함께하는 (국민은행)
- 다시 찾는 자동차보험 (에듀카)
- 다시쓰는/손해보험 (AXA다이렉트)
- 단 하루라도 높은 이자 (대구투자금융)
- 당신 가장 가까이에 (삼성카드)
- 당신의 행복을 창조하는 (한덕생명)
- 대표 소비자금융 브랜드 (러시앤캐시)
- 대한민국 1호 보험사 (메리츠화재)
- 대한민국 대표 보험 사이트 (다이렉트보험114)
- 더 편리한 카드 (외환비자카드)
- 동서로 세계로 앞서가는 (동서증권)
- 든든한 평생 친구 (KB퇴직연금)
- 마음에 안심을 생활에 큰 힘을 (삼성화재)
- 마음은 농촌, 저축은 농협 (농협)
- 마음이 합니다 (현대해상)
- 맞기는 꿈, 찾는 행복 (대구은행)
- 맞춤은행 (장기신용은행)
- 맡기는 믿음, 가꾸는 정성 (중앙투자금융)
- 믿고 맡겨 안심하는 (대한부동산신탁)
- 믿음과 정성이 함께하는 (부국상호신용금고)
- 믿음으로 통하는 친구 (한화증권)
- 밝은 내일의 힘찬 성장 (조흥은행)
- 밝은 미래, 풍요한 내일 (서울증권)

- 밝은 미래의 다정한 벗 (경남은행)
- 밝은 미소, 밝은 창구 (경기은행)
- 百年銀行, 百年大計 (조흥은행)
- 번영에의 봉사자 (경남투자금융)
- 벽산그룹 (벽산상호신용금고)
- 보이는 것만 믿습니다 (미래에셋)
- 보통사람들의 꿈과 미래가 있는 곳 (상호신용금고)
- 보험은 사랑입니다 (삼성생명)
- 복잡한 뱅킹 말고 (뱅뱅뱅, 상상인 저축은행)
- 부동산 소유에서 이용으로 (대한부동산신탁)
- 부산시민을 위한 (조흥상호신용금고)
- 비교할수록 (아이퍼스트, 제일화재)
- 빠르고 정확한 보험비교 (Q Bohum)
- 사람, 사랑 (삼성생명)
- 산업한국의 꿈과 의지 (한국산업은행)
- 삶의 향기를 드립니다 (위너스카드, 삼성신용카드)
- 삼성이 만들면 다릅니다 (삼성자동차카드)
- 새로운 금융질서를 창조하는 (우풍상호신용금고)
- 새롭고 유익한 (평화은행)
- 새롭고 정다운 (평화은행)
- 새싹의 꿈 키우는 보람 (신한은행)
- 생활이 포인트다 (NH멤버스)
- 생활의 변화를 느끼게 하는 (메이저카드, 위대한프로그램뱅크)
- 서민이 활짝 웃는 그날까지 (미소금융중앙재단)
- 성공을 부르는 번호 (1577-1251, 일성 오퍼스 원)
- 성업공사 전액출자 (대한부동산신탁)
- 세상을 바꾸는 금융 (KB국민카드)
- 소비하는 카드 시대에서 저축하는 카드 시대로 (세이브)
- 소중한 꿈을 이어주는 (교보생명)
- 소중한 꿈을 지켜주는 (교보생명)
- 소중한 씨앗을 풍요로운 열매로 (중부생명보험)
- 소중함을 더욱 소중하게 (제일화재해상)
- 손님에게 정성을 (한일은행)
- 수출보험 장부대행기관 (한국수출입은행)
- 스마일 어게인 (미소금융중앙재단)
- 신용사회기수 (대한보증보험)
- 쏠쏠한 SOL루션 (SHINHAN 쏠)
- 아내 같은 금융 (새마을금고)
- 안방 증권화 시대를 연 (동양증권)
- 안정과 행복의 동반자 (태평양생명)
- 알찬 내일을 창조하는 (부국증권)
- 언제 어디서나 편리한 (비씨카드)
- 언제 어디서나 (위너스카드, 삼성신용카드)
- 역시! (러시앤캐시)
- 오픈뱅킹도 (KB스타뱅킹)
- 우리 모두 (광주은행)
- 우리은행 (충청은행)
- 우리의 친절한 이웃 (상호신용금고)
- 웃음으로 맞는 손님, 다시 찾는 대동은행 (대동은행)
- 유치원에서 대학원까지 (인재교육보험, 동방생명)
- 으뜸으로 모시는 (제일은행)
- 은행도 상품입니다 (CITY BANK)
- 인생의 미더운 동반자 (삼성생명)
- 자녀들의 장래와 함께하는 (신세대통장, 경남은행)
- 자녀의 내일을 풍요롭게 (미래로통장, 국민은행)
- 자동차/화재/장기보험은 (럭키화재)
- 자동차보험 그 이상 (하이카, 현대해상)
- 자동차보험의 대표브랜드 (애니카, 삼성화재)

- 자본시장의 새로운 장을 여는 (쌍용투자증권)
- 자산관리 전문가 (미래에셋증권)
- 자산관리의 새로운 솔루션 (삼성증권)
- 작은 꿈도 소중히 하는 (국민은행)
- 작은 소망도 크게 가꾸는 (부산생명)
- 재산증식의 천하장사 (조흥상호신용금고)
- 전화하면 당신도 합리적으로 바뀝니다 (1566-4454, AXA다이렉트)
- 전환대출의 새 이름 (바꿔드림론)
- 종업원 복지향상, 기업의 번영 (단체정기보험, 동방생명)
- 주거래 은행은 백년은행으로 (조흥은행)
- 증권 선진화의 새 기수 (한국산업증권)
- 증권계의 샛별 (신한증권)
- 증권보다 큰 이름 (신한금융투자)
- 증권생활화 시대의 동반자 (동서증권)
- 증권투자의 길잡이 (고려증권)
- 지역개발에 봉사하는 (대전투자금융)
- 지하철역 속의 편리한 은행 (TOP365코너, 동남은행)
- 직장단위 가입, 높은 보장 (직장인보장보험, 동방생명)
- 차보다 사람이 먼저입니다 (프로미, 동부화재)
- 차와 당신만을 생각합니다 (매직프러스자동차보험, LG화재)
- 참! 좋은 은행 (IBK기업은행)
- 참신한 시중은행 (한미은행)
- 처브보험그룹 (비질랜트보험)
- 최상의 봉사를 다짐하는 (동남은행)
- 추월하는 가치를 만들다 (신한카드)
- 친절하고 편리한 은행 (수협)
- 카드 하나로 생활의 모든 혜택을 누리다 (CLUB SK카드)
- 카드, 날다 (대한항공현대카드)
- 커가는 꿈 밝은 내일 (상업은행)
- 커가는 즐거움이 있는 곳 (보람증권)
- 퀵보험-보험전문비교 (Q Bohum)
- 큰 大 믿을 信 (대신증권)
- 큰 정성 큰 기쁨 (한진투자증권)
- 태어나서 노후까지 (국민은행)
- 팻 보험은 (팻퍼민트)
- 펀드를 키우는 좋은 계획 (하나대투증권)
- 평생든든 서비스 (교보생명)
- 평생 어부바 (신협)
- 푸른 꿈 밝은 내일 (축협중앙회)
- 풍요로운 미래를 보장하는 (제일생명)
- 필요할 때 언제나 당신 곁에 (MG새마을금고)
- 필요할 땐 언제나 (LG화재)
- 하늘만큼 땅만큼 (교보생명)
- 한국감정원 전액출자 (한국부동산신탁)
- 한일그룹 (부국증권)
- 한일은행가족 (한흥증권)
- 행복을 설계하는 (대일생명보험)
- 행복을 설계하는 (동양베네피트생명보험)
- 행복을 약속하는 (한국주택은행)
- 행복의 길잡이 (대한생명)
- 행복 중심 케어 (라이나생명)
- 혜택에 2를 곱하다 (외환2X카드)

14 | 온라인 콘텐츠 및 통신, 게임, 배달, 검색, 뱅킹 서비스

- 1400만의 생활거래장터 (번개장터)
- 2천만의 쇼핑앱 (지그재그)
- Maple Story (AWAKE)
- Pass Together (메가패스 0원)
- 구독형 게임 서비스 (KT 5G 스트리밍게임)
- 국내도 해외도 초특가 (야놀자)
- 기억은 기록을 이기지 못한다 (SMART SCORE)
- 나를 위한 여행 (Hotels.com)
- 낚시예약어플 (물반고기반)
- 너에게 밥을 보낸다 (배민)
- 다방이 다했다 (다방)
- 다음 여신은 당신입니다 (웨딩의 여신)
- 당신과 가장 가까운 온라인 이마트 (이마트몰)
- 당신의 초능력 (KT 5G)
- 독서와 무제한 친해지리 (밀리의서재)
- 무한도전부터 꼰대인턴까지 (wavve)
- 바래다주지 못할 때 (카카오택시)
- 배달을 즐겨요 (던킨 딜리버리)
- 번개같이 사는 거래 (번개장터)
- 보험을 바로잡다 (보험클리닉)
- 손안의 야구놀이터 (쏠야구)
- 손해 없는 내 차 관리 앱 (카닥)
- 쏠쏠하게 앱하다 (원스토어)
- 쇼핑을 바꾸는 쇼핑 (G마켓)
- 아무래도 좋은 여행 (호텔스닷컴)
- 아파트 실거래가는 (호갱노노)
- 알바를 RESPECT (알바몬)
- 알바신의 리더 (알바천국)
- 알바의 플랜을 Respect (알바몬)
- 예쁜 템들이 모여 사는 (오늘의집)
- 오직 U+에서만 (LG U+)
- 오픈뱅킹도 KB 스타뱅킹 (KB스타뱅킹)
- 전무후무, 대인전 최강 클래스 (리니지M)
- 짧아서 확실한 행복 (TikTok)
- 취향 중고 플랫폼 (번개장터)
- 통신사 상관없이 최대 100명까지 (T그룹통화)
- 호텔? 트리바고 (trivago)

15 | 유통, 쇼핑, 웨딩, 광고, 서비스, 기타

- 15분 만에 사건 진단 (로톡)
- 16년 전통 (덕성)
- 4명까지 동시에 통화하는 (KT멤버링)
- A smarter way to work (Steelcase)
- A world of networks (NORTEL)
- as sure as taking is there yourself (UPS: Unite Parcel Service)
- at the right place, at the right time (EMERY)
- Baby Sitter 전문 에이전시 (아이들세상)
- best & new goods (Buy1club)

- BEYOND THE FUNCTIONAL, THE BEAUTIFUL (Amstrong)
- Business Lunch (with)
- EXCELLENCE. SIMPLY DELIVERED (DHL)
- FAST FOOD 시대의 BEST FOOD (다전)
- For Dynasty (PHOTO CLUB)
- Getting bigger by Acting Smaller (Niche & Rich Association)
- GOLDEN LIFE (삼풍백화점)
- Good Enough your Best Friend (The Pet Hotel)
- I'm lovin' it (맥도날드)
- Life Stylist (현대백화점)
- LTE 위의 Lte (LG유플러스LTE)
- More Than Farmer's Market (FARM SKIN)
- NATURAL COMMUNICATION (INOUT)
- NEW CORE, NEW LIFE (뉴코아백화점)
- NO.1 AD Portal (TVCF)
- only SHINSEGAE (SHINSEGAE)
- Real Entertainment (Q TV)
- Shopper's Wonderland (롯데코엑스면세점)
- Shopping Smart (CJ mall)
- SK 국제전화 (00700, SK telink)
- stylish people's only (GINZA CORE)
- The agency for party leadership (COLENSO)
- The Speed of Yellow! 바로 DHL의 능력입니다 (DHL)
- Winning Kids (wink)
- Young Challenger (삐삐012, 한국이동통신)
- Your Energy Answer (Power Direct)
- your link to better communication (Ameriteck)
- 가구 · 인테리어 전문 쇼핑센타 (한양프라자)
- 가까이 만나는 정직한 컴퓨터 전문점 (컴마을)
- 가까이 할수록 편안합니다 (미도파)
- 가득찬 사랑, 희망찬 내일 (호암마트)
- 갓 구어 낸 빵의 모든 것 (월드베이커리)
- 강남패션 1번지 (그랜드백화점)
- 건전한 주류 유통문화의 신세대 (가자세계주류백화점)
- 건전한 혼수문화를 창조하는 곳 (오레오)
- 격조 높은 예식홀 (여선교회관예식부)
- 결혼문화를 선도하는 (바로크음악기획)
- 결혼문화의 동반자 (마이웨딩타운)
- 결혼전문 컨설턴트 (축원)
- 경북 농특산물 쇼핑몰 (사이소)
- 고객과의 약속을 다시 한 번 생각하는 연구소 (환인헤어연구소)
- 고급 생활용품 전문점 (세프라인TOP'S, 세프라인)
- 고급두뇌를 위한 네트워크 (하이브레인 넷)
- 고층아파트 전문업체 (대동통운익스프레스)
- 고품격 커피전문점 (카페 드롭탑)
- 고품위 신감각 백화점 (대구백화점)
- 공중전화카드 광고대행사 (테레카)
- 국내 스무디 No.1 (스무디킹)
- 국내 유일의 공원주차장 (종묘주차장)
- 국내 최대의 패스트푸드 (롯데리아)
- 국제팩스는 월드팩스로 (월드팩스, 데이콤)
- 급할수록 귀할수록 (DHL)
- 기쁨도 한마음 축복도 한마음 (한마음예식장)
- 꼬치구이 전문점 (투다리)
- 꿈, 사랑, 행복이 가득한 곳 (두리예식장)

- 꿈과 사랑이 가득한 사진 (포토프랜드)
- 나의 생활 OK (크린토피아)
- 남성예복전문 (이한우 웨딩프라자)
- 내 고장의 자랑 (인천백화점)
- 내 차 보다 편한 차 (금호렌터카)
- 내외과 진료에서 재활까지 (대구보건대학병원)
- 다음 여신은 당신입니다 (웨딩의 여신)
- 다음이 더욱 기대되는 PR회사 (레인보우커뮤니케이션)
- 당신과 가장 가까운 온라인 이마트 (이마트몰)
- 당신을 위한 자동차, 당신을 위한 서비스 (카포유)
- 대한민국 10%의 결혼정보클럽 (S·Noble)
- 대한민국 1등 할인점 (이마트)
- 대한민국 No.1 직영중고차 (K Car)
- 대한민국 초고속 인터넷 (Mega pass)
- 더 편리하고 더 깔끔한 서비스를 제공하는 세탁전문점 (크린토피아)
- 도시감각의 신세대 악세사리 (엠떼그랑)
- 도심 속의 전원과 넓은 주차장 (모란예식장)
- 돈가스 전문 가족 레스토랑 (포커스랜드)
- 따끈따끈한 즉석 (미가도시락)
- 따뜻한 마음이 만나는 곳 (훼미리마트)
- 마음 속의 주유소 (SK주유소)
- 만족과 기쁨을 드리는 쇼핑 (라이프타운)
- 만족을 보장하는 (동아백화점)
- 말로 하면 글로 뜬다 (015나래텔메신저)
- 맛있는 갈비집 (삼미갈비)
- 맛있는 과일 가게 (아지야)
- 매일 조리되는 즉석반찬 전문점 (장독대)
- 먹는 즐거움이 더 큰 즐거움으로 이어지는 곳 (맥도날드)
- 멀티 서비스 (블루힐백화점)
- 멋과 문화가 있는 공간 (더·신한)
- 멋진 결혼 연출 (전원예식장)
- 메시지를 전하는 음성사서함 (PHONE MAIL)
- 명동 속의 명동 (제일백화점)
- 명동이 시작되는 곳 (코스모스백화점)
- 모니터 전시장 (Monitor World)
- 모두의 원더랜드 (현대프리미엄아울렛)
- 문화의 영동 사랑의 백화점 (영동백화점)
- 美를 추구하는 다이어트 전문회사 (고려헬스코)
- 믿고 찾는 백화점 (서문프라자)
- 믿을 수 있는 특급 송배달 서비스 (DHL)
- 믿음과 만족을 드리는 (스파쇼핑)
- 믿음을 주는 예복 (선샤인 예복의 집)
- 반찬전문점의 명가 (나드찬방)
- 보다 생활 가까이 24시간 편리하게 (로손)
- 부일 015는 우리고장, 우리 삐삐입니다 (부일이동통신)
- 브랜드 국내투자개발 24시간 편의점 (하이퍼25시)
- 빠리에서 태어난 백화점 (쁘랭땅백화점)
- 빵의 문화가 시작되는 곳 (고려당)
- 사랑과 우정을 나누는 곳 (코넬리아)
- 사랑과 우정의 징검다리 (한국펜팔클럽)
- 사랑과 정성을 드리는 (팔달쇼핑)
- 사랑과 정성의 과자 (도원·프랑소와)
- 사랑과 정성이 가득한 (리본하트)
- 사랑과 행복을 드리는 (태화쇼핑)
- 사랑을 드립니다. 기쁨을 드립니다 (현대백화점)
- 사무기기 전문백화점 (라이카)
- 새로운 맛집 (본죽)

- 새로운 생활 찾는 기쁨 (롯데백화점)
- 새로운 생활, 새로운 이미지 (포토아트피아)
- 새로운 생활이 만나는 곳 (남부도매센타)
- 새로운 생활이 있는 곳 (세원백화점)
- 생활 속에 안전이 있다 (SECOM)
- 생활 속의 만족 (비씨통신판매)
- 생활속에 기쁨을 주는 백화점 (황금프라자)
- 생활용품, 선물용품 전문 편의점 (리본하트)
- 생활을 더 넓게, 꿈을 더 높이 (대백프라자)
- 생활의 멋이 시작되는 곳 (리베라백화점)
- 생활의 향기 넘치는 지역 1번점 (송원백화점)
- 선명한 영상, 저렴, 신속, 성실, CF자료의 선구자 (대광기획)
- 선물 같은 사람에게 선물하세요 (롯데백화점)
- 선물, 광고, 판촉 종합백화점 (청운광고기획)
- 성남시민에게 봉사하는 (행복예식장)
- 성실과 신용의 (유니온 웨딩이벤트)
- 세계인이 함께 하는 도심 속의 바다 (노량진수산시장)
- 세탁편의점 (유니데스)
- 소비자 마음을 훔치는 광고대행사 (IN애드)
- 소중한 마음 드리는 (부산백화점)
- 쇼핑과 문화의 복합 생활공간 (하이웨이)
- 쇼핑의 자유 (신세계상품권)
- 수상레저의 낭만과 멋을 창출하는 (아리랑 웨딩하우스)
- 수제버거 전문점 (벅스리아)
- 스캐너 전시장 (Scanner World)
- 신개념 쇼핑공간 (BYC전문점)
- 신공간, 신쇼핑, 신생활 백화점 (비바삼미유통)
- 신도시주의 (대구백화점)
- 신세대 외식문화의 새로운 이름 (그린피아)
- 신세대, 신쇼핑 문화 (맘모스쇼핑)
- 신용과 정성을 다하는 (청주월드골프숍)
- 新패션 유토피아 (한성백화점)
- 써비스문화의 가치 창조 (한국드라이브써비스)
- 아름다운 거리, 아름다운 시간들 (대백프라자)
- 아름다운 삶이 있는 곳 (바로크갤러리)
- 아름다운 생활에너지 (뉴코아백화점)
- 아웃도어페션 컬렉션 숍 (achimgari)
- 알뜰쇼핑의 전당 (삼천리백화점)
- 알뜰주부만세 (세일쎄일타운)
- 알찬 실속파 큰 만족을 드리는 (미화당백화점)
- 앞서가는 여성, 앞서가는 혼수문화 (혼수랜드)
- 야채가 신선한 집 (채선당)
- 양념통닭과 꼬치전문점 (꼬랑꼬치)
- 어린이 전문 백화점 (톰과제리)
- 어린이 전용 사진관 (코코포토)
- 어린이 전용 스튜디오 체인 (포토프랜드)
- 어린이에게는 꿈을, 부모님에게는 믿음을 (톰과제리)
- 어린이의 꿈과 희망 (키디하우스)
- 언제나 OK! 언제나 써클K! (써클K)
- 언제나 고객과 함께 (롯데백화점)
- 에어컨 살 땐 (전자랜드)
- 엔터테인먼트 바 (메스트로바)
- 여성들이 좋아하는 상품권 (아모레상품권)
- 여자의 011 (CARA)
- 열린 생활 열린 기쁨 (서문백화점)
- 영상문화의 기수 (비엠코리아)
- 영원한 축복의 산실 (세종예식장)
- 영화보다 더 재미있는 영화관 (MEGABOX)

- 예물은 알뜰하게, 사랑은 더욱 깊게 (다이아나)
- 오랜 전통, 완벽한 장비와 기술 (허바허바사장)
- 오정연의 대리운전 (9696-9696)
- 온 가족 건강을 만드는 전문점 (아가랑 엄마랑)
- 온 국민의 소셜샵 (myshop)
- 외식산업 전문 컨설팅 (JOY기획)
- 우리가 만들고 우리가 사랑하는 (동양백화점)
- 우리의 015, 친절한 015 (부일이동통신)
- 우리집 웰빙 파트너 (이슬로건강원)
- 웨딩연출전문 (명화스튜디오)
- 웨딩하우스 (그리나)
- 음악으로 향기롭게 채우는 삶 (워너뮤직)
- 이삿짐 전문화 시대를 선도하는 (하나익스프레스)
- 이삿짐용역 전문업체 (대조통운)
- 이코노믹스토아 (새로나)
- 인천 유일의 전문광고대행사 (인컴에이전시)
- 자동차서비스 대표브랜드 (마스터자동차)
- 자동차정비의 신문화가 시작됩니다 (카포유)
- 전자제품의 모든 것 (전자랜드)
- 전통 한식 전문 체인 (꼬리꼬리)
- 전통과 멋을 추구하는 (코스모스백화점)
- 전화만큼 가까운 친구 (스포키)
- 젊은 백화점 (비바백화점)
- 젊은 생활, 열린 시간 (세븐일레븐)
- 젊음이 춤추는 (그린백화점)
- 정부지정 시범 도매센타 (거평프레야)
- 정성과 신용의 (크로바익스프레스)
- 정직한 식품, 정직한 가격, 정직한 친절 (나드리유통)
- 정통 극장식 나이트클럽 (카라반)
- 정통 육가공 종합메이커 (데니쉬)
- 정통 패스트푸드 레스토랑 (하이디)
- 종합예복 대여센터 (런던필 예복의 집)
- 좋은 사진, 좋은 작품 (PHOTO SHOP 藝)
- 좋은 상품 점점 싸게 (롯데수퍼백화점)
- 좋은 상품, 좋은 생활 (신세계)
- 주유소의 新개념 (OIL BANK)
- 중고차매물 No.1 (KB차차차)
- 즐거운 날엔 언제나 (인플라워)
- 즐거운 쇼핑, 건강한 레저 (그랜드백화점)
- 즐거운 유선생활-B (SK브로드밴드)
- 즐겁고 편리한 쇼핑 (로손스토아)
- 즐겨찾기 (CJ mall)
- 지혜로운 선택, 색다른 감동 (엘지유통)
- 진품의 가치를 위한 노력 (M&F)
- 처음부터 끝까지 정성을 다하는 토탈웨딩기획 (스튜디오명화)
- 첨단 생활문화, 다양한 기쁨 (전자랜드)
- 최고의 서비스와 정성으로 보답하는 (세기익스프레스)
- 최적의 신개념 연구 · 복지 시스템 (세미나휴클럽)
- 축복된 시간에의 초대 (STUDIO 2001)
- 축복을 함께 (신흥예식장)
- 친절을 파는 백화점 (서문프라자)
- 카토피아를 건설하는 (루퍼스)
- 키즈문화의 시작입니다 (O'kids)
- 패션 유토피아 (한성백화점)
- 패션의 본점가 (뉴코아백화점)
- 패션의 전당 (진로유통)
- 편리한 생활, 건강한 생활, 행복한 생활 (삼풍백화점)
- 평생을 태평하게 (태평예식장)

- 평화의 종소리를 여러분의 가정에 (삼천리백화점)
- 표현이 있는 공간 창조 (광인)
- 품격높은 (청기와예식장)
- 품질은 더 좋게 가격은 더 싸게 (호암마트)
- 풍부한 물량, 과감한 가격 (뉴코아백화점)
- 풍요로운 생활쇼핑의 거리 (롯데월드쇼핑몰)
- 프랑스 수입 란제리 전문 (파리지엔느)
- 하나투어가 만든 토탈 웨딩브랜드 (H웨딩)
- 하이마트로 가요 (하이마트)
- 한과와 양과의 만남 (고전명과)
- 한국인의 공감 (조마루)
- 한국인의 통신채널 (디지털011)
- 행복 愛너지 (현대홈쇼핑)
- 행복드림 (롯데마트)
- 행복이 시작되는 곳 (신세계 신혼생활관)
- 행복한 결혼, 알뜰한 혼수 (연지곤지)
- 행복한 출발을 (성남예식장)
- 화덕피자 전문가 집 (뜨삽)
- 활동하는 사람들, 아름다운 사람들 (쁘랭땅백화점)
- 휴대폰에 걸 땐 (KT전화)
- 희망과 꿈을 드리는 백화점 (미도파)

17장 대학·교육기관 슬로건

- 100년을 준비한 대학, 1000년을 선도할 대학 (서울신학대학교)
- 156년을 뛰어 온 대학, 가슴이 뛰는 대학 (가톨릭대학교)
- 1년 4학기 공부하는 대학 (우송대학교)
- 21세기 정보화시대에 중추적 역할을 담당할 대학 (강원도립대학)
- 21세기 초등교육의 미래, 청주교육대학교에 있습니다 (청주교육대학교)
- 21세기를 선도하는 초등교원 양성대학 (전주교육대학교)
- 2년은 국내, 2년은 해외 (부산외국어대학교)
- 42년 역사 간호보건계열 선두 대학 (선린대학교)
- 4년제 대학 학력 인정교 (한민대학교)
- A peace of hopes and dreams (대진대학교)
- Always First! Always Beast! (세종사이버대학교)
- Back to the basic (한남대학교)
- Beyond Limit (강원대학교)
- Beyond The Limit (경일대학교)
- Beyond The Sun (안양대학교)

- Brand Up (경인여자대학교)
- Bridge to the world (영남이공대학)
- Challenge and Change in Christ (예수대학교)
- CREATES OUR FUTURE (경남과학기술대학교)
- Dream & Smile (동신대학교)
- Dream Builder in U (동부산대학)
- Dreaming of Nightingale (서울여자간호대학)
- Dream's Highway (아주자동차대학)
- Dynamic YONG IN (용인대학교)
- Ewha, Where Change Begins (이화여자대학교)
- Fly to the world (한서대학교)
- Get Global (경북외국어대학교)
- Global 100 (상명대학교)
- GLOBAL COLLEGE (용인송담대학교)
- Global Dream 2020 (충주대학교)
- Global Health Leader (삼육보건대학)
- Global Leader (고구려대학)
- GLOBAL LICENSE (평택대학교)
- Global Top Brand (서울시립대학교)
- Globalist in SungKyul (성결대학교)
- Go Global With Venture! (호서대학교)
- Going Global (울산과학기술대학교)
- Green Sangji (상지대학교)
- Happy Campus! High Campus! (창신대학)
- Hi 부경! High 미래! (부경대학교)
- JUMP to the Future (한경대학교)
- KAIST, 세상의 중심에서 세상을 바꾼다 (한국과학기술원)
- KCU SYNERGY (그리스도대학교)
- KMU1010 Higher & Broader (국민대학교)
- Let's Go Global (국제대학)
- LG에서 설립 지원하는 (연암공업대학)
- My Betting Point (강원관광대학)
- My Dream, Our Future (전주기전대학)
- My Pride (동국대학교)
- Myongji to the World (명지대학교)
- Only 1을 키웁니다 (대구산업정보대학)
- Open your dream (부산가톨릭대학교)
- Open Your Future/미래를 여는 창 (중앙대학교)
- pride of DWN (원광디지털대학교)
- pride (순천향대학교)
- PROUD SOGANG (서강대학교)
- re:make something (대구공업대학교)
- RUN, LEARN & RUN (협성대학교)
- Smart DNA (상명대학교)
- SMART KNU (경북대학교)
- SMART KU-The Only One Glocal University (건국대학교)
- SMART(Speed, Mission, Active, Reborn, Together) PAI CHAI (배재대학교)
- Soul of Seoul-University of Seoul (서울시립대학교)
- Student First! CU Loves You (대구가톨릭대학교)
- The Best Cyber No.1 (영진사이버대학교)
- The Engine of Korea (한양대학교)
- The First & The Best (연세대학교)
- The Only, The Beat (성균관대학교)
- The peace for the future global leaders! (동의대학교)

- the pride of INDUK (인덕대학)
- The Promise of Future (신성대학)
- Think Garden (김천과학대학)
- Think U, Start KU (건국대학교)
- To Meet Global Standards (대불대학교)
- Upgrade Your Dream! (경산1대학)
- We Believe. We Can Change (부산교육대학교)
- We Care (한림대학교)
- WellTech (우석대학교)
- Why not change the world? (한동대학교)
- World Class College (울산과학대학)
- yes! KS (부산경상대학)
- Yes, We can! (예원예술대학교)
- Your Future Our Vision (서울과학기술대학교)
- YU Glocal Initiative (영남대학교)
- 강하고 튼튼한 대학 (부산경상대학)
- 건강한 웃음을 주는 사람들 (동남보건대학교)
- 건국대학교는 인재의 미래를 생각합니다 (건국대학교)
- 격이 다른 대학교 (한국사이버대학교)
- 경북 신도청 소재의 중심 (경북도립대학)
- 과학과 국가의 미래를 선도하는 (포항공과대학교)
- 관광리더의 산실 취업명문 (제주관광대학)
- 교과부 지정 잘 가르치는 대학 (계명대학교)
- 교육 르네상스! 경성 르네상스! (경성대학교)
- 교육과학기술부가 선정한 '잘 가르치는 대학' (충북대학교)
- 교회와 민족을 위한 밀알교육, 밀알신앙, 밀알목회 (서울장신대학교)
- 국가와 사회가 필요로 하는 인재를 키우는 대학 (금강대학교)
- 국내 유일의 조선해양특성화대학 (거제대학교)
- 국내 제1의 글로벌 대학 (한국외국어대희교)
- 국제적으로 통용되는 공인전문인력 양성 (경복대학교)
- 軍육 전투력 발휘의 충주 (군부사관학교)
- 글로벌 시대 인재들의 산실 (제주한라대학)
- 글로벌 인재양성대학 (영남외국어대학)
- 글로벌 캠퍼스, 국제전문가양성의 요람 (경북외국어대학교)
- 글로벌시대를 선도하는 최고의 리더를 양성합니다 (오산대학교)
- 기독교대학의 글로벌 리더 (백석문화대학)
- 꿈과 뜻을 찾아주는 대학 (우석대학교)
- 꿈과 열정으로 새 지평을 열어가는 글로벌시대의 주역 (화신사이버대학교)
- 꿈과 정렬이 있는 대학 (한국교원대학교)
- 꿈과 현실을 이어주는 대학 (대구사이버대학교)
- 꿈을 꾸는 사람들 (적십자간호대학)
- 꿈을 꾸는 젊음을 위한 해답 (청암대학)
- 꿈을 실현시키는 부산디지털대학교 (부산디지털대학교)
- 꿈을 이룰 수 있는 대학 (포항대학)
- 꿈이 되는 적십자 간호대학 (적십자간호대학)
- 꿈이 있는 나를 알아주는 대학 (서영대학교)
- 꿈이 있는 대학 (한신대학교)
- 꿈이 있는 사람들의 배움터 (침례신학대학교)
- 나를 넘어 세계로 (강원대학교)
- 나를 위한 "50년 우정 네트워크" (우송정보대학)
- 나를 키워주는 대학 (동신대학교)
- 나를 키워주는 최강의 라인 업 (대경대학)
- 나의 베스트 파트너 (덕성여자대학교)
- 나의 브랜드 메이커 (경인여자대학)

- 내 꿈에 날개를 달자 (문경대학교)
- 내 열정의 코드는 인덕대학이다 (인덕대학)
- 내가 No.1이 되는 세상 (서울디지털대학교)
- 내가 찾는 대학, 내게 맞는 대학 (대림대학)
- 내일을 비상하는 젊은 꿈이 피어나는 곳 (강남대학교)
- 내일의 꿈이 있는 대학 (구미1대학)
- 너! 나! 세계를 위한 (예수대학교)
- 네 꿈을 job아라! (숭의여자대학)
- 농협발전을 선도하는 Think Tank (농협대학)
- 당신의 가치를 믿는 대학 (대전보건대학)
- 당신이 새로운 Leader입니다 (부산외국어대학교)
- 당찬 젊음, 당찬 선택 (강남대학교)
- 大田, 한반도의 심장 (혜천대학교)
- 대학문화의 중심 (경남대학교)
- 대한민국 관광·문화의 중심 (경주대학교)
- 대한민국 교사교육의 중심 (경인교육대학교)
- 대한민국 대표 사이버대학 (고려사이버대학교)
- 대한민국 온라인교육의 역사 (한국사이버대학교)
- 대한민국 전문 인재뱅크 (명지전문대학)
- 대한민국 최고의 문화산업특성화대학 (청강문화산업대학)
- 대한민국에는 대구예술대학이 있습니다 (대구예술대학교)
- 대한민국의 하늘을 드높이는 으뜸인재 양성 (공군사관학교)
- 더 멋진 대학 (전주대학교)
- 더 큰 세상을 꿈꾸는 대학 (경민대학교)
- 더불어 가는 실천지성 (한신대학교)
- 명품 전문인력의 산실 (상지영서대학교)
- 못자리 사랑과 신학의 전당 (수원가톨릭대학교)
- 문화재청 설립 4년제 대학 (한국전통문화학교)
- 미래는 바뀝니다 (대구미래대학)
- 미래로 세계로 成큼 成성큼 (협성대학교)
- 미래로 열린 종합 커뮤니케이션 대학 (공주여상대학)
- 미래를 개척하는 지역거점 명품대학 (순천대학교)
- 미래를 꿈꾸는 서경인 (서경대학교)
- 미래를 약속하는 대학 (경남도립남해대학)
- 미래를 여는 INTEGRITY+동덕 (동덕여자대학교)
- 미래를 여는 창 (중앙대학교)
- 미래를 향한 꿈, 세계를 향한 도전 (공주대학교)
- 미래를 향한 꿈과 비젼이 있는 곳 (신경대학교)
- 미래를 향한 도약 (가야대학교)
- 미래를 향한 도전의 문을 열어 드리는 대학 (강원도립대학)
- 미래를 향한 동행 (충청대학)
- 미래를 향한 힘찬 도전 (충주대학교)
- 미래를 향해 동행하는 대학 (진주교육대학교)
- 미래의 비젼 (동우대학교)
- 믿음과 지성으로 세상을 살리는 (서울장신대학교)
- 믿음으로 승리하는 대학 (광주보건대학)
- 믿음이 있는 대학, 믿음을 주는 대학 (광신대학교)
- 배려가 남다른 브랜드 대학 (경인여자대학교)
- 백석예술대학으로 오면 사람이 새로워집니다 (백석예술대학)
- 벤처로 세계를, 디지털로 미래를 (호서대학교)
- 부산 최초의 대학, 국립 부경대학교 (부경대학교)
- 사람을 변화시키는 교육. 세상을 변화시키는 대학 (삼육대학교)
- 사랑과 도전과 창조의 대학 (군장대학)

- 사랑과 성실로써 봉사하는 전문인력의 배출 (대동대학)
- 사랑과 정이 넘치는 (인제대학교)
- 사랑과 창조의 글로벌 리더 (명지대학교)
- 사랑에 사람을 더합니다 (침례신학대학교)
- 사랑으로 교육하는 취업중심대학 (서해대학)
- 사랑의 실천 (한양대학교)
- 산업과 예술의 만남 (홍익대학교)
- 산업기술의 최고 명문대학 (한국산업기술대학교)
- 산학융합교육의 메카 (한밭대학교)
- 상상나무 (한림성심대학)
- 상상력이 자라는 곳 (한성대학교)
- 새 농촌 새 농협을 선도하는 인재양성의 요람 (농협대학)
- 새로운 내일을 꿈꾸는 당신과 함께 대구공업대학교가 만들어 갑니다 (대구공업대학교)
- 새로운 도전, creative Hanbat (한밭대학교)
- 새로운 동양, 미래의 중심 (동양미래대학)
- 생동하는 학생, 변혁하는 대학 (제주산업정보대학)
- 생명존중과 인간사랑을 실천하는 인재양성의 요람 (목포가톨릭대학교)
- 생활 스포츠 선도대학 (한국체육대학교)
- 선문은 미래다 (선문대학교)
- 선문은 사랑이다 (선문대학교)
- 선문은 소통이다 (선문대학교)
- 선문은 하나다 (선문대학교)
- 선진대학 문화의 창조 한북대학교입니다 (한북대학교)
- 성공중심대학 (안동과학대학)
- 세계 대학의 뉴 브랜드 (인하대학교)
- 세계 수준의 지역 거점 대학 (영남대학교)
- 세계 최고와 論하다 (세종대학교)
- 세계도시 부산의 중심대학, 창의적 글로벌 인재의 전당 (동의대학교)
- 세계로 도약하는 한국의 명문 (전북대학교)
- 세계로 비상하는 한국의 명문 (부산대학교)
- 세계로 뻗어가는 과학 학문의 메카 (목포과학대학)
- 세계로 이어지는 활주로 (한서대학교)
- 세계를 내 품에, 미래를 내 손에 (한국해양대학교)
- 세계를 당기는 힘 (인천대학교)
- 세계를 품어라 (목원대학교)
- 세계를 향해 빛을 여는 (계명대학교)
- 세상에서 당당해지는 힘 (동원대학교)
- 세상을 세웁니다. 세상을 밝힙니다 (서울시립대학교)
- 세상을 행복하게 하는 예술가 교육 (한국예술종합학교)
- 세상의 빛과 소금이 되는 젊은 지성 (총신대학교)
- 세종이 당신의 미래입니다 (세종대학교)
- 숭실다움! 세상을 새롭게 바꾸는 힘 (숭실대학교)
- 숲을 가꾸는 인재를 키우는 대학 (대림대학)
- 스무 살의 젊은 건양 (건양대학교)
- 스무살의 프로 (공주영상대학)
- 슬기, 보람, 사랑이 숨쉬는 대학 (대구교육대학교)
- 시작이 아름다운 사람들의 중심 (신흥대학교)
- 신학대학의 핵심 (호남신학대학교)
- 신학탐구의 요람 (영남신학대학교)
- 실력이 매력이다! (한양여자대학)
- 실력있는 섬김의 리더 (부산장신대학교)
- 실천공학교육과 평생능력개발의 세계 최일류 대학 (한국기술교육대학교)
- 엘리트 스포츠 중심대학 (한국체육대학교)
- 열린 대학, 열린 교육 (영남사이버대학교)

- 열정적인 교육으로 평생 책임지는 (송원대학교)
- 영성이 살아 있는 역동적인 대학 (대전신학대학교)
- 예감이 좋은 대학 (수원여자대학교)
- 외국어 및 통역특성화 대학 (대구외국어대학교)
- 우리 곁에 항상 가까운 대학 (오산대학교)
- 원대한 꿈과 야망의 (경남도립거창대학)
- 융합학문을 선도하는 세계 수준의 대학 (아주대학교)
- 인간을 가슴에 교육으로 미래를 (춘천교육대학교)
- 인간을 생각하는 바른 교육 (서울교육대학교)
- 인간존중을 실천하는 참 인재양성의 요람 (대구가톨릭대학교)
- 인권과 평화의 대학 (성공회대학교)
- 인성, 영성, 지성의 전당 (한일장신대학교)
- 인식, 공감, 행동 (초당대학교)
- 인재를 키우고 세상을 밝히는 (가야대학교)
- 인재양성의 중심에 서다 (중부대학교)
- 일등 사이버대학교 (한양사이버대학교)
- 자연을 닮은 대학, 자연과 하나되는 교육 (천안연암대학)
- 작지만 강한 대학 (서울여자간호대학)
- 잘 가르치는 대학 (서울여자대학교)
- 잘 가르치는 우리대학 (세명대학교)
- 잘 가르치는 우리대학 (신라대학교)
- 젊은 도전, 새로운 비전 (서일대학)
- 젊음, 도전, 무한가능성 (두원공과대학)
- 젊음이 숨 쉬는 대학 (초당대학교)
- 정신개벽의 요람 (영산선학대학교)
- 제2의 커리어를 이어주는 Cyber Bridge (세계사이버대학교)
- 제자사랑, 감동교육 (대덕대학)
- 졸업할 때 어깨 펴는 대학 (경북전문대학교)
- 종교단체 부처님 세상 (전북불교대학)
- 주문식 교육의 산실 (영진전문대학)
- 중부권 최고의 명문대학 (청주대학교)
- 지역거점 실무형 교육중심 대학 (김해대학교)
- 지역과 세계를 향해 빛을 여는 교육중심대학 (계명대학교)
- 지역사회 이재육성의 요람 (한영대학)
- 지역으로 세계로 열린 대학 (창원대학교)
- 진리를 탐구하는 지성인 (대구교육대학교)
- 진리와 성결의 (서울신학대학교)
- 차세대 기업형 섬기는 리더양성 (남서울대학교)
- 차이가 차이를 만드는 대학 (명지전문대학)
- 창조적 매력과 실천적 사랑으로 미래를 밝히는 (한양여자대학)
- 창조적 혁신대학 (성균관대학교)
- 청운의 열정으로 꿈을 채워라 (청운대학교)
- 초등교육과 함께 걸어 온 길 70년 걸어 갈 길 100년 (청주교육대학교)
- 최고를 향한 끝없는 도전정신 (동주대학교)
- 취업, 대림에 답이 있다 (대림대학교)
- 취업 · 창업 중심 교육명문대학 (광주대학교)
- 취업사관학교 (경동대학교)
- 취업에 강한 대학 (전북과학대학)
- 취업에 강한 대학 (제주한라대학)
- 취업을 우선하는 대학 (창신대학)
- 취업이 강한 대학 (주성대학)
- 취업이 잘 되는 대학 (성화대학)
- 취업최강! (양산대학교)
- 평생기술로 평생직업을 (한국폴리텍대학)

- 프로를 만드는 대학 (한라대학교)
- 하나님을 경외하고 학생을 사랑하는 대학 (신안산대학교)
- 학교법인 조선대학교 (조선이공대학)
- 학문, 경건, 사랑 (대신대학교)
- 학생을 최고로 섬기는 교육중심대학 (안동대학교)
- 학생이 사랑받는 대학 (대구가톨릭대학교)
- 학생중심의 대학 (영동대학교)
- 한국의 가치를 세계화하는 문화·복지·경영 중심 대학교 (글로벌사이버대학교)
- 한국의 대학 세계의 대학 (한세대학교)
- 해군의 힘! 대한민국의 미래입니다 (해군사관학교)
- 행복을 배우는 대학 (가톨릭상지대학)
- 현장의 중심에서 교육하는 곳 (한라대학교)
- 희망으로 미래를 창조 (한국국제대학교)
- 희망이 살아 숨쉬는 아름다운 (진주보건대학)

18장 정치·선거 슬로건 및 캐치플레이즈

01 | 국내 슬로건 및 캐치프레이즈

1) 대한민국 후보

- 21세기 뉴스를 말씀드리겠습니다 (이윤성)
- 21세기를 준비하는 정치 (서청원)
- 30여 년 오직 한 길 구로에서 야당을 지키며 가시밭길을 걸어왔습니다 (나이균)
- 4년 동안 후회 말고 4번 찍어 강북발전 (김태환)
- 4월에는 민주를 (이장희)
- YS에게도 NO라고 말하는 사람 (서상목)
- 가슴이 후련한 정치 (안평수)
- 가시밭길 20년 이번만은 김수일을 (김수일)
- 가자! 백기완과 함께 민중의 시대로 (백기완)
- 가족이 행복한 나라 (정동영)
- 강남개발의 선구자 (김명년)
- 건전야당 밀어주어 독재정당 견제하자 (백남치)

- 경제 암행어사 (박문수)
- 경제파탄심판! 정권교체! (송영길)
- 경주 머슴아 (이상두)
- 그는 누구인가? (김경재)
- 기권표는 조작된다. 함께 나가 2번 찍자 (백남치)
- 기술경제시대에 꼭 필요한 일꾼 (김명년)
- 김영삼과 함께 군정종식을 (김영삼)
- 깨끗한 경제 튼튼한 경제 (이회창)
- 깨끗한 선거. 하얀 손 운동 (김태원)
- 깨끗한 정치 정직한 일꾼 (양창종)
- 깨끗한 정치 (박찬종)
- 깨끗한 정치에 대한 믿음이 있습니다 (신오철)
- 나섰다 강북거인, 해낸다 강북발전 (김규원)
- 남들이 떠들 때 저는 실천하겠습니다 (김우연)
- 내 꿈이 이루어지는 나라 (박근혜)
- 내게 힘이 되는 나라, 평등국가 (김두관)
- 내 고장 큰 머슴, 나라엔 큰 일꾼 (이성호)
- 내 삶을 바꾸는 대통령 (심상정)
- 내 삶을 지켜주는 나라 (이낙연)
- 내 삶의 친구 (이인영)
- 내일의 정치를 열어갑니다 (이성헌)
- 내일이 기다려진다 (정세균)
- 노원의 솔직한 목소리 (성정기)
- 당당한 서민 대통령 (홍준표)
- 당신의 능력을 보여주세요 (유승민)
- 대중은 김대중, 평민은 평민당 (김대중)
- 대중의 승리를 위해 고충석은 승리한다 (고충석)
- 동대문의 마당발, 해내는 사람 (노승우)
- 마포사람 (김충현)
- 말만 하면 어쩝니까? 일을 해야지요! (서상목)
- 명재상 맹사성 대감을 아십니까? (맹형규)
- 무소속을 선택한 그의 원칙과 결단 (이철)
- 무전파, 배짱파, 정통파 (손풍삼)
- 민주와 정의를 위한 열정에는 유통기한이 없다 (김창환)
- 민주화에 바친 30년 열정, 은평발전에 쏟겠습니다 (이재오)
- 발로 뛰는 지역 일꾼 (송창대)
- 밝은 영등포를 (김수일)
- 보수의 새희망 (유승민)
- 봄바람처럼 상쾌한 남자 (나병선)
- 빚 없는 사회, 편안한 나라 (정세균)
- 뿌리 깊은 나무가 거목이 됩니다 (맹형규)
- 사람이 먼저다 (문재인)
- 상식의 시대, 양심의 정치 (김희선)
- 새 정치, 참 민주주의의 기쁜 소식을 전해 드립니다 (고영구)
- 새로운 감동, 강북에서 시작됩니다 (이기택)
- 새로운 대한민국 (노무현)
- 새마을 운동을 최초로 만든 사람 (허경영)
- 새 시대 새 사람 (서육원)
- 새 시대, 새 인물, 88대통령 40대 후보 신정일 박사 (신정일)
- 생각을 바꿔야 동대문이 바뀝니다 (이근규)
- 생활정치 살림정치 (양경자)
- 서대문의 새대교체 (이성헌)
- 서민과 중산층의 친구 (이인영)
- 서울의 희망, 마포의 긍지 (고영구)
- 세상을 바꾸는 대통령 (권영길)

- 똑같이 오래된 보수당 똑같이 오래된 거짓말 (노동당)
- 새로운 노동당, 새로운 세금 (노동당)
- 善을 위해 변화하는 영국 (자유민주당)
- 선출된 의회인가? 아니면 노조인가? (보수당)
- 영국을 위한 최선의 미래 (보수당)
- 이 나라를 다스리는 것이 누구인가? (보수당)

3) 프랑스(France)

- 46%의 프랑스 사람들은 중도노선이다. 사회민주당과 함께 그것을 입증하자 (삐에르 메에느리)
- 5월 10일 희망을 획득하자! (프랑소와 미테랑)
- 79년 6월 10일, 당신의 유럽을 선택하십시오 (유럽선거의회)
- 85년이여 가거라, 86년 만세! (쟈끄 뚜봉)
- 강한 프랑스가 필요합니다 (지스까르 데스텡)
- 결단성있는 유럽에 지지를! 공화연합과 함께 강력한 유럽의 강력한 프랑스를! (공화연합)
- 고용증대가 최우선, 미테랑 대통령 (프랑소와 미테랑)
- 교통의 현대화, 노르여 앞으로 전진! (사회당)
- 퀼레스의 파리, 다수당의 파리 (퀼레스)
- 그렇습니다. 창조하는 프랑스에 지지를! 우리가 사랑하는 프랑스를 위하여! (쟈끄 시락과 공화연합)
- 금세기의 위대한 계획, 노르여 앞으로 전진! (사회당)
- 나는 변혁을 위해 노르에 왔습니다 (알뱅 샬랑동)
- 나는 왼쪽에 심었던 바로 그것을 거두고 싶습니다 (사회당)
- 나는 파리를 사랑합니다. 그래서 시락에게 찬표를 던지지요 (시락)
- 亂世는 강력한 인물을 요구한다 (쟈끄 도미나티)
- 내일 만납시다. 개혁을 위한 야당연합 (야당연합)
- 내일은 바로 당신의 것입니다. 공화연합과 함께 내일을 활기차게 (공화연합)
- 내일을 활기차게! 공화연합과 함께! (공화연합)
- 내일을 활기차게, 개혁을 위한 야당 (야당연합)
- 노르여 앞으로 전진! 나의 고향, 나의 삶입니다! (사회당)
- 다르게 사는 법, 미테랑 대통령 (프랑소와 미테랑)
- 다른 길, 다른 정치, 다른 대통령 (프랑소와 미테랑)
- 다수가 다수당을 얻을 것입니다 (장 삐에르 수와송)
- 다시 승리자가 됩시다! 노르가 최우선! 알뱅 샬랑동과 함께 (알뱅 샬랑동)
- 당신의 삶과 일터를 위하여, 유럽 노동자들의 평화를 위하여, 프랑스를 위하여, 공산당에게 한 표를 (공산당)
- 대통령과 함께 (야당연합)
- 드골 대통령에게 신뢰를 (드골)
- 마지막 1분까지 우리는 이기지 않았다 (시락)
- 모두를 위한 프랑스 함께 건설합시다 (시락)
- 모두를 위한 프랑스 (시락)
- 몽빼릴에 그 대담한 도시여, 만세! 프레슈와 함께 일보전진을! (죠르쥬 프레슈)
- 미래의 인물, 쟝 르까뉘에, 새로운 인물과 함께 프랑스의 전진을 (쟝 느까뉘에)
- 바르씨 계속하십시오, 론느는 당신편입니다 (바르)
- 바르에게 신뢰를 (바르)
- 보다 정의로운 프랑스를 위한 명백한 투표 (리오닐 조스펭)
- 봄에는 모든 것이 다시 시작된다 (지스까르 데스텡)
- 부자들이 가난한 자들보다 더 혜택을 받는다면 나 프랑소와 미테랑은 말할 것입니다. 그것은 정의롭지 못하다고 (프랑소와 미테랑)

- 삐에르 메에느리, 진실을 말하고 정의를 행동하는 사람 (민주연합)
- 사랑스런 파리, 뀔레스의 파리 (뀔레스)
- 사회주의, 그것은 진보의 이념 (프랑소와 미테랑)
- 살려주세요. 우파가 몰려오고 있어요 (좌파)
- 상상력의 힘, 폴 뀔레스 (뀔레스)
- 새로운 사회를 위하여 (샤방 델마)
- 생각하면 할수록 윌지지요 (윌리 디메글리오)
- 시락과 함께 파리를 사랑하자 (시락)
- 나는 프랑스를 사랑합니다. 그러므로 유럽을 선택했습니다 (시몬느 베이유)
- 심장은 영원히 왼쪽에서 뛸 것입니다 (죠르지아 뒤포아)
- 야당연합이 새해를 맞이하여 여러분들의 건투를 빕니다 (윌리 디메글리오)
- 에로에는 정열이 필요합니다 (죠르쥬 프레슈)
- 영원히 함께하자! 노르여 앞으로 전진! (사회당)
- 올바르게 선택하십시오! 3월 16일 (사회당)
- 우리의 후보자는 죠르쥬 마르쉐 (죠르쥬 마르쉐)
- 우파의 규칙도 좌파의 규칙도 아닌, 프랑스의 규칙을 대통령과 함께 (쟝 삐에르 수와송)
- 유럽, 그 곳은 희망입니다 (유럽선거의회)
- 유럽에서 프랑스의 번영을 위하여! 시몬느 베이유와 함께! (시몬느 베이유)
- 이 소녀에게 유럽을 줍시다. 1984년 6월 7일 죠스팽 (죠스팽)
- 자유주의자들의 시대, 레오따르 토마, 공화당 (공화당)
- 자유주의자들의 시대, 롱귀에, 두피아귀에, 레오따르, 마들렝, 공화당 (공화당)
- 작은 프랑스가 위대한 프랑스를 상상하고 원합니다 (마리 프랑스 갸로)
- 쟈끄 샤방 벨마, 희망 (쟈끄 샤방 델마)
- 쟝 부스께와 함께! 자, 시작이다! (쟝 부스께)
- 젊은이들은 퐁파두를 원한다 (퐁파두)
- 젊음의 파리, 뀔레스의 파리 (뀔레스)
- 정치의 봄이여, 만개하라 (지스까르 데스텡)
- 조용한 힘, 미테랑 대통령 (프랑소와 미테랑)
- 죠르쥬 프레슈와 함께 일보 전진을! 용감무쌍한 몽뻴리에를 위해 총단결 (죠르쥬 프레슈)
- 지스까르 데스텡, 모든 프랑스인들의 대통령 (지스까르 데스텡)
- 지스까르 반대, 죠르쥬 마르쉐 (죠르쥬 마르쉐)
- 진실을 말하고 정의를 행동하는 사람 (삐에르 메에느리)
- 진실의 대변자 사회주의를 위하여 (사회당)
- 진정한 변혁의 대통령 (리오닐 조스펭)
- 파리 시민들의 투표함에 갈채를 보냅니다 (리오닐 조스펭)
- 평화를 위해 싸워야 합니다 (지스까르 데스텡)
- 프랑스 공산당에게 한 표를 (공산당)
- 프랑스 공화당, 출구를 찾는 생동하는 힘! (공화당)
- 프랑스 공화당에게 한 표를, 방어하는 힘! 해결하는 힘! (공화당)
- 프랑스 국민들이여, 프랑스 민주연합과 함께 총궐기를! (민주연합)
- 프랑스 미래의 창문을 활짝 열어봅시다 (민주연합)
- 프랑스가 강자 앞에 머리를 숙인다면 나 프랑스와 미테랑은 말할 것입니다. 그것은 정의롭지 못하다고 (프랑소와 미테랑)
- 프랑스를 위하여 3월 16일 승리의 날이! (공화연합)
- 프랑스에 한 명의 대통령이 필요합니다 (지스까르 데스텡)
- 프랑스에서의 성공이 유럽의 새로운 시작입니다 (공산당)

- 프랑스와 함께! 프랑스를 위하여! (퐁파두)
- 프랑스의 근대화를 위해서는 젊은 대통령을 (프랑소와 미테랑)
- 프랑스의 모든 힘을 한 곳으로! (프랑소와 미테랑)
- 프랑스의 성공을 위하여! (드골)
- 희망찬 유럽을 위하여 시몬느 베이유와 함께 (시몬느 베이유)

4) 독일(Germany)

- 교회, 극장, 카바레 당신의 집은 어디있습니까? 사회민주당을 뽑읍시다 (사회민주당)
- 권력이 문제가 아니라, 사는 것이 문제다 (녹색당)
- 난민선거구를 요구하는 유일당 (기독교민주연합)
- 내 뒤에는 엄청나게 많은 돈이 있다 (ETC)
- 내일도 평화롭게 살기를 원하신다면 사회민주당에게 (빌리 브란트)
- 노동 빵집 (기독교민주연합)
- 녹색당을 유럽의회로 (녹색당)
- 당신의 공동체는 당신의 손에 달렸습니다. 사회민주당에 투표합시다 (사회민주당)
- 독일 조선소는 해체와 파괴를 반대한다. 독일 공산당에게 한 표를 (공산당)
- 독일은 사회민주당을 선택한다 (사회민주당)
- 독일의 국익을 위하여! (한스 요헨 포겔)
- 마침내 시장에서 물건을 다시 살 수 있게 되었다. 기독교민R;E주연합에게 한표를 (기독교민주연합)
- 만세! 버터를 먹는 시대는 끝났다! (ETC)
- 망명자들이여, 당신의 고통을 우리는 염려하고 있습니다 (기독교민주연합)
- 무기 생산 청부를 원한다면 평화회의에 재정지원하라 (ETC)
- 배가 고프다. 식품저장실 규정이 프랑크프루트의 무능을 드러내고 있다. 독일 공산당에 한표를 (공산당)
- 붉은 통일전선이 그대를 자유롭게 하리라 (공산당)
- 빌리 브란트는 수상직에 계속 머물러야 한다 (Willy Brandt)
- 빵, 어린이들에게 줄 빵을 위해 공산당에게 표를 주자 (공산당)
- 사회민주당은 독일형 정당이다 (사회민주당)
- 사회민주당을 뽑자! 다시는 전쟁과 독재가 없어야 한다! (사회민주당)
- 사회민주당이 낳은 독일국민을 위한 양심적 변호사 (Herbert Wehner)
- 새로운 길-오스카 (라퐁텐)
- 세계의 사회주의자들이여, 우리는 당신을 부르며 환영합니다 (ETC)
- 수퍼맨 아돌프 히틀러, 돈을 삼키고 납 같은 연설을 하는 사람 (ETC)
- 숲을 구하자 (녹색당)
- 여러분 스스로 민족국가 건설에 자발적으로 참여하십시오 (기독교민주연합)
- 오늘의 폐기물은 내일의 독이 된다 (녹색당)
- 오랫동안 정치는 남자들의 일로 여겨져 왔습니다 (사회민주당)
- 올렌하우어와 함께 안정을 얻읍시다 (올렌하우어)
- 우리는 오스카를 원한다 (오스카 라퐁텐)
- 우리는 현대식 독일을 창조해 나가고 있습니다 (사회민주당)
- 우리와 함께 새로운 독일을 건설합시다 (기독교민주연합)
- 우리와 함께하기를 (사회민주당)
- 이제는 모든 계층이 함께 발전해 나가야 한다 (사회민주당)

- 자유민주당은 다리를 굳건하게 나가야 한다 (사회민주당)
- 전쟁반대, 세계평화를 위해 사회민주당을! (사회민주당)
- 정상화 (ETC)
- 정치의 봄을 위한 약동 (녹색당)
- 직업여성들은 사회민주당을 뽑는다 (사회민주당)
- 청결한 국가를 위해 독일 당원을 뽑자 (독일당)
- 최첨단의 강한 경제력, 그것은 사회안정에서 비롯된다 (사회민주당)
- 토지개혁, 바이에른주 토지의 1/3이 대지주 소유다. 공산당에 한표를 (공산당)
- 평화는 독일 땅에서 출발해야 한다 (요하네스 라우)
- 함께 일해봅시다 (기독교민주연합)
- 화합 (사회민주당)
- 환경보호, 자건거를 타자 (녹색당)

5) 스페인(Spain)

- 노동자, 농민, 병사, 지식인들이여 공산당의 대오를 더욱 강화하라 (공산당)
- 더렵혀 놓고서, 이제는 우리에게 세제를 준다 (노동자사회당)
- 미래에 대한 해결은 우리 당의 강령 안에 있습니다 (국민연합)
- 사회주의는 자유입니다 (노동자사회당)
- 자유는 당신의 손에 달려 있습니다 (노동자사회당)
- 정의로운 길을 향하여 (노동자사회당)
- 좋은 길을 위하여 (노동자사회당)
- 중도는 민주주의입니다. 왜냐하면 더욱 공정한 부의 분배를 보증하기 때문입니다 (민주중도연합)
- 펠리뻬가 아닙니다 (노동자사회당)

6) 舊소련(U.S.S.R)

- 10월에 영광을
- 게으른 작업반원들을 혼내주자
- 너는 스스로의 의지로 입대했는가?
- 돌격적인 노동으로 10차 5개년 계획에 임하자
- 레닌, 10월, 소비에트에 권력을, 인민에게 평화를, 농민에게 땅을, 노동자에게 공장을
- 문맹은 맹목과 같다
- 반세기 영광의 정점 속에 싱싱한 젊음의 모습이 빛난다
- 붉은 쐐기로 흰 것들을 쳐라
- 세계를 뒤흔들었던 10일
- 승리자인 소비에트 인민에게 영광을
- 시대는 진보한다
- 우랄 쿠즈네츠크 탄광에 프롤레타리안 간부들을 보내자!
- 우리는 당신을 잊지 않고 있다
- 우리의 신념과 대의를 조국과 당에
- 운송의 발전은 5개년 계획의 최대 과제 중 하나다
- 자본주의를 분쇄한 프롤레타리아는 이제, 매춘을 분쇄하리라
- 제3 인터내셔널 만세!
- 침략자는 아직도 살아있다
- 프롤레타리아 국제주의의 깃발을 높이
- 해방된 여성은 사회주의의 한 축
- 혁명의 깃발은 영원하리라
- 혁명의 발걸음으로

7) 제3세계(The Third World)

- 가을에 남아프리카 공화국을 방문하라. 당신은 많은 것을 볼 수 있을 것이다
- 두려움이 아니라 희망에 한 표를
- 무역봉쇄 반대한다. 니카라과는 평화를 원한다
- 베트남, 새로운 삶을 건설하고 지켜 나가자
- 산디노는 살아있다... 니카라과는 살아 남을 것이다
- 새롭고 강력한 국제적 연대
- 암흑과의 투쟁, 그것은 혁명이다. 그리고 모든 새로운 것의 시작이다
- 양키의 공중공격을 저지하라
- 엘살바도르 승리자
- 엘살바도르 폭격을 중단하라
- 엘살바도르, 우리는 평화를 얻기 위해 전쟁을 한다
- 영원한 평화를 위한 민주주의, 사회정의 그리고 독립
- 이스라엘이여! 레바논의 옆구리에는 피가 흐른다
- 중미의 민중들은 당신의 도움을 필요로 한다
- 파나마, 저항이 곧 승리다

참고문헌

간형식 · 김종필, "소비자의 사전지식이 광고 메시지 유형과 제품 유형에 대한 소비자의 제품태도에 미치는 영향", 「상품학연구」, 25(3)(2007)

김경석, 「자본주의의 시, 광고슬로건」 (커뮤니케이션북스, 2003)

김병희, "광고 창의성에 관한 현상학적 연구", 「광고연구」 55호(2002).

김병희, 「광고카피창작론」 (나남출판, 2007).

김병희 · 소현진 · 이희복, 「소셜 미디어 시대의 광고」 (커뮤니케이션북스, 2015)

김운한, "스마트 미디어 시대의 통합적 크리에이티브 실행에 관한 탐색적 연구", 한국광고PR실학회 봄 정기학술대회(2011).

김원식, "광고 슬로건", 「언어와 언어학」 26호. (한국외국어대학교 외국어종합연구센터 언어연구소, 2000).

김원식, "광고 텍스트의 수사학적 표출수단 : 슬로건을 중심으로", 「언어와 언어학」 29호. (한국외국어대학교 외국어종합연구센터 언어연구소, 2002).

김진성, 「상품광고에 나타난 '수사학적 표현'에 관한 연구」, 홍익대학교 석사학위논문, (2005).

도널드 패런티, 조병량 · 한상필 역, 「광고캠페인전략」 (열린책들, 2003).

류진한, 「카피의 핵, 슬로건」 (진화기획, 1997).

류진한, 「슬로건, 짧은 카피 긴 호흡」 (커뮤니케이션북스, 2015).

류진한, "신제품광고의 소구유형에 따른 광고 정보처리 과정에 관한 연구", 한양대학교 박사논문 (2011).

박영준, "기업 슬로건의 언어적 기법에 대한 분석", 「이중언어학」 19호(2001).

박영준 · 김정우 · 안병섭 · 송민규, 「광고언어론」 (커뮤니케이션북스, 2006).

밸라 마틴·브루스 해닝턴, 유다해 · 이유미 역, 「디자인 방법론 불변의 법칙 100가지」 (고려문화사, 2013).

서은아, "신문광고 슬로건의 문장구조", 안양대학교(2005).

신강균, 「광고기획론」 (한경사, 2011).

유종숙, 「광고기획의 기술」 (커뮤니케이션북스, 2009).

이현우, "광고 슬로건 및 브랜드 네임에 대한 언어학적 접근 연구." 「광고연구」 40호(1998).

이현우, 「광고와 언어」 (커뮤니케이션북스, 1998).

이현우, 「슬로건은 입담 좋은 이야기꾼이어야 한다」 (HS애드 사보).

이화자, 「광고표현론」 (나남, 1998).

이희복, "도시 브랜드의 슬로건 분석: 수사적 기법을 중심으로." 「스피치와 커뮤니케이션」 5호(2006).

이희복, "주요 광고 브랜드의 슬로건 분석: 국내 50대 광고주를 중심으로", 「광고학연구」 제17권5호, 겨울(2006).

이희복, 「설득의 수사학 슬로건」 (한울, 2017).

잭 트라우트 · 알 리스, 안진환 역, 「포지셔닝」 (을유문화사, 2021).

잭 트라우트 · 알 리스, 이수정 역, 「마케팅 불변의 법칙」 (비즈니스맵, 2008).

조지 펠튼, 박재관 역, 「광고 크리에이티브 전략」 (책과 길, 1992).

최인령, "광고 메모리, 시작 메모리: 인지적 환기시학의 접근방법에 의한 시와 광고 슬로건의 관련성 연구", 「불어불문학연구」 64호(2005).

최인수, 「창의성의 발견」 (쌤앤파커스, 2011).

한상필 (1999). "광고소구유형, 소비자특성, 제품특성이 광고효과에 미치는 영향", 「광고학연구」, 10(1)

핼 스티빈스, 송도익 역, 「카피캡슐」 (서해문집, 1991).

홍문기 · 최익성, 「소셜 미디어 이용자와 광고 · PR전략」 (커뮤니케이션북스, 2015).

황인원, 「시에서 아이디어를 얻다」 (흐름출판, 2010).

Aaker David (1996). *Building Strong Brand.* New York: Free Press

Alba, J. W., & Hutchinson, J. W. (1987). "Dimensions of consumer expertise.". *Journal of Consumer Research*, 13(March)

Arker, J. L. (1999). "The malleable self : The role of self-expression in persuasion.". *Journal of Consumer Research*, 13(March)

Bettman, J. R., & Park, C. W. (1980). "Effect of prior knowledge and experience and phase of the choice process on consumer decision process: A protocol analysis.". *Journal of Consumer Research*, 7

Bonnie B. Reece, Bruce G. Vanden Bergh, & Hairong Li (1994). "What Makes a Slogan Memorable and Who Remember It." *Journal of Current Issues and Research in Advertising* 16(2), pp.41~57.

Browne, A. B., & Kaldenberg, D. (1997). "Conceptualizing self-monitoring: Link to materialism and product involvement.". *Journal of Consumer Marketing*, 14(1)

Brucks, M. (1985). "The effect of product class knowledges o information search behavior.". *Journal of Consumer Research*, 12

Flynn, L. R., & Goldsmith, R. E. (1999). "A short, reliable measure of subjective knowledge.". *Journal of Business Research*, 46

Johnson, E. J., & Russo, J. E. (1984). "Product familiarity and learning new information.". *Journal of Consumer Research*, 11(June)

Reboul (1975). *Le Slogan*. Bruxells, Editions Complex.

Robert, E., & Denton,J, (1980). The rhetorical function of slogans: Classifications and characteristics. Communication Quarterly, Spring, 28(2)

Settle, Robert B. & Alreck, Pamela L. (1986). Why They Buy : American Consumers Inside and Out. John Wiley & Sons Inc.

Snyder, M. (1974). "Self-monitoring of expressive behavior.". *Journal of Personality and Social Psychology*, 30(4)

Snyder, M. (1979). "Self-monitoring process.". *Advance in Experimental Social Psychology*, 12

Snyder, M., & Attridge, M. D. (1988). "Reactions to advertising for fragrances.". *Unpublished Research*, University of Minnesota

Sujan, M. (1985). "Consumer knowledge: Effect on evaluation strategies mediating consumer judgements.". *Journal of Consumer Research*, 12(June)

찾아보기

영문